U0846464

中文社会科学引文索引（CSSCI）来源集刊

上海交通大学国家文化产业创新与发展研究基地 云南大学文化发展研究院 主办

中国文化产业评论 第29卷

Commentary on Cultural Industry in China

胡惠林 李炎 主编

单世联 林艺 李康化 凌金铸 副主编

上海人民出版社

《中国文化产业评论》编委会

顾　　问：谢绳武　王仲伟　叶取源　王永章　刘玉珠

主　　任：郑成良　陈　昕　胡惠林

常务编委（按姓氏笔画为序）：

刘世军　齐勇锋　祁述裕　李凤亮　李　炎
李康化　张国良　单世联　孟　建　荣跃明
胡惠林　贾旭东　贾磊磊　傅才武　熊澄宇

编　　委（按姓氏笔画为序）：

王亚南　尹　鸿　叶必丰　冯应谦（中国香港）
齐书深　江奔东　李本乾　李向民　汪俊昌
张晓明　陈少锋　陈文玲　陈立旭　范玉刚
明立志　金元浦　郝振省　施惟达　顾　江
郭少棠（中国香港）　凌金铸　陶东风　崔成泉
章建刚　蒋　宏　韩永进　蒯大申

国际编委（按英文字母为序）：

安德鲁·罗斯（Andrew Ross，美国）
安迪·C.帕拉特（Andy C.Pratt，英国）
汉斯·姆马斯（Hans Mommaas，荷兰）
贾斯汀·奥康纳（Justin O'Connor，澳大利亚）
凯特·奥格莉（Kate Oakley，英国）
路易斯·塞萨尔·赫拉罗·普列托（Luis César Herrero Prieto，西班牙）
马克·班克斯（Mark Banks，英国）
保罗·劳塞利·科斯特尔（Pau Rausell Köster，西班牙）

主　　编：胡惠林　李　炎

副 主 编：单世联　林　艺　李康化　凌金铸

目　录

特　稿

第 29 卷

Commentary on
Cultural Industry
in China

强化国家利益，构建边疆民族地区文化安全治理体系

云南大学　李　炎　王　佳

［内容提要］　边疆民族地区文化安全是国家文化安全的有机组成部分，是边疆民族地区文化生存与发展免于威胁和危险的状态。文化安全治理则是针对影响文化生存与发展的各种因素，推进国家文化治理能力现代化，促进国家社会长治久安的具体举措、方法、路径。云南作为边疆多民族地区，长期以来在多元民族文化和谐共生、民族团结进步、边境经济社会稳定发展方面做出了具有示范意义的实践成果和理论创新，集中体现在"三个纳入"和"四个对接"的治理体系中。在总结云南边疆民族地区文化安全治理现状和经验的基础上，本文认为我国新形势下边疆民族地区文化安全需要着力在分类指导、同步发展、预警机制和网络安全方面强化相应治理措施。

［关键词］　国家利益；边疆民族地区；文化安全；文化治理

中国特色的社会主义，需要有中国特色的国家安全道路，国家安全是推进国家治理体系和治理能力现代化、"五位一体"协调发展，实现中华民族伟大复兴的重要保障。国家文化安全是国家安全的文化形态，国家安全"特指国家生存免于威胁或危险的状态"，所谓国家文化安全，是指"国家文化生存与发展免于威胁或危险的状态。对于这一状态的任何破坏，都构成国家文化安全问题"①。文化安全治理则是针对影响文化生存与发展的各种因素，推进国家文化治理能力现代化，促进国家社会长治久安的具体举措、方法、路径。边疆民族地区文化安全是国家文化安全的有机组成部分，是边疆民族地区文化生存与发展免于威胁和危险的状态。边疆民族地区在现代化进程中受到全球化、

① 胡惠林：《中国国家文化安全论》，上海人民出版社 2005 年版，第 14 页。

经济发展、新型城镇化和现代信息技术的影响,边疆民族地区文化安全治理是推进边疆民族文化生存与发展,维护国家安全,促进边疆民族地区团结和谐进步、社会长治久安,实现边疆民族地区可持续发展、同步全面建成小康社会的系统举措,包括理念、原则、路径措施和理论总结。

文化积淀着民族和国家过去、当下全部文化创造和文明成果,也蕴含一个民族和国家走向未来的可持续发展的文化基因。今天的中国在全面建成小康社会、弘扬中华文化、实现中华民族伟大复兴的进程中,面临着日益复杂的国际国内环境,影响国家经济可持续发展、各民族团结进步和社会长治久安的因素愈加复杂,国家文化安全的重要性日渐凸显。

明者因时而变,知者随事而制。习近平总书记提出当前我国国家安全内涵和外延比历史上任何时候都要丰富,时空领域比历史上任何时候都要宽广,内外因素比历史上任何时候都要复杂。新形势下,新国家安全观应时而生。新的国家安全观,谋求的正是集政治安全、国土安全、军事安全、经济安全、文化安全、社会安全、科技安全、信息安全、生态安全、资源安全、核安全等于一体的国家安全体系。求木之长者,必固其根本。习总书记的新国家安全观以发展为根基,在发展中谋安全。

文化兴则国家兴,文化亡则国家亡。对于正在快速崛起的中国,文化已经成为国家维护各民族团结进步、社会和谐,传承弘扬中华文化,抵御西方"文化殖民",建构以社会主义核心价值观为中心的信仰价值体系的重要力量。习近平的新国家安全观强调文化对全民族坚定信念的重要性。贯彻落实总体国家安全观,就能为实现中华民族和平崛起,为人类文明发展作出新的贡献。

中华文化是在漫长的历史发展进程中不同民族文化融合创新形成的有机整体。民族文化是中华文化的有机组成部分,民族文化安全治理也是国家文化安全治理,促进各民族和谐相处、社会长治久安、维护国家利益,构成国家安全的重要力量。云南是中国西南边疆民族地区少数民族最多的省份,拥有 4 060 千米边境线,与越南、老挝、缅甸接界,有 16 个跨境民族。新中国成立以来,云南各民族在中国共产党的领导下,多元民族文化相互交融,营造了民族和谐、团结进步的良好社会氛围,促进了少数民族与国家的同步发展。

一、云南边疆民族文化安全治理的现状与成绩

改革开放以来,云南各级党委和政府高度重视民族文化治理在促进边疆

民族地区团结和谐进步中的保障作用。云南边疆民族文化治理坚持中国共产党的领导，坚持社会主义道路，促进了边疆民族地区社会的稳定发展，推动了脱贫致富，调整了产业结构，完善了经济发展，为全面建成小康社会、与国家同步发展、弘扬中华文化、实现中华民族伟大复兴提供了基础保障。20 世纪 90 年代中期，云南率先在全国提出建设民族文化强省的定位与目标，促进了民族文化的传承与发展。2002 年，党的十六大报告明确提出要推动文化体制改革、发展文化产业、满足人民群众日益增长的文化消费需求。云南省委、省政府审时度势，力求建设民族文化强省，通过文化体制改革，激发民族文化的内生力，培育文化旅游消费市场，促进文化产业与旅游产业的融合，推动民族文化的传承与创新发展，强化了社会主义核心价值体系。国家文化治理理念对民族文化安全治理、民族文化创新发展的引领，营造了云南边疆民族文化繁荣发展、边疆民族地区团结进步、边疆稳定的良好局面。

第一，民族意识与国家意识的形成和强化是文化治理的核心与基石。作为中华民族多民族共同体的有机组成部分，在中华人民共和国各个历史发展阶段，云南各级党委和政府始终将国家利益放在民族文化安全治理的首位。强化文化安全治理的国家意识，将国家利益作为各民族生存的前提和基础，是各民族最高形态的价值追求与实现。党的十八大以来，习近平总书记的系列讲话和云南考察时三大定位的提出，在边疆民族文化意识形态领域影响深远。通过加强基层党组织建设、民族地区文化建设、新农村建设、公共文化服务体系建设，开展社区文化宣传等各种方式，国家利益是全体人民根本利益所在、是各民族根本利益所在这一理念得到贯彻。

在民族文化的意识形态领域，云南各民族自觉维护国家利益，拥护中国共产党的领导，坚持社会主义道路，自觉将民族利益置于国家利益之下。在日益复杂的文化安全形势下，将国家文化的安全和利益与各民族人民的安全和利益看作是同力合构的关系，自觉维护国家安全，维护边疆民族地区的社会稳定。在文化传承与创新发展方面，云南各民族始终将民族文化看作是中华文化的有机组成部分，注重少数民族文化和汉文化的交流与融合，注重民族文化和其他文化的交流与融合，各民族文化在不断交流与融合中，形成了民族文化共同繁荣进步，“各美其美，美人之美，美美与共”的和谐共生局面。

第二，文化传承创新为云南边疆民族文化安全治理营造良好的氛围。云南各民族在长期的共同生产生活中构建了文化间彼此尊重、相互认同的多元文化和谐共生格局。多个跨境民族聚居在边境区域，境内外民族文化的共通性为中国与周边国家互通有无、合作共赢营造了良好的文化土壤，但同时国家文化安全也成为云南边疆民族文化治理的关键任务和内容。多元民族文化的传承创新构成了云南边疆文化安全治理的核心内容。民族文化传承创新的意识在广泛的社会层面得到统一和重视，各级政府部门在国家文化软实力提升的宏观政策引导下出台各类民族文化保护、传承与创新的地方政策与法规条例，将民族文化传承创新作为地方社会、经济和文化全面发展的重要内容齐抓共管；社会各界投入相应力量主动参与民族文化保护和传承创新工作，以民族文化传承和创新利用为内容的文化企业日益增多；民族群体对自身文化的认知度和自信度得到明显提升，传统节庆活动、仪式等在相关部门的支持下得到复兴和创新发展，服饰、手工艺和歌舞等文化要素也在各民族群体的日常生活中得到广泛展示。

民族文化传承创新的内容不断深化、范围有效拓展，民族文化保护和传承从固态的保存陈列转变为活态传承创新，节庆仪式、歌舞展演、手工艺、文化传承人及传承体系、民族群体生活空间等成为文化保护、展示的重点，非遗传承人和文化艺术代表得到各级政府政策和资金的支持，在文化传承方面逐步构建起官方培训、民间师徒传承、培训学校和长短期培训班助力以及与高校合作的综合民族文化人才培养体系。

民族文化传承创新方面的理论研究不断深入，传承创新方式也更加多样化。云南省设立“建设民族文化强省建设指标体系”研究课题，对民族文化传承创新的量化评估和区域间比较研究进行探索。各级加大力度对民族文化的传承创新问题进行深入研究，理论研究和指导实践的水平得到提升；随着地方文化创意产业、文化旅游产业的迅速发展，民族文化传承创新的形式也更加多样化，通过加强创意设计、科学利用民族文化资源、创新民族文化产品和服务，提高民族群体生活水平，形成民族文化保护传承和创新利用之间的良好互促机制。

第三，民族文化产业的发展为云南边疆民族文化安全治理提供经济安全的保障。云南多民族聚居，民族文化丰富多样、各具特色；与东南亚、南亚国家和地区的经济、文化交流自古以来较为频繁。文化多元共生、民族团结、边疆稳定一直以来是云南社会发展的重中之重。依托丰富的民族文化资源，云南在全国较早提出“民族文化大省建设”的发展思路。1996年底召开的中共云南省委六届四次全会通过的贯彻党的十四届六中全会《决议》、加强精神文明建设的《实施意见》明确“努力把云南建设成为民族文化大省”的跨世纪发展重大战略目标。从1999年1月开始，连续举办有关建设民族文化大省的研讨会，并明确提出把发展文化产业作为建设民族文化大省的主要内容之一。2000 年 12 月,云南省出台《云南民族文化大省建设纲要》,提出民族文化大省建设的奋斗目标、主要任务和基本内容。2001 年 12 月,云南省第七次党代会把“建设民族文化大省”列为全省经济社会发展的三大目标之一。依托“民族文化大省”建设的十余年实践,主动融入国家战略,结合云南社会、经济和文化实现跨越式发展的战略思路,进一步提出“推动云南民族文化大省向民族文化强省迈进”的战略思路,把文化产业发展成为国民经济支柱性产业作为实现民族文化强省的重要支撑。经过十多年的努力,云南文化产业发展呈现良好态势,并在多个区域成为促进地方经济发展的带动性、支柱性产业,文化产品和服务的类型与层次得到丰富,地方产业结构得到调整,对外文化交流合作形式多样、内容丰富,文化“走出去”显现实质性进展,走出一条“以民族文化资源为依托,通过文化和旅游业与其他产业的互动发展,通过开发具有民族和地方特色的多种文化产业、业态和产品,培育特色文化产业集群来促进社会和谐发展”的差异化道路,为中西部地区凭借独特的自然和文化资源,践行一种不同于传统物质生产力推动的循环低碳新经济模式提供了“云南经验”。云南文化产业的大发展不断满足了人民群众日益增长的精神文化需求,带动了当地妇女和青年的就业,逐步提高了民族文化的自觉性和自信力,促进了民族地区社会的和谐稳定。同时,云南文化产业的大发展带动民族文化的繁荣,促进云南民族文化多样性的保护传承与传播,为云南边疆民族地区文化安全提供了经济安全的保障。

二、云南边疆民族地区文化安全治理的实践与理论创新

改革开放以来,尤其是党的十八大以来,围绕习近平总书记在云南调研时提出的努力成为民族团结进步示范区、生态文明建设的排头兵、中国面向南亚东南亚辐射中心三大定位,云南构建了“三个纳入”“四个对接”的边疆民族文化治理理论、路径、方法,促进了边疆民族文化治理与国家文化安全和现代社会的对接,积极践行了习总书记建设边疆民族团结进步示范区的期望,维护了边疆民族地区和国家的安全。

(一)“三个纳入”

第一,将文化安全治理纳入国家现代社会治理体系建设,以国家安全治理的指导思想、原则、方针规范云南边疆民族地区文化安全治理,以总体国家安

全观统领边疆民族文化安全治理，强化边疆民族地区文化安全的国家利益。党的十八大以来，云南各级党委和政府把以习近平同志为核心的党中央对国家总体安全的理论和实践的重大创新作为新形势下指导云南边疆民族地区文化安全治理的指导思想，在深入分析研究云南边疆民族文化历史、发展现状的基础上，结合边疆民族地区现代化进程中民族文化安全的现状、问题，尤其是边疆民族地区外来宗教渗透、反华势力干扰、经济社会非均衡性发展现状以及民族地区脱贫致富、文化传承创新中存在的问题，强化民族文化安全的重要性，构建了党委、政府协调统一，省、州市、县区、乡镇、社区五级的民族文化安全治理的综合体系。

第二，将文化安全纳入边疆民族地区长治久安，团结进步示范区建设，用国家现代社会治理的指导思想、原则和目标引领云南边疆民族文化的传承与创新。构建"强政府—大社会""社会治理型"的边疆文化治理体系，加快社会组织的培育和发展，深入推进文化体制改革，形成政府指导、基层文化自治的现代民族文化传承创新体系；出台政策、文件和地方法规条例，强化文化安全在边疆民族地区长治久安、民族团结进步示范区建设中的地位和作用，构建"有法可依、有章可循"的民族文化传承创新制度体系；构建边疆文化治理的高效运行机制，形成依法有序、合作协调、基层建设和综合治理的民族文化传承创新体系；做好国家文化安全相关知识在边疆民族地区的宣传普及工作，将文化安全问题纳入民族团结进步示范区建设的目标、思路和考核评估标准中，构建民族文化传承创新的科学评价体系；完善边疆文化治理的保障体系，以维护国家文化安全为核心任务，构建国家统筹、地方统筹和社会治理互相作用的民族文化传承创新保障体系。

第三，将文化安全治理纳入边疆民族地区理想信念教育体系，用社会主义核心价值体系的指导思想、方针和原则指导边疆民族地区文化建设，强化民族地区文化安全的精神支柱。各种思想文化交流交锋交融是当今世界文化发展的趋势，给边疆民族地区文化安全治理、维护边疆民族文化安全、维护国家安全带来挑战，面对边疆民族地区日益复杂的文化安全治理局面，发挥基层党组织的作用，通过民族村寨、社区文化宣传，基层文化站、千里边疆民族文化长廊建设，深入开展民族地区理想信念教育，用中国梦和社会主义核心价值观凝聚各民族共识，切实维护边疆民族地区的文化安全。

（二）"四个对接"

第一，对接云南边疆民族地区地缘政治和文化生态系统，发挥云南多民族

“大杂居、小聚居”带来的民族文化交流、融合发展的功能和优势，促进民族地区文化的交流与融合，促进边疆民族地区的和谐稳定。在云南民族融合发展的历史上，依托特殊的地理环境和各民族生产生活方式，形成特定的多民族聚居和生产生活的格局，“大杂居、小聚居”的民族分布，形成各民族文化相互交融、和谐共生的发展格局，为边疆民族地区的稳定发展奠定了基础。南诏、大理国时期对中央政府的拥戴为云南边疆稳定积累了经验；明代以后改土归流和屯军戍边推进了中原文化与边疆民族文化的交流；重九起义、护国运动和抗战时期保家卫国的行动强化了云南各民族的国家意识；西南联大成立及文化教育机构南迁，提升了云南各族人民的国民素质；新中国成立以来，三线建设、农垦移民和知识青年上山下乡为民族地区的经济和文化发展注入了新的动力。云南民族文化的发展为云南文化安全营建了良好的文化生态环境，承接云南民族文化包容开放、互相尊重、和谐共荣的文化安全的优良传统是推进云南边疆民族文化安全治理、维护边疆民族地区稳定的重要基础。

第二，对接国家现代社会和边疆民族地区的转型发展，坚持和发展中国特色社会主义，推动边疆民族地区各民族文化与中华民族文化的有机融合，促进云南边疆民族文化传承创新，强化边疆民族文化的国家意识。充分理解和研究国家现代社会发展的必然性和重要性，以边疆民族地区与现代社会有效接轨为转型发展的主要目标，紧紧围绕中国特色社会主义的建设，强化中国特色社会主义先进文化在边疆文化治理中的引领作用，突出中华民族文化与各民族文化、地方文化之间的血肉联系，在边疆民族地区的青少年教育中，着重强调各少数民族的文化是中华文化中不可缺少的有机组成。构建以中华民族文化为核心，地域文化与各民族文化深度融合的边疆文化治理局面，强化国家、中华民族、地区、村落和家庭的文化认同，增强民族群体对国家和长期生活地域的文化归属感；搭建各民族文化的有效展示平台和国际国内文化交流渠道，提升民族群体对自身文化的自信力和自觉力，维护多元文化格局，鼓励和倡导不同民族、不同地域之间文化相互尊重、相互认同。

第三，对接改革开放与边疆民族地区经济建设，发挥云南边疆民族地区民族资源的优势和特征，挖掘民族文化资源，强化民族文化的传承创新，拓展民族地区经济发展的空间，促进民族地区的可持续发展。边疆民族地区社会经济的状况是边疆文化治理、文化安全稳定的重要基础和首要条件。围绕改革开放和新一轮的经济、社会、文化体制深化改革，深入研究改革对边疆民族地区经济社会发展的指导和促进作用，用好国家相关政策，将促进边疆民族地区经济发展与文化治理有机融合，形成经济发展与文化治理之间的良性互动。加强顶层设计和统筹规划，充分挖掘、科学利用边疆民族地区长期以来积淀的自然、文化资源，促进民族文化传承创新，因地制宜地指导民族地区用好最有代表性和竞争力的文化资源，发挥云南边疆民族地区的资源优势和差异性竞争优势，帮助边疆民族地区构建适应现代社会发展需要的产业结构，促进边疆民族地区生产生计方式转型升级，指导和扶持乡村民族群体脱贫致富，逐步缩短边疆民族地区与中部地区和城乡之间在经济收入上的差距，为国家文化安全和边疆稳定创造良好的经济基础。

第四，对接全球化和信息时代的国家文化安全治理，借助全球化和现代信息技术，在重视传播民族文化、提升民族文化影响力的同时，强化民族文化网络空间治理，自觉维护民族文化安全，构建民族文化网络安全体系。在信息化和数字化飞速发展的今天，网络文化安全作为文化事业发展的重要议题已经构成国家非传统安全的重要一极。网络文化安全体系的构建有利于网民正确意识形态的培育，有利于网民健康的价值观、道德观和人生观的形成，有利于健康的网络文化环境的形成，有利于维护城市和谐稳定与安定团结，有利于网络精品文化的推陈出新，有利于网络文化产业的蓬勃发展。从云南民族文化强省战略的建设内容来看，在网络、移动多媒体等技术迅猛发展趋势下，网络文化建设不仅是民族文化建设的重要组成部分，而且事关民族文化强省战略目标能否实现，网络文化建设的基础和前提即是网络文化安全。民族文化网络空间的治理已经成为不可回避的重大现实问题，构建科学的民族文化网络安全体系意义重大，且影响深远。

三、新形势下边疆民族地区文化安全治理的对策建议

全球化时代，国家和地区间的竞争更趋激烈，地缘政治更加复杂，西方反华势力不断加强，边疆民族地区周边国家社会制度、经济发展现状、文化差异较大，与中国的关系复杂多变，边疆民族地区文化安全治理面对的局势严峻。经过“十三五”时期“五位一体”“四个全面”的推进及全面建成小康社会的攻坚努力，我国迈入建设现代化社会主义强国的新时代，人民可支配收入增加，物质生活需求进一步向精神需求转化，社会思潮更加复杂，社会矛盾更加凸显，现代社会的转型发展以及与之对应的社会治理更加趋于复杂。全球化和现代

科技信息技术导致文化治理、文化生产、文化传播也更加复杂，文化治理难度加大。文化建设在促进构建社会主义核心价值体系，文化自信在宣传、坚定道路自信、理论自信、制度自信方面的作用将更加明显。文化在培育社会主义核心价值体系，提升民众道德修养，促进人全面发展，客观认识社会矛盾冲突，舒缓国内外日益激烈的竞争冲突中的调适作用也将更加凸显。边疆民族地区文化安全治理需要在习近平总书记的“新内容、新定位、新结构”引领下，全面纳入国家现代治理体系，同时需要加强对边疆民族地区文化安全理论与实践的研究，全面建构具有中国特色社会主义的民族文化安全治理体系。

第一，强化边疆民族文化安全治理的分类指导原则。针对西北、西南、东北等不同民族地区政治、经济、周边外交形势和文化发展现状，加强对不同民族地区安全治理、文化建设的指导，强化边疆民族地区文化安全治理和文化建设的分类指导。调整边疆民族地区文化安全治理和民族文化建设“一刀切”的做法。对西北边疆民族地区和社会稳定形势严峻地区，进一步加强国家意识、社会主义核心价值理念、社会主义制度优越性、民族团结、社会稳定、同步全面建成小康社会、现代文化生活建设的宣传与传播，消解过强的文化多元主义和民族主义，倡导国家利益与民族利益共生的理念，强化国家利益，宣扬和谐发展的文化理念；对西南边疆民族地区，应重视文化在促进边疆民族地区和谐稳定发展中的地位与作用，重视民族文化在促进地方经济建设、实现民族地区可持续发展中的作用，鼓励文化与旅游、文化与科技、文化与产业、文化与创意的融合发展，实施文化扶贫工程，强化文化在民族地区可持续发展、跨越式发展中的价值与功能，提升少数民族文化软实力和国际影响力。

第二，促进边疆民族文化与民族地区经济社会同步发展。经济安全是文化安全的基础，只有实现边疆民族地区的同步发展与共同富裕，边疆民族文化才能繁荣发展，民族文化安全治理才有保障。在“沿海沿江沿边”全面开放的格局下，在东部沿海城市大型国家文化产品生产、服务体系基本构建完成，公共文化设施建设取得巨大成就，社会参与文化基础设施建设形成良好互动格局下，结合国家“一带一路”倡议及沿边开放政策，在“十四五”规划期间，加强中央政府和地方政府的互动，在边疆民族地区合理布局国家重大公共文化项目。西部民族地区各级党委、政府应主动服务和融入国家战略，在加强地方文化建设的同时，积极对接国家重大文化建设工程、项目，通过重大项目带动边疆民族地区公共文化服务体系建设、民族文化的传承创新、特色文化产业发展，在促进民族文化和地方文化的传承、传播与创新发展的进程中同步全面建成小康社会，促进边疆民族地区的文化安全治理，维护国家安全，力保边疆民族地区长治久安。

第三，构建边疆民族地区文化安全治理的预警机制。边疆民族地区的文化安全治理必须建立在边疆民族地区与国家同步全面建成小康社会、共同富裕、共同发展的基础上。随着全球化、新型城镇化和信息技术时代的到来，边疆民族地区文化安全治理面临更加复杂的挑战，在总结边疆民族地区文化治理的理论创新和系统经验的基础上，针对不同民族地区文化安全的现状，针对民族地区文化的保护与传承、交流传播与创新，针对边疆民族地区文化安全形势严峻的现状，应加快构建和完善边疆民族地区文化安全预警防范、舆情研究等机制，运用法律、行政、市场、经济及其他文化安全管理手段，对可能危及边疆民族文化安全的文化因素和文化力量进行鉴别，及时而准确地做出预先性和警示性的反应。加大边疆民族地区文化安全预警系统建设和管理，强化边疆民族地区文化安全危机监测、整理和分析，建立预警模型，快速反应，及时发布预警信息，有效应对和解除危机。高度关注沿边、沿疆民族地区跨境文化交流活动，做好外来渗透预防控制工作，强化边疆民族地区文化安全监测和预警；正确引导社会舆论尤其是网络舆论，维护跨境民族地区积极向上、生动和谐的思想舆论环境，提供强大的精神文化力量。将边疆民族文化安全纳入国家现代治理体系、国家安全治理体系，运用大数据、GIS地理信息系统，通过对民族文化资源分布现状、民族文化保护与传承、文化交流、文化市场、文化项目、信息舆论和边疆民族地区文化安全动态进行有效的监控与评估，构建国家、省区、地州、县市四级边疆民族文化安全治理的预警机制。

第四，强化信息化时代网络空间的文化安全治理。在文化法治的框架下，加强对网络虚拟空间的文化治理。信息化时代打破了文化的物理空间，文化边界解构，现代信息技术、复制技术、影像技术、编码与解码技术、信息承载与传播技术给地方、民族文化的传播带来极大便利；民族文化在信息化时代，可能成为地方与民族、族群与世界对话的工具，也可能成为引发社会矛盾、社会群体性事件、社会问题、国家冲突的诱因，导致文化在传播过程中的变形、变异、流失。地方文化、民族文化、文化遗产、文化资源通过现代信息技术传播，但民族文化价值和知识产权保护意识和手段较为单薄。由此，文化动态的安全意识是当今生产和科学技术发展，特别是高科技发展阶段文化传承、文化生产必须重视的问题。

当今世界正处在大发展大变革大调整时期，世界多极化、经济全球化深入发展，科学技术日新月异，各种思想文化交流交融交锋更加频繁，由于社会历史、特殊的地理环境等原因，边疆地区经济文化和教育水平总体较为落后，思想观念较为闭塞和滞后，给了境外敌对势力可乘之机，边疆民族地区文化安全在诸多方面面临严峻挑战。“打铁还需自身硬”，在强化边疆民族地区文化安全的同时，更需要用社会主义先进文化引领民族文化的建设，坚定民族文化自信，增强民族文化自信，为边疆民族地区的团结和谐进步提供坚实的保障。

Strengthen National Interests and Build a System of Cultural Security Governance in Frontier Ethnic Areas

Li Yan　Wang Jia

Abstract: The cultural security of the frontier ethnic areas is an integral part of the national cultural security. And it is a state in which the cultural survival and development of the frontier ethnic areas are free from threats and dangers. From the perspective of various factors that affect the survival and development of culture, cultural security governance is a specific measure, or a effective method, or a direct path to promote the modernization of national cultural governance capabilities and promote the long-term stability of the society. As a frontier multi-ethnic region, Yunnan has for a long time made exemplary practical results and theoretical innovations in the harmonious coexistence of diverse ethnic cultures, national unity and progress, and stable development of frontier economy and society. The above-mentioned results are concentrated in the governance systems, which can be summarized as “three inclusions” and “four docking modes”. On the basis of summarizing the current situation and experience of cultural security governance in Yunnan, a typical frontier ethnic areas, this article believes that my country should strengthen classification guidance, synchronized development, establish early warning mechanisms, and network security management to address cultural security issues in frontier ethnic areas under the new situation.

Key words: national interests; frontier ethnic areas; cultural security; cultural governance

“一带一路”研究

第 29 卷

Commentary on Cultural Industry in China

21 世纪海上丝绸之路东南亚沿线国家音乐产权略论*

浙江音乐学院　汪俊昌
浙江艺术职业学院　郑智武

[内容提要]　21 世纪海上丝绸之路东南亚沿线十一个国家的音乐产权受到各国的历史、政治、经济、文化因素影响,有殖民烙印。音乐产权生态环境使这些国家的音乐产权规范显示民族历史特色,国际相关公约也构成它们的重要内容。这些国家音乐产权的五大类音乐产权主体与两类客体存在差异。音乐产权具体的非财产权的三项权能、财产权的五项权能、综合权的三项权能,体现各国音乐产权生态特色。21 世纪海上丝绸之路东南亚沿线十一个国家音乐产权综合反映了各国国情,研究它们对促进我国与这些国家民心相通有重要价值。

[关键词]　21 世纪海上丝绸之路;音乐产权;东南亚;权能

21 世纪海上丝绸之路东南亚沿线国家有十一个经济体,即马来西亚、菲律宾、泰国、印度尼西亚、新加坡、文莱、越南、老挝、缅甸、柬埔寨和东帝汶,前十个是东盟成员国,有七个是亚太经济合作组织成员国。这些国家与中国有悠久的文化艺术交往历史,文化背景相近,而且大多数近百年来经历过殖民统治。在我国 2015 年发布的《推动建立丝绸之路经济带和 21 世纪海上丝绸之路的愿景与行动》中,他们是"一带一路"合作圈上的重要一环。其中,文莱、老挝、缅甸很早就加入了我国"一带一路"倡议。除文莱外,东盟九国都与我国签订了双边投资协定,老挝、缅甸是最早签订协议的国家。在我国推进"一带一

* 本文系 2016 年度国家社科基金艺术学一般项目"'一带一路'主要国家音乐产权制度研究"(16BD061)的阶段性成果。

路”倡议过程中，加强与21世纪海上丝绸之路沿线东南亚十一国民族的民心相通，无疑更重要的是文化交流，而作为文化重要载体的音乐的作用发挥是题中之义。国际文化艺术实践证明，长效的文化交流需要依赖产权制度的认同，因此音乐产权在民心相通工程建设中起着不可替代的作用。本文试图分析影响21世纪海上丝绸之路沿线东南亚十一国音乐产权的生态环境，比较分析音乐产权的主要内容，以期对我国推进21世纪海上丝绸之路倡议提供管道思考。

一、21世纪海上丝绸之路东南亚沿线国家音乐产权生态

音乐产权是音乐权人对其创作音乐表达形式的使用，依据社会行为准则而享有的精神上和物质上的利益。显然，音乐权人如歌词创作者、谱曲创作者、音乐演唱者、乐器演奏者，如何有效创作音乐载体和音乐表现形式，享有因此而产生的物质、精神或者兼而有之的权利，是受多重因素影响的，即音乐产权人受制于音乐产权生态环境。音乐产权生态是音乐产权在特定区域的政治、经济、自然、文化、科技等环境中能动地适应所处环境变迁，根据音乐文化模因，促使音乐产权的生成与环境调适及内在联系，维护音乐可持续发展的一个系统。音乐产权生态“是由一个社会与其环境互动的特殊适应过程造成的”①，基于自然环境、科学技术、经济体制、社会组织及社会价值观念等各种变量的交互作用，呈现“不同民族文化发展的特殊形貌和模式”②。在21世纪海上丝绸之路沿线东南亚十一国音乐产权生态系统中，最主要是国家历史、政治、经济、文化、法制等五大因素。

21世纪海上丝绸之路沿线东南亚十一国的国家历史是影响各国音乐产权的深层次因素。除泰国外，东南亚十国都曾长期遭受殖民统治，音乐产权制度殖民遗迹明显。东帝汶民主共和国简称东帝汶，自16世纪以来曾遭受葡萄牙、印尼等的殖民统治，2002年独立。菲律宾共和国简称菲律宾，16世纪被西班牙占领，后沦为美国殖民地，1946年独立。柬埔寨王国简称柬埔寨，19世纪下半叶被法国、日本占领，1953年正式独立。老挝人民民主共和国简称老挝，19世纪起遭受越南、法国、日本入侵，直到1945年独立。马来西亚16世纪开

① [美]朱利安.H.斯图尔特:《文化生态学》，潘艳、陈洪波译，载《南方文物》2007年第2期。
② 黄正泉:《文化生态学》，中国社会科学出版社2015年版。

始先后被葡萄牙、荷兰、英国等占领，1957 年马来亚联合邦宣布独立，1963 年同新加坡、沙捞越、沙巴合并组成马来西亚（1965 年新加坡退出）。缅甸联邦共和国简称缅甸，19 世纪被英国、日本控制，1948 年独立。泰王国简称泰国，16 世纪葡萄牙、荷兰、英国、法国等先后入侵，1949 年正式定名泰国。文莱达鲁萨兰国简称文莱，16 世纪中期起葡萄牙、西班牙、荷兰、英国等相继入侵，1984 年完全独立。新加坡共和国简称新加坡，19 世纪初沦为英国殖民地，1965 年独立并加入英联邦。印度尼西亚共和国简称印度尼西亚，15 世纪以来葡萄牙、西班牙、英国、荷兰、日本相继入侵，1954 年独立。越南社会主义共和国简称越南，19 世纪中叶后沦为法国殖民地，1976 年全国统一①。现代意义的音乐产权 20 世纪 60 年代确立，东南亚各国大部分也是在这个时期以后真正独立，所以各国历史对音乐产权的影响是巨大的。

基于历史原因，21 世纪海上丝绸之路沿线东南亚十一国的政治制度多样，既有议会制君主立宪制、议会制共和制、总统共和制，也有君主专政政体和人民代表大会制度，由此各国音乐产权制度差异明显。由于长期遭受欧美列强的殖民统治，21 世纪海上丝绸之路沿线东南亚十一国经济发展水平差异很大，各国独立后通过改革逐渐发展，它们对外贸易伙伴比较集中，进出口市场主要是中国、欧盟、日本、美国、韩国、澳大利亚等国。从各国主要产业园区概览看，音乐产业是不可或缺的内容，音乐产权踪影普遍，如柬埔寨特别经济区包括各类行业项目，老挝经济特区包括文化、旅游和休闲区项目，菲律宾自由港有休闲和娱乐综合旅游度假区项目，越南平川工业园区包括旅游等各类行业项目，音乐产权作用明显，尤其是在各国文化服务业方面。

如果说政治、经济因素对各国音乐产权的影响是隐性的，那么文化的影响力十分直接。21 世纪海上丝绸之路沿线东南亚十一国是世界上民族最复杂的地区之一，民族众多，不同国家的民族构成不同；各国语言种类繁多，官方语言与多种常用语言并存；宗教信仰多样，其中伊斯兰教、佛教影响深刻。东帝汶约 91.4％人口信奉天主教，国歌是《祖国，祖国，东帝汶，我们的国家》，15 岁及以上人口识字率 64.1％，广播电视节目覆盖率 90％。菲律宾国民约 85％信奉天主教，有 70 多种语言，高等教育主要由私人控制，全国广播电台中商业电台约占 80％，电视台约 98％为私人所有。在柬埔寨，95％以上的居民信奉佛教，《吴哥王国》是国歌，文教事业因战乱遭受严重破坏，全国有约 30 家电台。老挝居民多信奉佛教，国歌是《老挝人民颂歌》，全国有 14 个省级广播电台。

① 资料来源：中华人民共和国外交部网站，https://www.fmprc.gov.cn/2019/02/15。

在马来西亚，伊斯兰教为国教，华文教育比较普遍，国歌是《我的祖国》，有6个国家电台频道、17个州电台频道；网络普及，2017年15岁以上个人、家庭使用率分别为：互联网80.1%与85.7%、计算机69.8%与74.1%、手机97.7%与98.1%。缅甸85%以上的人信奉佛教，各民族音乐都留有佛教文化的烙印，全民识字率约94.75%，国歌是《世界不灭》，全国有2个电视台、177个电视转播站。泰国90%以上的民众信仰佛教，音乐和佛教有着密切关系，国歌为《泰王国歌》，实行12年制义务教育，全国230多家广播电台以私营为主。文莱以伊斯兰教为国教，国歌是《真主保佑文莱》，各级教育免费，国民识字率为96.5%。新加坡是全球最国际化的国家之一，83%人口有宗教信仰，强调双语、道德教育，国歌为《前进吧，新加坡》，电台中国际电台占20%，广播883家。印度尼西亚约87%的人口信奉伊斯兰教，国歌是《伟大的印度尼西亚》，国家电台覆盖全境，各地的电台有1 800多个。越南国歌是《进军歌》，中央及地方新闻单位共450家①。作为音乐产权的寄寓媒介，音乐的形式、内涵、载体是一个国家文化影响的产物。音乐产权制度是文化制度不可缺少的一部分，一个国家的文化状况深层次全面影响该国音乐产权制度的建立、实施、发展。

表1　东南亚十一国国别主要民族、语言、宗教一览②

	民族(复杂)	语言(丰富)	宗教(并存)
马来西亚	马来、华、印度等	国语：马来语；通用：英语、其他族群语言	伊斯兰教为国教，佛教、印度教、基督教并存
菲律宾	米沙鄢、他加禄等	国语：菲律宾语；官方：英语	天主教、伊斯兰教、基督教
泰国	泰、华、马来、高棉等	国语：泰语；官方：泰语、英语	佛教
印度尼西亚	爪哇、巽他、马都拉等	官方：印尼语	伊斯兰教、基督新教、天主教
新加坡	华、马来、印度等	国语：马来语；官方：马来语、华语、泰米尔语和英语	佛教、道教、伊斯兰教、基督教、印度教

① 资料来源：中华人民共和国外交部网站，https://www.fmprc.gov.cn/2019/02/18。

② 资料来源：《对外投资合作国别(地区)指南：东盟》(2019)，作者结合中华人民共和国外交部网站相关数据统计。

（续表）

	民族（复杂）	语言（丰富）	宗教（并存）
文莱	马来、华等	国语：马来语；通用：英语、其他语言	伊斯兰教、佛教、基督教、道教
越南	京、岱依、泰等	官方：越南语	佛教、天主教、和好教、高台教
老挝	老泰语、孟高棉语、汉藏语、苗瑶语等	官方：老挝语	佛教
缅甸	缅等	官方：缅甸语和英语	佛教
柬埔寨	高棉	官方：高棉语	佛教
东帝汶	巴布亚、马来、波利尼西亚、印尼、华等	官方：德顿语、葡萄牙语	天主教、基督教、伊斯兰教

二、21世纪海上丝绸之路沿线东南亚十一国音乐产权内容规范体系

21世纪海上丝绸之路东南亚沿线十一国中，除东帝汶外，其他国家均已建立音乐产权保护制度，而且各国的音乐产权制度深受殖民历史影响。东帝汶、菲律宾、新加坡、马来西亚、文莱等国音乐产权制度受英国法律影响，菲律宾音乐产权制度沿袭美国制度，越南、柬埔寨、老挝、泰国等受法国与德国等制度影响；东南亚国家深受中华文化影响，中华法系制度对其现行音乐产权制度有深层次的隐性影响力。此外，各个国家内部民族风俗多样，对待宗教的态度不一，即使同一国家也存在各种宗教交织，各国音乐产权制度无不刻上宗教文化的深层次痕迹。21世纪海上丝绸之路东南亚沿线十一国音乐产权制度规定上有诸多相似，主要表现为：国内法常常移植宗主国法律传统甚至直接援用，国内法治水平不高但法律内容却与国际接轨快而且相对全面。同时，由于各国间经济、文化、社会发展水平差异大，音乐产权制度的细节规定呈现诸多差别。21世纪海上丝绸之路东南亚沿线十一国音乐产权保护显现出法制效益不平衡的现象，即制度设置齐全而且严格，但侵权救济效果不理想①。东南

① 李顺德：《东南亚联盟国家知识产权环境研究》，参见 http://freereport.cnipa.gov.cn/detail.asp?id=126。

亚十一国均已加入 WTO，相关国际公约已经于 2017 年全部生效，但各国音乐产权制度具体内容差异较大。在音乐产权保护方面，新加坡位于东亚首位，但东帝汶、柬埔寨、老挝、缅甸等国仍在起步阶段，其他国家通过完善“制度”途径，增加了知识产权包括音乐产权在内的创新指数。

从音乐产权正式规范的法源来看，21 世纪海上丝绸之路东南亚沿线十一国除东帝汶外，都有关于音乐产权的著作权法、含有音乐产权的知识产权法典、含有音乐产权的民法典。近年来，东南亚十一国音乐产权制度的世界影响不断扩大。康奈尔大学、欧洲工商管理学院和世界知识产权组织于 2018 年共同公布的《2018 年全球创新指数》报告显示：2018 年全球创新指数要素包括“制度”，新加坡排名第 5 位，印度尼西亚、马来西亚、泰国和越南的排名继续前移。随着民族独立和民族文化发展，殖民时期的音乐产权制度阻碍了各国文化繁荣、对外开放，从 20 世纪 70 年代开始，泰国、印度尼西亚、马来西亚、新加坡和菲律宾等国纷纷建立适合自己国情的音乐产权制度，目前除东帝汶外，区域内其他国家均以成文法的形式建立包括音乐产权在内的版权保护制度。其中，泰国最早颁布著作权法，其他国家也相继以法律保护音乐人权利。

21 世纪海上丝绸之路东南亚沿线十一国中，由于多数国家被殖民，由美国等西方国家把持的有关国际公约是东南亚多数国家国内音乐产权制度的重要法源，甚至是主要的渊源，有关国际公约是这些国家音乐产权规范体系的重要组成部分。至 2018 年底，这些国家参加了 40 件相关音乐产权多边国际公约，平均每个国家加入前述公约 18.36 件，加入条约率为 45.91%。其中，《建立世界知识产权组织公约》《保护世界文化和自然遗产公约》《保护非物质文化遗产公约》在 2017 年对东南亚沿线十一国生效。《与贸易有关的知识产权协议》《残疾人权利公约》《建立世界贸易组织协定》《东盟货物贸易协议》《关于东盟自由贸易区共同有效优惠关税计划的协议》《残疾人权利公约》于 2016 年对除东帝汶外的其他十国生效。第一部保护音乐产权中作曲作词权的《保护文学和艺术作品伯尔尼公约》，除柬埔寨、东帝汶和缅甸外，其他国家都于 2004 年成为成员。除内陆国家柬埔寨外，其他国家都参加了《联合国海洋法公约》。《促进和保护对东盟投资协议》《经济、社会及文化权利国际公约》有 8 个国家参加，文莱、马来西亚、新加坡国家出于国情考量没有加入。《世界知识产权组织表演和录音制品条约》和《世界知识产权组织版权条约》只有文莱、印度尼西亚、马来西亚、菲律宾、新加坡五国参加。《保护和促进文化表现形式多样性公约》保护本土文化公约，只有柬埔寨、印度尼西亚、老挝、越南、东帝汶参加；《保护表演者、录音制品制作者和广播组织罗马公约》则只有菲律宾和越南两国参加。而且相关国际公约对区域国家影响不一，有些公约对区域国家音乐产权制度影响比较大，加入公约数量某种程度上反映出一个国家音乐产权发展水平的高低；同时，各个国家执行音乐产权相关公约程度也不尽相同，其中新加坡执行最为全面，柬埔寨、老挝、缅甸、东帝汶等不发达国家在执行上存在较大差距。

表 2　21 世纪海上丝绸之路东南亚沿线十一国参加前述 40 件公约的数量统计①

国名	文莱	柬埔寨	印度尼西亚	老挝	马来西亚	缅甸	菲律宾	新加坡	泰国	越南	东帝汶	平均数
加入公约件数	15	20	19	23	18	15	21	21	21	21	8	18.36
占总数%	37.5	50	47.5	57.5	45	37.5	52.5	52.5	52.5	52.5	20	45.91

目前 21 世纪海上丝绸之路东南亚沿线十一国中，东盟成员国遵守《东盟知识产权保护合作框架协议》，该协议规定了遵守国际公约、保护权利人利益、防止权利滥用等原则，还具体规定版权和相关权利、人才训练机构、形成项目行动等内容②。此外，东南亚国家与中国、美国、日本等国达成的相关双边协定也对各省音乐产权制度产生重大影响。

东南亚十一国国别音乐产权主要内容是通过颁行与音乐产权制度内容有关的国内政策与法律规范文献，包括立法部门颁行正式规范、行政正式规范文献、加入的相关国际多边条约，以及各国所签订的双边相关产权协定，很显然，多边国际条约是其重要的制度组成部分。

表 3　21 世纪海上丝绸之路东南亚沿线十一国音乐产权相关正式规范一览③

项　目	国内政策与法律	立法规范	实施细则	行政规范	国际多边条约	双边相关产权协定
东帝汶	4	4	0	0	10	0
柬埔寨	21	12	3	0	29	0

①③　作者不完全统计，数据来源：相应国家知识产权管理机构网站与世界知识产权组织网站（https://www.wipo.int/portal）。

②　参见《东盟知识产权保护合作框架协议》，第 1—3 条。

（续表）

项　目	国内政策与法律	立法规范	实施细则	行政规范	国际多边条约	双边相关产权协定
菲律宾	132	57	77	5	26	5
老　挝	21	12	2	0	28	2
马来西亚	38	10	13	0	22	3
缅　甸	16	10	0	5	17	0
泰　国	18	9	9	0	23	5
文　莱	9	3	1	0	18	1
新加坡	17	6	11	0	25	7
印度尼西亚	9	6	0	1	21	2
越　南	39	26	13	0	25	5

三、21 世纪海上丝绸之路东南亚沿线十一国音乐产权主要内容

（一）21 世纪海上丝绸之路东南亚沿线十一国音乐产权主体

21 世纪海上丝绸之路东南亚沿线十一国音乐产权主体确立，在实践中各国都有法定标准，从主体类型来看，依据主体的基本原理，音乐产权分为原始主体和继承主体。而各国特别规定的音乐产权主体可以分为音乐原始创作者与音乐演绎作品创作者、音乐表演者、音乐机构形式主体、匿名音乐主体、外国人或组织音乐主体。尽管各国规定有别，但都体现本国文化特色，有些还独立设立民族音乐产权主体标准。

第一，音乐原始创作者与音乐演绎作品创作者，他们是音乐产权的主要主体，特别在音乐产业或市场领域，然而具体内容标准各国又不尽相同。菲律宾通过“所有权”主体形式规定了音乐产权主体，如“音乐的作曲家”①以及对音乐的改变者。在柬埔寨制度中，在对音乐创作者产权人主体的推定身份方面，强调 “相互矛盾”的证据而非“相反”证据，对于“有文字或没有文字的音乐作

① 《菲律宾共和国知识产权法典》，第 178 条第 5 款。

品”的作者，包括“共同作者”[①]。马来西亚音乐产权拥有者包括任何有资格获得版权的音乐作品的作者，音乐作词者和演唱者不属于“作者”，因为作者仅指“作曲家”[②]。文莱的音乐权人身份推定规则适用于法律程序，公开发行的录音副本带有标记表明该录音“首次”发布年份或指定国家，副本在被证明相反之前“被推定为正确”[③]。新加坡合格的音乐创作者在创作时是“合资格者”[④]。

第二，音乐表演者判定标准是“实际表演”，各国对音乐表演者的类型、标准以及外延也不尽相同。新加坡“表演”就音乐作品而言，是指作品的声学表现包括通过以机械仪器方式作出的表演[⑤]。菲律宾法律明确将“歌手”“音乐家”以及其他演唱、演奏、演绎或以其他方式从事音乐演出的人归为“表演者”。柬埔寨将音乐家、歌手规定为舞台上的表演者，包括音乐表演、歌唱或以其他方式提供音乐作品的人。依据老挝现有制度，音乐表演者包括歌手、音乐家和以“唱歌”方式表演作品或民间文艺的人[⑥]。泰国的“表演者”指音乐家、歌唱家、唱歌者或以任何其他方式表演的人。文莱原创音乐产权人身份的确认标准是“创造”，借助计算机生成音乐作品的作者“被视为进行创作的人”，雇佣音乐作品除相反协议外雇主是产权的第一个所有者[⑦]。新加坡规定，如果音乐作品由教育机构在活动中表演，则表演“不被视为”是公开表演[⑧]。越南的音乐产权主体是有资格的组织和个人，包括演员、歌手、乐器演奏家和其他从事音乐作品创作的人。

第三，音乐机构形式主体是指音乐生产经营组织，各国都承认音乐组织的产权地位，但制度规范不多，菲律宾规定比较有特色。在菲律宾，经过特定音乐产权人指定的团体也可以成为音乐产权主体，即音乐产权“所有者或其继承人”在获得政府必要认证后，可以指定一个由“艺术家、作家、作曲家和其他权利持有人”组成的团体，由该团体享受“经济或精神权利”[⑨]。显然，该指定团体具有专业性、官宣性、授权性、全权性特征，但更多的具有意定性，有别于其他国家的准音乐产权主体。

---

① 柬埔寨《著作权和邻接权法》，第 15 条(f)。
② 马来西亚《1987 著作权法》，第 3 条、第 9—10 条。
③ 文莱《紧急版权令》，第 106—108 条。
④ 新加坡《版权法》，第 27 条。
⑤ 同上，第 205 条。
⑥ 老挝人民民主共和国《知识产权法典》，第 91 条。
⑦ 文莱《紧急版权令》，第 12—13 条。
⑧ 新加坡《版权法》，2004 年第 52 号法令第 23 条。
⑨ 《菲律宾共和国知识产权法典》，第 183 条。

第四，匿名音乐主体包括隐去姓名或作品身份不明的音乐创作者。文莱法律专条规定了“民歌的录音”，即在歌词未发表、作者身份不明、录制不侵权的条件下，可以将法定档案中的歌曲表演进行合法录音；文莱对于匿名音乐作品，通过“合理调查”无法确定作者身份的音乐产权归政府所有①。新加坡规定了匿名作品的版权期限，除另有规定外，首次刊登音乐作品直至该作品到期为止，音乐作品产权保护期为首次公布的日历年至到期后的70年②。

第五，外国人或组织音乐主体，一般根据多边或双边公约、互惠与对等原则、地域管辖原则确立其资格。外国或国际组织的音乐作品首次在新加坡出版、制作，凡由国际组织控制的音乐作品的产权由该组织所有③。

（二）21世纪海上丝绸之路东南亚沿线十一国音乐产权客体

21世纪海上丝绸之路东南亚沿线十一国音乐产权客体就是音乐载体，究其存在的形式而言，有多种类型，就产生的原创性和附属性而言，常常被分为原创的音乐产权客体和演绎的音乐产权客体。

原创的音乐产权客体就是最初的音乐产权载体，有直接规定音乐产权的国家都承认这种类型客体，没有直接规定的则类推“原创作品”。无论怎样，原创的音乐产权客体强调以原始独创性为界定依据，而不问独创性的数量和形式。菲律宾将音乐作品归于文学和艺术作品，采取直接狭义列举的方法规定了音乐原创作品为“戏剧音乐作品”“有文字或没有文字的音乐作品”两种形式④。在柬埔寨，作为音乐产权的客体属于音乐领域，也能够创造性地“表达思想或情感”，而且该载体属于产品⑤，还明文保护“音乐剧”和没有文字的音乐作品。老挝的音乐载体属于“艺术领域”，无论其表达的模式或形式如何，只要是创作者的原创音乐作品，就予以保护，包括“戏剧音乐作品”“编辑的音符或曲调”⑥，没有要求是形成传统意义上的“作品”为保护要件。马来西亚规定了合格的音乐作品条件是创造者已付出“足够的努力”，使该作品具有“原创性”、该作品已被记录转化为音乐重要形式⑦，这一规定具有自己的特色。缅甸界定了音乐作品范围，除非另有明确规定，音乐作品是指“旋律与和谐的任

① 文莱《紧急版权令》，第14条、第61条、第65条。
② 新加坡《版权法》，第29条。
③ 同上，第184—185条。
④ 菲律宾共和国《版权保护实施细则》，第3条第1款。
⑤ 柬埔寨《著作权和邻接权法》，第2条(a)。
⑥ 老挝人民民主共和国《知识产权法典》，第88条。
⑦ 马来西亚《1987著作权法》，第7条。

何组合”[①]。泰国的“音乐作品”是指为了演奏或演唱而创作的作品，还包括转录的音符或音乐图表[②]。文莱单独规定“音乐作品”是指由音乐组成的作品，包括在“商业刊物”发表的音乐作品[③]。印度尼西亚音乐作品包括有或没有文字的歌曲和音乐、音乐剧，但“国歌”除外[④]。越南还专条设立民间艺术作品产权，民歌属于民间艺术作品范畴[⑤]。

21世纪海上丝绸之路东南亚沿线十一国演绎的音乐产权客体是除了原创音乐载体以外的音乐载体，是再次创作的音乐载体。菲律宾采用理论说明和定义概况的方式规定了衍生音乐载体，主要包括音乐作品的“集合”，以及原创的音乐数据和其他材料的音乐汇编[⑥]。老挝音乐衍生作品包括音乐编创。马来西亚规定音乐作品是指任何音乐作品。泰国的录音是指由音乐、表演声音或媒体录制的任何其他声音组成的作品，但不包括电影的声轨工作或其他视听作品。文莱音乐作品出版物包括音乐作品的表演、广播作品等。新加坡制度规范列举了音乐客体存在形态。越南的音乐包括歌唱、舞蹈、音乐和卡拉OK。

(三) 21世纪海上丝绸之路东南亚沿线十一国音乐产权的权能

21世纪海上丝绸之路东南亚沿线十一国音乐产权内容没有明确统一标准。老挝在知识产权法律文献中明确，新加坡确立了产权独立性原则，越南直接将音乐作品产权分为精神权利和经济权利两大类。从相关规定看，基于相关原理，音乐产权可以被分成三大类：音乐产权人非财产权利、音乐产权人财产权利和音乐产权人综合权利。

1. 21世纪海上丝绸之路东南亚沿线十一国音乐产权主体的非财产权利

音乐产权主体的非财产权利，也就是音乐产权人非财产权利，是产权化或者商品化的人格权，显然不完全等同人格权。这些国家相关制度如果没有直接规定音乐产权主体的精神产权内容，一般地适用知识产权制度中的精神权制度。

首先，音乐产权主体的表明身份权。这是音乐产权人特别是原始音乐产权人第一位的权利，有些国家规定有其特殊性。老挝音乐创作者有权反对复

① 缅甸《1911年著作权法》，第5条。
② 泰国《版权法》，第4条。
③ 文莱《紧急版权令》，第3条、第5条、第7条。
④ 《印度尼西亚共和国版权法》，第40条、第43条。
⑤ 越南《知识产权法》，第23条。
⑥ 菲律宾共和国《版权保护实施细则》，第3条第2—3款。

制、分发、公开演出，但专为制作电影的音乐作品除外。文莱规定音乐作品的作者有权“随时被识别”，还设立了音乐“作品虚假归属权”（False attribution of work），任何人不得把他人音乐作品“错误地归属”自己[①]。新加坡法律确立了音乐产权人主体身份推定原则，即一般音乐作品作者身份的推定、法定设计音乐作品出版人的推定、诉讼中作者死亡的推定原则；还专项规定“作者的虚假归属权”内容，体现未发表音乐作品的产权传递、政府产权、使用产权材料为政府服务等方面[②]。

其次，音乐产权主体的公开权。该权利是音乐载体的公示保障，是实现权利人利益的基础，“公开”的含义、方式和外延不同国家有直接的限定，导致该权能内容产生差异。马来西亚规定的公开发表，是指音乐作品创造者以“足以满足公众合理要求”的方式提供作品，音乐作品的“表演”并不构成作品的发表[③]。文莱规定的出版是指一个或多个音乐作品的全部或任何部分的出版版本。新加坡还特别规定了表演权，版权包括与该作品有关的表演权，而“表演”是指音乐作品或该作品部分的表演（含即兴表演）。

最后，音乐产权主体的保持完整权。该权利是保障音乐载体真实展现给公众的权利，也是音乐文化传播与传承的基础，所以各国都有保持文艺作品完整权制度，但明确规定音乐产权人完整权的不多见。根据泰国制度规定，音乐产权的保持完整权即禁止任何人歪曲、缩短、改编或做任何有损音乐作品的事情；权利人的继承人有权保护已故权利人声誉或尊严[④]。文莱规定，音乐作品作者有权依法禁止他人对其音乐作品进行“贬损处理”，但也规定了除外情形[⑤]。

2. 21 世纪海上丝绸之路东南亚沿线十一国音乐产权主体的财产权利

该权利是音乐产权人最主要的经济权利，各国国情不同，具体内容复杂多样。

首先，音乐产权人专属权。音乐产权人专属权也是音乐产权人的所有权，是一项排他性的绝对权利，一般是指经济性产权类型。在理论上，音乐产权人专属权的权能包括音乐产权人使用权、音乐产权人处分权、音乐产权人标识权、音乐产权人共同专属权四项，但并非所有的音乐产权人专属权都通过这四

---

① 文莱《紧急版权令》，第 80 条、第 82 条、第 87 条。
② 新加坡《版权法》，第 131—133 条、第 196—198 条。
③ 马来西亚《1987 著作权法》，第 4 条。
④ 泰国《版权法》，第 18 条。
⑤ 文莱《紧急版权令》，第 83 条、第 84 条。

项体现出来，实践中往往由不同国家的音乐文化治理制度来体现。菲律宾音乐产权主体专有权，主要内容包括“执行”“授权”或“阻止”其他人行为的权利①；对于视听作品，曲作者或者音乐改编者拥有所有权；在民法典的“知识创造”部分规定作曲家对自己创造的“音乐作品拥有所有权”②。柬埔寨专有权具体涵盖了复制权、向公众传播权、演绎创作权、出租权，权利人授权他人“复制”“向公众传播”和“创作衍作品”，以“音乐符号的形式”“出租”或“公开出借”复制品、音乐制品、音乐数据库③。老挝 2012 年新设立了音乐人专有权，包括音乐产品出租权、公开表演权、数字音频传输公开传播权、向公众传达作品表演权、翻译作品表演权、授权发行权等④。马来西亚音乐产权人的专有权有复制权、向公众传播权、公众表演或播放权、转让向公众发行副本权、商业出租权⑤。缅甸的专有权是指制作或复制权、发表权、机械表演权、交付作品权⑥。新加坡专有权包括音乐作品复制权、公开表演权、向公众传达作品权、改编作品权、对原创作品的所有权⑦。

其次，音乐权人复制权。复制属于音乐权人使用权行为，音乐产权复制权是传播权的重要内容，各国也存在差异。文莱音乐作品的复制包括通过电子手段将作品存储在任何媒介中⑧。新加坡规定的复制作品包括录音的复制品以及体现作品的记录、录制副本等。

第三，音乐权人公众传播权。音乐权人公众传播权主要体现在音乐权人的音乐录音制品制作者权、音乐权人的广播权、音乐数据库创作者权。针对音乐产权进行直接规定的不多，而且常常是概括性规定，但越南在这方面设立比较有特色，主要涉及两个环节，即制作、出口和导入音乐及舞台表演的磁带和光盘环节⑨。泰国“向公众传播”是指通过表演、播放音乐、通过声音或图像引起感知、分发或通过任何其他方式向公众提供作品⑩。

第四，音乐产权主体的转让权。转让权也是音乐产权人实现自己利益的一项重要权利，由于转让方式不同，音乐产权人的转让权具体内容在个案中也

① 《菲律宾共和国知识产权法典》，第 177 条第 4 款。
② 《菲律宾民法典》，第 721 条、第 722 条。
③ 柬埔寨《著作权和相关权利法》，第 21 条(c)。
④ 老挝人民民主共和国《知识产权法典》，第 98 条、第 104 条。
⑤ 马来西亚《1987 著作权法》，第 13 条第 1 款。
⑥ 缅甸《1911 年著作权法》，第 11 条、第 31 条。
⑦ 新加坡《版权法》，第 26 条、第 30 条。
⑧ 文莱《紧急版权令》，第 19 条。
⑨ 《关于音乐和舞台表演的录音带和唱片的制作、出口、进口、发行和业务的规定》，第 4—10 条。
⑩ 泰国《版权法》，第 4 条。

有区别。柬埔寨音乐产权人转让权是通过合同推定合作创作者的经济权利转移，但创作者享有长期使用权和精神权，却不适用经济权利推定转让规则[①]。在文莱，录音权人根据独家唱片合约或许可证获得其权利人的约束。印度尼西亚规定的音乐产权在转让协议达成期限25年内返还给创作者，音乐产权成为遗嘱遗产的也在25年后转回表演者[②]。

第五，音乐产权主体许可权。许可权是音乐原始权人实现自身利益最重要的权利之一，许可方式制约音乐产权的实现程度。马来西亚音乐产权许可证由许可机构授予而非依据许可证制度自动取得。缅甸规定特许权使用费的计算比率，在2年内出售的为2%，届期后出售的为5%，特许权使用费应支付给作者或其合法个人代表[③]。泰国非原创音乐产权的取得是根据音乐作品的汇编或组成，以作出编辑或作曲的人作为归属。文莱设立了专项的音乐产权许可制度，音乐作品的产权许可证涵盖多个作者的作品，音乐作品许可证应向版权审裁处申请[④]。新加坡独立设计“音乐作品的录制”专节，内容涉及录制者录制音乐作品的条件、特许权使用费、录制音乐作品一部分的条件等[⑤]。

3. 21世纪海上丝绸之路东南亚沿线十一国音乐产权主体的综合权利

该类型权利同时具有人格和经济等多重性质，难以明确独立划分其他权利类型，但更符合音乐产权的特征，因为作为表演艺术和时间艺术的音乐，“人”贯穿音乐载体价值实现的始终，所以很多权利具有综合性，现在普遍得以确立的主要有报酬权、追索权、出租权三个。

首先，音乐产权主体报酬权。音乐产权主体报酬权之所以是综合性权利，是因为该权利的确立标准在本体上是基于音乐产权人的身份地位，如名气和专业地位，直接表现却是金钱给付，但两者难以区分又相互依托和表现。而且，音乐产权主体报酬权的确立具有随意性和可变性，常常通过“谈判”来确定，传播音乐载体的数量不是该权利最直接的决定因素。所以，音乐产权主体报酬的确立标准很难统一，除了法定许可外，各国规定的表达形式也不尽相同，直接规定音乐产权人的报酬权不多见。马来西亚规定音乐作品被纳入电影及广播服务，音乐权利人有权获得公平赔偿。新加坡规定音乐作品录制者支付音乐作品创作者使用费、通过粘贴不干胶标签支付版税、向某些海外所有

① 柬埔寨《著作权和相关权利法》，第17条。
② 《印度尼西亚共和国版权法》，第18条、第19条、第30条。
③ 缅甸《1911年著作权法》，第19条。
④ 文莱《紧急版权令》，第71条、第127—128条、第134条。
⑤ 新加坡《版权法》，第57—61条。

者支付版税、零售价格确认方式等内容①。

其次，音乐产权人追索权。追索权在国际上追源于西方国家，而针对音乐产权设立该权利、开展制度实践的国家不多，在国际公约中也只有隐性规定。菲律宾直接设立音乐产品"后续转让所得权"，就是音乐产权人的追索权。依据菲律宾法律，音乐产品"后续转让所得权"包括转售及转租追索权两个权能，即音乐作品或作曲家的原创作品在音乐权人"首次处置后""每次出售或租赁"中，音乐权人或其继承人享有不可剥夺的参与出售或分享租赁收益5%的权利；这项的期限为原始音乐产权有效期以及权利人死后50年②。可见，音乐产权人追索权主要内容体现在：一是权利主体包括词曲作者以及词曲综合体的音乐作品原始权利人，非原始权人继承人以外的其他继受权人；二是权利性质是增益权，即只对原始音乐载体转让之后的每次"出售或租赁收益"进行权利追索，如果没有增益就不存在这项权利；三是权利来源包括"出售或租赁"转移音乐作品，而非仅仅是"出售"，相较其他国家的类似规定，扩大了权利来源，实质增强了音乐人权利；四是收益的法定性，在期限上是有效期和"终生加50年"，收益率固定为增值的5%；五是权利的非继承性和非转让性，其中继承人也受原始权利有效期和"终生加50年"限制，同时"继承人"只能是原始音乐权人的一次性继承人包括法定继承(含转继承)、遗嘱继承，但是不包括遗赠人。

最后，音乐产权人出租权。21世纪海上丝绸之路东南亚沿线十一国中明文规定音乐产权人出租权的不多，老挝与柬埔寨设立音乐人出租权，菲律宾的追索权形式之一是"出租"。柬埔寨的音乐产权人出租权基本内容是：法律没有禁止出租音乐主体、权利人自己或者授权他人来实现该权利；权利客体是音乐载体的音像作品原件或复制品，或者是以音乐制品、音乐计算机程序、音乐数据库体现的音乐作品③。老挝2012年新设立了音乐人的出租专有权，依据规定，出租目的是获取"商业利益"，出租对象是音乐符号形式、音乐视听作品、音乐录音制品或音乐作品的原件或副本，而音乐表演者享有表演的"商业租赁权"④。新加坡从侵权行为禁止方面反向承认了出租权，依据规定，未经产权所有人许可，其他人恶意以"出租"或以"交易方式出租"音乐物质载体，侵犯音乐作品的产权⑤。

① 新加坡《版权(唱片版税制度)实施细则》，第4—11条。

② 杨涛、杨斌：《菲律宾知识产权法典》，知识产权出版社2014年版，第76页。

③ 柬埔寨《著作权和邻接权法》，第21条(c)。

④ 《菲律宾共和国知识产权法典》，第177条。

⑤ 新加坡《版权法》，第32条。

结语

21世纪海上丝绸之路东南亚沿线十一国，与我国是近邻，它们历史悠久，曾经长期深受中华文化影响。近代以来，各国曾长期遭受外来列强的侵占。由于历史原因，这些国家政治体制多样，经济发展极不平衡，多民族、多宗教、多语言等形成不同的文化，宗教信仰对区域民族文化影响全面而深远。这些国家的音乐产权生态造就了音乐产权制度具有强烈的宗主国制度移植，国际公约国内化程度高。所以，熟悉这些国家的音乐产权影响因素，把握它们的音乐产权规范内涵，了解它们音乐产权的主要内容，利用好音乐这一沟通民心的桥梁，对推进“一带一路”倡议的落实具有十分重要的意义。

On Music Property Rights of Countries Along 21st Century Maritime Silk Road in Southeast Asia

Wang Junchang　Zheng Zhiwu

Abstract: In eleven countries along the 21st Century Maritime Silk Road in Southeast Asia, their music property rights are affected by the historical, political, economic, and cultural factors of each country, and have colonial stigma. The ecological environment of music property rights makes the music property regulations of these countries show their national historical characteristics, and relevant international conventions also constitute their important content. There are differences between the five main kinds of music property rights and the two sorts of objects of music property rights in these countries. Specific three powers of non-property rights, five powers of property rights, and three powers of comprehensive rights of music property rights reflect ecological characteristics of music property rights in various countries. Music property rights of eleven countries along the 21st Century Maritime Silk Road in Southeast Asia reflect the national conditions of each country. Researching them is of great value in promoting the exchange of people's minds between our country and these countries.

Key words: the 21st Century Maritime Silk Road; music property right; Southeast Asia; power

文化安全研究

第 29 卷

Commentary on
Cultural Industry
in China

中国文化安全研究的内涵、方法与任务*

国际关系学院　韩志华

［内容提要］ 本文运用中西文化比较方法厘定“安全”与“security”之间的语义差异，以中国文化传统中“安全”意涵为导向，探索中国文化安全的内涵、定位、构成要素、研究任务及理论研究的方法和途径。文化安全是一种状态，在这种状态中，文化具有丰富的容纳性、强大的增展力和适应力。因此，文化的“安全感”应当来自文化内生的生命力，而非对外“威慑性”。随着中西文化交流不断深入，中西文化关系问题始终是中国文化自我更新的重大课题。根本上说，现阶段，中国国家文化安全的主要任务仍是妥善处理中西文化关系问题。

［关键词］ 文化安全；security；文化自信；中西文化交流程度；国家安全

导言

文化，是人与环境互动所产生的物质成果和精神成果的总和。没有任何一种文化或文化形式是纯物质或纯精神的。但在学术研究中常常出现物质现象研究或精神现象研究的二元分离，如 20 世纪 70 年代翻译研究中出现的“文化转向”。实际上，翻译是文化交流的媒介，翻译所传达的内容也是文化的一部分。因此，在翻译研究中注重文化交流或文化现象，这应当是达到良好翻译效果的必要前提。或可说，翻译本身并非纯粹的语言转换，而是基于原语与译语在文化比较和文化交流认知基础上的传达，是目的语对原语的解释。从这

* 本文系“2019 年中央高校基本科研项目”青年教师科研培育项目“总体国家安全观框架下文化安全研究”(3262019T60)的阶段性成果。

个意义上说，文化转向并非新兴研究方向，而是回归翻译本质，是对纯技术型翻译论调的正本清源。再比如文学研究中的文化研究。文学是文化的一种，文学研究包含在文化研究序列中。但文学研究中也常出现文化研究字样，其实，这些研究基本上相当于文学现象或文艺理论研究的衍生。换句话说，文学研究中的非文学研究部分往往被归类为文化研究，如小说中的"花园""颜色""人文主义"等话题的研究。往往，文化研究被认为是游离于各个"学科"边缘的研究，是泛化概念。事实上，文化研究具有广袤的内涵和外延，几乎涵盖所有现象与学科；从学理上很难将"文化学"归于任何学科门类之下。同理，"国家安全学"究竟归于法学还是军事学门类，也难下定论。2018 年教育部印发《关于加强大中小学国家安全教育的实施意见》，设立国家安全学一级学科。"文化安全"理论上应属于国家安全学系列，但到现在为止，学科分类尚未施行。

文化是宏观概念，将物质成果和精神成果容纳其中。因而，文化安全也指所有领域的安全，包括军事安全、国防安全、经济安全、政治安全、法治安全、社会安全、个人安全等，并不仅局限于语言文字、意识形态、价值观等"软安全"领域。在总体国家安全观框架内，文化安全位列其一；在实践应用层面，精神成果、物质成果互通互融；在学理层面，文化安全问题不能被截然分开、孤立探讨。如美国"9·11 事件"，其直接后果是威胁美国国民安全、城市安全、环境安全等；与此同时，它也威胁到国民心理和精神状况、价值观安全，并牵涉国民对国家的信任问题。由此可见，文化是全息的，文化安全研究也应如此。唯有如此，才能打破学科分割导致的片面化论证与碎片化研究，以便更深刻地理解总体国家安全观，树立敏锐的安全意识，更好地维护国家总体安全。那么，什么是"安全"？"security"又指什么？"国家安全"与"national security"内涵一致吗？

一、概念界定："安全"与"security"

《辞源》中并无"安全"词条，较为接近"安全"之意的词条为"安不忘危"，指"太平或安定时不忘危难"①。古汉语文献中，"安全"意涵大致分为：一是政治秩序稳定，与乱相对。如"欲禅以燕国，国乃大乱。……今使人君去此心，则国家安全也"②。二是个人平安，行事顺遂，远离祸患。如"见剧孟，喜曰：七国反吾，乘

① 何九盈等主编：《辞源》上册，商务印书馆 2015 年版，第 884 页。
② （汉）班固撰，《汉书》卷五十一，清乾隆武英殿刻本。

传至此,不自意全”。师古曰“意不自言,得安全”[①]。此意还常见于解易经卦象,如“比:麟趾龙身,日驭三千。南上苍梧,与福为婚。道里夷易,安全无忌”[②]。三是不受侵犯。如“以乌梁海各旗保护俄商货物安全游牧,一再请奖”[③]。四是内心平静。如“无所排进,乃安全耳”[④]。五是修心合于道(离经叛道,即为不安全)。如“临不测之机,表露心识,犹以安全”。[⑤]此外,还表示天下安宁。如“其后世学人之师,皆多绝匿其真要道之文,以浮华传学,违失天道之要意,令后世日浮浅,不能善自养自爱,为此积久,因离道远,谓天下无自安全之术”[⑥]。还表“明哲保身、保全”。如“小人之道盛,侵害之行兴,安全之道废,阴贯鱼而欲承君子也”[⑦]。由此可见,在汉语文献中,“安全”首先指自我内心平静,而后天人合一,人合于道,则国家秩序井然,政治安定。从肇因角度来说,“安全”关乎内治与外患之间的关系。内不治,则内忧丛生,外患不断,国危矣。到清朝,文献中出现的“安全”一词,事关清朝官员保护俄国商人事宜。中国历史源远流长,虽不免大小纷争,但最终“化敌为友、化敌为亲”,形成“多元一体”中华民族,内无隔阂,外无宿敌。从“安全”词条释义可见中国古代“四海一家、家国天下”的世界观,这就进一步佐证鸦片战争之前中国人从未将西方人看作威胁,视为敌人。中国文化中的“安全”意味着内心宁静、政治清明、政局安定和天下太平。直到鸦片战争爆发,中国人的“安全意识”开始萌发,并逐渐由自发走向自觉。

西文中“security”则含义不同。“security”一词在古希腊语中为“τό ἀδέες”,意为无惧的;不紧张,安全;不令人恐惧,不令人畏惧[⑧]。从释义可见,“security”的词源意义在于对外部威胁的感受,“security”的缺失在于“恐惧”,而“security”的保障在于“无惧”。显然,“security”状态的保持在于“勇敢”与“力量”,且勇敢以力量为后盾,这一推断恰好体现出西方文化“崇力”的根本性特征。在阿诺德·沃尔夫看来,“security”是对原有价值体系的保护程度[⑨]。李普曼认为,倘若一国欲避战,不牺牲核心价值;或遭受他国挑战时能

---

① (汉)班固撰,《汉书》卷三十五。

② (汉)焦延寿撰,《易林》卷五·观之第二十,[不明]佚名注,士礼居丛书景刻陆校宋本。

③ 赵尔巽撰,《清史稿》列传三百十一,民国17年清史馆本。

④ (战国)庄周,《庄子》卷第四,(晋)郭象注,四部丛刊景明世德堂刊本。

⑤ (三国)嵇康撰,《嵇中散集》卷六·释私论一首,四部丛刊景明嘉靖本。

⑥ (汉)佚名撰,《太平经》卷三十七·试文书大信法第四十七,明正统道藏本。

⑦ 《易纬乾凿度》卷上,(汉)郑玄注,清武英殿聚珍版丛书本。

⑧ Liddell, Henry George & Scott, Robert, *A Greek-English Lexicon*, Oxford: Clarendon Press, 1996, p.20.

⑨ Wolfer, Arnold, “National Security as an Ambiguous Symbol”, *Political Science Quarterly*, Vol.67, No.4, 1952, p.484.

够赢战，保护既有价值体系；即为“security”[①]。在西方崇力尚武文化框架下，“security”被阐释为一国与他国战争实力的对比，即通过赢得战争来获得“security”，减少恐惧感。这与古希腊词源意义一脉相承。同时，李普曼的“security”虽以价值体系为基点，包括国家政治组织形式、生产方式、财富分配方式，也包括军事组织方式、思想意识形态、精神面貌以及道德价值观等，但最终归结于以军事实力赢得战争，即力的较量。显然，在崇力文化场中，“security”愈益侧重军力和财富，而确保“security”的关键在于以更强的战争/竞争能力“消除威胁”和“消除恐惧”。所以，“security”强调一国的战争力。沃尔夫总结道，“‘security’作为一种价值，每个国家都或多或少地拥有，并渴望付出或大或小的代价来拥有它”[②]。“security”即力，即一国威慑他国和自我保卫能力，其逻辑前提是国与国之间是战争状态。由此可见，中国文化框架中“安全”与“security”并非同一概念，亦不能视为“对等翻译”。“security”并非汉语中的“安全”，而是更接近于“威慑”。这样看来，International Security Study(ISS)实际上是“国际威慑研究”；或可说，在西方文化中，“security”来自国与国力量对比形成的“威慑”。

术语间的意涵差异，与其本源文化结构互根互构。在以“三和”为内核的中国文化中，“安全”指内心平静、民心安稳、政治安定、天下太平；而在以“三争”为核心的西方文化中，“security”指一国相对他国的绝对实力，即赢得战争的能力、形成威慑的实力，如军事、财富等，以此作为获得“security”的充要条件。可见，“security”的实现逻辑在于以绝对威慑力来消除外部环境中“威胁感”与“恐惧感”的能力。这就不难理解为什么ISS能成为横跨军事学、战争学等领域的交叉学科[③]。西方的“national security”侧重一国的自我防御力和对外威慑力，是力的较量，其逻辑前提是国与国之间以“战争关系”为常态。这与中国文化语境下的“安全”意涵截然不同。从人类命运共同体层面上讲，片面强调“威慑”“战争”并非“安全”，而是极大的“不安全”，以“威慑”“战争”作为安全问题研究和安全理论构建的出发点便意味着敌视一切、排斥一切。实质上，从中国文化“安全”的意涵来讲，这种认知便是最大的安全隐患，不但不能防患

① Lippmann, Walter, *U.S. Foreign Policy: Shield of the Republic*, Boston: Little Brown and Company, 1943, p.51.

② Wolfer, Arnold, “National Security as an Ambiguous Symbol”, *Political Science Quarterly*, Vol.67, No.4, 1952, p.484.

③ Buzan, Barry & Hansen, Lene. *The Evolution of International Security Studies*, Cambridge: Cambridge University Press, 2009, p.8.

于未然，还易滋生宿敌，培养宿敌，变友为敌，使国家处于危险之中。中国文化中“安全”首先在于消弭隐患，未雨绸缪，所谓“上兵伐谋”。对“安全”意涵认知不清，将西方术语盲目拿来，根本原因在于中西文化比较视角的缺失。中国语境中的“安全”被西文“security”侵占，这属文化交流过度。单从“安全”与“security”的对译来说，基本术语含混不清，直接导致了理论研究、标准厘定、实践指针甚至安全教育等相继出现偏差，这本身就已危及中国文化自身的文化安全——即中国文化语境中“安全”概念和“安全”意识的断根与被替代。这样一来，什么是安全？如何维护安全？如何避免安全隐患？一系列问题的答案都因“安全”与“security”意涵的差别而需重新厘定，正本清源。综上所述，“安全”一词意涵的界定本身就关涉文化安全；盲目追随西式概念和理论体系，抛弃中华文化中“德化天下”思维方式，以“威慑”为“安全”，从概念意涵、理论研究到学科体系建设，在此过程中的每一点努力和探索，恰恰促成最大的“不安全”。

二、文化安全研究简述

早在1999年，林宏宇提出“文化安全的内涵是本国文化的精神形态不受别国不良文化形态的影响与伤害，保持本国文化固有的继承性与民族性”①。2005年，胡惠林的《中国国家文化安全论》系统地阐释了我国国家文化安全历史成因、动力机制和现实挑战及对策。此后十多年，他相继有《文化产业发展与国家文化安全》(2005)、《中国国家文化安全报告》(2005)、《中国国家文化安全论》(第2版，2011)、《国家文化安全研究导论》(2013)、《文化政策学》(第2版，2015)、《国家文化安全学》(2016)、《国家文化安全治理》(2020)等诸多成果问世，形成系统性、多样性的文化安全研究系列。早在2003年，胡惠林就出版了《文化政策学》，形成系统性的文化政策理论研究体系，包括文化政策起源、性质、主客体、理论演变、制定过程、执行及终止，并研究了中国当代文化政策。2015年该书第2版中加入“国家文化安全政策”。胡惠林的研究将国家文化安全看作有机的社会生命系统，包括文化经济安全、文化政治安全、文化资源安全、文化网络安全、价值观安全、意识形态安全等②，最终回归于文化政策学中的文化管理层面，为国家文化安全研究奠定了系统化的理论体系，为国家文

① 林宏宇：《文化安全：国家安全的深层主题》，《国家安全通讯》1999年第8期。
② 胡惠林：《国家文化安全学》，清华大学出版社2016年版，第8页。

化产业管理提供了重要的理论指导。

关于国家文化安全的其他著述还有曹泽林的《国家文化安全论》(2006)、张志君的《全球化与中国国家电视文化安全》(2006)、潘一禾的《文化安全》(2007)、王佐书的《中国文化战略与安全研究》(2007)、于炳贵等的《中国国家文化安全研究》(2007)、李金齐的《全球化时代的文化安全研究》(2008)、沈洪波的《全球化与国家文化安全》(2009)、艺衡的《文化主权与国家文化软实力》(2009)、涂成林等的《国家软实力与文化安全研究——以广州为例》(2009)、张骥的《中国文化安全与意识形态战略》(2010)、喻发胜的《文化安全——基于社会核心价值观嬗变与传播的视角》(2010)、韩源的《中国文化安全评论》(2010)、张建英的《文化安全战略研究》(2011)、贾磊磊等编的《守望文化江山——中国国家文化安全研究》(2012)、赵波等的《西方文化渗透对我国文化安全的影响》(2012)、韩源等的《国家文化安全论:全球化背景下的中国战略》(2013)、王国强的《云南边境地区学校教育与国家文化安全》(2013)、付瑞红的《文化安全》(2014)、孙宁的《中国共产党国家文化安全战略》(2016)、罗希明等的《教育安全论——基于国家文化安全的视域》(2018)等。此外,还有很多相关论文、研究报告,此不一一介绍。

总体来说,现行文化安全研究多由国际政治学、国际关系学、国家安全学、社会学、传播学、马克思主义思想研究、文化艺术学、历史学、文化政策学等角度切入,普遍关注全球化背景下中国文化安全问题,涉及西方文化扩张、苏联解体的文化因素、中国文化安全战略、民族文化、文化产业管理、文化软实力、国际传播、高等教育国际化等主题。这些研究的理论支持有葛兰西的"文化霸权",卢因的"把关人"理论①、雷蒙德·威廉斯的"阶级利益"②、萨义德"东方主义"和"文化帝国主义"等。以上诸种理论均属西方学者理论架构,共同的出发点是认为不同文化之间是利益相争、非此即彼的斗争关系,这与西方文化"三争"特质互构互进,并呼应"security"的"威慑"内涵。在二元对立思维模式中研究文化安全问题,也只能因循"斗争"这一条路径——即保证自身文化不受侵犯和维持对他国文化的威慑力。因此,苏联解体、美国文化扩张、文化霸权理所当然地成为国家文化安全研究的核心和热点。这样一来,中国传统文化中"安全"意涵遭到进一步遮蔽,由翻译带来的交流过度导致"文化替代""文化侵

① Lewin, Kurt, "Frontiers in Group Dynamics: II. Channels of Group Life; Social Planning and Action Research", *Human Relations*, Vol.1, No.2, 1947, p.146.

② Williams, Raymond, *Culture and Society*, *1780—1950*, New York: Anchor Books, Doubleday & Company, Inc., 1960, p.345.

害”现象愈行愈远，使部分中国人从认知和思维层面将“安全”寄托于“敌对”角力中，忽略了“内安”“心安”维度，显然这样的“安全”是片面的、不完整的。

此外，学界对文化安全定位不同，如有的学者认为文化安全隶属国家安全，是相对于“文化渗透”“文化控制”而言的“反渗透”“反控制”“反同化”文化战略①，维护民族价值观念安全、维护国家精神财富安全及为维护国家安全而采用的文化手段本身的安全都应该成为文化安全的研究对象②。实际上，文化安全是全息的。众所周知，军事或战争手段从实体上威胁国家生存，属于不安全因素；同样，信息流失、生化攻击、金融动乱等同样可在瞬间摧毁一国；更有甚者，民族精神面貌和意识形态问题关乎民心聚散，是关乎一国生死存亡的内部要因。“一个现代国家大厦的安全拱顶，已远不是军队这一根支柱可以独力支撑的。它的屹立不倒，关键在于涉及国家利益的所有领域能在多大程度上形成合力。”③关乎国家安全的因素已然形成矩阵，任何单个因素受损都可能危及全局。又有学者认为，国家文化安全重点在于“安全”而非“文化”，遵循的逻辑为“安全”“国家安全”“国家文化安全”④；脱离了安全主体的文化安全，最终会陷入文化相对主义或文化保守主义困境⑤。根本上讲，这一命题的逻辑前提是将文化阐释为阶级利益。本文认为，文化安全是广义范畴，涵盖国防、军事、外交、对外形象、政治、经济、金融、贸易、信息、遗产、文物、产业、历史、艺术、价值观、意识形态等所有领域的安全，是全方位的安全，是全息的安全。这一概念与胡惠林阐释的概念相符。

三、文化安全、风险管控与安全意识

对古代中国人来说，最大的安全问题莫过于政权安全。实际上，这种“安全意识不足”状态即为文化不安全。而清末民初的《汉语拉丁化方案》无疑是事实上的文化不安全，因为汉语拉丁化意味着母语的消失和整个文化形态的改变。片面引入西方概念，植入并替代中国文化传统，是致命的文化不安全。由此可见，“安全意识不足”或“文化替代”“文化植入”都将导致文化不安全。而这些事件与军事摧毁相比，更加隐蔽和难以察觉，其发挥效用时段更长，是潜移默化的不安全。一般来说，文化变化时段越长，变化效果越不可逆转。从

① 张守富、朱彦振：《经济全球化与中国三大安全》，《党政干部论坛》2000 年第 12 期。
② 沈洪波：《全球化与国家文化安全》，山东大学出版社 2009 年版，第 73 页。
③ 乔良、王湘穗：《超限战》，长江文艺出版社 2014 年版，第 115 页。
④ 韩源：《中国文化安全评论》，金城出版社，社会科学文献出版社 2016 年版，第 12 页。
⑤ 同上书，第 14 页。

效力上说，文化变化所带来的安全隐患，其效力并不逊于战争，甚至远超战争。所以，文化安全问题源自文化交流，表现为文化变化，其典型症状是文化侵略和文化替代。在文化交流中，文化变化幅度由文化承受力、防御力和反应力来决定，这些因子构成文化力。人与环境互动生成文化，因而，文化研究应回归于人本身，即"以人为本"。在此文化原则下，影响文化力的因子主要有文化自信、文化摩擦力和文化安全。其中，文化自信反映文化内在防御能力的强弱；文化摩擦力彰显出文化承受力和抗侵蚀力强弱；而文化安全是文化交流活动的底线①。

从理论层面讲，文化安全并非片面概念，而是一个系统，一种状态。这个系统由许多因子构成。根据因子与安全关联程度，大致可分为近根因子、远根因子、主根因子、次根因子等。何为主，何为次，何为近，何为远，在不同事件和情境中，排列组合方式又不同。从这个意义上说，每次安全事件都有相应的安全因子系统和排列组合方式。或可说，单个安全事件都是复杂事件，是诸多因子连锁反应的合力。如何从个别因子入手，识别和判断安全风险，进而对安全风险进行有效管控，这种风险认知和判断力对确保文化安全至关重要。

从风险认知和风险判断层面讲，文化安全研究涵盖政治、经济、金融、价值观、意识形态、军事、国土、语言、话语等方方面面。实际上，人与环境互动产生的物质成果与精神成果本就不能截然分开。如一幢大楼属于物质成果，但大楼的设计风格又体现着精神成果。所以，文化安全研究是全息、全方位的研究，包括成型的危机和未成形危机、显性威胁和隐性威胁、内部隐患和外来危机、硬性安全和软性安全等。各组类别间并非相互隔绝，而是互相兼容。很多时候，有的因素既属 A 类，亦兼 B、C、D 类。这就在很大程度上避免了由于人为性归类而造成的可能疏漏。可见，安全因素系统是动态、变化且相互关联的，牵一发而动全身。这种动态复杂性和高度不确定性决定了安全研究和安全风险识别、管控、防控工作的难度。

那么，如何识别安全风险，并进行有效防控和管控呢？在人工智能、大数据、云计算、物联概念主宰人类生活的时代，很多人会把希望寄托在高科技领域，以期最大可能地把人类生活痕迹作为安全因素储存入库，把尽可能多的因素以某种算法进行危机关联度推演，用以提供系列方案或方案群作为决策参考。美国兰德公司在这一领域率先实践。2003 年左右，兰德公司推出"长期政策分析"(LTPA)，提倡寻求"鲁棒决策"(Robust Planning)，试图将未来发展中的不确定性纳入运算程序，通过不同情形的假设运算，以海量存储和智能

① 韩志华：《中西文化交流程度研究》，中国国际广播出版社 2017 年版，第 220—242 页。

化选择预测未来趋势①。

从长期效应看，计算机系统在储存信息和处理数据方面比人脑持续时间更为长久。随着数据存储容量的增加，数据库中相关参数和预案在数量方面优势尽显，大数据永远历久弥新。而且，计算机可以做到不间断精确无误地工作，信息搜索功能远比人的记忆力可靠。但问题在于，在所有预案和参数中，依循什么标准进行安全因素或防控预案的运算和排序？这项工作能够完全依循数据吗？在哲学上，这种以工具崇拜和技术主义为导向的价值选择叫工具理性。但对于安全风险的研判关乎人群，目标人群是安全评估中的最大变量，是最大的不确定性。也许通过长期的数据积累，人群的基本特征可能会被收集入库。但在极端状况下，人群的各类指标与平时相比必然出现大幅波动。如何根据具体人群实况进行判断与优先项筛选，归根结底离不开决策者自身的认知能力和水平以及对人群在危机状况下反应的预判，计算机系统只能提供丰富的预选项参考，且数据集合是静态的、有限的。科学再发达，存储和计算方式再精密，都无法替代人脑对现实的即时性判断。另一方面，在缜密的计算程序中，未来变得不再神秘；恰恰由于"计划不如变化"，现实世界往往在不经意中给人类"惊喜"，以实现自身的演进。或可说，现实世界中的不确定性恰恰是世界发展的动力。因为在多数情形下，确定性因子已被提前预知而失效或效用不足。兰德公司起初所采用的应用于市场客户群研究的 LTPA 技术只能在经济营销领域里套取最大化利润，而关乎人类生存安全的不确定性则更加复杂。安全问题常常牵涉极端状况，大部分参数指数与常态可能截然不同，群体或个体的应激表现、生物反应等参数群基本上都会发生变化，这是正常条件下的调查报告或问卷均无法回答的状况。同理，西方学界建构的结构主义、系统论及国际关系、国际政治等领域的理论模型可能与特定研究的应变量、自变量相吻合，但任何结论或模型当有其适用范围和自洽条件，并不能笼而统之地盲目套用。现实世界中的发现问题、分析问题与解决问题，并不是实验室中的纯计算或逻辑推理，而是依托文化根基，在各自文化逻辑中对事态进行预估研判，综合多方因素推断未来可能发生什么，有哪些危害，采取什么措施可减少危害，如出现意外状况应如何应对。这种判断的形成，从根本上来说，还是文化问题。拥有不同文化传统、文化背景、文化认知的人对同一现象

① Lempert, Robert J., Popper, Steven W., Bankes, Steven C., *Shaping the Next One Hundred Years: New Methods for Quantitative, Long-Term Policy Analysis*, California: The Rand Corporation 2003, pp. xi—xvii.

所观、所思、所判各异。因而，国别或族别文化研究、中外文化比较研究对于安全问题研究至关重要；文化研究是打开思维局限的钥匙，也是理解别族、别国和整个世界的渠道。因此，安全研究核心课题是文化安全研究。正确的认知、科学的预判、合理的推演、审慎而精准的行动将使各个领域的专项安全工作在实践中有的放矢，如虎添翼。

习近平总书记指出，"坚持以民为本，以人为本，国家安全一切为了人民、一切依靠人民，真正夯实国家安全的群众基础"①。文化安全作为文化交流底线，能够从最大程度上维护人民安全，体现人民利益。从文化交流程度视角来讲，损害"以人为本"原则的交流是不该发生的交流，是"过度交流"，要坚决避免；而易导致"文化替代""文化侵害"的交流则是"交流过度"，需及时矫正交流程度，如减缓交流速度；而交流发生之前双方应对交流因素有充分的认识，这样才能在交流中适时地把控交流进度、速度与深度，否则盲目交流容易陷入"交流不足"或"交流过度"泥淖，影响交流效果，危及文化安全。同时，应适度扩大交流平台，增进相互理解，促进文明互鉴。文化交流、文化变化都是动态的，因此，文化安全也是动态安全。从这个意义上说，文化安全是一个过程，一种状态。在这种状态中，文化是健康的、鲜活的、富有弹力的，具有强大的容纳性、增展力、适应性。处于安全状态的文化在遇到外部冲击时，会展现出强大的抵御力和自我恢复力；当遇环境巨变时，会展现出极强的适应力即内部重新组合能力。所谓文化安全，其意义不在力量带来的"威慑性"，而在自身"耐力强、容量大，适应性强，生生不息"。

有了这样的认知，便不难理解文化安全是一个过程，一种状态。在状态发生变化的瞬间，文化安全受到威胁。或可说，文化从量变向质变转化时，往往脱离不开一种临界状态，可称其为"文化安全临界值"。那么，这一临界值又当如何界定呢？临界值存在于文化变化中，而文化变化又寄身于文化交流中。因此，文化交流程度即为文化安全临界值。交流失度（即交流不足、交流过度或过度交流）会导致文化不安全。在每次文化交流发生前，安全风险预估程序不可或缺。在"以人为本"的基本原则指导下，从总体安全层面分析安全因子间的内部联动，对交流后文化变化趋势进行综合研判，使文化交流和文化变化认知转化为对交流过程的风险管控：通过评估文化交流程度，调节文化交流进度、速度，尽最大努力减缓或消弭安全隐患，使之处于文化安全临界值范围内，维持文化安全状态。

---

① 习近平：《在中央国家安全委员会第一次会议上的讲话》，《人民日报》，2014年4月16日。

一方面，文化安全涵盖范围广，可将所有的交流形式均纳入分析视野，对交流过程中可能产生的文化变化和结果进行分析和预判；另一方面，文化安全辐射面广，参与性强，是典型的“人民安全”。信息安全、军事安全、国防安全等专业性较强，在有的领域不方便发动全民力量。但文化安全作为常识性认知，能够更好地借助和发挥群众路线优势。从这一层面说，文化安全是建立在人们对军事安全、金融安全、信息安全、经济安全等诸多专业领域安全认识基础上形成的文化意识、文化认知、文化理解和文化习惯。以维护人民的安全、国家安全为底线，以文化交流程度为基准来把握文化安全尺度，杜绝过度交流，避免交流失度。文化安全临界值是文化安全和文化交流的底线。在底线之上，文化交流活力将被极大地激发，交流广度和深度必将大大拓展，无疑，文化安全研究将从客观上释放中西文化交流的巨大潜力。在文化安全状态中，更为频繁和深入的文化交流将在更加广阔的平台上，更为深刻的层面上加速构建和凝聚人类命运共同体。

四、中国文化安全任务：妥善处理中西文化关系

从中国文化传统讲，内心安宁，安居乐业，睦邻友好，即为安全。这样的安全观中没有枪炮硝烟，没有剑拔弩张，更不会威慑他人。中国的传统安全观与中国文化和平内核、和谐基调互构互进；同理，西式“三争”文化必然孕育出“威胁与防卫”的安全观，这与其好战内核和战争基调互生互成。文化是社会生存状态的表征。克己爱人中没有纷争，没有战争，亦无斗争；而且，中国文化尚和平、爱他人的文化禀性还具有消弭安全隐患的功效，即通过克己贵民、爱人助人的道德价值观构建人与自然、与他人及与自己的良好关系，以实现天下大同的和谐局面。“和”是中国文化核心字眼。这样的一种文化理应倍受世人青睐，而中国文化不安全又从何而来？从文化自身来说，内部因子都是自洽的，这种自洽状态是文化常态，是安全的。不安全指文化状态发生变化。有的变化是由于文化自身演化，有的变化则源于文化交流。

哪些变化会威胁文化安全？一般说来，由自身演进产生的变化是文化自然生长过程，是自洽的，这与文化生成的地理环境、气候资源相辅相成，是文化因子相互作用的产物，是文化的历时性发展，相对而言，文化仍处于安全状态。诸多文化因子在长时段生活中互构互进，模塑出“家国天下、世界大同”的文化理念。中国文化倡导“家庭和睦、社会和谐、天下和平”，以此为基调必然孕育

出“与人为善,睦邻友好”交往原则,在处理民族关系、对外关系时多采取化敌为友、化敌为亲的方式化解矛盾和风险,所以,中国文化成为世界上唯一不曾中断过的古老文化。海纳百川的文化气质成就其源远流长,并赋予其顽强的生命力。

自1840年之后的百年,中国文化安全面临的重大任务是如何处理中西文化关系问题。中西文化关系处理不好,不但影响中国与世界的关系,更影响中国自身未来的发展。那么,在中西文化交流中,文化不安全从何而来?表现在哪些方面?衡量标准是什么?如何改善不安全状态?这是目前研究文化安全的重点课题。

第一,文化安全问题产生的结构性根源:中西文化深层结构差异。中西文化深层结构不同可能导致暂时性冲突甚至战争。文化产生之初的农耕生活赋予中国文化较好的生存条件:丰衣足食,礼乐兴焉。中国文化这种开放式结构正映射出中国地大物博、海纳百川、包罗万象。从理论意义上说,中国文化对各种文化因子兼容并蓄,自然也不会排斥西方文化。这种开放型文化结构,在漫长的互助共生中实现不同因子和谐共生。而以航海和贸易为生的古希腊人所模塑的西方文化结构单一,尤重效率,逻辑性强,与其时时面临的生存危机互构互进。在这种文化结构中,所有文化因子必须与主导逻辑一致,以提升整体战斗力。其内在助推力来自外部活动空间的不断拓展。因此,西方文化具有强有力的穿透性和高效率,却不能兼容与之不同结构的文化类型,文化中与主导结构不同的成分会随西方历史进程的转化而渐被剔落,不断更新。从结构上说,西方文化是极具挑剔性的文化类型,很难兼容他种文化,包括中国文化。实际上,正是文化深层结构差异导致中西“礼仪之争”。中国文化精神几千年来一以贯之,而美国恰为西方文化典型代表。开放包容的深层结构决定了中国文化海纳百川,兼收并蓄,“人类命运共同体”倡议的提出是中国文化自身发展和演进的必然结果。从全人类意义上说,中国文化安全关乎未来人类总体文化安全,是值得深入研究的重大课题。当然,中国文化安全并非简单地排斥西方文化。西方文化内部因子自洽,与西方文化产生和发展的地理条件、气候资源、人文传统等互构互进,具有独特优势和特质。在处理中西文化关系上,中国文化要对西方文化深入分析,充分认识,合理吸收,在吸收西方文化的过程中实现自身更新。因而,探索如何对西方文化兼收并蓄,妥善处理中西文化关系不但有利于中西世界探索新的相处模式,更关系中国文化自身改革与发展。

第二，文化安全核心内容：中西文化关系问题。实际上，自从中西文化开展交流起，中西文化都进入接纳对方的过程，只是互相渗入的程度和速度不同。真正加速是在1600年利玛窦进北京，与士大夫阶层交往，中西思想交流由此开始深入，西学东渐过程拉开帷幕。此后，天文学、几何学等自然学科强势进入，清朝士大夫开始接受西方自然科学。中国人的思维方式开始发生变化，只是人数少，比例小，未形成规模。1840年后，西学东渐未曾中断。工业革命后的西方资本、军事力量几乎主宰了世界。亚非拉地区经百年抗争，获民族独立后，西方军事的入侵转为资本输出等方式。尤其在冷战后新国际秩序下，和平与发展成为世界主题，美国作为超级大国，以人才引进、技术输出等方式主宰全世界金融、贸易、科技、媒体、国际组织等，掌控着世界话语权。在这一语境下，发展中国家成为世界工厂，资源、劳力等的输出与收益相差甚远，世界经济发展不平衡现象愈发突出。近代中国不断地自我反省，甚至准备汉语拉丁化。语言文字是一国文化的基因和密码，教育、政治结构、经济结构等因素的改变将改变中国文化的内在气质。如此变动属于文化不安全。那么，这是否意味着中国文化学习西方必然将改头换面？不尽然。中西文化在深层结构上差异很大，如何弥合裂痕，跨越鸿沟？很重要的途径是中西文化交流。交流越少、越不充分，相互间猜疑越多、误解越多甚至相互敌视，不免剑拔弩张，诉诸战争。如果两种文化互相了解得充分一些，误读误解少些，将会更好地交流，并助益深层交流。值得强调的是，中国文化的西化和西方文化是两种概念。前者指中国文化中适度地吸收西方文化成分，但中国文化深层结构不变。后者指沿袭古希腊罗马、近代民族国家等建立起来的西方国家群体，他们共享相同或相似的深层文化结构。崇武尚力的文化，其骨子里崇尚英雄和荣誉，因而，只有用实力赢得胜利，才能赢得对方的尊重。中国国民生产总值(GDP)排位世界第二，这是中国经济体制适度合理吸收西方运营模式后的成果。另一方面，政治领域也不断推陈出新，如“一国两制”模式的提出，在维护国家主权和领土完整方面探索出新路子。同时，通过政府机构改革，不断提升治理能力，转变政府职能，增强服务功能，更好地释放社会各群体的活力。此外，政府的宏观调控，有效抵制国际金融市场动荡，在屡次金融危机中力挽狂澜，为区域稳定和全球安宁造福。

第三，文化安全关键变量：文化自信。2011年中国正式提出“文化自信”问题。文化自信是对自身文化的认可与肯定，是文化赖以生存和发展的动力源泉。如果拥有足够的文化自信，即使面临战场上的暂时失败，民众仍可从精神上团结起来，“楚虽三户，亡秦必楚”，国家重建指日可待。相反，如果文化自信缺失，人心涣散，国将不国。因此，文化自信是文化安全的重要精神保障，树立并坚定文化自信无疑是保障文化安全的坚固长城。

那么，文化自信来自哪里？来自军力强大或经济发达吗？按照“security”意涵，军力或经济强大所带来的威慑即“安全”，即自信；而在中西文化比较视野下，文化先进与否的评价标准又是什么呢？军力先进意味着文化先进吗？经济发达意味着文化先进吗？显然是否定的。那么，文化先进与否的评价标准应该是什么？诚然，新中国的成立让中华民族得以重新确立文化自信；GDP排名世界第二也大大提升中国人的自信。但从深层意义上说，这种自信只停留于感觉层面，并随着军力、经济指标排名的变化而不断波动，是对“security”意涵和西式文化评价标准在认知层面的接受，并非对“文化自信”本身的理性认识，不能形成可靠的理论依据。换言之，这种建立在力量之上的文化自信并不坚定；尤其当自身力量处于相对弱势时，文化自信会随之减弱，受到质疑，进而重蹈覆辙。而身处波谷的文化，其实最需以强大的文化自信来支撑，才有可能触底反弹。可见，以力量对比为基准的自信是一种感性的文化心情，而非理性意义上的文化自信，并不利于文化长时段的健康发展。这样的认知误区，尤其在生死存亡关键时刻，往往成为最大安全隐患，威胁到文化生死存亡。实际上，文化自信是人们对自身文化的深层认知。只有深刻理解本国文化内在精华，并将之转化成民族气质，代代传承，筛选积淀，文化自信才能真正转化成维护文化安全的力量。因此，运用中西文化比较视野从认知层面厘清文化自信的源头——文化先进性评价标准问题，是确保文化安全的根本性问题。

那么，文化先进与否的评价标准究竟是什么？辜正坤先生认为，先进的文化让人向善，落后的文化让人趋恶。和平仁爱是善，好战征服是恶。和平内核、仁爱基调，从根本上注定了中国文化的先进性。这种先进性并不能保证时时处处中国文化都占据上风，引领世界。“军事强，文化先进；经济发达，文化先进”的认识误区，使得近代以来相当长一段时期中国饱受文化自信不足的困扰，在与西方文化交流过程中，没有能力进行自我保护和自我修复。因此，只有从认知方面对文化自信和文化先进性评价标准问题正本清源，校正文化评价标准，才能正确定位中国文化，深刻认识中国文化所处阶段，明确中国文化未来使命，妥善处理中西文化关系和中国文化中传统与现代关系问题，才能更好地理解国家文化安全内涵，理性地维护国家文化安全。

因此，中国文化安全研究的任务是通过中西文化比较，在总体国家安全观理论框架下，正确认识和处理中西文化中语言文字、价值观、表述方式、意识形态、审美与教育、经济、政治、军事、金融、国家治理等全部领域中的中西文化关系问题，尤其要重新认识中国传统文化精髓，在实践中不断继承和完善我们党的先进理论体系，理性认识西方文化，探索有效吸收西方文化优势的路径和方法，为中西文化深层交流搭建平台，在全人类共同关注的领域加强合作沟通，为中西文化交流的深入发展提供认知支持，促进中西文化适度交流，为中国文化自我发展和更新提供精神动力，更好地理解和把握总体国家安全观丰富内涵，为维护国家安全实践提供有益的理论参考。

结语

在总体国家安全观框架中，文化安全与其他专业性安全如政治安全、国防安全、经济安全等同属并列关系。然而，在研究和实际操作层面，文化安全与其他类型的安全同根互构互进，难以截然分开。因为文化是人与环境互动所产生的物质成果和精神成果的总和，物质成果与精神成果往往一体两面，不能片面言说。显然，安全问题不能仅仅局限于军事安全、国防安全，应当还原完整的文化意识，即大文化概念，将人类与环境互动所产生的物质与精神成果结合起来，形成全方位、长时段的文化安全观。在这种理念下的文化安全研究，才能真正地将总体国家安全观提出的“新任务、新使命、新挑战”圆满完成。同时，文化安全研究侧重于认知层面的理论突破与实战研判。就中国文化目前状况来讲，中西文化关系问题是中国文化安全的关键环节。只有通过运用中西文化比较方法论，从理论上突破思维定势，厘清文化发展、文化交流与文化变化的种种认知误区，才能进一步认清中西文化特点，妥善处理中西文化关系，对文化交流和文化变化进行更为确切的研判和精准干预，从而在守住文化安全底线的前提下，尽最大力量搭建双方充分交流的平台，让中西文化在文明互鉴中互构互进，而非互抗互斗。在适度交流中促进中西文化健康、良性发展。因此，与国防、军事、金融、网络等具体领域的安全研究相比，文化安全似乎着眼于更长效、非直观层面的理论构建、实践分析与评估研判。但抽象理论又建基于单个领域具体的安全实践。从这点来讲，文化安全研究既不隶属某个专项领域，又事关所有领域发展动态，是以全面视角对文化交流和文化变化进行过程分析、效果预判、风险评估和适度管控的宏观文化研究。当前情形下，中西文化关系、中西文化交流程度问题成为中国文化在处理对外关系、协调自身传统与现代因素中的重要课题。在预判、评估和管控风险层面，运用中西文化比较视角，辩证地看待各个专项安全领域之间的内在联系，科学理性处理中西文化关系，深刻理解和把握文化交流和文化变化规律，是探索建立系统的文化安全理论的重要前提。在由“意识到理论，理论到认知，认知到实践”的研究过程中，从根本认识上正本清源，如对中国文化语境中“安全”意涵的恢复，是以正确理论指导正确实践的关键步骤。这也是中西文化比较作为方法论进行文化安全理论研究的意义所在。

A Brief Introduction to Culture “Ān Quán”

Han Zhihua

Abstract: Etymologically speaking, Chinese expression “ān quán” is not equivalent with security, which calls for Chinese interpretation of “ān quán” instead of following western theories of security and national security. This paper explores the matrix of holistic security, inferring that culture vitality is the core of security cultivation and a better culture communication between China and the West is a good solution to culture “ān quán”. In perspective of cultural comparison between China and the West, this paper upholds that culture “ān quán” is a state or process with all potentials and full tenacity. However, security in western context underlines power and the ability to deter, which alarms the problem of culture “ān quán” via translation. Actually, the replacement of culture “ān quán” by security ought to be the most serious “ān quán” problem. Thus, proposing proper degree of cultural communication between China and the West is the key to culture “ān quán” at present.

Key words: culture “ān quán”, security, culture confidence, degree of culture communication between China and the West, national “ān quán”

文化领导权视角下的文化安全*

中央党史和文献研究院　郭海龙
北京市海淀区人社局　徐红霞

［内容提要］　葛兰西的文化领导权理论诞生后在西方得到广泛研究。法兰克福学派等对其进行了理论演进；西方社会主义政党放弃文化领导权、西方的合作社运动和英国费边社的渗透策略等对其进行了实践印证，从而充实并拓展了文化领导权的内涵和外延。文化安全肇因于文化领导权导致的文化"势差"，西方是文化方面的强势方，掌握着文化领导权（文化霸权），并对弱势的社会主义国家和发展中国家进行渗透，以达到控制这些非西方国家的目的。面对西方的文化渗透，非西方国家不应陷入"过度安全化""恶意安全化"的陷阱，而应在意识形态领域采取积极防御政策的同时，在非意识形态领域坚持有原则的开放，从而积极参与国际竞争。由此，应在独立自主的基础上，博采众长、为我所用，从而通过吸收人类一切优秀成果促进自身创新，促进本国文化茁壮成长。

［关键词］　文化领导权；文化势差；渗透；积极防御；有原则的开放

"文化"一词，源远流长。《周易》中提出了"观乎人文，以化成天下"的说法，这被认为是"文化"一词的出处。人文是对人的规律性认识，也就是说，包括物质和精神层面的认知在内，文化是围绕人的集体生活产生的规律性认知。由此产生了一系列与文化相匹配的词汇，如仰韶文化、快餐文化、恋爱文化、亚文化等等。文化安全的出发点就是对已经成为集体习惯的生活方式进行维护，避免外来干扰导致人们生活紊乱，从而避免带来不安或恐慌。文化安全是关涉生存方式与核心价值观的重要安全领域，是总体国家安全观的重要内容

*　本文系中央党史和文献研究院（中央编译局）2020年度国家高端智库课题"列宁文化领导权思想对我国文化安全建设的启示"（20ZK43）的研究成果。

之一。重视和守护中华民族的精神家园，既是提升国家软实力的选择，亦将赢得更多的国际认可与尊重。《中华人民共和国国家安全法》强调，国家坚持社会主义先进文化前进方向，继承和弘扬中华民族优秀传统文化，培育和践行社会主义核心价值观，防范和抵制不良文化的影响，掌握意识形态领域主导权，增强文化整体实力和竞争力。

一、文化领导权的演化：理论演进和实践印证

文化领导权理论诞生后，以法兰克福学派为代表的西方学术界在理论上拓展了文化领导权的内容，以合作社运动为代表的实践印证了文化领导权理论的正确性，促进了理论升华和相关理论的演进。

（一）文化领导权的理论演进

文化领导权由意大利共产党领导人葛兰西提出，是一个具有一定的历史渊源的文化哲学术语，诞生于20世纪上半叶的西方。马克思的作品并没有直接涉及文化领导权，只是在《德意志意识形态》等著作中有间接体现："统治阶级的思想在每一时代都是占统治地位的思想。这就是说，一个阶级是社会上占统治地位的物质力量，同时也是社会上占统治地位的精神力量。支配着物质生产资料的阶级，同时也支配着精神生产资料，因此，那些没有精神生产资料的人的思想，一般地是隶属于这个阶级的。"①以此为基础，列宁进一步发展了"灌输论"，为俄国建立一个新型的、战斗的无产阶级政党提供了思想基础，并由此领导十月革命取得了成功。在总结十月革命以后俄国社会主义建设经验时，列宁明确提出了"文化主义"：俄国在落后条件下向社会主义过渡过程中，要保证党的先进性和纯洁性，必须在思想文化方面保持优势。第一次世界大战后，无产阶级革命在西方其他国家遭遇失败，引起了人们的反思。以意大利共产党领导人葛兰西为代表，西方国家无产阶级政党领导人深感资本主义国家机器的强大，这种强大不仅是政治经济方面的，更是文化方面的。受"灌输论""文化主义"启发，葛兰西提出了文化领导权理论。这一过程正如陶里亚蒂所说："列宁主义在世界舞台上的出现和发展是作为思想家和政治活动家的葛兰西的整个演进的决定性因素。"②

① 《马克思恩格斯选集》第1卷，人民出版社2012年版，第178页。

② ［意］恩内斯托·拉焦尼埃里：《陶里亚蒂论葛兰西》，袁华清等译，人民出版社1983年版，第186页。

在葛兰西看来，在以俄国为主的东方专制主义国家，市民社会力量弱小，阶级统治主要是通过政治强制来实现的；这样的政权也可以理解为一定社会集团的统治工具，是强制机构暴力统治的机器，警察、监狱、法庭等就是国家的象征。西方的情况则完全相反，国家政权从属于市民社会，葛兰西把国家政权形象地比作"前沿的战壕"，把市民社会比作"强大的堡垒和工事体系"。"战壕"一旦摧毁，还有稳固、复杂的市民社会作为坚强的后盾。市民社会不摧毁，也就不能真正掌握国家领导权。社会主义在思想文化方面原本具有优势，但却面临资产阶级文化领导权的侵蚀。因此，要想革命成功，必须摆脱资产阶级文化领导权，并首先在市民社会建立起无产阶级的文化领导权。

在此基础上，葛兰西认为，在西方国家，对无产阶级来说夺取市民社会的文化领导权更为重要。文化领导权的本质是教育关系，靠先进的知识分子不断批判资产阶级的文化意识并弘扬无产阶级文化意识的方式来实现。"社会集团可以而且甚至应该在夺取到国家政权之先就以领导者的身份出现（这就是夺取政权本身的最重要的条件之一）。而后这个集团取得政权，即使很坚固地掌握着它，成了统治者，同时也应该是一个'领导'的集团。"①同理，如果一个国家灭亡了，只要文化宣传阵地依然存在，这个国家迟早要复兴，如犹太人在国家灭亡之后还能发起复国主义运动，并在敌人环伺的故土建立了中东强国以色列；但倘若一个国家和这个国家的文化宣传阵地同时消亡了，这个国家也就永远消亡了。

葛兰西的文化领导权理论提出之后，受到了西方理论界的重视和发展。以法兰克福学派为代表的大众文化意识形态批判论与以齐泽克、詹姆逊等为代表的后现代马克思主义意识形态批判论，揭示了意识形态在文化工业和消费主义盛行的发达资本主义条件下存在方式的改变，对发达工业社会的大众文化消费和全球化时代资产阶级意识形态的隐蔽性与虚伪性进行了无情的揭露和批判。

第一代西方马克思主义者认为，随着工业文明的发展和市民社会的兴起，资本主义的商品结构产生了一种让人彻底丧失自主性的"物化意识"。卢卡奇认为，资产阶级意识形态在道德和精神领域获得了"文化—意识形态领导权"，使得"文化已成为贯彻资产阶级意识形态的自发性工具"②。

---

① [意]安东尼奥·葛兰西：《狱中札记》，葆煦译，人民出版社1983年版，第317页。

② 涂成林等：《国家软实力与文化安全研究——以广州为例》，中央编译出版社2009年版，第11页。

在此基础上，法兰克福学派的重要人物马尔库塞提出，无产阶级政党要取得反抗资产阶级的革命成功，就必须首先夺取资产阶级在意识形态领域的文化领导权。“革命的命运（以及与此相关联的是人类的命运）要取决于无产阶级在意识形态上的成熟程度，即取决于它的阶级意识。”①法兰克福学派还以“单向度的人”“文化工业”等为批判对象，揭示了文化快餐、流行文化等西方世界存在的文化现象对人的解放的误导，对文化领导权理论进行了发展。法兰克福学派认为，在当今资本主义社会，作为政治范畴的意识形态并没有真正消失，只不过是将资产阶级意识形态的权力与统治转化为更加隐秘的文化工业和消费主义的大众文化。资本主义社会正是通过日益发达的大众传媒、文化休闲娱乐等精神麻痹的方式使人们逐步放弃独立思考的能力，以“牺牲了他们的时间、意识和愿望”②为代价陷入一种对物质狂热追逐的“虚假需求”中，并逐渐丧失了自己最深层的价值追求和自我认知，成为在快乐的幻象中逐渐失去了个性和反抗欲望的“单向度的人”。因此，在法兰克福学派指出，当今资本主义大众文化已经异化成一种“文化操控”，完全成为资产阶级实行意识形态控制的隐蔽工具，成为维护资本主义社会秩序的一种新的控制手段，也是西方霸权国家维护其在全球主导地位的重要控制手段。

后现代马克思主义意识形态批判论也不乏类似的主张。詹姆逊基于后现代主义立场提出：“在现代主义主流文本中正如在资产阶级日常生活的表象世界上一样不再明晰可见，并被累积的物化无情地赶入地下的政治，最终变成了一种真正的无意识。”③因此，在詹姆逊那里，后现代资本主义社会的意识形态并不是弱化或消失了，而是以不同于过去社会的显性的意识形态方式继续存在，无处不在的大众文化和日常消费所承载的虚拟观念、阶级幻想的政治无意识话语都是隐而不彰、不易觉察的，它让人们沉迷于对自我身份的幻想之中而丧失了对自身处境的真实判断，最终沦为资产阶级意识形态的俘虏。值得注意的是，当今西方国家正是利用这种“政治无意识”伪装，加速在全球输出资本主义意识形态，这被布热津斯基称作“奶头战略”，即让人们像婴儿那样满足于奶头提供的口腹之乐，丧失对资本主义文化入侵促成“和平演变”的辨别力和反抗意识。

---

① ［匈］卢卡奇：《历史与阶级意识》，杜章智等译，商务印书馆 1992 年版，第 129 页。

② ［美］赫伯特·马尔库塞：《爱欲与文明——对弗洛伊德思想的哲学探讨》，黄勇、薛民译，上海译文出版社 1987 年版，第 71 页。

③ ［美］弗雷德里克·詹姆逊：《政治无意识》，王逢振、陈永国译，中国社会科学出版社 1999 年版，第 267 页。

（二）文化领导权的实践印证

西方社会主义政党放弃文化领导权、西方的合作社运动和英国费边社的渗透策略等对文化领导权进行了实践印证。

1. 西方社会主义政党对文化领导权的放弃

20 世纪，社会主义在东方跌宕起伏的同时，西方的社会主义（即社会民主主义）并非一潭死水，而是经历了从科学到伦理的嬗变。①

19 世纪中叶，在马克思主义的指导下，社会主义实现了从空想到科学的飞跃。作为社会主义重要流派的社会民主主义起初的科学属性体现为其在 19 世纪中后期与科学社会主义是可以替换的同义语。然而，半个世纪之后，在时代因素的作用下修正主义出现，使社会民主主义开启了伦理化进程，但其依然保持着科学社会主义基本原理，只是放弃了革命道路，转向改良主义。20 世纪中叶，民主社会主义的出现，使社会民主主义出现了阶段性的系统伦理化成果，使社会民主主义彻底悖离了历史唯物主义。冷战结束后，“社会民主”②“社会—主义（Social-ism）”③和“进步主义”④使社会民主主义进一步突出了伦理特性，回到了自由主义左翼立场⑤。社会民主主义将向何处去是一个值得深入研究的课题。这印证了文化领导权的正确性：西方社会主义之所以没有

---

① 郭海龙、徐红霞：《社会主义从科学到伦理的嬗变——大历史比较视野下社会民主主义发展趋势的演化》，《科学社会主义》2020 年第 1 期。

② 这一词表明，社会民主主义政党以争取民主制度中“社会的”内容为目标，不再企求作为制度的社会主义去取代资本主义，其核心是放弃制度替代。“社会主义在理论上和实践中设计并实际建立一个替代的经济制度的尝试应当被看作是最终失败了，……只有在经济制度和整个社会之间作出明确的区分，才能挽救社会主义的概念”（参见中央编译局世界社会主义研究所编：《当代国外社会主义：理论与模式》，中央编译出版社 1998 年版，第 261 页；[德]托马斯·迈尔：《社会民主主义的转型》，殷叙彝译，北京大学出版社 2001 年版，译者前言第 11 页）。这意味着“政治的扩散（Entgrenzung）：政治决策向社会的转移”（参见[德]托马斯·迈尔：《社会民主主义的转型》，殷叙彝译，北京大学出版社 2001 年版，第 89 页）。

③ 时任英国首相的布莱尔认为，只有社会主义以伦理社会主义作为统一特点再次出现，工党才能重建并上台执政（Tony Blair, “Socialism”, *Fabian Tract*, No.565, London: Fabian Society, 1994）；这种“社会—主义”是基于这样一种道德主张：“每个人都是互相依存的，他们之间互尽义务，完善的社会支持其内部个人的努力，共同的人性要求给予每一个人一个能发挥作用的舞台，只有认识到他们互相依存，个人才能成功”（Tony Blair, *Let us Face the Future*, Fabian Pamphlet, p.571）。

④ Poul Nyrup Rasmussen and Udo Bullmann, “The Social Democracy To Come”, *Social Europe Occasional Paper*, No.11, 2016.

⑤ 当时，伯恩施坦的修正主义思想在资产阶级自由派中引起共鸣，用他自己的话来说，就是各种各样的称赞“雪片似的”飞来。其中最突出的是德国民族自由联盟创始人和自由思想联盟领导人之一的弗里德里希·瑙曼（德意志第二帝国时代社会自由主义的一个重要代表人物，希望德国社会民主党成为德国自由主义的核心力量）。瑙曼认为，德国社会民主党在政治光谱中的定位应当是民主主义或自由主义的左派（参见殷叙彝：《弗里德里希·瑙曼和德国社会民主主义》，载陈洪捷主编：《北大德国研究》2005 年版，第 169、174、175 页；张世鹏：《社会民主主义与自由主义的相互渗透》，《欧洲研究》2006 年第 2 期）。

成功,根源上是因为放弃了文化领导权,其意识形态发生蜕变,作为指导思想的社会主义出现了从科学到伦理的嬗变。西方社会主义政党意识形态发生蜕变,实质上是在意识形态领域放弃了历史唯物主义这一彻底的唯物主义历史哲学,从思想上放弃了历史唯物主义的文化领导权,转而屈从于以新康德主义为哲学基础的一系列资本主义改良思潮,进而在政治行动上放弃了对资本主义的反抗,被资本主义同化,从"资本主义的掘墓人"先是变成了"资本主义病榻边上的医生",进而变成了"资本主义遗嘱的执行人"①。

2. 合作社与新社会运动在文化领导权方面的缺憾

西方社会的合作社与新社会运动在文化领导权方面的缺憾,印证了文化领导权理论,并为创新文化领导权理论提供了素材。

在西方社会,合作社运动源远流长,并被认为是资本主义社会的"社会主义细胞"②。西方学者认为,工人自治企业等合作社运动在从资本主义到社会主义的变革过程中有着重要作用,仅仅靠参与"组织民主"的事实,合作社运动通常就会被认为"更加公正、平等、自由"③,因此,工人自治企业的民主和平等精神与非资本主义或反体制构想的亲缘关系被认为是理所当然。也就是说,合作社促进社会变革的角色中暗含一种说法:组织形式可产生并传播蕴含特定政治经济利益的观念或思想。例如后福特主义生产组织方式反对福特主义,强调合作和分权,核心是自由、合作和"自下而上授权"④,为反体制的文化力量铺平了道路,它假设了一种不断适应变化的替代制度,即人们能在保证平等和经济安全的同时追求灵活性和自由。

该说法存在一定的理论依据。正如马克斯·韦伯所论,教派等特定组织的伦理可使诸如反"传统"的文化(即"资本主义精神")等特定价值合法化,并为其罩上一层光环。⑤文献显示,中世纪行会等组织在西欧从封建社会向资本主义的变革中也表现出了类似的结构特征,这为合作社促进资本主义向社会主义变革提供了支持。事实上,正如贝特(P. Bate)和卡特(N. Carter)所论,

---

① 郭海龙:《新时代中国特色社会主义的历史方位与国际价值:以世界社会主义实践类型为背景》,《中共天津市委党校学报》2018 年第 2 期。

② 林建:《资本主义中的"社会主义细胞"——以色列"基布兹"的组织形式、发展原因及其启示》,《当代世界与社会主义》2003 年第 6 期。

③ C. Pateman, "A Contribution to the Political Theory of Organizational Democracy", in G. David Garson and Michael P. Smith eds., *Organisational Democracy*, London: Sage, 1976, pp.22—23.

④ A. Kantola, "The Rise of Charismatic Authority Styles in Corporate Capitalism", *Journal of Power*, Vol.2, No.3, 2009, pp.423—440.

⑤ M. Weber, *The Protestant Ethic and the Spirit of Capitalism with Other Writings on the Rise of the West*, Oxford: Oxford University Press, 2009, p.199.

合作社有时形成了“反(资本主义)体制的观念”[①]。

但是,进一步观察合作社运作方式及其成员对资产阶级价值观的态度,就会发现:合作社蕴含的自由、合作、公平等社会主义原则,为竞争和竞逐私利等资本主义文化原则所扭曲,正如沃尔夫所论,“工人自治主要服务于私人或国家资本主义”[②]。简而言之,合作社面临着被迫被资本主义同化的风险。这是因为合作社运动中,自治和共有权的结合未能为社会主义“特征”奠基。相反,论据显示,这两个原则都导致了工人自治企业成员形成了“小企业心态”[③]。

格林伯格是在研究一些合作社时提出上述观点的。尽管合作社的成员实行自治和共有权,但并没有产生预期的反体制观念,工人们在市场竞争的严峻考验下,选择了竞逐私利,而不是维持合作社运营。[④]关键原因与合作社成员倾向于眼前私利而非长期集体经济安全的“工人资本主义观”有关。其成员或多或少接受了“增长和金钱定义的成功”[⑤],这是资本主义经济制度的文化基础。因此,在稳定的市场资本主义社会,工人自治企业都达不到上述目标。若无充满战略活力的运动的支持,合作社企业不大可能挑战资本主义价值观,合作社运动在西方已经成为了“缺乏政治思想的载体”。

而在合作社运动之外,1968 年法国“五月风暴”以来西方社会的女权运动、和平运动、绿色运动,以及 2008 年全球经济危机以来,西方爆发的占领运动、黄马甲运动等新左翼运动,则是另外一番截然相反的情形。

这些运动不乏各种充满社会主义色彩的新潮思想,但似乎缺少“战略理论视野”,并没有将其理想和价值观转化为具体的经济实践。[⑥]由于缺乏载体而难以持久,在长期的“阵地战”中销声匿迹。这种情形实际上显示了在资本主义社会危机背景下,意识到资本主义运行逻辑存在问题及出路所在的“新思想”,意图通过各种社会运动在资本主义危机中夺取文化领导权。但是,由于

---

① P. Bate and N. Carter, “The Future of Producers' Co-operatives”, *Industrial Relations Journal*, Vol.17, No.1, 1986, pp.57—70.

② R. Wolff, *Democracy at Work: A Cure for Capitalism*, Chicago, IL: Haymarket Books, p.121.

③ E. S. Greenberg, “Industrial Self-management and Political Attitudes”, *American Political Science Review*, Vol.75, No.1, 1981, p.35.

④ K.Berman, “The Worker-owned Plywood Cooperatives”, in F. Lindenfeld and J. Rothschild-Whitt eds., *Workplace Democracy and Social Change*, Boston, MA: Porter Sargent, 1982.

⑤ P. Giese, “How the Old Coops Went Wrong”, in F. Lindenfeld and J. Rothschild-Whitt eds., *Workplace Democracy and Social Change*, Boston, MA: Porter Sargent, 1982, p.320.

⑥ A. Gorz, “Workers' Control is More Than Just That”, in F. Lindenfeld and J. Rothschild-Whitt eds., *Workplace Democracy and Social Change*, Boston, MA: Porter Sargent, 1982, p.412.

缺乏有机知识分子进行“阵地战”的阵地(葛兰西语),而只能图一时之快,难以逐步对资本主义进行蚕食,更难以撼动资本主义制度体系。因此,它们是一种“缺乏载体的政治思想”。

综合上述两个方面,为实现工人自治企业解放和大规模变革的实践潜能,“必须在自治冲动与政治策略之间进行有效结合”①。要实现工人自治企业变革潜力,需要确定一种“精神”并设计出一种战略构想,使“新左翼运动”等各种反体制文化的价值观与合作社等持久反资本主义经济实践相结合。只有西方国家合作社企业具备超越资本主义文化领导权、塑造自身文化制高点和文化创造能力的文化领导权,才能在资本主义社会中担当起向社会主义过渡的政治功能这一关键角色。

3. 费边社的渗透策略

费边社作为英国社会主义的重要传播者和英国工党的早期组织、重要成员,在英国社会主义历史中具有重要地位。早在19世纪末创立之初,费边社就确立了“渗透”②策略。以把费边社会主义思想渗透到当时英国保守党和自由党两大党派之中,使社会主义成为新的“国教”③。在费边社几代人的努力下,这一策略取得了成功。英国自由党在20世纪初陷入式微,被工党取代,自由党的活跃分子凯恩斯、贝弗里奇主张的自由主义是接受了社会主义观念的“积极自由”,即新的自由主义(或社会自由主义)。④而且,这一套“积极的”自由主义政策通过自由主义大师以赛亚·伯林的阐述和理论升华⑤之后,进行了发扬光大,成为了二战后英国工党和保守党三十多年共识政治(1945—1979)的理论基础,促进了西方国家福利制度建设和社会改革。这种渗透策略,实质上是费边社用费边社会主义思想对英国主流政党施展文化领导权,并取得了理论和实践的成功。二战后,从英国工党上台执政进行“和平的革命”

① V. Wallis, “Workers' Control and Revolution”, in I. Ness and D. Azzellini eds., *Ours to Master and to Own: Workers' Control from the Commune to the Present*, Chicago, IL: Haymarket Books, 2011, p.24.

② See Luther P. Carpenter, *G. D. H. Cole: An Intellectual Biography*, Cambridge: Cambridge University Press, 1973, p.19.

③ 《马克思恩格斯选集》第4卷,人民出版社2012年版,第399页。

④ 新的自由主义(New Liberalism)出现于19世纪末,又被称作社会自由主义,即具有社会主义因素的自由主义,其主张类似于社会民主主义。它不同于20世纪末以恢复古典自由主义为主要内容的新自由主义(Neo-Liberalism)。为了作区分,本文沿用把“New Liberalism”称作“新的自由主义”的观点(参见唐士其:《西方政治思想史》,北京大学出版社2008年版,第343页)。类似的,贝弗里奇和凯恩斯这两位具有新的自由主义思想的自由党人及其方案,被认为体现了自由党的社会民主主义化(参见张世鹏:《社会民主主义与自由主义的相互渗透》,《欧洲研究》2006年第2期)。

⑤ See Isaiah Berlin, *Two Concepts of Liberty: An Inaugural Lecture Delivered before University of Oxford, on 31 October 1958*, Oxford: Clarendon Press, 1959, p.5.

开始，欧洲各国积极改革，进行福利国家建设，使得资本主义发生了积极的变化，成了“社会资本主义”①。这不能不说是以费边社渗透策略为代表的西方左翼力量实施文化领导权取得的重要成果。

二、文化领导权导致的文化“势差”是文化安全问题的直接肇因

当前的文化安全问题，本质上是强势的西方文化借助本身的文化领导权（文化霸权）对非西方国家进行恶意渗透，以达到同化非西方国家、让非西方国家依附于西方的战略目的。

表 1　非传统安全威胁“谱系”②

非传统安全场域类型	非传统安全威胁等级	非传统安全威胁内容
多源/元性非传统安全	Ⅰ级	核恐怖危机 国际恐怖主义危机
	Ⅱ级	网络安全威胁及网络恐怖主义威胁 生物恐怖威胁 海盗威胁
	Ⅲ级	极地安全问题 太空安全问题 由传统安全转化而来的非传统安全问题
外源性非传统安全	Ⅰ级	气候危机 金融危机
	Ⅱ级	生态安全威胁 能源安全威胁 公共卫生安全威胁 生物安全威胁
	Ⅲ级	粮食安全问题 人口安全问题

① 高放：《百年来科学社会主义与民主社会主义关系的演变：兼谈“只有社会主义民主才能救中国”》，《理论导刊》2007 年第 6 期。

② 资料来源于余潇枫：《“和合主义”与非传统安全治理》，载余潇枫、魏志江主编：《中国非传统安全研究报告（2015～2016）》，社会科学文献出版社 2016 年版，第 4—5 页。

（续表）

非传统安全场域类型	非传统安全威胁等级	非传统安全威胁内容
双源性非传统安全	I 级	跨国有组织犯罪威胁 民族分裂主义、宗教极端主义与暴力恐怖主义威胁
	II 级	跨国水资源安全威胁 海洋安全威胁
	III 级	移民难民问题 海外企业与公共安全问题
内源性非传统安全	I 级	生态安全危机 经济(金融)安全危机 食品安全危机
	II 级	社会公共安全问题 能源安全(核安全)问题 公共卫生安全问题 网络安全和信息安全问题
	III 级	人口安全问题 粮食安全问题 资源安全问题 文化安全问题 科技安全问题

（一）文化安全背后的文化“势差”

在理论界，文化安全问题在安全议题“谱系”中通常被认为是内源性非传统安全类型中第 III 等级强度的安全问题。

内源性非传统安全是指这类非传统安全问题主要发生在某一场域（通常是一国）内部。不过，文化安全问题实际上并非单纯由一国内部因素导致，而是和外部的文化（含文化渗透）有关。因此，文化安全问题又具有多元/源性特点。

文化入侵肇因于外部的强势文化对处于相对弱势的内部文化形成的“势差”。在当今世界全球化的情形下，主要是指强势的西方国家借助经济、科技、军事、政治等实力以及文化优势在全球文化领域占据着诸如话语权等文化领导权（也叫文化霸权），对弱势的、居于从属地位的非西方国家形成压力，对后者进行文化输入。其中文化输入包括文化交流和文化入侵等方面。而包括文化渗透在内的文化入侵会破坏弱势一方原有的文化，对原有文化的安全形成威胁。

这就涉及文化势能问题。从字形构成来看,势以力为底,即以实力为基础,执力为势,有力方有势。因此,势不仅需要实力,还与实力的运作方式有关。而势所依靠的力,既有政治权力、经济力量、军事力量等硬实力,又有话语权等软实力。势实际上涉及权力的运作问题。春秋战国时期,在韩非集法家之大成以前,法家存在法、术、势三派,分别以商鞅、申不害、慎到为代表。慎到所代表的法家势派,集中论述了势的重要性。例如,君主要实现乾纲独断,就需要运用"受命于天"等迷信以及生杀予夺等权力技巧形成一定的势,以慑服群臣。

从物理学角度而言,势是一种能量:能量分为动能和势能,势能分为弹性势能和重力势能。能量高则能做的功多,势能也是如此,势能强大,则形成一种强势状态。势能的差别是渗透现象的根源。渗透是一个自然科学术语,是指半透膜(如细胞膜)两侧存在浓度差,导致一些物质通过半透膜从一侧到达另一侧,以平衡浓度差。与此类似,在开放条件下,文化势差的存在必然会导致文化渗透现象出现。而西方文化之所以强势,就在于西方文化的"软实力"及其背后的"硬实力"比较强大。马基雅维里在《君主论》中指出:"世界上有两种斗争方法:法律和武力。第一种方法是人类特有的,第二种方法则是属于野兽的。但是,因为前者常常有所不足,所以必须诉诸后者。"①西方文化的强势,并不单纯由其"软实力"导致,而是建立在以西方强大的政治、经济实力乃至军事实力为后盾的基础上。

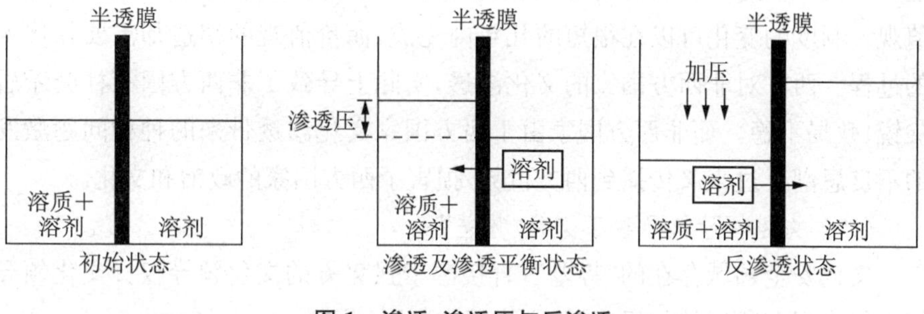

图 1 渗透、渗透压与反渗透

其中,就软实力而言,文化作为一种上层建筑,由经济基础决定并反过来塑造经济基础,具有相对独立性和变革的滞后性。因此,文化的强势与否存在

① [意]尼科洛·马基雅维里:《君主论》,潘汉典译,商务印书馆 1985 年版,第 83 页。

三种情形：一是后发现代化国家有可能经济水平上去了，文化软实力还跟不上。比如当今中国，虽然几十年来经济发展上去了，解决了挨打、挨饿问题，但国际话语权较弱，尚未解决“挨骂”问题。再如，亚洲最早的现代化国家日本，始终没有建立自己的话语权，而是跟随西方的价值观，其近年来推动的“自由与繁荣之弧”外交被认为是美国价值观外交的翻版。二是经济发达的国家，相应的文化软实力不会太弱。西欧、北美目前既是世界经济最发达的区域，也是文化软实力最为强大的区域。三是经济走向衰落的国家，文化软实力还有可能兴盛一段时间。比如西班牙在殖民争霸中衰落后，仍然有毕加索等名家诞生；英国在二战后持续衰落，但是却具有标准英语、BBC、英国文化委员会(British Council)等强大的软实力平台，使人们仍然觉得其具有大国的非凡魅力，其20世纪最后20年由“撒切尔主义”引发的新自由主义和由“第三条道路”引发的积极福利改革都在欧洲乃至全球范围产生了强大的引领作用。

此外，西方文化优势，除了政治经济军事等硬实力作为后盾外，其文化特点和软实力策略也有助于在全球文化领域保持强势地位，并对非西方国家的文化安全形成威胁。为此，WTO规定了“文化例外”条款以让一些国家保护自己的文化，但是，“文化例外”是一把双刃剑，在保护本国文化的同时也会削弱本国文化在国际社会的竞争力。因此，应辩证看待国际层面文化领域的互动。

非西方国家盲目引用西方的文化价值观念并对制度进行全盘西化的改造，往往导致“水土不服”，陷入“政府软弱而且腐败—军事政变—强人政治—还政于民—政府软弱而且腐败”①的死循环。究其原因，在于制度的内核是价值观。制度的变化可以在很短的几年内完成，而价值观的塑造却需要几代人的过程。西方对非西方国家的文化渗透，实际上导致了非西方国家社会矛盾尖锐、政局不稳。而非西方国家由于西方国家文化渗透带来的种种问题激发的不良思潮反过来又传播到西方世界，损害了西方国家的政治和文化。

（二）文化领导权导致了文化“势差”

文化安全领域存在的“势差”，直接源于强势方的文化领导权。文化领导权不仅表现在所述的阶级之间，更表现在国际层面。

近代以来，西方国家在政治经济方面入侵非西方国家的同时，也带去了文化方面的因素。这实际上提出了一个问题，即在国际范围内如何区分文化传

---

① 郭海龙：《从政治与文化角度对西方宪政民主的剖析与反思》，《国外理论动态》2017年第6期。

播和文化入侵的关系，这是一个重大的理论问题和现实问题。此外，文化入侵和文化交流问题应区别对待。历史上，古代陆上和海上丝绸之路曾把中国的四大发明和儒家、道家思想传播到西域、东亚周边及东南亚等近邻，在中华优秀文化的影响下，这些国家尚华服、行汉字、贬低本国的文化，例如，古代朝鲜半岛的“训民正音”被批为“谚文”，长期不被朝鲜半岛学者接受；古代的日本、朝鲜半岛、越南甚至以“中华”自居。无独有偶，佛教也是通过各种途径传播到了中国，至今信众颇多，法显、玄奘、鉴真等僧人都是佛教文化传播的著名使者。近代以来，西学东渐给中国等东方国家送来了现代西方的科学和文明，促进了现代化。更重要的是，在西学东渐过程中，中国学习了西方的长处也了解了西方的弊端，并最终选择了从西方途径俄国、法国、日本传来的马克思主义，这本身就是文化交流的一个成果。

与文化交流、文化入侵相伴随的是文化安全问题。文化安全是国家安全体系中最深层次的安全，与本国主流意识形态安全紧密相关，但又不局限于意识形态议题。维护文化安全，应辩证地着眼于两个方面：一方面，生活中的必需品、消费品、奢侈品和投资都承载着某种文化，是文化的“载体”，会在文化传播过程中无意间起到媒介作用，文化交流会受到外来文化的负面影响，这主要体现在外来文化会挑战甚至重塑本国原有的文化理念与价值观。因此，应警惕外来文化的负面影响。另一方面，在开放的世界，不学习先进文化，就容易陷入僵化，难以合理发展。因此，不能中断文化交流。结合这两个方面的情况，意味着需要进行巧妙的顶层设计与缜密的计划安排。维护文化安全，不应被动防御，而应有所作为。

就此而言，中国文化需要面向世界、面向未来、面向现代化，在这之中丰富自身的内涵、提升自身的竞争力，从而博采众长，吸收人类一切先进文明成果，为我所用。这就需要对学术研究方面的文化安全和国家战略方面的文化安全进行区分。如果学术问题政治化，就可能导致文化保守主义、文化民粹主义，陷入泛意识形态化、“过度安全化”“恶意安全化”等“安全化陷阱”①。相应地，一国保证文化安全的政策，主要有两种模式：一是主动发展型，通过鼓励文化产业发展、鼓励市场竞争、增强本国的文化竞争力以取得对外来文化的优势。如美英等发达国家政府通过各种文化方面的基金会、理事会等第三方资助形式促进文化竞争，通过税收优惠和资助政策优化文化企业发展环境，鼓励文化

① 余潇枫、谢贵平：《“选择性”再建构：安全化理论的新拓展》，《世界经济与政治》2015 年第 9 期。

领域的国际竞争，塑造文化优势地位。二是防御型，政府对本国文化行业进行专门保护，对一些行业设置门槛进行行政垄断。如法国奉行“文化例外”政策，通过法国优先的政策对文化领域实行行政保护。

三、文化领导权的演化给文化安全带来的启示

从上述讨论可以看出，对于处于文化“弱势”态势的发展中国家和社会主义国家而言，需要采取“拿来主义”的策略。对西方世界的文化取其精华、去其糟粕。具体而言，在意识形态领域需要采取积极的防御政策，既要保持足够的稳定性，又要适时主动出击，打到“外线”去，从而有所作为；在意识形态之外的大众文化领域，采取发展型政策，促进文化大发展大繁荣。

（一）在意识形态领域进行积极防御是保护国家安全稳定的必要条件

意识形态是与经济、政治制度相配套并论证政治制度合法性、教育社会全体成员接受政治秩序的一整套理论主张。习近平强调，意识形态“是党的极端重要的工作”①。在意识形态发挥作用的过程中，思想教化（政治教育）具有举足轻重的作用。从上述文化领导权理论演进和实践印证的角度来看，要积极应对意识形态领域的挑战，深刻认知强势意识形态的本质，并将本国意识形态与实践载体结合。

1. 彻底认清西方强势意识形态的本质

目前，以政治经济军事等硬实力为后盾的西方文化处于强势地位，对非西方国家的文化安全形成威胁，必须对其进行深入剖析，认识其本质，才能在抵御其渗透方面做到有的放矢。要认真分析意识形态安全的威胁来自何方，并对威胁源进行透彻认知，抓住其本质。以当前中国的国际环境为例，我们需要构筑自己意识形态安全的“防火墙”。

西方经历了文艺复兴和启蒙运动后，普遍树立了人本主义（也叫人文主义）基础，并在此基础上重视自由、平等、民主等人的基本权利。这种价值观念对人的本质属性的尊重，实际上反映了全人类普遍的价值取向，使得西方文化具有一种天然的吸引力。这实际上体现了西方的软实力。在当今国际政治中，软实力越来越受到各国的重视。尤其是美国，随着其硬实力的相对下降，战略界更加重视软实力，将提升软实力作为维护美国超强综合实力，进而维护霸权地位的重要途径。“‘软实力’一般包括文化吸引力、外交能力和政治影响

① 《习近平总书记系列重要讲话读本》，人民出版社2014年版，第105页。

力（主要包括政治制度和价值观两方面）等内容。”“加强公共外交是美国推广‘普世价值’的重点手段……新自由主义发展模式的重要思想基础就是‘普世价值’。”①

实际上，自由、平等、民主等基本价值在世界各地都是人们普遍追求的价值观念，只是西方国家以自身的制度作为衡量一切的标准，并且以本国实施这些价值的方式以及西方国家的私利为出发点来推销这些观念，实行双重甚至多重标准，这就引发了非西方国家的反感。而西方国家又借助网络优势、话语权优势、政治经济优势向全世界推销这些观念，使得自身的优势进一步得到了发挥，加剧了西方与非西方国家的矛盾。

不过，西方国家在推广所谓“普世价值”的过程中，更多的是赋予民主、自由等价值观以西方认定的内涵和标准。这些构成了以美国为代表的西方强势文化对他国进行渗透的手段。这种以西方国家定义的“普世价值”冒充全人类价值的做法，在混淆视听的同时，也导致了非常恶劣的后果。

美国对社会主义国家，对自己的盟友，对其他发展中国家，在价值观外交方面采用了多重标准。对社会主义国家，美国极力采取高压渗透策略，以混淆是非。对沙特等盟国的专制、忽视人权的情况，美国则睁一只眼、闭一只眼。对拉美等其他发展中国家，美国则极力推行新自由主义等“华盛顿共识”，导致这些国家贫富差距拉大、社会动荡加剧，陷入了“拉美陷阱”，发展遇挫的这些国家不得不更加依赖美国等西方势力，从而巩固了西方在全球的主导地位。“美国等西方大国常将双重标准作为推广所谓‘普世价值’的手段，用‘普世价值’来打压战略竞争对手，维护本国私利，这就更容易让人对普世价值敬而远之。”②

因此，要彻底认清西方强势文化的本质，并以此教育公民，才能在西方渗透攻势下保持定力，牢牢把握意识形态领域的领导权，从而“不畏浮云遮望眼”，真正打牢意识形态自信的文化根基。

2. 实现意识形态与实践载体的充分结合

在坚持马克思主义指导地位的前提下，根据实践发展不断促进思想理论创新，提升中国化马克思主义的感召力、向心力和凝聚力，促进马克思主义本土化、时代化、大众化，实现理论与实践载体的充分结合。

① 刘建飞：《中国政治意识形态安全：挑战与应对》，载余潇枫、魏志江主编：《中国非传统安全研究报告（2015～2016）》，社会科学文献出版社 2016 年版，第 50、51 页。

② 同上书，第 53 页。

第一，坚持辩证唯物主义世界观和实事求是的思想路线，运用唯物辩证法的全面、联系、发展的方法论，认真培育新型文化生长点，做好意识形态领域长期的基础性工作，牢牢把握意识形态领导权。

精神文明，贵在建设。自从十月革命诞生世界上第一个社会主义国家以来，西方势力从来没有停止过对社会主义国家的颠覆、渗透。这是因为，外交是内政的延续，西方国家的统治阶级——资产阶级，害怕本国无产阶级效仿社会主义国家建立无产阶级政权，革了资产阶级的命。可以说，国际范围内的意识形态斗争是国内阶级斗争的延伸。而西方国家借助强大的政治、经济实力，在意识形态方面具有较强的渗透力。正是因为如此，列宁提出了“文化主义”，在相对落后的社会主义国家，只有在文化上培养有觉悟的先进公民，才能从根本上有效地防止国内外敌对势力对政权的觊觎。只有人人参与国家事务的管理，才能避免国家脱离并凌驾于社会之上，异化为阶级统治的工具。这是列宁“文化主义”的精髓所在。

毛泽东在同民主人士黄炎培的谈话(即著名的“窑洞对”)中也指出：只有人民起来监督政府，政府才不敢松懈。而普通公民实现自我管理、监督政府的重要前提就是具有一定文化水平，尤其是意识形态等政治文化方面掌握和运用的水平。

此外，在意识形态领域，应善于引导、耐心培养，不要有一蹴而就、一劳永逸的错误想法。应通过长期的基础性教育，对公民进行意识形态教育，并不断根据形势发展与时俱进，保持意识形态领域的活力。传统文化、时代文化交织下形成的新型文化，需要格外关注并大力培养。这正是当前中国倡导社会主义核心价值观的出发点。

第二，坚持党性与科学性、人民性的统一，吸收积极稳妥促进经济政治体制改革的合理因素，不断根据社会发展进步推陈出新，增强意识形态的包容性和解释力，保持意识形态的活力和生命力，提升主流意识形态吸引力，加强和巩固意识形态领导权。

提升主流意识形态的吸引力，就应当在社会主义核心价值观的培育过程中充分结合实际。应创新教育模式，形成大众化、生活化思想政治教育模式，增强思想政治教育的实效性。著名教育家陶行知认为：“没有生活作中心的教育是死教育。没有生活作中心的学校是死学校。”①这一论述尤其适用于思想政治教育。西方国家采用生活化的公民教育来体现西方的价值理念，从而加

① 陶行知：《中国教育改造》，东方出版社1996年版，第150页。

强了意识形态方面的优势地位，这种思想政治教育方式值得研究和借鉴。比如，西方国家普遍设立了“公民教育”课程，学生和老师通过互动、社会实践、观摩选举、情景模拟、参加童子军训练等灵活多彩的方式，让学生从小就培养政治素养，并在耳濡目染、潜移默化中接受主流价值理念。

鉴于此，要保持意识形态的活力和生命力，就需要积极把握社会发展动态，采取“开门主义”的态度，吸收古今中外一些合理因素促使社会发展进步，总结社会实践经验进行理论升华，在意识形态领域不断推陈出新，增强意识形态的包容性、解释力和说服力，实现动态的思想发展与理论创新。

在意识形态领域，文化安全可以有不同方式，“一种是无视时代潮流和进步趋势，简单粗暴地使用强力手段平息不同利益群体间的摩擦，这种封闭条件下的安全观及其手法，最终只会以失败告终；另一种是承认社会构造的复杂层次和利益诉求的多元差异，包括由此可能产生的分歧摩擦，须靠疏导促缓解、用发展求稳定，它属于另一种开放性、互鉴式的安全观，也有自身的套路及手法”①。实践证明，宣传教育方式要“润物细无声”，要运用多种表现形式和传播手段具体地展现和宣传社会主义核心价值观，“用高质量高水平的作品形象地告诉人们什么是真善美，什么是假恶丑”②，让社会主义核心价值观“像空气一样无处不在、无时不有”③才是最佳的方式。

此外，意识形态作为一个社会的主导思想，要发挥作用，除了上述源头健康、安全、充满活力之外，还需要整个传播过程安全，这就凸显了媒体的重要价值。从这个角度而言，媒体被称为立法、司法、行政之外的“第四种权力”的说法是非常有道理的。在传播过程中，要积极影响公众，保障公众的心理安全，促进形成一种安居乐业、安定祥和局面，彰显意识形态的独特价值，从而通过保持意识形态的活力和生命力提升意识形态的领导力，这是政治领导力的重要领域（政治领导力是决定一国综合国力升降的关键能力，而政治领导力的差别决定了国际格局的变化④）。

第三，构建国际层面的文化统一战线，巩固和扩大文明同盟、公平正义同盟、和平发展同盟，扩大我国意识形态领导权的影响范围。

我们有必要在国际意识形态主导权方面有所作为，构建有利于和平发展

① 王逸舟：《安全观的建立及维护须有时代的方位》，载余潇枫、魏志江主编：《中国非传统安全研究报告（2015～2016）》，社会科学文献出版社 2016 年版，序第 1—2 页。

② 《习近平关于社会主义文化建设论述摘编》，中央文献出版社 2017 年版，第 198 页。

③ 同上书，第 32—33 页。

④ 阎学通：《世界权力的转移：政治领导与战略竞争》，北京大学出版社 2015 年版。

的战略文化圈。首先，我们可以根据五千年悠久文明的丰富资源，与儒家文化圈、汉字文化圈内的韩国、日本、朝鲜、越南、新加坡等国家共同维护经历过几千年考验的文化传统和文字，从而使传统文化的优秀成果发扬光大。在儒家文化圈的构建过程中，一定要辩证看待传统文化，要将精华继续发扬光大，对糟粕进行批判并摒弃。其次，我们可以根据自身是最大的社会主义国家的属性，与古巴、老挝、越南、朝鲜等社会主义国家建立密切联系，举起"公平正义"的大旗。最后，根据我国是最大的发展中国家的属性，深入开展南南合作，高举"和平、发展、合作"的旗帜，致力于构建国际政治经济新秩序，共同维护发展中国家在联合国、WTO 等国际组织和国际社会中的地位和利益。

此外，在国际思想领域，我们也可以对文化安全这一非传统领域进行"创造性介入""建设性介入"，以此为代表的中国新外交秉持的核心是"合法性与正当性"，"不失时机"[①]地参与国际事务、起到建设性的作用，促进和平、发展、合作。

（二）有原则的文化开放是促进文化大发展大繁荣的重要前提

文化的大发展大繁荣，离不开本国内部文化领域的竞争，也离不开对外来文明先进部分的吸收。这就需要避免落入闭关锁国、封闭僵化的窠臼；同时，避免泥沙俱下、良莠不齐的外来文化给本国文化的发展带来负面影响，实施文化上有原则的对外开放。

这是对历史上正反两方面经验教训的深刻总结。中国在明末和清代中叶以后逐渐走向闭关锁国，文化领域也由于"文字狱"等高压政策趋于保守僵化，陷入了"万马齐喑究可哀"的境地，知识分子埋首于故纸堆，乾嘉训诂学派成为文化保守的重要表征。相比之下，东亚邻国日本虽然也实行了锁国政策，但是还保留了和西方交流的渠道，"兰学"的存在和发展为日本社会铺就了变革的思想基础。明治维新后，文化保守的中国与文化开放的日本渐行渐远。到了清末新政之时，中国已经开始向日本学习。"文明中心因时移动"[②]，日本史学家内藤湖南对中国封闭保守导致落后提出了"文化中心移动说""文明中毒说"[③]。内藤湖南认为中国一千年前就已经领先于世界，是发达文明，然而这种早熟因闭关锁国的政策停滞不前，导致政治腐败、经济贫弱、军事落后。作为域外文化人士，内藤湖南对中国文化兴盛与衰落过程的观察，说明了历史上

① 王逸舟：《创造性介入：中国外交的转型》，北京大学出版社 2015 年版。

② [日]内藤湖南：《地势臆说》，载[日]神田喜一郎、内藤乾吉编：《内藤湖南全集》第 1 卷，东京：筑摩书房，1969 年。

③ 冯天瑜、任放：《日本对外侵略的文化渊源》，高等教育出版社 2017 年版，第 433 页。

中华文化因过度保守而导致落后的现实。无独有偶，文明钟摆周期律同样揭示了封闭环境下产生的“过度文明”现象。过度文明实质上是旧制度既得利益集团利用政权维护旧的利益分配格局，不愿意甚至阻挠变革，从而使旧制度完善到了极致，文明几乎陷入了停滞，处于一种超饱和形态①或超稳定形态。文明钟摆周期律认为，在相对封闭的环境中，每一个制度在稳定之后都会趋于产生过度文明，过度文明会抑制变革。过度文明抑制变革而适度文明促进变革，导致了相对落后区域更容易出现变革，从而后来者居上，成为新的文明高地，使得文明中心像钟摆一样在东西方周期性交替出现。在开放环境中，这种文明钟摆的难度会加大。②

此外，要让中华文化在与外来文化的交流、碰撞中茁壮成长。中华文化曾吸收过很多外来文化，佛教很早就中国化，产生了禅宗、净土宗等派别，伊斯兰教、基督教传入中国也接受了中国的“三自”方针等政策，中国传统的儒家和道家也吸收了外来文化，促进了自身发展。近代以来西学东渐，中国学习了西方的物质文明、精神文明和政治文明，并选择了马克思主义。在这一过程中，我们国家结合传统文化在中国大地展开了丰富多彩的实践，走出了一条中国化的马克思主义即中国特色社会主义的康庄大道。一路走来，中华文化雍容大度、兼收并蓄、博采众长，不断获得新的养分，呈现勃勃生机，从而在不断发展过程中成为人类历史长河中唯一不曾中断的文明。这是文化开放给文化发展带来的种种益处。中国自古以来的这种包容和谐的文化哲学传统，得到西方知名人士的认可。英国历史学家汤因比曾说：“人类已经掌握了可以毁灭自己的高度技术文明手段，同时又处于极端对立的政治意识形态的营垒，最重要的精神就是中国文明的精髓——和谐。”③

要促进文化大发展大繁荣，文化开放是非常必要的。在当今世界经济与文化全球化方兴未艾的大趋势下，文化开放更需要以博大的胸怀、以“协和万邦”的智慧，在有原则的条件下，对外来优秀文化大胆地吸取和借鉴，并使其具备中国风格、中国气派，为普罗大众所喜闻乐见，完成其中国化的过程，使其成为中国文化健康成长的一个积极因素。在开放的同时，应擦亮眼睛、提升鉴别

① 超饱和本来是一个物理学术语，运用在气象学中就是指洁净大气中水蒸气密度足够大，已经超过了可以凝结降水的程度，但是缺乏尘土等凝结核导致降水不会出现。这种超饱和是一种不稳定形态，一旦出现凝结核，就会出现急剧降水。过度文明也是这样，一旦某种条件发生改变，就会迅速打破过度文明，加速制度更替，并蜕变成一种新的文明形态。

② 郭海龙：《文明钟摆、过度文明与社会主义的未来》，载《世界社会主义专业委员会 2018 年学术年会暨学术研讨会论文集》，2018 年 11 月。

③ 转引自李述一、李小兵：《文化的冲突与抉择》，人民出版社 1987 年版，第 29 页。

力，避免泥沙俱下、良莠不齐的外来文化给本国文化的发展带来负面影响。正如在发展、改革、稳定的大局中需要处理好改革的力度、发展的速度、人民群众可以接受的程度之间的关系一样。文化的交流与互鉴，同样要处理好这三者的关系，以循序渐进的文化发展促进新时代文化的大发展大繁荣，从而让文化领域在中华民族伟大复兴过程中光彩夺目。

On Cultural Security：at the Perspective of Cultural Leadership

Guo Hailong　Xu Hongxia

Abstract：After Gramsci's theory of cultural leadership was born，it has been widely studied in the West. In theoretic layer，Frankfurt school and others have carried on the theoretical evolution to it；In practical layer，the western socialist political party abandoned the cultural leadership，the Western cooperative movement，and the British Fabian Society's entrenchment strategy are proofs to show cultural leadership's rightness. Together，they enriched and expanded the cultural leadership's content. The West's cultural hegemony is the cause of the cultural security issue. Cultural security is due to the cultural "power gap" caused by cultural hegemony. The West is powerful in culture field. It controls cultural leadership，i.e. cultural hegemony，infiltrating vulnerable socialist and developing countries，in order to control these non-western countries. Encountering the West's cultural penetration，non-western countries should not fall into the traps of "excessive security" and "malicious security"，but take active defense policies in the ideological field and adhere to openness with principles in the non-ideological field，so as to actively participate in international competition. Therefore，basis on independence，we should learn from others' advantages and use them for ourselves，to promote our own innovation and the vigorous growth of our own culture by absorbing all the excellent achievements of mankind.

Key words：the cultural leadership，the cultural power gap，infiltration，active defense，openness with principles

国际海洋法律文化博弈下的南海安全问题研究*

国际关系学院　李文杰

［内容提要］　法律文化冲突是影响国际安全的重要因素，其同样适用于南海区域，尤其自“菲律宾南海仲裁案”后引起更大关注。当前的南海安全形势一方面与代表国际海洋法律文化主流的1982年《联合国海洋法公约》有关，其形式上的妥协性与内里的不平等性被南海部分国家所利用，另一方面美国等西方国家的霸权与利己文化对部分国家海洋法律文化的形成起到了深刻影响。解决南海区域的法律文化冲突问题，将是解决南海安全问题的有效路径。中国应当在塑造本国现代海洋法律文化的基础上，不断提升国际立法话语权以影响国际法律文化的发展，同域外国家进行法律文化交流以消除相互分歧，以及使得周边国家意识到部分法律文化对区域安全的危害并及时摒弃，最终与我国一道携手构建南海法律文化共同体。

［关键词］　法律文化；南海安全；妥协性；霸权主义；共同体

2014年，习近平总书记在中央国家安全委员会第一次全体会议上提出要全面贯彻落实总体国家安全观，以人民安全为宗旨，以政治安全为根本，以经济安全为基础，以军事、文化、社会安全为保障，以促进国际安全为依托。①文化安全显然是保障国家安全的重要基石。惯常所指的“文化安全”，主要是以国家为对象，并具体落实到每个国民身上。而如果将国际社会视为一个整体，要维持其安全，则同样需要在国家之间塑造文化安全的氛围。当前，在国际关

*　本文系国家社科基金重大项目“我国南海岛礁所涉重大现实问题及其对策研究”(16ZDA073)，中国海洋发展研究会基金项目“外国就南海问题向我国发起争端解决强制程序的形势预判与对策研究”(CAMAJJ201904)资助的阶段性成果。

①　钟国安：《以习近平总书记总体国家安全观为指引，谱写国家安全新篇章》，http://www.xinhuanet.com//politics/2017-04/15/c_1120815508.htm。

系交往中，各种文化的交流交融交锋愈加频繁[1]，"法律战"作为表现形式之一已成为解决国家间问题的重要手段。法律制度是一种既同政治制度和社会制度密切相关，但又具有相对独立性和自身特点的制度文化体系[2]，因而法律文化与国际安全问题的关系具有独立研究的必要性。虽然法律文化的形成与社会物质基础及其发展密不可分，但本文将要探讨的重点不在于各国海洋法律文化的成因，而是在不同法律文化交错下，从国际、地区乃至国家三个维度分析其对南海安全形势发展的影响，以及如何从提升法律文化安全方面切入以寻求解决南海问题的路径。

一、南海安全形势的背后：法律文化的重要影响

所谓"安全"，部分指英文中的"safety"，即"不暴露在危险中或不造成危险"；部分则指"security"，即"安全的状态，特别是免于危险或攻击"。[3]前者多适用于人身或生活方面，而本文所指"安全形势"或"安全观念"均在国际关系的范畴内。"海洋安全"被学者界定为国家海洋利益没有危险的客观状态，即没有来自海上的威胁，海洋权益、海洋开发利用活动不受到侵害或遭遇危险。[4]能够威胁国家海洋安全的因素有很多，如在总体国家安全观中就提及了11 种[5]，文化安全属于其中之一。"文化"一般包括语言文学、生活方式、宗教信仰、法典规章、科学技术、文学艺术、伦理道德、思维哲学、民俗习惯、民族精神等[6]，其中既然包括"法典规章"，则必然存在专门的法律文化。我国有学者对"法律文化"一词的解释是：法律意识形态以及与法律意识形态相适应的法律制度、组织机构等总和[7]。其中既有意识方面的内容，亦包含具体制度。法的价值冲突原因有很多，其中包含文化原因，从国际法的角度来看，不同国家之间的法的价值冲突，也就是不同文化冲突的表现和结果，而文化的冲突则会

① 全国干部培训教材编审指导委员会：《全面践行总体国家安全观》，人民出版社，党建读物出版社 2019 年版，第 21—22 页。

② 刘作翔：《法律文化理论》，商务印书馆 1999 年版，第 308—309 页。

③ Bryan A. Garner, *Black's Law Dictionary*, Eagan: Thomson West press, 2004, p.4161, p.4226.

④ 吴慧、张丹：《当前我国海洋安全形势及建议》，《国际关系学院学报》2010 年第 5 期。

⑤ 具体包括政治安全、国土安全、军事安全、经济安全、文化安全、社会安全、科技安全、信息安全、生态安全、资源安全、核安全。

⑥ 张澜涛：《WTO 与我国文化安全》，载刘慧主编：《为国家安全立言：国际关系学院国家安全研究文集（1995—2004）》，中共中央党校出版社 2005 年版，第 382 页。

⑦ 刘作翔：《论法律文化》，《法学研究》1988 年第 1 期。

导致秩序的重建。[①]同样,国际法在为实现理想状态下的功能而协调国家努力的时候,国际法的基本原则与规则构成了讨论问题的前提,以及解决问题的基本框架规则。[②]

近年来,南海安全形势变数不断,尤其是 2013 年 1 月 22 日,菲律宾就其与中国间南海问题单方启动了 1982 年《联合国海洋法公约》(以下简称《海洋法公约》)附件七下强制仲裁程序状告中国(以下简称"菲南海仲裁案"),该案是外国就领土与划界争端在国际法律机构状告中国的第一起案例,在国内外均造成重大影响,尤其是对南海的安全形势带来了新的威胁与挑战。在南海区域,一方面,自该案后南海周边国家无论在海洋斗争还是海洋合作方面均更加意识到法律规则的重要性,如近年来在《南海行为准则》(*Code of Conduct in the South China Sea*, COC)的谈判中,就应该建立一套独有的争端解决机制还是直接套用现有的争端解决机制存在较大争议。[③]另一方面,部分国家借机进行恶意炒作以阻碍南海问题的解决进程,如 2016 年 8 月,新加坡总理李显龙在访问美国期间呼吁中国应遵守"菲南海仲裁案"的裁决,在当年 9 月举办的第 17 届不结盟运动(Non-Aligned Movement, NAM)首脑会议中亦执意要求在磋商成果文件中加入为"菲南海仲裁案"背书的内容。[④]目前,越来越多的观点支持解决南海问题终将回归国际规则的范畴,因而在法律文化博弈下如何有效维护南海地区的安全将至关重要。

根据我国学者对"文化安全"所下定义,"法律文化安全"应指在总体利益的得失权衡中,尽可能多和尽可能长地保持、延续固有法律文化中能够为人们带来物质便利和精神享受的方面和内容,同时也不得不舍弃那些益处不大、害处不少的方面和内容。[⑤]回归当前的南海安全形势,进而可以推出以下问题,即对南海地区所有国家是否存在着在总体利益得失权衡后,能够为所有国家在海洋利用方面带来物质便利和精神享受的关于法律的方面和内容?对于那些益处不大、害处不少的关于法律的方面和内容,南海地区国家是否同样进行了舍弃?对此,南海问题背后的法律文化安全问题可以解构为三个方面:第一,当前国际上最具有权威性并代表整个国际社会海洋法律文化主流的规则

① 卓泽:《法的价值论》,法律出版社 2006 年版,第 608—609 页。

② 何志鹏:《国家利益维护:国际法的力量》,法律出版社 2018 年版,第 113 页。

③ 王玫黎、李煜婕:《"南海行为准则"谈判主要争议问题研究》,《国际论坛》2019 年第 5 期。

④ 苏鹏宇:《新加坡插手南海目的何在,给美国带路欲分裂东盟》,http://military.china.com/important/11132797/20161001/23692902_all.html;王盼盼:《不结盟运动首脑会议闭幕,新加坡妄提南海仲裁》,http://military.china.com/important/11132797/20160921/23601678.html。

⑤ 刘跃进:《国家安全学》,中国政法大学出版社 2004 年版,第 144—148 页。

当属《海洋法公约》,其在南海问题的产生、发展及解决过程中带来的利弊衡量,以及南海周边国家对其不利之处是否进行了舍弃。第二,域外国家在南海的活动,是否对南海问题的解决带来了具有促进意义的法律文化。第三,南海区域是否已经形成统一的海洋法律文化,并对各国的决策起到重要影响。

二、国际海洋法律文化:“妥协”外衣下的不平等

南沙争端起源于 20 世纪 60 年代末 70 年代初,除了南越当局对中国南沙群岛提出过“领土”要求并非法占领其中部分岛礁外,并无其他国家对中国拥有南沙群岛主权持有异议①,而打破南海和平与安宁的重要因素之一便包括《海洋法公约》的诞生。②纵观国际海洋法的发展历程,其总体上呈现出的文化特征是国家管辖范围的不断扩大与传统自由空间的不断限缩,不少学者将这种态势形象地称为“蓝色圈地运动”。有学者曾将与胡果·格劳秀斯(Hugo Grotius)“海洋自由论”针锋相对的“海洋领有论”的出现及确定领海宽度的争论时期称为“第一次蓝色圈地运动”,由关于大陆架的《杜鲁门宣言》与拉美国家 200 海里海洋权要求所引发的三次联合国海洋法会议称为“第二次蓝色圈地运动”,而《海洋法公约》将全球海洋切为六大部分,各沿海国纷纷依据相关规则扩大其管辖海域的时期被称为“第三次蓝色圈地运动”。③自 2015 年联合国大会第 69 届会议通过决议,正式启动并持续至今的《国家管辖范围以外区域海洋生物多样性国际协定》谈判后(The Negotiation of the International Agreement on Marine Biodiversity Beyond Areas of National Jurisdiction, BBNJ 谈判)④,主要矛盾则集中在设立海洋保护区与坚持“公海自由原则”间的冲突。⑤显然,国际海洋法有朝“第四次蓝色圈地运动”发展的趋势。

回归至《海洋法公约》体系,虽然国际各界称赞其为发展中国家同发达国家进行斗争的胜利成果,双方之间进行了妥协。但如果对所谓的“妥协”展开

① 吴士存:《南海问题的由来与发展》,《新东方》2010 年第 5 期。

② 高之国、贾兵兵:《论南海九段线的历史、地位和作用》,海洋出版社 2014 年版,第 1 页。

③ 赵恩波、贾宇:《蓝色圈地运动》,福建教育出版社 2010 年版,第 16—117 页。

④ Development of an International Legally-Binding Instrument under the United Nations Convention on the Law of the Sea on the Conservation and Sustainable Use of Marine Biological Diversity of Areas Beyond National Jurisdiction(A/69/L.65), May 2018, http://www.un.org/zh/documents/view_doc.asp?symbol=A/69/L.65&referer=http://www.un.org/zh/ga/69/res/all1.shtml&Lang=E.

⑤ Erik J. Molenaar and Alex G. Oude Elferink, “Marine Protected Areas in Areas Beyond National Jurisdiction: The Pioneering Efforts under the OSPAR Convention”, *Utrecht Law Review*, Vol.5, No.1, 2009, pp.5—6.

分析,必须明确该次斗争背景是在之前的国际海洋立法中发展中国家参与极少,基本全是西方发达国家一手操纵的局面(如 1958 年《大陆架公约》第 1 条规定对大陆架的宽度设置了 200 米等深线和可开发两个标准[①],后者明显对掌握先进技术的发达国家有利),所以这种胜利具有相对性。"妥协"一般是指为了"避免冲突或争执而让步"[②],但纵观《海洋法公约》的谈判历程,其中表现的"妥协"是发展中国家为维护国家安全的防御性妥协,而发达国家仅是在同样获得安全利益的基础上限缩了一定自由而已。但即便如此,在拟定具体规则时发达国家仍有意推动表述上的模糊化而为将来行动预留解释空间。例如,看似是拉丁美洲国家首先提出 200 海里海洋权的要求,但实际情况却是由于海洋大国在其沿海附近不断掠夺渔业资源,使之造成重大经济损失的情况下,为抵制这种行为而不得已进行的抗争。

《海洋法公约》虽然对国际海洋新秩序的建立发挥了重要作用,但同样由于其模糊性为后续国家间的海洋争端埋下隐患:(1)总体精神的模糊性。例如,《海洋法公约》仅规定了"和平利用海洋",但对海洋的军事用途未作任何规定。美国对此的理解是,在通常情况下"和平目的"意味着非侵略行动。所以美国的军舰和军用飞机依然我行我素,在公海上和别国的专属经济区内游弋。[③](2)赋予权利内容的模糊性。最典型的就是《海洋法公约》第 17 条规定,"在本公约的限制下,所有国家,不论为沿海国或内陆国,其船舶均享有无害通过领海的权利",但对于军舰是否享有无害通过权未作具体规定。[④](3)解决权利冲突的模糊性。例如,《海洋法公约》为避免沿海国与非沿海国在专属经济区行使权利发生冲突,于第 56 条第 2 款和第 58 条第 3 款规定了"相互适当顾及"的义务,但却未对"适当顾及"的具体标准进行设定。[⑤](4)权利分配上的模糊性。例如,《海洋法公约》第 59 条承认专属经济区中存在未具体分配给沿海国和非沿海国的"剩余权利"[⑥],有观点认为其进而导致了专属经济区制度的模糊不清[⑦]。(5)权利纠纷解决的模糊性。例如,针对相邻或相向国家间重叠

① 本条款称"大陆架"者谓:(a)"邻接海岸但在领海以外之海底区域之海床及底土,其上海水深度不逾二百公尺,或虽逾此限度而其上海水深度仍使该区域天然资源有开发之可能性者。"

② 中国社会科学院语言研究所词典编辑室:《现代汉语词典》,商务印书馆 2016 年版,第 1338 页。

③ 周忠海:《海洋法与国家海洋安全》,《河南省政法管理干部学院学报》2009 年第 2 期。

④ 陈德恭:《现代国际海洋法》,海洋出版社 2009 年版,第 71—76 页。

⑤ 张卫华:《专属经济区中的"适当顾及"义务》,《国际法研究》2015 年第 5 期。

⑥ 《海洋法公约》第 59 条规定:"在本公约未将在专属经济区内的权利或管辖权归属于沿海国或其他国家而沿海国和任何其他一国或数国之间的利益发生冲突的情形下,这种冲突应在公平的基础上参照一切有关情况,考虑到所涉利益分别对有关各方和整个国际社会的重要性,加以解决。"

⑦ G. Galdorisi and A. Kaufman, "Military Activities in the Exclusive Economic Zone: Preventing Uncertainly and Defusing Conflicts", *California Western International Law Journal*, Vol.32, 2002, p.273.

专属经济区或大陆架的划界问题,《海洋法公约》第74条第1款和第83条第1款引入了“公平原则”,即“应在国际法院规约第38条所指国际法的基础上以协议划定,以便得到公平解决”,但其并未对“公平”的内涵进行具体解释。①(6)历史性权利定位的模糊性。《海洋法公约》未充分照顾部分国家对有关海域具有管辖权的历史事实,未对客观存在的“历史性水域”“历史性权利”作出明确规定,如要创造新秩序,则必然带来矛盾和冲突。②

因此,虽然《海洋法公约》又被称为“海洋宪章”③,但其在整个国际社会中所引领的法律文化是建立在“圈地”背景之下,而且这种文化中所具有的“妥协性”实际上更多是发展中国家对发达国家妥协,同时,由于发达国家不甘于在谈判中让渡出其原本实际享有的权利,因而炮制了许多可为其法律文化服务的模糊性规则。显然,鉴于南海特殊的地理位置与地缘环境,以及周边国家均为发展中国家的情况,过度奉行通过《海洋法公约》解决相关纠纷,并非合适的价值选择。

三、域外海洋法律文化:霸权思想下的利己主义

在南海地区提及域外国家,影响最大者当首推美国。有观点认为自2010年7月美国国务卿希拉里·克林顿(Hillary Clinton)在越南出席东盟地区论坛外长会议期间提交了所谓南海“航行自由与安全”问题的发言后,南海争端开始成为一个国际热点议题。④而早在1997年,美国和平研究所便提出《南海问题:预防外交的前景》特别报告,建议将南海问题纳入美国战略利益考虑。中美关系是南海问题中的关键因素,新孤立主义、中立主义以及干涉主义一直在对美国南海政策产生不同程度的影响。⑤自唐纳德·特朗普(Donald Trump)成为美国总统后,不仅延伸了美国多年来坚持的“重返亚太”与“亚太再平衡”战略,如2015年8月21日,美国国防部《亚太海上安全战略》报告重申“美军将在2020年前将60%海空力量部署在亚太”⑥,同时美国的南海政策

---

① [英]马尔科姆·N.肖:《国际法》,白桂梅等译,北京大学出版社2011年版,第476页。

② 吴士存:《南沙争端的起源与发展》,中国经济出版社2013年版,第14—15页。

③ Robert A. Jennings, “A New Look at the Place of the Adjudication in International Relations Today”, in *Collected Writings of Sir Robert Jennings*, Vol.2, The Hague/London/Boston: Kluwer Law International, 1998, p.450, p.460.

④ 李少丹:《南海争端国际认知的塑造与再确认》,《南洋问题研究》2018年第4期。

⑤ 蔡鹏鸿:《美国南海政策剖析》,《现代国际关系》2009年第2期。

⑥ 《美军〈亚太海上安全战略〉报告阐述3目标4方向》,http://imil.ifeng.com/44495401/news.shtml。

自“菲南海仲裁案”后，明显开始从其之前主要奉行的“中立主义”转向“干涉主义”。出现这一境况的原因在于案后南海区域并未出现如美国所料想的矛盾激化，其不得不从幕后转向台前，力求通过相关行为挑动其他国家的反华情绪，以防南海局势过于缓和，进而遏制中国在南海的岛礁建设，尤其是和平崛起。例如，2014 年 9 月 30 日，《美印联合声明》提到两国均对“海洋领土争端紧张局势上升的担忧，特别是在南海地区”①；2014 年 12 月 5 日，美国专门发布《海洋界限——中国在南海的海洋主张》报告(Limits in the Seas, China: Maritime Claims in the South China Sea)，直接质疑中国的南海 U 型线主张②；2016 年 2 月，美国在加利福尼亚州举行“美国—东盟领导人峰会”，目的在于促成东盟在南海问题上“集体行动”或“集体宣言”③；2016 年 7 月 25 日，美日澳三国外长发表联合声明，提及南海、东海问题并对南海有关争议表示严重关切④；2019 年 7 月 11 日，美国国务院发言人摩根·奥特加斯(Morgan Ortagus)在记者会上提及 7 月 12 日是“菲南海仲裁案”裁决三周年，敦促所有国家根据包括《海洋法公约》在内的国际法解决领土和海洋问题⑤；2020 年 5 月 8 日，美国海军法官乔纳森·奥多姆(Jonathan G. Odom)借仲裁案发表短文，煽动《海洋法公约》缔约国在即将举行的国际海洋法法庭法官换届选举上阻止中国籍候选人当选⑥。而实际上，菲律宾向中国发起强制仲裁，无论是在人力还是财力方面，均由美国在其背后提供大力支持。⑦

回归美国在国际海洋法中所扮演的角色，其海洋法律文化实际上深受阿尔弗雷德·赛耶·马汉(Alfred Thayer Mahan)海权思想的影响，即是一种带有霸权主义特征的价值观念，如“海军战略之目标，旨在和平时期与战争时期建立、支撑并扩大一国之制海权”，其所主张的法律提议全部围绕着地理位置、

① 《日媒：中国谴责美印发表南中国海联合声明》，http://china.cankaoxiaoxi.com/2014/1011/524129.shtml。

② 《美国别在南海问题上任性》，http://www.nanhai.org.cn/index.php/Index/Info/content/cid/22/id/381.html。

③ 樊诗芸、郑怡雯、陈洋：《美国东盟国家领导人会议召开，美媒：一场“言过其实”的会晤》，http://www.thepaper.cn/newsDetail_forward_1432460。

④ 中华人民共和国外交部：《外交部发言人陆慷就日本、美国、澳大利亚发表联合声明涉南海、东海问题事答记者问》，http://www.fmprc.gov.cn/web/fyrbt_673021/t1385098.shtml?from=groupmessage&isappinstalled=0。

⑤ 《外交部回应美涉南海仲裁案裁决三周年表态：双重标准》，http://world.people.com.cn/n1/2019/0712/c1002-31231656.html。

⑥ Jonathan G. Odom, "Protecting the Rules-Based Order at the International Tribunal for the Law of the Sea", https://www.lawfareblog.com/protecting-rules-based-order-international-tribunal-law-sea.

⑦ 梁晓辉：《中国法学界揭批南海仲裁案的“美国因素”》，http://www.chinanews.com/gn/2016/07-22/7948031.shtml。

自然结构(包括与之相关的自然物产与气候)、领土范围、人口数量、民族性格与政府特征六个马汉认为影响一国制海权的因素。①例如,为获取更多资源,1945 年美国总统哈里·杜鲁门(Harry Truman)分别发表了《美国关于大陆架的底土和海床的自然资源的政策的第二六六七号总统公告》与《美国关于部分沿岸公海区域渔业政策的第二六六八号总统公告》,前者宣布公海下与美国海岸相毗连其上覆水域深度不超过 100 英尺的浸没土地为美国的大陆架,而后者提出在毗连美国海岸的部分公海区域建立渔业养护区,渔业活动应受美国的管理和控制②,这两个宣言对《海洋法公约》专属经济区制度,以及大陆架“自然延伸原则”的确立起到了推动作用。再如,美国 2007 年发布《21 世纪海上力量合作战略》,目标是“确保 21 世纪美国在海洋和沿海活动领域的世界领导者地位”③,并多年来频繁通过派遣军舰在中国南海管辖海域内活动,鼓吹是依据《海洋法公约》中的“航行自由”权利并反对中国西沙群岛领海基线的合法性。④但问题在于,全球海洋面积如此广阔,尤其是大陆国家远洋群岛适用直线基线法已形成习惯国际法,在国际上具有普遍的实践性⑤,美国为何非要选择在此区域并主要针对中国解释辩论法律规则?显然,在美国的海洋法律文化中,国际法仅是满足其霸权需求的一项工具而已。

而美国国内海洋立法的制定则具有典型的单边主义特征。正像有学者指出,美国海洋立法特征主要表现在三个方面:第一,只要存在国家利益方面的需要和诉求,美国就会毫不犹豫地通过国内立法或措施来采取行动,确立有利于自身的规定或制度;第二,只要相关机构与某一制度相关,美国就会通过不同层面的规范,将相关机构的行为纳入其中;第三,只要美国采取了一项制度,就会尽力将其推行为固定标准,用以影响其他国家。⑥例如,由于美国认为《海洋法公约》第十一部分“国际海底区域”限制其开发深海资源的空间⑦,即便 1994 年《关于执行〈海洋法公约〉第十一部分的协定》调整了相关规则的内容,但美国仍然拒绝加入公约。美国不仅单方与“人类共同继承的财产原则”相对

---

① [美]阿尔弗雷德·赛耶·马汉:《海权论》,欧阳瑾译,群言出版社 2015 年版,第 33、95 页。

② 华敬炘:《海洋法学教程》,中国海洋大学出版社 2009 年版,第 155、192 页。

③ 黄冬梅、邹国良等编著:《海洋大数据》,上海科学技术出版社 2016 年版,第 29 页。

④ 例如,相继发生“迪凯特号事件”[USS Decatur(DDG-73)]、“杜威号事件”[USS Dewey (DDG-105)]、“罗斯福号事件”[USS Theodore Roosevelt(CVN-71)]以及“马斯廷号事件”[USS Mustin (DDG-89)]等。

⑤ 张华:《中国洋中群岛适用直线基线的合法性:国际习惯法的视角》,《外交评论》2014 年第 2 期。

⑥ 李居迁:《防空识别区:剩余权利原则对天空自由的限制》,《中国法学》2014 年第 2 期。

⑦ 张海文:《〈联合国海洋法公约〉释义集》,海洋出版社 2006 年版,第 364 页。

抗，而且罗纳德·里根（Ronald Reagan）总统于1983年发表了仅享有对美国有利的《海洋法公约》权利但却不负有对其不利义务的“美国海洋政策声明”①，继续坚持美国于1980年出台的《深海海底硬矿物资源法》。再如，美国是世界上最早在其专属经济区内设立海上防空识别区制度的国家，并由此成为他国仿效的对象。若对其深度观察，虽然在《美国海军指导手册》第二章第二节中规定：“军事飞机可以进行下列活动，包括……侦察和情报搜集……所有活动都必须适当顾及其他国家的权利以及飞机和船舶的安全”，但在实践中，将美国所声称的“适当顾及”措施，与管控他国在其专属经济区上空进行军事活动时的态度相比，明显存在程度上的悬殊差异，是一种典型“你我有别”的双重标准。

因此，美国的海洋法律文化在马汉理论影响下形成，带有明显的霸权与单边特征，受到这种带有攻击性特征的法律文化影响只会进一步加剧南海国家之间的争端。同时，若依赖这种带有利己特征的狭隘文化对法律规则进行解释，在国际道义角度上本身已经丧失了其权威性与可信度。

四、域内海洋法律文化：无秩序下的盲目冲突

谈及南海声索国的海洋法律文化，首选研究对象应是越南。以越南1975年南北统一时间为起点，其海洋法律文化的发展大致可分为两个阶段：第一阶段，统一后随即撕毁其1958年照会内容，提出对西沙群岛与南沙群岛的主权要求。越南于1977年与1982年相继发布《关于越南领海、毗连区、专属经济区和大陆架的声明》和《关于确定越南领海宽度基线的声明》，后者中加入了有关我国西沙、南沙领海基线的内容。②第二阶段，2012年颁布《越南海洋法》，将其于2007年制定的《至2020年越南海洋战略》以法律形式确定。而在《至2020年越南海洋战略》与《越南海洋法》出台的背后，一方面，美国在2012年和2013年相继提出支撑亚太“再平衡”战略的调整兵力部署计划③，另一方面，自2003年起美国军舰每年都会访问越南海港，为重新进驻金兰湾打造前期基础，如2010年时美国便有军舰在其中进行过维修。④美国在南海问题上，

① 即“尽管美国不是1982年《海洋法公约》的缔约国，但承认此《公约》中有关航海权和航空权的规定反映了习惯法，并按照《公约》中除深海床采矿规定以外的规定行事”。

② 成汉平：《越南海洋战略研究》，时事出版社2016年版，第17—29页。

③ 巅之鹰：《特朗普正准备出台新的亚太战略，背后隐藏着什么目的?》，http://www.sohu.com/a/140435973_601268。

④ 黄兴球：《金兰湾：越南解除武器禁运的筹码，美国“重返亚太”的关键》，https://www.thepaper.cn/newsDetail_forward_1467838。

尤其是中越关系方面已经非常明显地表现出倾向于越南，如其近年来不断指责中国的“陆域吹填”工程，但对越南的大动作扩岛活动却选择性无视。显然，越南在每次作出重大海洋战略部署或出台重要立法前均首先会争取获得域外大国的相应支持。

回归至其立法的具体内容，则带有明显的激进特征，且对中国带有敌对性。除完全无视中国多年来“搁置争议，共同开发”倡议，不断以招标形式伙同西方石油公司进行掠夺性开发外[①]，《越南海洋法》出台于2013年中国三沙市政府成立之后，而且在第一条规定中将中国南海领土划入其管辖范围内，即“本法是关于隶属于越南国家主权、国家主权权利、国家仲裁权范围内的领海基线、内水、领海、毗连区、专属经济区、大陆架、黄沙群岛、长沙群岛和其他群岛的各个岛屿；在越南海域内从事发展海洋经济的活动；管理和保护海洋、岛屿活动的规定”[②]。再如，越南在争议海域内一直不断通过暴力执法的方式彰显其管辖权，尤其为此专门匹配了相关立法，2012—2015年间陆续通过了《行政处罚法》《环保法》《海军法》《海洋、海岛环境资源法》《航海法》以及《刑事调查机关组织法》，并在这些法律中规定了许多新内容，明确了越南海警及其他海上法律实施力量（海关、渔检、航空港、环境监察等）的任务和职能。[③]其中最为典型的是2012年颁布的《越南海警法令》，其中第十五条规定授权海警可以在三种情况下开枪射击。

至于国际关系方面，滥用权力倾向十分明显。除越南于1994年加入《海洋法公约》后便无视我国南海U型线内“历史性权利”而在之中主张大面积管辖海域外，其2009年联合马来西亚共同向联合国大陆架界限委员会就侵入我国南海U型线部分提交外大陆划界案，但问题在于2008年《大陆架界限委员会议事规则》附件一第五条(a)项明确规定“如果已存在陆地或海洋争端，委员会不应审议和认定争端任一当事国提出的划界案”。再如，“菲南海仲裁案”中，明知菲律宾是在滥用《海洋法公约》权利而向中国发起仲裁的情况下，亦不断表现出将要进行效仿的迹象：2014年7月2日，越南总理阮晋勇（Nguyễn Tấn Dũng）宣称，越南政府及相关部门正在准备材料，就“中国侵犯越南领土主权”问题起诉中国[④]；2014年12月5日，仲裁庭书记官处收到了“越南外交

① 杨翠柏等：《南沙群岛油气资源共同开发法律研究》，南京大学出版社2016年版，第21页。

② 米良译：《越南海洋法》，《南洋资料译丛》2015年第2期。

③ 杨荣命：《论越南的海洋战略》，《战略决策研究》2019年第2期。

④ 陈海峰：《越南要起诉中国，称有足够证据证明西沙南沙主权》，http://www.chinanews.com/mil/2014/07-05/6353888.shtml。

部提请菲律宾诉中国仲裁案仲裁庭注意的声明”①；2019 年 11 月 6 日，在河内举行的“第十一届南海问题国际学术研讨会”上，越南副外长黎怀忠（Le Hoai Trung）声称越南可以根据《海洋法公约》提交仲裁，以维护其南海权利。②

因此，由于南海区域国家均是 1945 年后方结束殖民斗争，历史原因导致这些国家在海洋问题的解决上并无全球视野及区域视野，海洋法律文化的诞生主要受西方国家影响，根本目标以扩大主权与抢占资源为主，具有典型的激进性。即便选择加入《海洋法公约》等普遍性国际条约，但仍是将法律规则视为“以小博大”的工具。同时，由于海洋法律文化的形成不具有独立性，因而在实际执行过程中极易受国家间关系影响而变得难以预测。

五、解决南海问题的路径：法律文化的视角

正如有观点指出，当今国际形势背景下，“定规则”已成为各方塑造国际秩序的关键抓手，“法律战”成为国际博弈的重要形式。推动构建“人类命运共同体”是新时代中国国际法观的核心理念和根本价值追求③，中国有必要一方面秉持其中所体现的价值追求与基本原则以影响国际、区域法律文化的修正，另一方面努力塑造新时代中国特色的海洋法律文化，为制定解决南海安全问题的规则提供保障。

（一）提升立法话语权以影响国际法律文化

由于历史原因，中国仅参与了三次联合国海洋法会议的最后一次，其是我国恢复联合国席位后参加的第一个国际立法会议，但本次会议上中国总体并未发挥主导作用。一方面，例如为了中国的长远利益，对于美国提出的“平行开发制”没有出面积极地表示反对，并且和部分发展中国家一起反对“协商一致”程序。④另一方面，虽然中国在海洋法会议中曾提出不少富有创见性的观点，如 1973 年 7 月 4 日，在所提交的《关于国家管辖范围内海域的工作文件》

① PCA Press Release, “The Arbitral Tribunal Requests Further Written Argument from the Philippines concerning the Arbitration between the Republic of the Philippines and the People's Republic of China”, December 17, 2014, http://www.pca-cpa.org/showpage.asp?pag_id=1529.

② Tom Jones, “Vietnam Weighs South China Sea Claim”, https://globalarbitrationreview.com/article/1226619/vietnam-weighs-south-china-sea-claim.

③ 中华人民共和国外交部条约法律司：《中国国际法实践案例选编》，世界知识出版社 2018 年版，第 8—10 页。

④ 刘楠来：《第三次联合国海洋法会议与中国对海洋权益的维护》，《边界与海洋研究》2019 年第 5 期。

中阐述了中国关于领海宽度与军舰通过他国领海的立场，即“沿海国有权根据自己国家的地理特点、经济发展和国家安全的需要，并照顾到邻国的正当利益以及国际航行的便利，合理地确定领海的宽度和范围，予以公布”以及“沿海国依照本国法律和规章，可以要求外国军用船舶事先通知该国主管机关或经该国主管机关事先许可，方可通过该国的领海”[①]，但上述提案并未起到预期效果，这与我国在海洋法方面缺乏深入研究[②]，在国际立法方面尚未形成权威形象不无关系。

虽然我国当年错过了在《海洋法公约》谈判中影响国际海洋法律文化发展方向的时机，然而这并非表明如今将无所作为。例如，针对《海洋法公约》中“剩余权利”的存在，有观点认为“其只能通过国家实践才可以得到澄清，即国家实践对于确定沿海国的主权权利和管辖权，以及第三国的权利义务界限具有决定性作用”[③]，就像防空识别区制度今日能够隐然具有习惯国际法地位也正因于此。再如，“菲南海仲裁案”裁决作出翌日，便有 90 多个国家的 230 多个政党和政治组织公开表示支持中国在南海问题上的立场。[④]之所以能够取得如此局面，除了一方面中国官方在 2014 年 12 月 7 日《中华人民共和国政府关于菲律宾共和国所提南海仲裁案管辖权问题的立场文件》中，从法律层面有理有据阐述中方立场外，亦来源于国内不断组织专人专家，注重智库建设，针对国外对我不利言论与行动及时采取了有效反击，如中国国际法学会曾发表题为《菲律宾所提南海仲裁案仲裁庭的裁决没有法律效力》的声明，这些行动在国际社会中均获得了良好反响。中国以往在外宣斗争上主要以政治内容为主，今后有必要在外交或舆论方面重视法律文化的内在影响力。

（二）促进南海区域法律文化共同体建设

“搁置争议、共同开发”是中国政府一贯主张解决南海争端的方式，但“共同开发”政策的实际进展甚为缓慢，实际效果并不尽如人意。[⑤]正如前文所分析，由于《海洋法公约》存在一定缺陷，加之受到域外国家法律文化的影响，激进且盲目的域内个别文化在相互交锋下，只会导致南海问题的解决陷入死局，

---

① 北京大学法律系国际法教研室：《海洋法资料汇编》，人民出版社 1974 年版，第 74 页。

② 杨泽伟：《〈联合国海洋法公约〉若干制度评价与实施问题研究》，武汉大学出版社 2018 年版，第 99—100 页。

③ Donald R. Rothwell & Tim Stephens, *The International Law of the Sea*, Oxford and Portland, and Oregon: Hart Publishing, 2010, p.97.

④ 臧晓程：《90 余国的 230 多个政党表态支持中国南海立场》，http://cpc.people.com.cn/n1/2016/0713/c64387-28550630.html。

⑤ 罗国强：《“共同开发”政策在海洋争端解决中的实际效果：分析与展望》，《法学杂志》2011 年第 4 期。

在没有共同文化基础上的单方倡议也无法找到适合生根发芽的土壤。因此，中国与南海周边国家共建南海区域法律文化共同体是解决问题的有效路径。但应当注意以下三方面问题：

第一，警惕南海问题的"东盟化"趋势。自 1992 年《东盟南海宣言》、2002 年《南海各方行为宣言》、2011 年《落实〈南海各方行为宣言〉后续行动指针》，再到 2012 年《南海问题六项原则》等政治文件，处处体现出东盟在南海问题上"以我为主"介入南海的战略意图。[①]2015 年 12 月 31 日，东盟轮值主席国马来西亚发表声明，宣布亚洲地区首个次区域共同体"东盟共同体"正式建立[②]，其未来是否会在南海问题上亦走向趋同化，值得中国提前关注并预防。中国应积极介入所有区域立法活动，以免将来如签署《南海各方行为宣言》时，出现中国与东盟各为一方的情况。

第二，根据前文分析，应当使得周边国家意识到南海问题的根源，一方面与《海洋法公约》密切相关，如其仅单方面扩大国家管辖海域的范围，却未提供有效解决争端的规则；另一方面，受域外国家霸权式海洋法律文化影响严重，利己单边式的制度建设会导致国家间的无休止对抗。因此，如要构建南海区域具有独立特点的法律文化氛围，必须首先排除域外国家无论在意识上还是行为上的干涉，同时不能过度依赖《海洋法公约》，而是应当由相关国家间通过协商方式创设新的规则。

第三，以《南海行为准则》为抓手，但不应对其寄予过度期待。在南海"建立基于规则的秩序"的呼声日益高涨时，《南海行为准则》当然具有瞩目地位并被寄予厚望。但在多年来区域国家间法律文化持续对抗的形势下，希冀通过一个具有约束力的规则来结束一切问题，不仅不切实际，而且容易导致规则崩溃。正如有观点主张其仅是一个具有法律约束力且程度较低的"准则"。[③]而在此基础上，国家间从低敏感领域开始逐步加强合作之后，再进一步朝文化共同体的方向发展。

（三）同域外国家加强法律文化上的交流

正如有观点提出，之所以出现"中国威胁论"，主要源于西方的海权思想多数受到马汉理论影响，然而其所主张的海权是追求对一定海域的绝对控制，具

① 赵国军：《论南海问题"东盟化"的发展——东盟政策演变与中国应对》，《国际展望》2013 年第 2 期。

② 朱雪松：《东盟共同体今日建立，为亚洲首个次区域共同体》，http://www.mnw.cn/news/china/1071992.html。

③ 洪农：《海洋法的国家实践：对南海地区法律文化共同体的思考》，《外交评论》2017 年第 5 期。

有绝对性、强制性和排他性特质。①因此,中国有必要与美国等域外国家加强沟通,使其正确了解中国海洋法律文化的特点。虽然从 20 世纪 80 年代至 21 世纪初,中国制定了一系列海洋立法,但一方面立法数量少(由全国人大常委会制定的法律只有十余部),另一方面立法内容简略,并且主要是带有以防御性为特征的"确权"内容。如最早的海洋立法文件 1958 年《中华人民共和国政府关于领海声明》中只有四个条文,一方面宣布了我国的领海宽度、领海基线以及适用范围,另一方面则特别强调"一切外国飞机和军用船舶,未经中华人民共和国政府的许可,不得进入中国的领海和领海上空"。1992 年《领海及毗连区法》亦只有十七条,特别是第十三条规定在对毗连区的管制方面增加了"安全"事项②,但却并未对《海洋法公约》在第二十七条中明确规定的沿海国在外国船舶上行使刑事管辖权的条件予以关注。③而上述这种以"安全"为核心的防御性法律文化,直到 2016 年颁布实施《深海海底区域资源勘探开发法》后才逐渐有所转变。正如有学者指出,我国的海洋立法实际上是从生存、发展到强国三个阶段进行发展变化的。④

此外,中国一直并未解释南海 U 型线的含义,《领海及毗连区法》与《专属经济区和大陆架法》亦均未言及南海 U 型线。⑤自 2009 年越南与马来西亚联合提交外大陆架划界案后,中国方才向联合国秘书长提交附有标注南海 U 型线地图的照会。再如,2013 年正式组建中国海警局之前,海洋执法体制曾因权限冲突而一度呈现"五龙治海"的状况;目前尚未出台专门立法,相关体制与组织体系的最终构建仍需时日。显然,中国在处理海洋问题的法律文化上不仅以防御性为主,而且受到传统儒家思想的影响,在通过法律手段处理国际关系问题上亦具有温和性。

因此,鉴于在中美关系中无论是舆论界或理论界,均存在信息上的渲染、扩大或不对称等问题,中国有必要通过各种渠道与其他国家加强法律文化方面的交流,使得更多国家了解中国以"和平共处五项原则"为基础,并以"坚持推动构建人类命运共同体"为目标的现代海洋法律观念。目前亦存在不少较为成功的实践,如在 2012 年,中华人民共和国政府和阿根廷共和国政府发表

① 侯昂好:《超越马汉——关于中国未来海权道路发展的思考》,《国防》2017 年第 3 期。

② 即"中华人民共和国有权在毗连区内,为防止和惩处在其陆地领土、内水或者领海内违反有关安全、海关、财政、卫生或者入境出境管理的法律、法规的行为行使管制权"。

③ 邹立刚:《论国家在领海的刑事管辖权》,《福建警察学院学报》2011 年第 5 期。

④ 贾宇、张小奕:《毛泽东、邓小平和习近平的海洋战略思想初探》,《边界与海洋研究》2018 年第 3 期。

⑤ 贾宇:《中国在南海的历史性权利》,《中国法学》2015 年第 3 期。

联合声明，其中第六条提及“中国政府重申坚定支持阿根廷共和国对马尔维纳斯群岛的主权要求，以及重启有关谈判，根据联合国相关决议规定寻求马尔维纳斯群岛问题最终和平解决”①。2016 年，中俄双方在北京签署了《中华人民共和国和俄罗斯联邦关于促进国际法的声明》②。此外，如在 2010 年“查戈斯群岛海洋保护区案”中，英国主张毛里求斯通过包装的方式滥用《海洋法公约》下的争端解决强制程序，实际上与“菲南海仲裁案”中的情况一致，中国可争取中英双方共同发表相关声明，以此加强法律观念上的相互认同。

（四）国内树立正确的海洋法律意识

在 2003 年，国务院印发的《全国海洋经济发展规划纲要》明确提出“逐步把中国建设成为海洋强国”的战略要求，2017 年党的十九大报告中进一步提出“坚持陆海统筹，加快建设海洋强国”目标，但却一直未能将其上升至立法层面。未来中国无论是影响国际海洋法律文化的发展，还是推动区域法律文化共同体的构建，均需先塑造具有中国特色的现代海洋法律文化。

首先，中国自古以来“重陆轻海”观念根深蒂固，直到近代仍然遗留了很大的影响。在官方层面的立法中，整体思维明显局限于近海，缺乏远近结合的大布局。在当前加紧制定《海洋基本法》之时，作为海洋法领域中具有“小宪法”地位的统领性法律，其理应承担体现时代最基本价值观念的使命。③因此，有必要在《海洋基本法》中将当代中国海权思想传达给国内民众与国际社会。

其次，完善相关法律制度。例如，针对外国对中国渔船和渔民滥用执法武力问题，应对被抓扣、逮捕及起诉的我方渔民提供营救及法律援助，如依据国际人权法与国际责任法要求对方救助及赔偿等；对内可以建立针对远洋渔业活动的人身和财产保险补贴制度，制定对事件进行调查的规则和程序，提供常规性的巡航和护渔措施等。再如，在油气资源开发方面，国家可以为实力雄厚的相关国有企业提供支持，建立开发风险基金或补偿基金，帮助其降低或规避经济风险和地质风险。④

第三，加强法律研究工作。例如，针对国内当前在法学教育工作中，惯常将“海洋法”与“国际海洋法”相等同的现象，有观点提出海洋法不只是关于国

---

① 新华网：《中华人民共和国政府和阿根廷共和国政府联合声明》，http://www.xinhuanet.com/world/2012-06/26/c_123328784_2.htm。

② 新华社：《中华人民共和国和俄罗斯联邦关于促进国际法的声明（全文）》，http://news.xinhuanet.com/politics/2016-06/26/c_1119111900.htm。

③ 甘藏春：《论宪法的作用》，《法学杂志》1986 年第 6 期。

④ 舒先林、龙隆：《海洋强国背景下中国石油安全的南海战略》，《长江大学学报（社科版）》2014 年第 2 期。

家如何使用和控制海洋及其资源的国际法体系，而且是调整国家间海洋归属和利用等关系、处理国际社会海洋公共事务，由主权国家国内海洋事务的行为规范构成的整体。①深入的研究工作不仅可以帮助有效维权，而且可以正面提升国内民众的法律认知。

最后，深化海峡两岸在法律文化上的共识。促进两岸交往与统一应是维护中国海洋安全的首要基本任务。②实际上，两岸之间在法律方面应具有相同立场，而且在"菲南海仲裁案"法庭否定太平岛的"岛屿"地位之后，双方间的立场更应趋于一致。因此，两岸除应深入运作 2010 年缔结的《海峡两岸经济合作框架协议》外，还应建立安全合作方面的法律机制，例如，渔业的联合执法与管理机制、航运安全的搜救与维护机制等③，争取进一步缔结《海峡两岸海洋安全合作框架协议》。

Research on the South China Sea Security Issues under the Gaming of International Marine Legal Culture

Li Wenjie

Abstract: The conflict of legal cultural is an important factor which affecting international security, and it is also applicable in the South China Sea. In particular, it has drawn greater attention since the "South China Sea Arbitration". The current security situation in the South China Sea, on the one hand, is related to the 1982 United Nations Convention on the Law of the Sea, which represents the mainstream of international marine legal culture, its formal compromise and inherent inequality have been used by some countries in the South China Sea. On the other hand, the hegemonic and self-interested culture of the United States and other western countries has a profound influence on the formation of marine legal culture in some countries. Resolving the conflict of legal culture in the South China Sea is an important way to effectively solve the security issue in this area. On the

① 徐祥民：《走出国际法范畴的海洋法——服务于我国海洋基本法建设的思考》，《山东大学学报(哲学社会科学版)》2015 年第 1 期。

② 刘兰、徐质斌：《关于中国海洋安全的理论探讨》，《太平洋学报》2011 年第 2 期。

③ 金永明：《钓鱼岛列屿解决方法与两岸海洋问题合作》，载吴建德、王海良等主编：《两岸关系新论》，台湾丽文文化事业股份有限公司 2012 年版，第 44—51 页。

basis of establishing its own modern marine legal culture, China should enhance the speaking right of international legislation constantly to influence the development of international legal culture, eliminate the differences between each other by carrying out legal cultural exchanges with countries outside the region, make the surrounding countries realize the harm of some legal culture to regional security and abandon it in time. In the end, China and its neighbors should work together to build a legal cultural community in the South China Sea.

Key words: legal culture; security in the South China Sea; compromise; hegemonism; community

“South China Sea”还是“South Sea of China”：翻译与中国国际话语权力

北京外国语大学　彭　萍

［内容提要］　翻译是对外宣传的一个重要手段，与一个国家的国际话语权力密切相关。本文从“中国南海”的英语定名出发，探讨翻译与中国国际话语权力的关系，最后提出翻译活动所涉及的各方在提升我国国际话语权力的过程中应该发挥的作用。

［关键词］　中国南海；国际话语权力；翻译

一

南海自古以来就是中国领土不可分割的一部分。西汉时期，中国人在南海航行时发现了一群珊瑚岛礁，即今天的南沙群岛。三国时期，万震的《南洲异物志》和康泰的《扶南传》都记载了南沙群岛的地貌特征。唐朝时期，南海诸岛已经成为振州行政区划的一部分，岭南节度使对南海诸岛实施行政管理，自此，越来越多的中国人到这一带海域从事捕捞活动，中国历代政府也继续对南沙群岛进行管辖。明朝永乐年间(1403—1424)，造船业和航海业高度发达，1405 年，郑和率领船队揭开了“七下西洋”的序幕，“七下西洋”历时 28 年，其间郑和对南沙群岛进行核治、定位和命名，进一步巩固了中国对南沙群岛的主权。1840 年鸦片战争以后，中国逐步沦为半殖民地半封建社会，南海诸岛的主权屡受侵犯。20 世纪 30 年代，中国政府对海域主权范围进行了界定，正式公布并出版《中国南海岛屿图》。第二次世界大战期间，日本强占了中国南海诸岛。战后，根据《开罗宣言》和《波茨坦公告》，中国正式恢复对南海诸岛的主权，1946 年中国海军前往西沙群岛、南沙群岛接管主权。中华人民共和国成立之后，1951 年 8 月 15 日，周恩来在《关于美英对日和约草案及旧金山会议声明》中严正指出：西沙、南沙群岛和东沙、中沙群岛一样为中国领土。此后，中国政府针对南海诸岛主权问题多次发表声明，对某些国家侵犯我国南海诸岛主权的行为表示严重关注，还在西沙和南沙群岛进行了开发和建设。习近平曾指出："南海诸岛自古以来就是中国领土，这是老祖宗留下的。任何人要侵犯中国的主权和相关权益，中国人民都不会答应。"①

可是，自20世纪80年代后期，随着南海油气田大规模的勘测和中国的崛起，周边国家纷纷插足南海，以美国为首的少数国家更是以调解者自居，不断在南海搅局，使得南海问题不断升级。当然，关于南海的争端问题需要从历史的角度和法律的角度进行解决，但在捍卫中国对南海主权的过程中，对"南海"的英文定名并对其中文表达进行规范也是非常重要的一环。

孔子认为："名不正，则言不顺；言不顺，则事不成。"②要捍卫中国对南海的主权，首先是一个正名的问题。在国内，我们一般称"南海"或"中国南海"，但一些外媒甚至是国内媒体却将之称为"南中国海"，其主要原因在于这一海域的英文名称，因为这一海域国际上通用的英语名称是"South China Sea"，因此有人就按顺序将其翻译为"南中国海"。"中国南海"让人一听或一看就知道南海属于中国，可是"南中国海"(South China Sea)让人一看或一听感觉只是一个表示位置的名称，实际上，这已经不单单是一个翻译问题，更是一个话语权力的问题。我们知道，韩国早在几年前就通过自己的手段强制将Seoul对应的中文由"汉城"改为了"首尔"，这个修改"去中国化"的政治意图非常明显，但中国接受了这一修改。那么，我们不妨学习一下这种手段，将英文"South China Sea"改为"South Sea of China"，其中"of"很明显表达了所属关系，将其汉语译文也规定为"中国南海"，然后将修改后的中英文名称通过外交部等部门进行官方确认，并进行推广。这样一来就从"名"上捍卫了南海的主权。著名语言学家萨皮尔(E. Sapir)等人认为，语言决定思维，当国际上更多地使用"South Sea of China"和中文名称"中国南海"后，久而久之，人们从思维上就会默认南海属于中国这一事实。

对外宣传中这样的例子还有不少。阅读英文报纸的人都熟悉外媒总是将"中国大陆"译为"Mainland China"，这显示了外国媒体的一种"别有用心"，而一些译者往往感到既然外媒都这样用，所以在将"中国大陆"翻译成英文时就

① 《共同开启中英全面战略伙伴关系的"黄金时代" 为中欧关系全面推进注入新动力》，《人民日报》，2015年10月19日。

② 《论语·子路》。

会选用“Mainland China”，还美其名曰这是地道的英文，实际上就在这种洋洋得意中丧失了中国的话语权力，并在不经意间丧失了“一个中国”的立场。要维护中国对外传播的话语权力，捍卫中国的领土主权，就应该将“中国大陆”译成“the Chinese mainland” “China's mainland”或“the mainland of China”，这种翻译暗示了“一个中国”的立场。

以上是带有政治意味的话语权力问题，更是意识形态和国家主权方面的话语权力问题。文化的对外传播中更有一些话语权力的问题。比如，“龙舟”到目前为止仍然被译成“dragon-boat”，而我们知道英文中“dragon”是邪恶的象征，中西方对“龙”和“dragon”的文化认知不同。虽然很长时间以来，汉语的“龙”被译成了英文“dragon”，英文中的“dragon”被译成了中文的“龙”，但实际上误传了其中的象征意义，没有正确传达出中英对这一形象的不同认知，所以有学者已经呼吁将“龙”译成“loong”。比如，首届中华龙文化兰州论坛在2007年11月18日对外发布的《龙文化论坛兰州宣言》中认为：“中华龙与西方文化中的龙‘dragon’完全不同，西方国家和社会大大歪曲和损坏了中华龙的光辉形象，应该将中华龙英译为‘loong’以示区别。”我对此持赞同的态度，并建议把“dragon”译成汉语的“怪兽”或者“大蛇”。只有把中文的“龙”同英文中的“dragon”区分开来，才能更好地传达中国文化中“龙”所象征的正面意义，才能更好地传播中国的文化形象。

但是，到目前为止，2007年提出的上述建议并没有得到官方的认可和采纳，这说明对外传播中关于文化形象的翻译问题并没有得到足够的重视。

二

我国已经提出加强对外文化传播，扩大对外文化交流，以更加积极主动的姿态实施中华文化“走出去”的战略，这一战略的正确实施有助于形成与我国国际地位相对称的文化软实力，提高中国及中国文化在世界上的感召力和国际影响力。在这一背景下，加强翻译这一文化交流和对外传播手段显得尤为重要。

从微观层面看，翻译只是一种语言之间的转换，是将一种语言文本转换为另一种语言文本的行为。但实际上，翻译不能仅被视为语言转换活动和文本活动，翻译活动存在语言之外和文本之外的因素，而这些因素又影响着语言转换活动，这一命题在翻译学界已达成共识。如美国学者提莫志克(M. Tymoczko)指出:“翻译是用一种文化表述另一种文化最重要的手段之一。”[①]德国学者弗米尔(Vermeer)认为,任何一种形式的翻译行动都可以被看作是一种活动,而任何一种活动都由一个目标和目的……一种活动导致一种结果、一种新的形势或事件,甚至可能导致一种“新”的东西。[②]这样就把译者的翻译动机和目的纳入了翻译活动的范畴。中国学者刘宓庆认为,翻译活动的根本目的“不是追求意义而是为了有效的交流”,所以“翻译实质上是一种有目的的传播活动”,是一种“全球性的语言一文化活动”,“背离目的和目标来追求语义等值(equivalence)是没有意义的”[③]。上述学者的论述均将翻译放在了一个更广的层面,放在了整个社会和文化领域,使人们能够更好地认识翻译现象,更清晰地看到翻译在人类文化传播中的意义所在。

总之,从宏观层面讲,翻译活动的内容是广泛而复杂的,它不是简单的双语活动或两个文本之间的转换活动,而是一种文化活动、社会活动,甚至是一种政治活动,包含了动机、目的、实施、结果等诸多方面。从对外传播和国家软实力的角度看,翻译就更不可能只是语言之间的转换,而是一种复杂的“改写”(rewriting)过程。该过程是与两种文化间存在的权力影响和平衡并行的一种过程。[④]翻译操纵派代表人物、比利时学者勒菲弗尔(Lefevere)认为,政治在翻译活动中的作用举足轻重。[⑤]所以,翻译从宏观角度讲可以说成一种政治对话行为,是两种文化、两种政治意识形态间相互影响,甚至能否达到平衡的过程,更涉及两种语言背后的两个群体、两个国家的话语权力问题。

三

“话语权力”(Power of Discourse)这一概念,来源于法国社会学家米歇尔·福柯(M. Foucault)关于话语与社会权力关系的理论。1970 年 12 月,福柯提出了“话语是权力,人通过话语赋予自己权力”的著名命题。在福柯看来,话语不仅是思维符号和交际的工具,还是人们斗争的手段,这就给看似没有任

① [美]提莫志克:《后殖民语境中的翻译——爱尔兰早期文学英译》,上海外语教育出版社 2004 年版,第 17 页。

② Vermeer H. J., “Skopos and Commission in Translational Action”, in L. Venuti ed., *The Translation Studies Reader*, London: Routledge, 2000, pp.221—232.

③ 刘宓庆:《中西翻译思想比较研究》,中国对外翻译出版公司 2005 年版,第 36—37 页。

④ Álvarez, R. & Vidal, M. Carmen-África, “Translating: A Political Act”, in Álvarez, R. & Vidal, M. Carmen-África ed., *Translation, Power, Subversion*, England: Multilingual Matters Ltd., 1996, p.4.

⑤ [英]勒菲弗尔:《翻译、改写以及对文学名声的制控》,上海外语教育出版社 2004 年版。

何意识形态色彩的话语赋予了权力和利益的功能。福柯还强调语言对人的制约作用。他认为人们只有遵循语言内部自身的规律,其表达和沟通才是有效的,因此在福柯看来,不是人在说话,而是"话"在说人。批评性话语分析学者范迪克(Van Dijk)也认为,话语不仅仅用来表现现实,还用来创造现实。换言之,话语的重要目的之一不是为了表达某种意义,而是为话语实施者获得权力,如控制权、话语权、语境控制权、思想控制权等等。[①]范迪克有关话语体系的论述实际上与福柯的话语权力理论一脉相承,在话语层面上研究语言与权力和意识形态的关系。概括地讲,话语权涉及经济、政治、文化地位等问题,反映了个人、群体甚至或国家在社会或世界中的地位。从这个意义上讲,国家的话语权力是一个国家软实力重要的衡量标准之一。

不同国家在全球范围的话语权力当然存在差异。对于全球话语权力的问题,有学者提出了"全球化话语"与"全球化反话语"这一对概念。南佐民指出:"全球化话语与全球化反话语构成全球化行为中两个既对立又统一的话语范畴。全球化话语更多地代表了全球化过程中强势集团的利益,而全球化反话语更多地代表了该过程中弱势集团的利益。"[②]今天,中国崛起已被公认为是一种不争的事实,甚至国际舆论界还将之视为 21 世纪全球的头等大事。然而,通过前面对"话语权力"的分析可以看出,当今世界,一个国家缺乏强大的国际话语权,就谈不上真正的崛起。[③]中国要真正崛起,就必须在国际社会争得较强的话语权力,不能让某些目前话语权力处于强势地位的国家牵着鼻子走,而是要切实构建起属于中国自己的系统的国际话语权力体系。

诚然,正如张志洲指出:"客观而言,中国当前的国际话语权尚处于冷战后时代背景下的'结构性弱势地位'以及自身话语质量不足的'本质性弱势'地位之中,与中国和平崛起的话语权需求之间尚存在巨大的落差。"[④]

不可否认,自近代以来中国在世界上的话语权力与世界上英语国家相比一直处于弱势地位。19 世纪中期,西方列强使用枪炮打开了中国的大门,开启了中国饱受西方列强侵略和欺压的屈辱史。随着中国国势的一度衰微,中国的话语权力和其文化地位处于弱势地位。而且,当时中国科学技术和经济发展逐渐落后于西方,也直接导致文化由强势地位变为弱势和边缘地位。尤其是,当时的统治者因为缺乏进取的态度和世界眼光,本来妄自尊大的他们由

---

① Teun A. Van Dijk, *News Analysis: Case Studies of International and National News in the Press*, N.J.: Lawrence Erlbaum Associates, 1988.

② 南佐民:《全球化构建中的话语制衡》,《国外社会科学》2007 年第 2 期。

③④ 张志洲:《和平崛起与中国的国际话语权战略》,《当今世界》2012 年第 7 期。

于武力威胁而不得不与外界接触，发现自己相形见绌，于是将自尊抛之脑后，变得奴颜婢膝、崇洋媚外，这样的心态也存在于当时一些知识分子及民众的头脑当中，从而也影响着中国人的政治思维和国际行为方式。这种“自卑”的心态持续了近一个半世纪，直到今天，随着中国经济的飞速发展和综合国力的日渐强大，“自卑”心理才开始慢慢消退。

另外，中国传统思想中“和而不同”的观念在中国人的头脑中根深蒂固，从而造就了中国人温和的性格以及温和的处事原则和行为方式。孔子曾经说过：“君子和而不同，小人同而不和。”①这里，“和而不同”是一种社会伦理关系原则，也是人们处世行事所应遵循的准则。孔子“和而不同”的思想经过了后世哲学家的传承和发展，逐渐演变为一种辩证法哲学。北宋哲学家张载说过：“天下之物，无两个有相似者。虽一件物亦有阴阳左右，譬之人一身中两手为相似，然而有左右。一手之中五指而复有长短，直至于毛发之类，亦无有一相似。至如同父母之兄弟，不惟其心之不相似，以至声音形状亦莫有同者。”②南宋林栗认为：“孚者化也，阴阳合而化生也。是故阴之情欲升，阳之情欲降，然后为孚之时也。君子和而不同，周而不比，见善而称，知贤而举。”③清朝末年的魏源还指出：“江河百源，一趋于海，反江河之水而复归之山，得乎？履不必同，期于适足；治不必同，期于利民。”④上述论述充分体现出中国人的主张，即如果相同则可以共生共长，如果不同则可以相辅相成，这无疑是继承和发扬了孔子“和而不同”的宝贵思想，反映出中国人的哲学观和处世观，延伸到国际社会，中国人认为人类社会各种文明可以协调发展。这种原则想已经渗透在中国人的骨子里，从而影响着个体和集体的行事方式，也成为中国在世界上从不称霸原则的思想渊源。

而与此形成鲜明对比的是，某些具有强烈的自我优越感的西方国家，偏执而傲慢地把自身的发展模式看作是唯一正确的、具有普世价值的模式，认为西方的行为规范是一个放之四海而皆准的先决条件，希望发展中国家最终都成为而且应该成为西方现代化的克隆体。⑤不但想法如此，一些国家一直在实践着这种想法，极力向世界各国“推销”自己的发展模式和价值观，尤其是向发展中国家宣传并“推销”这些模式和价值观，妄图在全世界建立专属自己的强势

① 《论语·子路》。
② 《张子全书》卷十二。
③ 《周易经传集解》卷三十一。
④ 《默觚下·治篇五》。
⑤ 徐崇温：《坚持完善中国模式的话语体系》，《中国特色社会主义研究》2011 年第 3 期。

的话语体系。但我们知道，世界之所以能够存在，就是因为有多样化的体制与模式以及多样化的价值观，甚至是话语体系。鲁迅先生在《且介亭杂文集》中曾经说过："只有民族的，才是世界的。"在世界经济一体化的进程中，不同地区、不同民族的国家治理模式、体制以及文化应该保持其相对独立性及其特色，因为只有多种多样、多姿多彩的民族文化和多种模式共同存在于这个世界，这个世界才会更有活力，才能呈现多姿多彩的魅力。因此，从全球来看，每个国家、每个民族均应保持自己的声音。对于中国这样一个崛起中的大国来说，应该争取到自己应得的国际话语权力并使自己的话语权力不断提升。

四

从前文对翻译行为的界定以及对话语权力问题的分析中不难看出，翻译与话语权力的塑造和提升有着密切的联系，换言之，翻译在中国国际话语权力提升过程中扮演着非常重要的角色。既然翻译作为一种政治意识形态行为，涉及政府、译者、社会等各个方面的要素，为提升中国的国际话语权力，翻译行为中的上述要素应该发挥积极的作用。

首先，政府部门应该发挥自己指导作用。勒菲弗尔指出，在文学创作和改写的过程中，有一个因素叫做"授权方"(patronage)，该因素在意识形态、经济和地位方面对文学活动进行控制。[①]勒菲弗尔这里说的是文学创作和文学翻译，实际上任何翻译都是如此，尤其是跟国家话语权力相关联的翻译更需要这种"授权方"的支持。因此，在以争取中国的国际话语权力为目的的翻译过程中，政府部门需要给予一定的支持，发挥自己的作用。比如，作为国家最重要外事部门的外交部，可以召集相关的专家对塑造中国形象和提升中国国际话语权力的词汇或表达的翻译进行统一，之后正式向国内外发布，尤其是向一些出版部门发布，规定只能使用统一的翻译，以保证译者能够采用标准的定名，出版机构也能以这样的定名对外出版与传播。另外，国家广电部门可以责成有关媒体也采用规定的统一翻译进行对外传播。久而久之，西方社会就会不得不接受这样的翻译。这样的翻译和对外传播一定有助于中国国际话语权力的提高。

其次，译者应发挥本身的核心作用。毋庸置疑，译者是翻译实践的具体操

---

① [英]勒菲弗尔：《翻译、改写以及对文学名声的制控》，上海外语教育出版社 2004 年版，第 15—16 页。

作者，采用何种策略进行翻译的决定权最终掌握在译者的手中。在翻译的过程中，译者应该自觉地发挥自己的核心作用。尤其是国内译者在翻译中如果遇到与中国国际话语权力相关联的问题，就一定要以国家的地位和利益为重，自觉响应有关部门的号召，主动使用有助于中国国际话语权力的表达法，甚至要积极思考一些涉及中国国际话语权力的词汇或表达法的正确翻译，尤其是找到有利于维护和提升中国国际话语权力的表达法，并向有关政府部门或翻译协会建言献策，而不应该向国外一些别有用心的现成表达法屈服。

第三，相关社会机构以及其他有关各方应发挥更加积极的导向作用。翻译协会、翻译组织、出版社、大众媒体乃至高等院校的翻译教师应加大力度宣传翻译在中国国际话语权力建设和提升中所发挥的作用，听取有关专家和译者关于中国文化主体性、中国主权和领土完整以及中国国际话语权力其他方面的术语或表达法的翻译，将确定的译文向政府有关部门汇报并建议采纳，同时出版机构应在中译外的文献中规定使用有助于中国国际话语权力的译法，高校翻译教师在教学中注意向学生传达相关译法。通过各方共同努力，环环相扣，从而使有利于中国国际话语权力的翻译能够得到有效的使用和广泛的传播。

第四，读者发挥舆论导向作用。翻译的最终产品是要靠读者检验的，所以在整个翻译行动中，读者的反应举足轻重。天下兴亡，匹夫有责。中国国际话语权力的提升对每一个中国人来说都极为重要，有利于提高我们作为中国人的尊严，提升我们的民族自豪感和民族自尊心。因此，读者应该自觉地监督一些术语或表达法的译法是否有利于中国国际话语权力的提升，积极传播有利于中国国际话语权力提升的译法，形成良性的舆论导向。

总之，要争得和提升中国的国际话语权力，一些概念和术语的规范性翻译非常重要。当然，提升中国的国际话语权力，不仅仅需要将一些概念和术语进行厘定和翻译，还需要译者和各种翻译机构与出版机构更多地使用外语介绍一些与关键概念和术语相关的背景资料，使得这些概念和术语通过更多的翻译更好地为外语读者所了解，这样外语读者在接受相关概念和术语的译文时就能够做到心服口服。提升中国的国际话语权力和建构中国在国际的话语体系是一项综合的重任，需要各方的共同努力，既需要中国经济实力和综合国力的全面提升，也需要将更多的中国特色文化、意识形态、价值观等内容采取更为外语读者接受的手段介绍出去，同时还要规范一些概念和术语的翻译，使其有利于中国的国际话语权力。这其实已经是也必将一直是一项非常重要的课题。

"South China Sea" or "South Sea of China": Translation and China's Power of Discourse in the World

Peng Ping

Abstract: Translation, an important way of introducing a country to the world, is closely related to the country's power of discourse. This paper takes the translation of the name of *Nanhai* (South Sea of China) as an example to illustrate the relationship between translation and China's power of discourse. It then summarizes the roles of all factors of translation as an activity in the strengthening of China's power of discourse in the world.

Key words: South Sea of China; power of discourse; translation

文化政策研究

第 29 卷

Commentary on Cultural Industry in China

北京市数字创意产业政策评估与优化路径研究

首都师范大学　郭　嘉　裴华秀　闫　烁

［内容提要］　数字创意产业是现代信息技术与文化创意产业逐渐融合而产生的一种新经济形态，于2016年首次被纳入国家战略性新兴产业发展规划，政策的引导和支持对其发展至关重要。考虑到数字创意产业政策内容的广泛性、覆盖领域的多元性、北京市数字创意产业的优势与特色行业等多重因素，本文首先对近十年北京市数字创意产业相关的政策文本进行梳理分析，进而从政策质量、政策服务质量、政策成效三个层面构建符合数字创意产业发展实际的评估指标体系，发掘当前北京市数字创意产业政策制定以及政策实施过程中存在的主要问题，并就进一步完善产业政策、健全体制机制、改进政府工作提出针对性建议。

［关键词］　数字创意产业；政策质量；政务服务质量；政策成效

一、北京市数字创意产业政策的基本构成

在全球数字经济的浪潮中，数字创意产业已是我国“十三五”期间重点发展的新兴产业。区别于传统的文化创意产业，数字创意产业是现代信息技术与文化创意产业逐渐融合而产生的一种新经济形态。作为一种文化密集型、知识密集型的战略新兴产业，数字创意产业的培育与发展需要便利的孵化环境，这与政策环境具有极大相关性。在国家大力扶持数字创意产业发展的背景下，北京在承接国家层面相关规定的基础上，也逐步出台了一系列专项政策以推动数字创意产业的发展，主要分为产业指导、工商管理、金融财税、科技创新、人才引培等几个方面（见表1）。

表1　近十年北京市出台的数字创意产业政策的主要内容及构成

政策文件类型	国家层面政策	主要内容	北京市出台政策	主要内容
产业指导	2016年:《“十三五”国家战略性新兴产业发展规划》 《战略性新兴产业重点产品和服务指导目录(2016版)》 2017年:《关于进一步扩大和升级信息消费,持续释放内需潜力的指导意见》 2018年:《战略性新兴产业分类(2018)》	明确提出“数字创意产业”的概念,确定数字创意产业的发展方向和路径,并逐步细化完善了数字创意产业目录,标志着数字创意产业统计体系基本形成	2010年:《北京市促进软件和信息服务业发展的指导意见》 2016年:《北京市“十三五”规划纲要》 《北京市“十三五”时期文化创意产业发展规划》 2017年:《北京市“十三五”时期现代产业发展和重点功能区建设规划》 2018年:《关于推进文化创意产业创新发展的意见》	将数字创意产业列为未来重点发展产业,初步形成相应的产业发展指导和政策扶持框架
科技创新	2014年:《关于加快科技服务业发展的若干意见》 2015年:《关于深化体制机制改革加快实施创新驱动发展的若干意见》 《关于促进云计算创新发展培育信息产业新业态的意见》 2016年:《2016年深入实施国家知识产权战略加快建设知识产权强国推进计划》 2017年:《文化部“十三五”时期文化科技创新规划》 2018年:《关于2018年继续开展知识产权运营服务体系建设工作的通知》	重点支持原创行为、企业核心技术研发,加强知识产权保护	2013年:《北京市人民政府关于强化企业技术创新主体地位全面提升企业创新能力的意见》 2014年:《北京市专利保护和促进条例》 《加快推进科研机构科技成果转化和产业化的若干意见》(试行) 2015年:《北京市人民政府关于加快首都科技服务业发展的实施意见》 2016年:《进一步加强北京市企业技术中心建设实施方案》 《北京加强全国科技创新中心建设总体方案》	北京市作为全国科技创新中心,把企业技术创新、专利保护提升到较高的地位,包括创业扶持、原创扶持、技术研发支持、构建高精尖经济结构用地等

（续表）

政策文件类型	国家层面政策	主要内容	北京市出台政策	主要内容
工商管理	2010年:《中央编办对文化部、广电总局、新闻出版总署"三定"规定中有关动漫、网络游戏和文化市场综合执法的部分条文的解释》 2014年:《关于大力支持小微文化企业发展的实施意见》 2018年:《关于推动民营企业创新发展的指导意见》	"三定"规定是我国动漫、游戏等产业发展和市场管理的基本制度,对于从源头上消除产业发展的体制机制障碍,划清相关部门的权责关系具有重要作用	2018年:《北京市进一步优化营商环境行动计划(2018年—2020年)》 2019年:《北京市提高商业服务业服务质量提升"北京服务"品质三年行动计划》 《北京市市场监督管理局等六部门关于深化营商环境改革推进全程网上办理提高企业开办效率的通知》	北京市近两年更加注重提升工商服务质量、优化企业开办效率
金融财税	2013年:《关于暂免征收部分小微企业增值税和营业税的通知》 2015年:《关于2015年小微企业金融服务的指导意见》 2017年:《财政部税务总局科技部关于提高科技型中小企业研究开发费用税前加计扣除比例的通知》 《财政部国家税务总局关于中小企业融资(信用)担保机构有关准备金企业所得税税前扣除政策的通知》 《财政部税务总局商务部科技部国家发展改革委关于将技术先进型服务企业所得税政策推广至全国实施的通知》	设立专项扶持资金,从增值税、企业所得税、营业税、进口关税和进口环节增值税等方面详细规定优惠政策	2012年:《北京市人民政府关于进一步支持小型微型企业发展的意见》 2018年:《关于促进首都文化金融发展的意见》《北京市促进金融科技发展规划(2018年—2022年)》	除了承接国家财税优惠政策之外,北京市也注重对科技型中小微企业的扶持,提供融资渠道,这对推动数字创意产业的发展起到重要作用

（续表）

政策文件类型	国家层面政策	主要内容	北京市出台政策	主要内容
金融财税	2018年:《关于进一步深化小微企业金融服务的意见》 《财政部税务总局关于进一步扩大小型微利企业所得税优惠政策范围的通知》			
人才引培	2010年:《国家中长期人才发展规划纲要(2010—2020年)》 2017年:《国家海外高层次人才引进计划管理办法》《国家高层次人才特殊支持计划管理办法》	引进和培养各领域高端人才,能够突破关键技术、发展高新产业、带动新兴学科	2015年:《北京高校大学生就业创业项目管理办法》 2018年:《北京市引进人才管理办法(试行)》 《关于优化人才服务促进科技创新推动高精尖产业发展的若干措施》 《北京市进一步优化营商环境行动计划(2018年—2020年)》	北京市在人才引进、培养和落户等方面都有较为详尽的规划

加强新兴产业引导。2016 年国务院印发的《"十三五"国家战略性新兴产业发展规划》首次明确提出"数字创意产业"的概念。国家统计局公布的《战略性新兴产业分类(2018)》细化完善了数字创意产业目录,标志着数字创意产业统计体系基本形成。北京市将数字创意产业列为未来重点发展产业,也初步形成相应的产业发展指导和政策扶持框架。于 2016 年、2017 年先后发布的《北京市"十三五"时期文化创意产业发展规划》《北京市"十三五"时期现代产业发展和重点功能区建设规划》强调"十三五"时期北京市文化创意产业、现代产业应落实首都城市战略定位。2018 年印发的《关于推进文化创意产业创新发展的意见》更明确地构建了由"两大主攻方向"和"九大重点领域环节"组成的文创"高精尖"内容体系。

注重科技创新和成果保护。数字创意产业作为链接文化产业、生活服务和生产制造的一个枢纽,以数字文化价值为载体,科技创新对其发展起到支撑引领作用。据数据显示,2016 年北京研究与试验发展(R&D)经费内部支出高达 1 484.60 亿元,占地区 GDP 的 5.78%①,远超其他城市。北京正阔步迈入以创新驱动高质量发展的新阶段,把企业技术创新、专利保护提升到较高的地位,在政策措施的细化上主要涉及创业扶持、原创扶持、技术研发支持、构建高精尖经济结构用地等。数字创意产业与传统文创产业一样注重原创内容生产,网络出版、影视、动漫、游戏等行业甚至面临着比以往更严峻的版权确权与技术维权问题。在全国范围来看,目前北京市的知识产权保护制度和措施是相对完备的,正逐步搭建起完善的知识产权管理体系。

提升工商服务质量。北京市近年来也蓄力提升工商服务质量,优化数字创意企业营商环境。一方面顺应形势发展,推进机构改革;另一方面设立文化产业专项基金,加强对优秀作品的扶持,例如在全国率先设立影视出版创作基金,2016—2017 年北京影视出版创作基金共扶持 202 个影视项目,累计扶持资金达 2.6 亿元;在全国首先出台提升广播影视业国际传播力奖励扶持政策,对广播影视企业从事节目译制、版权输出和国际传播平台建设予以资助和扶持②;同时,强化行业管理,开展企业服务,打破各式"卷帘门""玻璃门""旋转门",实行一视同仁,维护民营企业和企业家、制作机构、各平台的合法权益。在落地层面,2019 年《北京市市场监督管理局等六部门关于深化营商环境改

① 北京市统计局:《北京统计年鉴(2017)》,参见 http://tjj.beijing.gov.cn/nj/main/2017-tjnj/zk/indexch.htm。

② 《北京率先设立影视出版创作基金 2020 年北京影院将达 300 家》,央视网,http://news.cctv.com/2018/04/19/ARTI3uitWQc7JQR4FKEMphUw180419.shtml。

革推进全程网上办理提高企业开办效率的通知》对于如何提升企业开办效率作出了详尽规划。

加大金融财税的扶持力度。除承接国家财税优惠政策之外,北京市注重对科技型中小微企业的扶持,对推动数字创意产业的发展起到重要作用。2018 年初,由北京银监局、北京市文资办联合发布的《关于促进首都文化金融发展的意见》提出要强化文化金融政策支持,科学制定文化金融业务发展规划;搭建文化金融组织服务体系,增加文化金融服务供给主体;完善文化企业信用评级体系,并对文创金融服务贡献突出、服务较好的银行业金融机构团队和个人予以正向激励。

完善人才引进和培养机制。随着越来越多的城市加入数字创意产业的阵营,各地"人才抢夺大战"愈演愈烈,处于城市扩张与产业转型期的许多城市已在政策层面把人才战略与人口战略协同推进。北京的参与度很高,在人才引进、培养和落户等方面都有较为详尽的规划。《北京市引进人才管理办法(试行)(京人社调发〔2018〕38 号)》提出要加大人才引进力度,符合条件的文化艺术等领域国家级奖项获奖人和国家级文化创意人才培养工程入选人、社会贡献较大的文化科技融合人才等均可申请办理人才引进。《北京市进一步优化营商环境行动计划(2018 年—2020 年)》特别提出要为创新人才提供更加优质的服务,具体包括以下几方面措施:畅通优秀人才引进的"绿色通道",深入落实外籍人才出入境便利化政策;加强人才住房保障,按照"租购并举、以租为主、产城融合、职住平衡"原则,在就业创业人才聚集区域,筹集房源就近解决人才居住需求。

二、北京市数字创意产业政策绩效评估体系的构建

综上,北京市数字创意产业政策在产业指导、科技创新、工商管理、金融财税、人才引培等几个方面重点布局,且总体上取得较好成效。在此前提下,其政策成效实现的程度、扶持方式是否合理、在新的发展趋势下原有的政策措施是否继续适用,以及未来适应产业发展需求如何调整产业政策等,都是亟须探讨和解决的问题。本文基于对北京数字创意产业相关政策体系的总体梳理分析,试图构建一个科学、有效的政策绩效评估体系。

基于政策过程阶段论,政策过程主要包括三个部分:政策质量、政策服务质量、政策结果。在实践中,西方国家总结出了著名的"3E"原则,即经济性、

效率性、效果性，后来又加入了“公平性”指标。以此为理论基础，本文的“政策质量”可从适应性、科学性、创新性、系统性、可操作性五个方面进行评估；“政策服务质量”可通过政策执行机构、政策服务效率两个维度进行探讨；“政策成效”则从经济效益、社会效益、政策目标满意度三个方面加以衡量。（具体评估指标体系见表2）

表2　北京市数字创意产业政策绩效评估指标体系

一级指标	二级指标
A1 政策质量	B1 适应性
	B2 科学性
	B3 创新性
	B4 系统性
	B5 可操作性
A2 政策服务质量	B6 政策执行机构
	B7 政策服务效率
A3 政策成效	B8 经济效益
	B9 社会效益
	B10 政策目标满意度

三、北京市数字创意产业政策质量评估

科学的政策是产生良好绩效的前提，只有好的政策才有能力产生好的绩效。从北京市数字创意产业相关政策的制定逻辑来看，自2016年《“十三五”国家战略性新兴产业发展规划》首次明确提出“数字创意产业”的概念之后，围绕这一新兴产业，北京市着力构建产业发展的综合扶持政策，从动漫游戏、电子网络出版、影视等多个行业出发落实相关部署，很大程度上促进数字创意产业的快速发展，但也出现了一些痼疾。当前新兴产业的分类不明晰，导致政策覆盖面不全；政策制定客观随意、灵活性过大、权责主体不明晰，政策执行过程中出现主观臆断、朝令夕改的问题，政策执行力度不足削减了政策的效用。本部分将设立多个评价标准，对北京市数字创意产业政策质量进行系统评估，评估指标建立如下：

表 3　北京市数字创意产业政策质量评估指标体系

一级指标	二级指标	说　明
政策质量	适应性	与北京市数字创意产业发展需求是否一致，政策调整是否及时
	科学性	扶持、保护的标准是否合理
政策质量	创新性	与其他地区相比是否具有独创性
	系统性	政策是否存在缺位
	可操作性	在经济、文化、技术、人员上是否清晰可行，是否客观可量化

1. 从适应性看，产业政策稍显滞后

为适应瞬息万变的市场环境，政府制定的政策和产业规划仍处于不断探索和革新的过程中。北京市近些年出台的政策多是用于引导文化创意产业的发展，但数字创意产业的专项政策目前还未出台。以《北京市“十三五”时期文化创意产业发展规划》(2016)、《关于推进文化创意产业创新发展的意见》(2018)等为例，它们是以广播影视、动漫、音像、传媒等文化创意产业的主要门类为基准进行规划。值得注意的是，数字创意产业与文化创意产业虽然在一定程度上存在行业重合的情况，但两者在统计分类、经营模式、市场开拓、人才需求等多个角度均存在差异。政府仍应结合北京市数字创意产业的发展需求，及时调整产业专项政策。

2. 从科学性看，扶持措施趋于多元化，但精准度有待提升

从整体上看，北京市出台的数字创意产业相关政策以政府扶持为主，采取财政补贴、奖励制度、人才引进等手段刺激、驱动数字创意产业发展。2018 年初，由北京银监局、北京市文资办联合发布的《关于促进首都文化金融发展的意见》提出，要加快文化金融服务产品创新，鼓励银行业金融机构强化线上与线下联动，开发具有消费应用场景的文化消费信贷产品；优化文化金融业务流程和管理模式，鼓励银行业金融机构对文化金融业务的信贷规模、审批授权、风险容忍、绩效考核、团队建设等方面实施差异化管理。《关于加快市级文化创意产业示范园区建设发展的意见》则明确要求：加强示范园区内文创人才队伍建设，在符合北京市人才引进政策的基础上，对示范园区及园区内重点文化企业紧缺急需的人才，可按程序办理人才引进。

上述扶持政策的本意是要在企业较弱小时给予根源性的保护，为其发展争取时间和空间的先机，增强抵御市场冲击的能力。但扶持政策的这种“摇篮式”保护是否精准扶持了相应的行业和企业？这仍然存疑。其一，北京市层面的扶持政策基本上都以通知或指导意见的形式出现，因此制定的政策连续性不强、有效期较短，例如财税〔2011〕119 号文件有效期只有 2 年，财税〔2013〕98 号文件第二条规定的有效期仅仅 7 个月，其效力和影响力显然不能与法律、法规等法律文件相比。其二，统一的政府补贴、奖励标准使得部分企业容易钻扶持政策的空子，只重短期获利而不顾企业的可持续发展，陷入粗制滥造、抄袭模仿的产业“怪圈”。虽然北京每年都有相当可观的补贴、奖励资金用于文化产业的发展，但受到申报程序、公司规模等因素限制，实际上绝大多数的数字创意企业（尤其是中小微企业）很难得到国家的资金支持，只有少数企业能享受到。

3. 从创新性看，产业政策未充分体现首都特色

以上海出台的“文创 50 条”为例，该政策以上海的影视演艺、动漫游戏、网络文化、创意设计等优势产业为基础，提出打造垂直领域的领军企业和名牌效应。杭州萧山区 2013 年出台《关于鼓励和促进动漫衍生品产业发展的实施细则》，这是首次对动漫衍生品产业专门出台的扶持政策。与其他城市相比，当前北京市数字创意产业政策存在的最大问题是政策重点不突出，针对性、有效性、创新性不足。这对北京市数字创意产业政策的制定有一定启发，须进一步明确产业属性和城市属性的强关联性，依托北京这座城市的经济基础、产业积淀和文化内涵，利用优势来弥补短板，突出政策的独特性和引领性。

4. 从系统性看，政策覆盖面较广，但可操作性有待加强

从政策的系统性来看，当前北京市数字创意产业政策主要在产业指导、工商管理、金融财税、科技创新、人才政策上承接国家相关规定，其布局已基本涵盖《战略性新兴产业分类(2018)》中划定的几大类别（见表 4）；但政策分散、缺乏统筹，可操作性还有待提升。

表 4　北京市与数字创意产业有关的专项政策目录

序号	政策名称	文件号	所涉行业类别
1	北京市关于支持影视动画产业发展的实施办法(试行)	京文创办发〔2009〕4 号	影视动画
2	北京市关于支持网络游戏产业发展的实施办法(试行)	京文创办发〔2009〕5 号	网络游戏
3	北京市原创动漫形象作品专项扶持资金管理办法(试行)	京文产发〔2013〕478 号	动漫

（续表）

序号	政策名称	文件号	所涉行业类别
4	北京市音像电子网络出版物奖励扶持专项资金管理办法（试行）	京财科文〔2014〕173号	音像电子网络出版物
5	北京市艺术系列（动漫游戏）专业技术资格评价试行办法	京人社专技发〔2015〕162号	动漫游戏
6	北京市推动文化创意和设计服务与相关产业融合发展行动计划（2015—2020年）	京政发〔2015〕20号	文化创意和设计服务与相关产业融合
7	关于推动北京影视业繁荣发展的实施意见	京办发〔2019〕4号	影视业
8	北京市数字娱乐产业基地优惠政策		数字娱乐产业基地

以人才引进政策为例，北京市数字创意产业所需人才还有较大缺口，但现有的专项配套政策效力有限，且缺少前瞻性的政策。人才引进往往要受整体城市发展政策限制，而北京当前正处于转型发展时期，资源人口环境约束较强，要落实比其他一线城市更有竞争力的人才引进政策是比较困难的。

此外，当前所涉及的扶持、资助、奖励等优惠政策，多数统筹于北京市文化产业的整体概念之下，若文化产业中的各行业以统一标准进行扶持，可能导致扶持政策的精准性、扶持效率大打折扣。在加快数字创意产业发展的过程中，影响和制约其发展尤为突出的就是融资困难，目前融资难已经成为制约动漫企业发展最大的“瓶颈”，亟须为企业拓展贷款、融资的多元渠道。另外，北京在补贴、奖励额度上力度较小，优势不明显，这也造成很多优质的数字创意企业流失到外地。以动漫产业为例，杭州在重点项目扶持方面，最高可按项目实际完成投资额的15％给予资助；对于精品项目，只要获国家有关部门推荐的优秀原创动漫游戏作品，一次性给予20万元的奖励；而北京的资助额为项目实际到位投资额的5％—15％，并且结合“年终考核”对动漫制作机构进行追加奖励，要求收视率排在该频道前10位的才进行追加奖励，这其实是极不合理的。

四、北京市数字创意产业政策服务质量评估

好的政策出台后，政策的服务质量高低也是影响政策成效的重要一环。

本文主要从政策执行机构、政策服务效率两方面对政策服务质量进行评估(如表5所示)。

表5　北京市数字创意产业政策服务质量评估指标体系

一级指标	二级指标	说　明
政策服务质量	政策执行机构	是否权责明晰,有无完备的人力资源、制度建设和技术支撑,政府工作人员态度好坏
	政策服务效率	政策实施的及时性,政策配套的细则及流程的可操作性、公开透明性,政策操作程序的便捷性,行政审批效率(审批周期是否合理),政策执行机构对目标群体提出问题作出反馈的及时性

1. 政策执行过程不够公开、透明

虽然北京市各区都有相关的数字创意产业资金扶持政策,但在与多个数字创意类企业相关人员的访谈中了解到,其实许多申报主体对扶持方式、资助额度、奖励(或扶持)企业的标准等细则并不了解。再加上申报之后,评价指标体系不明确,扶持的选拔、评奖的评选过程不透明,一些优惠或奖励政策在执行时,往往会出现大笔的奖金或扶持资金被一些非数字创意类企业包揽的现象。这都源于政策执行过程的不公开、不透明,制度建设存在一定的迷雾区域。

2. 行政审批流程繁琐,人力资源不够完备

繁琐的行政审批流程阻碍了扶持的进度,最终必然会影响扶持的效果。当前无论是税收扶持、专项资金扶持还是资格评定,都施行申请人申报、多层级核准的程序。网络文化经营许可证(以下简称"文网文")的审批是最为大家诟病的。"文网文"一般由文化部负责全国的资质审批,各省、直辖市、自治区文化厅(局)文化局则负责区域内"文网文"资质审批。每年有大量企业提交申请,但仅签发两百家,使政府不得不提高"文网文"的申办门槛,对审批单位的核查非常全面和严格,这对中小微企业来说申办难度很大。另一方面,在申办过程中需要企业主体提供的专业性材料极多,一旦出现文献表达不符规定或专业知识匮乏的问题,就很容易导致申办主体不能通过审批,以效率为先的诸多企业多会因程序的繁琐而放弃申请。构建合理的扶持措施执行程序,并尽量简化已成业界共识。

3. 产业扶持"重申报,轻监管"

北京市数字创意产业财政资助项目在实施完毕后,并未设置合理的考评监管程序,例如对项目目标设计是否合理、项目投入和产出之间是否能够体现经济性和效率原则、实施结果是否达到预定目标等问题进行考核评价。目前文化产业专项资金在设置上更倾向于政府机构的单向信息公布，对于项目申请主体而言，整个申报过程缺乏公示，资金评审结果往往容易受到领导或专家个人意志左右，极易出现权力寻租。与此同时，第三方机构和社会公众也无从监督，既降低了扶持资金的使用效率也影响了政府公信力。监管的缺位既不利于对已完成项目实施效果的考量，也无法用于后续项目投入的依据和参考。

五、北京市数字创意产业政策成效分析

评价政策绩效的核心是看政策出台后是否达到预期的效果，因此这部分是对数字创意产业政策绩效评估的重点。数字创意产业的发展为社会创造了经济价值和文化影响力，而产业政策的目标群体主要为数字创意类企业。因此，政策成效的评估可从经济效益、社会效益和政策目标满意度三个方面来衡量。

表 6　北京市数字创意产业政策成效评估指标体系

一级指标	二级指标	说　明
政策成效	经济效益	GDP、税收的贡献；出口创汇；对其他产业的拉动效应
	社会效益	吸纳就业人数；文化影响力的提升；文化消费的增长
	政策目标满意度	北京市 50 家数字创意类上市企业的政策满意度调查

1. 经济效益

从产业的总体状况来看，北京的数字创意产业发展势头良好。据统计数据显示，2017 年北京市的文化及相关产业增加值高达 2 380.03 亿元，占地区 GDP 比重为 8.50%。自 2016 年北京市重点促进数字创意产业发展以来，影视、动漫、网络游戏等产业产值快速增长。以动漫产业为例，2009 年北京市正式出台《北京市关于支持影视动画产业发展的实施办法(试行)》；此后，北京市动漫游戏产业产值突破百亿元，且之后几年动漫游戏产业产值增长率结束了爆发式增长的趋势，基本稳定在 30%左右。2018 年北京动漫游戏产业企

业总产值达710亿元，相比2017年增长约13%。①截至2017年12月底，北京市广播影视累计创收总收入为865.99亿元，同比增加144.2亿元，同比增长19.99%。②而在电影产业中，北京无论是从制片机构拥有量、电影人才聚集量、影片生产量、影院规模、银幕数量，还是从票房收入、观众人数、公益放映等方面都位居全国前列，是中国电影产业当之无愧的龙头。上述各行业的发展成效与数字创意产业有关的各项政策措施的促进密切相关。

2. 社会效益

作为全国的新闻出版中心、媒体传播中心、影视制作重要基地，北京也是文化产业主要政策制定的发源地，影响力和辐射力极强。作为国内的新媒体集中地，2016年北京市新媒体从业人员占全国新媒体从业人员的53.5%，新媒体业务增长强劲。同时，包括广告、影视、游戏、数字出版等行业在内的数字创意产业已然成为北京市综合发展的重要支撑，人工智能等新兴领域也在积极加强战略布局。例如，在内容消费方面，百度等诸多企业正在探索用人工智能融合AR、VR技术进行出版内容再创作，融合全息投影、语音阅读、人工智能体验等技术，以全面提升读者阅读体验；首都的智慧旅游公共服务体系不断完善，旅游区域及重点旅游线路的无线网络、3G/4G覆盖范围逐步扩大，PC、平板等旅游信息查询和互动终端数量不断增加。

在本次统计范围内，北京拥有上市数字创意企业共计211家，另外还有暂时未纳入研究范围的、数以千计的初创企业（主要由于公司财务数据难以获取），它们也极具活力与发展潜力，整体呈现出蓬勃发展的态势。百度、新浪、搜狐等头部企业对于北京及周边城市的辐射带动效应显著，与传统意义上的文化企业、金融行业、旅游企业等形成一种广泛的资源整合、价值协同和优势互补的新型共生生态。绿盟科技、掌阅科技、神州泰岳、光线传媒、昆仑万维、多点科技等优质企业的主营业务涵盖了数字创意技术设备制造、数字文化创意活动、设计服务、数字创意与融合服务多个领域，其整体发展实力与潜力不容小觑，为北京数字创意产业的发展筑牢根基。

3. 目标群体满意度

这里的目标群体主要指北京的数字创意类企业，需要了解的是这些企业

① 《2018年北京动漫游戏产业总产值达710亿元》，北京市文化和旅游局，http://whlyj.beijing.gov.cn/xwzx/xwyl/447967.htm，2019-01-10。

② 《2017年12月份广播影视创收收入情况》，北京市广播电视局，http://gdj.beijing.gov.cn/zwxx/xytj/201805/t20180510_4407.html，2018-02-08。

已出台的产业政策质量、政策服务质量、政策成效的满意度划分为以下 15 个细分指标(见表 7)。本文选取北京市的 50 个数字创意企业的高管①作为调查对象,采用里克特量表的形式来设置问卷,按照调查对象对各项指标的满意程度设置"1、2、3、4、5" 5 档数值,发放问卷并回收数据进行分析。

表 7　北京市数字创意企业对产业政策满意度的调查问卷指标

序　列	指　　标	平均得分
1	数字创意产业相关政策出台情况	3.22
2	数字创意产业相关政策落实情况	3.14
3	政府对数字创意类企业融资的扶持力度	3.14
4	政府对文化项目的扶持力度	3.70
5	政府对企业维权行为的支持力度	3.26
6	知识产权保护措施	3.88
7	数字公共文化服务水平	3.40
8	数字创意企业人才引进力度	3.28
9	政府对数字创意类企业的宣传推广力度	3.36
10	政府工作人员服务意识	3.12
11	网络文化经营许可审批效率	2.88
12	知识产权审批效率	3.01
13	文化项目审批效率	3.15
14	网络文化产品管理方法创新力度	3.03
15	相关税收政策减免税力度	3.07

第一,政府对文化项目的扶持力度较大。具体到"政府对文化项目的扶持力度"这一项细分指标,企业的满意度较高(平均分 3.70)。据悉,在 2012—2016 年间,北京市文资办采取贷款贴息、项目补助、项目奖励等方式,通过公开征集评审支持首都 1 300 多个优秀文创企业项目②,覆盖文化艺术、文化电商、文化传播交流推广、艺术人才培养、广播影视、科技服务业等多个领域,旨

① 鉴于普通职员对企业的行政审批流程、文化项目进度、政策落地情况的认识可能存在盲区,为保证问卷质量,本调查要求填答人在数字创意企业内担任较高职务,比如小型创业公司的高管、合伙人或者财务,大、中型公司的人事总监等。

② 《2017 年北京市文化创意产业奖励政策一览》,人民网,http://bbs1.people.com.cn/post/1/1/2/161493590.html, 2017-03-10。

在打造有利于创新、创意、创业的营商环境，释放市场主体创新活力。其中，中关村创业项目、大兴区智能机器人产业扶持计划、海淀区标准化实施专项等项目的实施效果尤为突出。

至 2017 年 9 月末，北京市中资银行高新技术产业人民币贷款余额 3 379.4 亿元，同比增长 18.1%；中资银行文化创意产业人民币贷款余额 1 429.5 亿元，同比增长 13.4%。① 2017 年，北京银行宣布正式成立文创金融事业总部，并发布业内首个 IP 产业链文化金融服务方案——“文化 IP 通”。文化企业从各类渠道吸引资金，其中北京的私募股权投资、新增上市企业数量均居全国第一，这表明文化金融正在成为北京市数字创意产业的重要支撑。

第二，知识产权的保护措施相对完善。经过此次调查可知，北京市的知识产权保护制度和措施是相对完备的，企业满意度较高(3.88)。2018 年，市知识产权局加大知识产权保护力度，不断健全知识产权保护工作机制，积极构建“行政执法、司法审判、多元调解、商事仲裁、法律服务、社会监督、行业自律”七位一体知识产权保护大格局。2018 年全市 10 家知识产权纠纷人民调解委员会共受理案件 2 361 件，同比增长 660.3%；结案 1 137 件，同比增长 354.8%。实现知识产权保护公共服务京津冀全覆盖，定点服务北京 16 区、经济技术开发区以及津冀地区企业超 3 300 次。②当前北京市正在加紧筹备两个知识产权保护中心建设，目的是实现专利申请快速审查及其确权维权、知识产权保护协作、专利运营的协调联动。除出台相关政策以外，由国家版权局等单位联合开展的“剑网 2018”打击网络侵权盗版专项行动也取得明显成效。此次行动自 2018 年 7 月开始，着力针对网络转载版权、短视频版权，以及包括动漫在内的重点领域开展专项整治，为良好网络版权环境的建立创造了条件。

第三，行政审批效率和服务质量低下。北京作为首都，推出了多种规范管理类政策措施来稳定数字创意产业的发展。相关审批单位应严格落实日常审批工作，把好产业准入关口，逐步建立起受理、初审、审核、审定之间的协调机制。但据本次调查显示，北京数字创意类企业对知识产权、网络文化经营许可证、文化项目审批效率的满意度都很低，整体存在行政审批效率和服务质量低下的显著问题。数字创意企业的知识产权尤其需要紧跟公司研发产品的进度，因此知识产权的审批工作往往更信奉“效率优先”原则。数字技术和软件

① 北京日报：《金融业对经济增长贡献率近两成》，http://bjrb.bjd.com.cn/html/2017-12/19/content_204196.htm，2017-12-19。

② 北京市人民政府：《2018 年度市知识产权局绩效管理工作自查报告》，http://www.beijing.gov.cn/hudong/jpzt/xzjgjx/szfzsjg/t1576483.htm，2019-01-30。

产品更迭频繁，申请专利保护或软著登记的需求较大，但审批人员数量有限；另外，企业管理层级多、业务单元分散、权责不明晰等现状都容易导致文化项目的审批流程长且乱——这也是国内数字创意企业共同面临的一个问题。

六、进一步完善北京市数字创意产业政策的建议

1. 创新体制机制，完善配套政策体系

面对当前北京市数字创意产业政策存在的针对性、有效性不足的问题，政府应明确在产业统计、规划制定、体制机制创新等方面的职责，引导数字创意产业的规范化、制度化、科学化发展。以国家统计局颁布的《战略性新兴产业分类(2018)》为准，应逐步形成一套成熟的统计标准，并根据产业数据来进一步完善细化各项规章制度。其次，正如经济学家凯恩斯所提倡的“一臂之距”原则，政府在引导和支持数字创意产业的方向上应保持适当的政策弹性，为企业主体提供宽松的发展环境。同时，需考虑到北京数字创意产业的优势领域与文化特色，加强对广告、影视、游戏、数字出版等行业的重点引导和支撑。譬如博物馆、美术馆可以运用 AR、VR 技术为参观者提供沉浸式观感，对故宫、长城、圆明园等文化遗产做出深入的阐释，实现对艺术品、文物、非物质文化遗产等文化资源数字化转化和开发。

2. 加大对数字创意类企业的投融资扶持力度

尽管政府意识到缓解数字创意类企业经营压力的迫切性，为其输送了大量的政策资源，但民营企业的营商环境仍然不够理想。一方面在于经济走势中的不确定因素为新兴产业带来的风险；另一方面，社会观念对民营经济的偏见依然存在，民营企业的投资可能遭遇各种“玻璃门”现象。因此，政府除了完善数字创意产业的相关政策之外，也亟须为企业提供相应的服务和行政便利，搭建起公平公开透明的市场环境。

首先，要更大程度地激发市场主体的活力，帮助企业开拓市场和融资，发挥“中央、市、区”三级财政资金的放大作用、政府资本和社会资本的联动性，增强对数字创意企业的支持力度。另外，政府应充分借助北京数字文化中心建设的有利优势，提升数字创意产业及企业的公共平台服务，通过打造政策咨询、版权服务、公共技术服务、信息传播、高端智库、文化协同创新等平台，从而实现要素资源共享、降低企业成本、提高效率效益的目的。优化文化产业扶持资金的扶持方式，进一步发挥数字创意产业的财政专项资金的引导和杠杆作

用;改变以往"扶优扶强"的做法,加大对数字创意产业原创内容、关键领域、薄弱环节和重点区域的扶持力度。

3. 加强保护知识产权,推动成果转化

从全国范围来看,尤其是针对虚拟、开放、即时传播的互联网内容而言,包括北京在内的各城市的知识产权专业化审判水平还有待提升,搭建起完善的知识产权管理体系仍需一个漫长的过程。在知识产权工作中,政府需要明确的一点原则是:布局工作比盘点工作更为重要。首先,应培养个人及企业主体的版权意识,使其明确核心或基础技术的重要性以及申请专利的必要性。落实推动知识产权的转化利用,鼓励版权人对自主创新成果及时申请、注册相关权利。同时,为数字创意企业主体拓展贷款抵(质)押物范围,探索开展软件著作权、品牌等无形资产和收益权抵(质)押贷款。其次,政府可提供基于 DCI 数字版权保护体系、区块链技术的数字版权服务平台,提高专利申请或版权登记的便捷性,帮助版权人建立良好的版权申请习惯。再者,应强化知识产权行政执法和司法保护机制,对侵犯他人知识产权的行为和单位及个人要依法追究法律责任,加大惩罚力度。

4. 推动电子政务的应用和普及,简化行政审批流程

应转变政府职能,推进行政审批制度的"放管服"改革进程,同时在监管方式上加以创新,以此简化行政审批程序、缩短审批周期。首先应重点解决"标准化"的问题,通过标准化制度来把控行政审批"入口"。以网络文化经营许可证的审批为例,由北京市文化局统一发布申请标准,明确告知申办主体资质年限、主营业务范畴、需要提交的基础材料及其填写规范等内容。统一实行"受理、审核、审定、告知"审批流程和"一处制"审批工作模式,将受理环节减少。同时,创新审批服务方式,填报、审批的过程应充分发挥新一代信息技术、数字技术的支撑作用,比如利用微信公众号、QQ 群等网络交流平台及时与申办主体进行交流和答疑。这样既可减少办公时不必要的时间成本,同时也能使审批流程更加公开透明化,提高审批质量。

5. 优化人才引进、培养与集聚方式

北京的高校人才储备虽然相对充足,但近些年来房价、物价水平偏高导致毕业生的生存成本持续走高,逃离"北上广"的呼声日益高涨。随着 2013 年后北京"严控人口"行动的全面展开,户籍问题也成为数字创意企业人才望而却步的现实问题,这些都为北京日后数字创意企业的发展埋下了隐患。为增强城市的人才活力,应构建起科学规范、开放包容、运行高效的人才发展体系。

首先应完善与产业发展相匹配的人才资格认定标准和制度，建立健全以能力业绩为导向的人才引进综合评价体系，积极引进海外人才、培养紧缺专业人才和优质团队；另一方面，积极协调有关部门在现有人才引进政策的基础上形成与北京数字创意类人才的生存、职业发展等需求相匹配的优惠制度和措施，例如畅通高层次人才落户北京的政策渠道，提供公租房/人才公寓，增加数字创意类人才公派出国的指标等。另外，为防止创意人才流失，政府应打造良好的服务平台和文化氛围，通过提供薪资待遇、设置人才专项资金等方式来留住人才。

七、总结

北京已逐步出台一系列专项政策以推动数字创意产业的发展，涵盖产业指导、工商管理、金融财税、科技创新、人才政策多个方面，但产业政策环境仍需改善。首先，数字创意产业作为国家战略新兴产业，未能形成配套的政策体系。政府需要统一产业的统计口径并进一步完善细化各项法律规章制度，明确数字创意产业属性和城市属性的强关联性，为企业主体提供适当的政策弹性。同时，政府应加大对数字创意企业融资的扶持力度，为企业提供相应的服务和行政便利，并搭建起公平公开透明的市场环境。其次，为企业和个人搭建科学的知识产权管理体系、简化行政审批流程也较为关键，应激发数字创意企业可持续发展的活力。

Research on Policy Evaluation and Optimization Path of Digital Creative Industry in Beijing

Guo Jia　Pei Huaxiu　Yan Shuo

Abstract: Digital creative industry is a new economic form gradually arising from the integration of modern information technology and cultural creative industry, which was recorded in the national strategic emerging industries for the first time in 2016. Policy guidance and support are vital to the development of the digital creative industry. Considering multiple factors such as the extensive content of the digital creative industry policy, the diversity of coverage, the advantages of Beijing's digital creative industry and the characteristic industries, this article firstly sorts out the policy texts related to Beijing's digital creative industry in the past decade. Then we will construct an evaluation index system in line with the actual development of the digital creative industry from the three levels of policy quality, policy service quality, and policy effectiveness. Based on this, we can discover the main problems existing in the current policy formulation and implementation of Beijing's digital creative industry, and put forward targeted suggestions on further improving industrial policies, improving institutional mechanisms and government work.

Key words: digital creative industry; policy quality, government service quality, policy effectiveness

公益性与营利性的张力及其制度弥合：农村民间文化组织发展研究*

云南师范大学　饶　蕊

［内容提要］　农村民间文化组织是公共文化服务体系建设和特色文化产业发展的有生力量。目前农村民间文化组织的发展主要存在发育不完善、能力建设不足、影响力较弱等问题。农村民间文化组织有文化馆发展模式、老年大学发展模式、社会企业发展模式和新乡贤引领发展模式四种基本模式。促进农村民间文化组织参与乡村文化振兴，需要平衡其公益性与营利性之间的张力，通过制度弥合，同时合力发挥政府的引导与扶持作用、市场的辅助作用、农村民间文化组织的自我完善作用，打造农村民间文化组织的展演平台，形成政府—市场—民众共建共享共治的农村公共文化空间。

［关键词］　农村民间文化组织；文化产业；公共文化服务；制度弥合

近年来，随着国家政策环境参与空间的逐步开放和农村文化市场的日益完善以及农村居民文化需求的不断增长，农村民间文化组织作为乡村文化振兴的内生性力量变得更加重要。根据国家统计局数据显示，群众业余文艺团体从2010年的304 505个发展到2018年的426 000个，增长39.90％；其中，乡镇群众业余文艺团体从2010年的155 806个发展到2018年的259 000个，增长66.23％①。农村民间文化组织的迅猛发展，为乡村文化振兴提供了扎实的支撑。2018年9月，中共中央、国务院印发的《乡村振兴战略规划（2018—2022年）》指出要"完善群众文艺扶持机制，鼓励农村地区自办文化"②。农村

*　本文系教育部人文社会科学研究基金青年项目"乡村振兴战略下西南民族地区农村公共文化空间建构研究"（20YJC85003）的阶段性成果。

①　参见国家统计局国家数据网站。

②　中共中央、国务院印发《乡村振兴战略规划（2018—2022年）》，http://www.gov.cn/zhengce/2018-9-26/content_5325534.htm。

民间文化组织由于其自发性、自办型、自治性等特点，成为乡村文化振兴的内源性力量，在加强农村思想道德建设、践行社会主义核心价值观、弘扬优秀传统文化、保护利用乡村传统文化、丰富乡村文化生活等方面发挥了重要作用。但同时也应该看到，农村民间文化组织在管理、运行等方面还存在诸多问题，发展还很不完善。本研究结合实地调研的数据分析与案例经验，认为农村民间文化组织兼具公益性与营利性，是农村公共文化服务体系建设和特色文化产业发展的重要载体。基于农村民间文化组织公益性与营利性之间的张力，本研究从政府扶持、市场辅助、自我完善及平台建构方面提出发展路径的政策建议。

一、农村民间文化组织的基本特征与功能定位

改革开放40年来，中国乡村社会文化结构发生巨大的变迁。当前，乡村社会文化结构正处于一个由传统形态向现代形态转变融合的过渡阶段。乡村社会文化结构的转变在根本上是为了适应新型城镇化的发展和农村居民的文化需求。文化结构的转变也在一定程度打破了原来计划经济体制下文化由政府大包大揽的事业单位管理格局，开始转向社会主义市场经济条件下乡村文化建设由政府和农村民间社会共同协商解决①。随着乡村社会的发展，农村民间文化组织不断成长壮大，比以往有了更加适合的发展空间，越来越显示出它在解决社会公民参与文化管理、文化活动上的优势。在乡村振兴战略背景下，农村民间文化组织的成长发展是否符合当前乡村社会治理的需求，其中农村民间文化组织的基本特征和功能定位是衡量的基础。

（一）农村民间文化组织的基本特征

农村民间文化组织是农村居民为了共同的兴趣爱好、围绕实现相同的目标自发结成的团队组织。农村民间文化组织既是农村居民的兴趣爱好和文化需求的表达载体，通过农村内部社会资源网络特别是农村精英和能人的参与联结起来的产物，又是政府不断优化政策导向，为农村民间文化组织的发展提供基础条件和制度供给的结果。因此，农村民间文化组织既有专业文化队伍公益性、服务性的共同特征，又有其符合自身发展规律的个性特点。

一是组织自发性。农村民间文化组织的成员来自社会各行各业，来自不

① 李凤新：《农村民间体育社团组织在中国体育结构转型中的作用》，《山东体育科技》2006年第4期。

同阶层和岗位，因为有相似的爱好、相同的意愿，为了一定的利益而自发聚拢在一起开展活动。因此，组织相对松散，活动安排也较自主，人员不是很固定，活动开展也随时而定，一般多在农闲时节，或者伴随传统习俗和节日而进行活动。

二是内容传承性。农村民间文化组织成员是一群土生土长的文化能人，他们是民族民间民俗文化的守望者与传承者。农村民间文化组织活动往往表现为继承和弘扬优秀地方传统文化，非物质文化的活态保护与传承最直接、最主要的主体就是农村民间文化组织。从各地非物质文化遗产保护成果来看，很多有价值的文化艺术项目都是靠农村民间文化组织成员挖掘、守护与传承。

三是范围地域性。农村民间文化组织活动形式多样、内容丰富，很多是结合各类节庆和当地特色文化资源开展的文化活动。活动内容围绕着当地的文化特质，反映当地的风俗人情，具有强烈的民族民间特色和地域特色。服务对象一般是当地的农村居民，限于各种条件束缚，活动的影响范围也局限在社区内。

四是方式灵活性。农村民间文化组织也积极吸纳当地社会资源，如通过采取政府出资、企业冠名赞助及社会、个人捐助等方式，不断拓宽社会文化活动的举办途径，多渠道、多形式开展各类文化活动。以群众为主体组织的农村民间文化活动更容易得到群众的响应、支持和参与。农村民间文化组织开展的文化活动灵活机动、充满活力、富有效率。

（二）农村民间文化组织的功能定位

农村民间文化组织所具有的组织自发性、内容传承性、范围地域性和方式灵活性的基本特征，表明农村民间文化组织是政府与农村居民之间文化表达和文化展示的有效媒介。农村民间文化组织具有以下几个功能：

一是具有休闲娱乐功能。随着物质生活条件的日益改善，农村居民对精神文化生活的需求日益增加。农村民间文化组织是农村居民参与建构自主文化生活的重要形式。通过参与农村民间文化组织，农村居民在劳作之余消除了身心疲惫、增强了生活动力，获得感、幸福感也随之提升。

二是具有文化培育功能。农村民间文化组织虽然具有朴素的草根性，但其自发组织创造的文化内容和文化形式却具有浓郁的地方感，是培育地方特色文化的重要载体。农村民间文化组织培育了乡村文化艺人、展示了民族民间特色的文化活动。

三是具有文化传承功能。农村民间文化组织发挥了保护和传承民族民间非物质文化遗产的职能。非物质文化遗产具有鲜明的民众色彩和浓郁的乡土气息，农村民间文化组织对于传承非物质文化遗产具有地利人和的优势，有利于保护非物质文化遗产的原真性，有利于将非物质文化遗产进行生活性保护传承，拥有官方组织所不可替代的独特作用①。

四是具有生活引导功能。农村民间文化组织所开展的文化活动还发挥着改变农村居民思想观念和生活方式的作用。通过农村民间文化组织的引导，农村居民愿意积极参与农村民间文化组织活动，参与丰富多彩的文化活动，改变打牌赌博的陋习，使农村居民的文化生活更加健康积极、丰富多彩，从而营造了文明的社会风尚，促进了乡风文明。

五是具有政策宣传功能。农村民间文化组织通过创编群众喜闻乐见、通俗易懂的文艺节目，宣传党的方针政策、报告最新时事新闻、传播科技信息、揭露邪教组织罪恶，弘扬社会主义核心价值观，以真切、自然、有亲和力的方式，能够有效地感化、教育农村居民，从而有利于构建社会主义和谐社会。

农村民间文化组织在社会体系结构中有着不同于市场和政府的社会功能，能弥补“市场失灵”和“政府失灵”②。农村民间文化组织可以发挥群众性强、社会性广的优势进行有效弥补。将农村民间文化组织纳入农村公共文化服务体系建设中，能够有效弥补农村公共文化服务供给机制单一、村民文化活动内容单调、公共文化服务人才队伍匮乏等问题。因此，政府可以将部分的公共文化服务职能让渡给农村民间文化组织，形成政府行政主导供给与农村民间文化组织“自组织供给”的合作格局，以满足农村居民多样的文化需求。

二、农村民间文化组织的运行机制及发展瓶颈

农村民间文化组织是农民群众自发组织的文化团队，自下而上、自发形成是其基本的生成途径。分析农村民间文化组织的运行机制及其存在的主要问题，能够为进一步促进农村民间文化组织健康长效发展打下坚实的基础。

(一) 农村民间文化组织运行基本情况分析

为深入了解农村民间文化组织的发展情况，本研究于 2018 年 6 月 20 日至 2019 年 2 月 25 日对云南省 6 个市县 256 个农村民间文化组织进行问卷调

① 张笃勤：《从非物质文化遗产特点看民间文化组织参与的重要性》，《学习与实践》2005 年第 7 期。

② 王名：《非营利组织的社会功能及其分类》，《学术月刊》2006 年第 9 期。

查。总体来看,云南省农村民间文化组织正处于迅速发展阶段。云南省几乎每个农村社区(行政村)都有一个农村民间文化组织,其中地方曲艺类和民俗表演类是云南农村民间文化组织的主要形式,这与云南农村居民喜爱花灯、民歌和舞龙舞狮等民族民间民俗文化相关。本研究将结合问卷调查数据和实地搜集的资料,针对云南农村民间文化组织的基本发展情况进行阐述。

一是从组织成立的情况来看,农村民间文化组织大多数体现出应有的自发性和自愿性。这主要表现在:(1)组织负责人绝大部分是长期以来自然形成的领头人或团队活动的组织者或团队的创建者或是团队内具有一定号召力的人,政府主管部门任命的负责人所占比例不大;(2)在组织成立的出发点方面,兴趣爱好和自娱自乐占了绝大多数,而且大多数是非营利性的,也有一些在红白喜事、商场开业等场合获取一定佣金;(3)从组建方式来看,地方政府主导组建的仅占 4.21%,文化馆(站)指导组建的占 14.89%,村委会推动组建的占 7.30%,农村居民自发组建的占 73.60%。从这些信息综合来看,云南省农村民间文化组织在自发性和自愿性特征方面表现得较为充分,发展的群众基础较为厚实。

二是从组织的人员构成来看,农村民间文化组织偏向小型化、老龄化和女性化。调查数据显示:云南农村民间文化组织的成员人数主要集中在 8 人至 20 人之间,占 59.13%, 8 人以下的组织占 17.72%,而 50 人以上的组织仅占 4.23%。从成员的年龄结构来看,云南农村民间文化组织的成员主要以中老年人为主体,45 岁以上的群体占 71.9%,而 18 岁至 45 岁的青壮年群体只占 22.78%。男女占比方面,男性成员占 37%,女性成员占 63%。

农村民间文化组织的小型化有其合理性且受客观条件制约。一方面,农村民间文化组织的专业分工相对简约,一般 8 个人左右就能完成所有表演任务,规模小型化有利于组织的灵活性,也可以节省成本与开支。另一方面,农村社区的人口规模相对较少,经济发展水平也相当有限,小型化的农村民间文化组织基本能够满足农村社区居民的文化需求。农村民间文化组织的老龄化和女性化目前来说是一种常态,由于城市化的快速发展,农村大量青壮年劳动力都外出务工,农村人口以老年人和妇女群体为主。实地调研也发现,连需要极强体力和技能的舞龙舞狮社团组织都是以老年人和妇女为组织者。老年人和妇女已成为现阶段乡村文化建设的主体。同时,农村民间文化组织偏向小型化、老龄化和女性化的发展趋势,也使得农村民间文化组织具有极强的流动性和不稳定性,发展极其脆弱,容易受到外部环境的影响。但是,农村民间文化组织通过为老年人和妇女赋能，在一定程度上激活了乡村文化建设的主体性，进而重构了乡村社会的公共文化空间，为退守乡村的老年人和妇女群体提供基本的秩序感和意义感①。

三是从组织的登记注册情况来看，农村民间文化组织在民政部门注册的有 19.74%、在工商部门注册的有 15.45%、在文化主管部门登记备案的有 37.62%，但未登记注册的也有 27.19%。注册的农村民间文化组织主要是作为社会团体或民办非企业，有相当一部分农村民间文化组织只是在文化主管部门登记备案。而对于没有登记注册的农村民间文化组织，通过进一步调查询问，发现其未注册的主要原因构成是：组织规模太小，没有注册的必要，占 33.18%；缺乏资金或办公场所等方面的注册条件，不达标，占 31.47%；不知道如何办理注册，不了解或没有这个意识，占 23.12%。因此，云南农村民间文化组织的发展还不成熟，多数还处于发展的初级阶段或原始状态，没有明确的管理意识和发展目标。

（二）农村民间文化组织的发展瓶颈

通过对云南省农村民间文化组织的实地调研和问卷调查分析发现，当前农村民间文化组织面临着一些发展瓶颈，制约了农村民间文化组织的健康长效发展。当前农村民间文化组织的发展瓶颈主要体现在以下几个方面。

一是农村民间文化组织的组织结构较为松散，自治能力较弱、凝聚力不强。根据调查的情况来看，42.5%的农村民间文化组织没有固定的职责分工，57.86%的农村民间文化组织没有形成正式的、书面的组织章程和规章制度。虽然对自发性的农村民间文化组织来说存在非固定成员是正常现象，但是当职责分工不明确、成员不固定时，组织的凝聚力就会受到影响。是否具有自治能力是决定农村民间文化组织自发组织、自办活动得以实现的重要保证。但组织经费、活动场地、活动设备和人才队伍的缺乏导致农村民间文化组织的自治能力较弱。

二是农村民间文化组织的活动内容较为单一，部分团队的创新能力缺乏、吸引力较小。农村民间文化组织的活动内容 73.97%来自“老一辈的口耳相传”，而选择“政府主管部门相应辅导人员传授的”占 32.16%，选择“组织成员从视频上学来的”占 19.64%，选择“组织成员创作的”占 24.53%，说明农村民间文化组织的表演内容还是以继承和学习他人为主。活动内容陈旧，文化活

① 李永萍：《论乡村建设的主体、路径与方向——基于湖北省官桥村老年人协会的分析》，《中国农村观察》2019 年第 2 期。

动的形式和内容更新慢，活动项目的创新能力缺乏，不能长期吸引农村居民的关注。

三是农村民间文化组织的覆盖范围较为狭小，活动空间较小，影响力偏弱。农村民间文化组织的活动地点主要是在村文化活动室、活动中心和文化广场，也有部分在组织成员家中进行排练，仅有13.15%的农村民间文化组织有专门的活动排演场地。另外，农村民间文化组织的活动范围在本村的占91.67%，跨邻村参加活动的有27.15%，跨乡镇参加活动的有14.83%，超出本县市范围参加活动的仅占5.37%。农村民间文化组织开展活动的区域也主要局限在本村或本乡镇之内，与其他农村民间文化组织很少开展交流合作，社会认同较为局限，部分团队的社会需求不高、号召力偏低。

四是农村民间文化组织的创收能力较低，对政府行政部门的依赖较强。农村民间文化组织的资金来源渠道单一，组织的活动资金80%以上为自筹，主要是来源于成员的凑份子。76.82%的文化活动开展依赖于政府部门的安排或邀请。同时，23.18%的农村民间文化组织的文化演出也受到"群众邀请"和"企业邀请"，表明农村民间文化组织的市场化发展也在进步。

三、农村民间文化组织的发展模式

由于农村民间文化组织存在上述各种发展瓶颈与制约因素，一般而言，要促进农村民间文化组织健康持续发展，需要借助一定的外在助推力。对云南省农村民间文化组织的调研显示，农村民间文化组织的发展大致存在四种基本模式：文化馆发展模式、老年大学发展模式、社会企业发展模式、新乡贤引领发展模式。当然，这四种基本模式并不足以概括农村民间文化组织发展的所有形态，而且在实际发展过程中这几种模式之间也存在相互混合交叉的形态。

（一）文化馆发展模式

文化馆作为基层文化阵地，具有分布广泛、覆盖面广、社会性强、影响力大、联系群众密切等特性，是我国公共文化服务体系的重要构成部分。同时"文化馆作为国家设立的公益性全民所有制机构，是发展社会主义宣传教育、普及科学文化知识、组织和辅导群众文化艺术活动的综合性文化事业单位和活动场所"①。根据文化馆的职能和任务，文化馆对于农村民间文化组织负有活动组织、技能培训、业务辅导的使命。农村民间文化组织所开展的文化活动

① 郭佳：《文化馆的职能探索》，阳光出版社2014年版，第1页。

一般都由文化馆负责组织和辅导。云南省县级文化馆一般都开展有合唱、书法、绘画、花灯、舞蹈、知识信息等文化艺术培训、辅导、演出服务及非遗展示、农民工才艺培训、网络知识查阅、青少年艺术培训、老年大学培训、馆办团队培训等项目。有些文化馆直接办有“馆办农村民间文化组织”。如昆明市官渡区文化馆馆办团队有“官渡韵交响音乐协会乐团”“官渡红盈花灯艺术团”“官渡滇剧花灯传习馆”“官渡牛街庄滇剧博物馆艺术团”等;呈贡区文化馆馆办文艺团队有斗南、梅子、可乐、王家营、莲花、七步场等6支花灯队,均由农村居民组成。呈贡区文化馆馆办文化组织每年下乡演出76场次,这已成为呈贡农村在春节期间的一大特色,村村唱灯,热闹异常。文化馆发展模式在云南农村地区已较为普遍和成熟。

文化馆发展模式的优点是能够有效利用文化馆公共文化服务的职能,把公益性资源充分与农村民间文化资源相对接,帮助培育与扶持农村民间文化组织发展。在文化馆开展的活动组织、技能培训、业务辅导下,农村民间文化组织不仅有了专门的活动场地、完备的活动器材和专业的内容培训,而且可以借助文化馆的服务平台开展特色文化下乡与农村民间文化交流活动。组织馆办文艺团队下基层演出已经成为一种常态,这大大拓展了农村民间文化组织的活动空间。文化馆发展模式充分把“政府供给”与“农村民间供给”两种力量融合在一起,积极调动“国家资源”与“民间资源”,是推进农村公共文化服务体系建设的一种有效模式。

(二)老年大学发展模式

老年大学是为老年人提供教育学习和文化娱乐的一个综合性平台。在人口老龄化进程不断加快的背景下,老龄社会已是当前中国社会共同关注的议题。老年大学成为老年人更新知识、健身养心、休闲娱乐、社会交往的公共空间,具有教育传播、情感慰藉、价值实现的功能作用。老年大学兴起于20世纪80年代,现已在全国城乡遍地开花。“老年大学以其凝聚老年人、教育老年人、服务老年人的独特优势,成为当前推进文化养老的重要阵地,以其政治引领、教育培养、组织引导的职能特点,在加强老年文化建设中扮演了重要的角色。”①

例如,云南省呈贡老年大学以“增长知识、丰富生活、陶冶情操、促进健康、服务社会”为办学宗旨,以2008年呈贡被国家文化部命名为“中国农村民间文化艺术之乡——花灯之乡”为契机,顺应呈贡城乡中老年朋友酷爱花灯艺术的

① 安壮、董浩、孙守相:《文化养老视角下老年大学的发展路径研究——以T市老年大学为例》,《社科纵横》2017年第5期。

心愿，把花灯作为办学特色，并于 2011 年成立呈贡老年大学艺术团，聘请省、市花灯团退休的国家一、二级编导及演员担任导演，在 6 个街道成立了老年大学分校，于 2014 年实现在呈贡 29 个社区办学全覆盖，有专职老师 17 位，主要开设花灯歌舞、花灯唱腔及表演、声乐、民族舞蹈等课程。2014 年有花灯班 54 个，共计 1 446 人；2015 年开办 154 个班，共招收学员 3 852 人。呈贡老年大学艺术团的成员主要是呈贡区的一些失地农民、花灯爱好者、花灯传承人以及农村民间优秀花灯团人员，年龄最小的 50 多岁，最大的 70 多岁。农村居民自愿自发前往老年大学参加花灯培训和活动排练，由专业老师负责指导授课。2016 年春节，从正月初一到正月十六，呈贡老年大学艺术团组织花灯歌舞表演队到乌龙、缪家营、殷练、七步场、吴家营 5 个社区演出 30 场共计 75 小时的花灯剧（每个社区表演 3 天，每天 2 场，每场两个半小时），将群众喜闻乐见的传统节目送到村庄，极大丰富了农村社区的公共文化生活。

通过老年大学发展模式，不仅培育了农村老龄居民自办文化团队的热情和能力，而且为其提供了广阔的文化展示交流平台，“下乡演出、进城表演”成为农村民间文化组织的一种文化生态。老年大学发展模式是应对老龄化社会为农村社区老年人提供文化学习、文化培训和文化服务的有效路径。

（三）社会企业发展模式

社会企业是 20 世纪 80 年代末兴起的以商业模式实现社会公益目的的一种企业法人组织形态①。社会企业将营利性企业的效率、创新和资源与非营利组织的热情、价值观和使命相结合，试图通过商业模式解决社会问题②。社会企业是通过市场驱动来实现价值引领，具有企业定位（直接面向市场参与商品生产或提供服务）、社会目标（具有明确的社会和环境目标）、社会所有（社会企业是自治组织，治理和所有权结构通常以利益相关方或理事的参与为基础）三个显著特点③。根据调研，云南省有部分农村民间文化组织正处于由非营利组织向社会企业的过渡阶段。社会企业发展模式也有两种路径：一是已经成熟的社会企业为农村民间文化组织提供平台和资源支持，带领农村民间文化组织发展；二是农村民间文化组织经过自己的社会创业打拼，逐步发展成为影响社区的社会企业。

---

① 傅才武、刘倩：《“社会企业”能否成为深化国有文艺院团改革的方向》，《江汉论坛》2019 年第 2 期。

② Julie Battilana、Matthew Lee、John Walker、Cheryl Dorsey, “In Search of the Hybrid Ideal”, *Stanford Social Innovation Review*, 2012, Vol.10, No.3, pp.50—55.

③ 王世强：《“社会企业”概念解析》，《武汉科技大学学报（社会科学版）》2012 年第 5 期。

例如，1991年呈贡洛羊村的农村民间艺人杨莲芬自己筹资，向当时的呈贡县文体局提出申请并获批成立“呈贡县莲花业余花灯团”（后改名“呈贡区莲花艺术团”）。杨莲芬聘请老艺人言传身教亲自授课，传承发展花灯艺术。现如今，呈贡区莲花艺术团已经成为一个管理规范的社会团体。团队成员有近30人，服装、舞台、剧务、演员、乐队等全套人马平均40岁。逢年过节或重要节假日，莲花艺术团奔波于各个花灯舞台，每天最少表演两场，一场至少3个小时。莲花艺术团已经初步实现市场经营，其每年的经营收入为30万元，收入除给团队成员发放劳务补助外，全部用来购置服装、道具、乐器等设备。莲花艺术团已经成为呈贡农村社区的代表性社会企业。

社会企业发展模式有利于开发农村民间文化组织的市场经济属性，农村民间文化组织通过生产和提供具有社会效用的民间文化艺术，有利于促进农村居民公共文化参与，也提升了农村居民的文化消费能力，农村艺人的文化增殖能力大大增强，整体推动了地方经济和社会文化发展。在这一发展模式下，农村民间文化组织能够持续地生产并提供文化服务，具有高度的自治水平，其自我承担市场的经济风险，具有明确的社会利益导向和农村社区居民公共文化参与治理的特征，也进行着有限的利润分配。因此，通过市场化运作，自主经营，自我治理，是农村民间文化组织未来独立发展的有效途径之一。

（四）新乡贤引领发展模式

新乡贤是乡村振兴的重要主体力量，其富有贤能、智慧、才识、财富，具有示范引领、教化乡民、反哺乡里、涵养文明乡风的作用，“在实践价值和秩序生产层面推动了乡土社会人力、物力、财力、智力和文化的创造性整合”①。因此，“新乡贤与乡村社会结构有机融合，能促进公共服务普及与公序良俗形成，构建兼具乡土性与现代性的现代乡村治理模式”②。新乡贤与农村民间文化组织的有机结合，能为农村民间文化组织提供各种社会资源，并建构起一套开展活动的社会网络，拓展了农村民间文化组织的空间平台。

云南乡土文化资源丰富，农村民间文化组织颇具特色，极具原生态的文化吸引着来自社会各界的新乡贤群体参与云南民族农村民间文化的传承保护与开发利用。如2014年，通过云南艺术学院教授尹茂铨、云南大学教授寸丽元的积极支持与运营，在鹤庆白族农村民间歌舞文化组织基础上，由云南艺术学

① 应小丽：《乡村振兴中新乡贤的培育及其整合效应——以浙江省绍兴地区为例》，《探索》2019年第2期。

② 黄海：《用新乡贤文化推动乡村治理现代化》，《人民日报》，2015年9月30日，第7版。

院、云南大学和在昆热爱、保护和传承民族音乐，从事民族音乐的鹤庆籍艺术家、老教授共同组建了鹤庆翔鹤民乐团。他们通过搜集、整理、挖掘白族农村民间音乐、地方文化、民族舞蹈，传承、创作了不少优秀的民族农村民间音乐和舞蹈。他们扎根乡土，用心用情对文化遗产进行保护、传承与传播，体现了新时代新乡贤对乡村文化建设的贡献。新乡贤通过运用自己的文化知识技能和运作社会资源的能力，为农村民间文化组织的培育发展提供了大力支持。他们不仅为农村民间艺人捐钱筹款、购置器具，更为他们提供了广阔的文化展示平台，使农村民间文化组织受到更多人的喜爱和支持。

表 1　农村民间文化组织的发展模式

主要模式	主要特征	权威基础
文化馆发展模式	政策指引、孵化培育	政策合法性权威
老年大学发展模式	秩序稳定、资源动员	身份认同权威
社会企业发展模式	市场导向、资本介入	利益支配权威
新乡贤引领发展模式	资源引入、慈善捐资	社会网络权威

总之，无论是以上哪种发展模式，都表明农村民间文化组织的培育发展需要把乡土社会内生性资源与外部社会网络要素供给结合起来，使政府机构、社会组织 、社会企业、公民个人都参与乡村文化建设，从而促进乡村文化振兴。

四、农村民间文化组织发展路径的制度弥合探讨

乡村文化振兴是一项系统工程，不仅需要政府力量的制度供给和资源输入，还需要市场力量的运作生产和资本运营，也需要农村民间力量的社区参与和空间营造①。农村民间文化组织作为乡村文化建设的内生力量，不但可以与政府协同建立一种“上下联动”的公共文化服务机制，有效对接不同农民群体的文化需求偏好，而且在市场推动下可以发展成为文化企业，成为促进乡村特色文化产业发展的有机体。因此，应进一步整合公共文化资源，构建政府供给与农村民间自给的协同发展平台，使农村民间文化组织成为乡村文化振兴的重要抓手。

(一) 政府扶持：农村民间文化组织的培育路径

当前农村民间文化组织存在着发育不健全、能力建设不足和影响力较弱

① 耿达：《公共文化空间视角下农村公共文化服务体系建设研究》，《思想战线》2019 年第 5 期。

的现实脆弱性，而政府对农村民间文化组织发展又存在管理体制混乱、制度保障不力和法律体系不完善等问题，因此农村民间文化组织参与乡村文化建设的社会网络、社会信任和制度规范的缺失严重影响了其参与提供文化服务质量的绩效。据此，为了保障农村民间文化组织的健康长效发展及其参与乡村文化建设的服务质量绩效，政府力量的引导和扶持必不可少。政府要建立对农村民间文化组织的培育机制，需要在三个方面进行转变：一是转变对农村民间文化组织的认识。农村民间文化组织不只是农村居民自娱自乐的草根性、群众性、自发性文艺团队，它们还具有文化培育、文化传承、生活引导和政策宣传等公共文化服务的重要功能，能有效弥补“政府失灵”和“市场失灵”的缺陷，是改善农村公共文化服务效能不足的重要力量。因此，政府要转变和提高对农村民间文化组织的认识，将其纳入农村公共文化服务体系建设的统一规划，形成政府行政供给与农村民间自组织供给的互动格局。二是转变对农村民间文化组织的管理。虽然农村民间文化组织的数量和类型众多，但由于其普遍存在体量小、能力弱、影响力小等现实困难，政府对农村民间文化组织的管理还很不完善，在管理体制上存在着混乱的局面。很多地方政府和相关管理机构缺少对农村民间文化组织的详细统计和分类，对其服务质量的评价更是缺乏。因此，政府要加强对农村民间文化组织的分类管理，建立政府与农村民间文化组织之间的有效沟通渠道。三是要转变对农村民间文化组织的支持。有些地方政府对农村民间文化组织也出台了一些扶持政策，但是支持形式单一、支持力度有限，主要是通过以奖代补的形式对农村民间文化组织开展的文化活动进行资金补助，但是补助金额有限，无法有效解决农村民间文化组织资金缺乏、场地缺乏的基本困境。因此，政府要丰富对农村民间文化组织的支持形式，加大对农村民间文化组织的支持力度。总之，政府要通过提高认识、完善管理、加大支持来促进农村民间文化组织参与乡村文化建设，使农村民间文化组织成为农村公共文化服务体系的重要有机组成部分。

（二）市场辅助：农村民间文化组织的竞合路径

由于历史上长期存在的城乡二元体制，乡村虽然具有丰富的文化资源，但是文化资本却集中在城市，乡村文化资源缺乏转化为文化资本的动力，引导文化资本下乡成为撬动乡村文化资源开发和文化产业发展的主要形式。文化资本下乡与乡土社会有序畅通的前提是要挖掘乡村文化资源的乡土性和地方感，形成扎根乡土的“本土化”过程。因此，农村民间文化组织成为承接文化资本下乡进行乡村文化传承创新的有效载体。当前农村文化市场体系还很不健全、成熟，农村民间文化组织参与乡村文化建设的健康长效发展需要政府力量的主导，也需要市场力量的辅助，逐渐形成完善农村民间文化组织的竞争合作机制。市场力量的运作生产和资本运营有助于促进农村民间文化组织之间的良性竞争环境的形成和管理服务水平的提高。要加强城乡之间文化资本要素的流动和合作，除了继续推行政府行政力量主导的送文化下乡等活动，还要推动城市大型文化企业、文旅演艺公司进驻乡村，对接农村民间文化组织，通过“文化企业＋农村民间文化组织”的发展模式推进农村民间文化组织发展壮大。同时，针对农村民间文化组织资质较弱、发展良莠不齐的情况，可以建立农村民间文化组织的联合体，以向社区协会和社会企业的方向建设发展。通过联合体的形式带动更多的农村民间文化组织成立成长，并健全资质，使之能够具备承接政府向社会力量购买公共文化服务的能力。通过承接政府购买的形式来促进农村民间文化组织之间的竞争与合作，逐渐完善农村文化市场体系。

（三）自我完善：农村民间文化组织的能力建设路径

农村民间文化组织的能力建设主要包括文化治理能力、文化创新能力、协调能力与可持续发展的能力。以文化服务功能为主要目标的农村民间文化组织应该具有一定的组织形式、制度内容和活动机制等。但是，农村民间文化组织普遍存在成员不稳定、流动性大，成员职责分工不固定，组织结构松散、凝聚力不强，制度内容和活动机制缺乏，群众参与度有限等问题。这些都导致农村民间文化组织的规模较小、人员老化、资金来源单一、运营不畅，不利于农村民间文化组织的健康长效发展。因此，农村民间文化组织要加强自身能力建设，促进其自我完善与自我发展。第一，农村民间文化组织要加强文化治理能力，首先要建立健全农村民间文化组织的内部组织结构、管理制度条例和活动运营机制，然后再积极参与乡村文化建设，通过自身能力建设来带动乡村文化治理体系和文化治理能力的现代化。第二，农村民间文化组织要加强文化创新能力，要结合地方特色文化资源禀赋，创造有一定标识性和认可度的文化品牌，形成文化内容丰富、文化形式多样的活动，以促进农村民间文化组织影响力和社会认可度的提升。第三，农村民间文化组织要加强协调能力，积极吸纳各种社会资源，建立合作共赢的社会网络。第四，农村民间文化组织要加强可持续发展的能力，通过不断解决人员、设备、场地、资金等现实困境，形成成熟的文化生产和文化运营体系，以适应和抵御文化市场发展所带来的优胜劣汰。同时，农村民间文化组织的发展要积极融入乡村振兴战略，借助政府加大对农村文化基础设施建设的时机，有效地推进农村社区的自组织文化建设，使农村民间文化组织成为乡村文化建设的主体。

（四）平台建构：农村民间文化组织的服务平台搭建路径

当前农村民间文化组织不但势单力薄，而且活动空间狭小，不利于农村民间文化组织的整体发展。因此，需要搭建农村民间文化组织的交流互动平台，拓展农村民间文化组织的活动空间，以促进农村民间文化组织的繁荣发展。首先，需要搭建农村民间文化组织的人才交流平台。一方面，政府可以通过文艺培训来提高农村民间文化组织的管理水平和服务专业化水平，建立一支源于群众、贴近群众、服务群众的文化队伍；另一方面，政府可以通过人才引进来提升农村民间文化组织的文化创新能力，引进地方文化剧院、剧团的退休人员来弥补农村民间文化组织文化创作能力的不足。其次，需要搭建农村民间文化组织的管理运营平台。通过组建农村民间文化组织联合会来增进其力量和资质，以更好地承接政府向社会力量购买公共文化服务的项目。最后，需要搭建农村民间文化组织的服务信息平台。为适应公共文化数字化、移动化、信息化的发展趋势，政府可以结合社会力量，构建统一的农村民间文化组织的服务信息平台，拓展农村民间文化组织的展示、沟通与交流，形成政府—市场—农村民间文化组织—民众互动共享的服务信息网络平台。

The Tension between Public Welfare and Profitability and Its System Bridge: Research on the Development of Rural Folk Cultural Organizations

Rao Rui

Abstract: Rural folk cultural organizations are a vital force in the construction of public cultural service systems and the development of distinctive cultural industries. At present, the development of rural folk cultural organizations mainly has problems such as imperfect development, insufficient capacity building, and weak influence. Rural folk cultural organizations have four basic models: cultural center development model, senior university development model, social enterprise development model and new follow villager leading development model. To promote rural folk cultural organizations to participate in the revitalization of rural culture, it is necessary to balance the tension between their public welfare and profitability, and use the government's guiding and supporting role, the auxiliary role of the market, the self-improvement role of rural folk cultural organizations and create a performance platform for rural folk cultural organizations, and form a rural public cultural space where the government, the market, and the people co-construction, sharing and co-governance.

Key words: rural folk cultural organizations; cultural industries; public cultural services; system bridging

论公民阅读权的法律效力

华东政法大学　齐崇文

［内容提要］ 阅读权是公民文化权利的重要组成部分，是一项未被宪法明确规定的公民基本权利。基本权利的属性和运行逻辑决定了阅读权具有不同于普通权利的法律效力，阅读自由权和阅读平等权均能对立法、行政、司法机关以及文化生产和服务者形成有效约束。公民阅读权只有从“纸面上”落实到“行动中”，才能达到促进个人和社会全面发展的目的。实现阅读权的法律效力向法律实效的转变，应当健全立法程序，明确权利内容，推进阅读权对文化生产和服务者效力的法律化。

［关键词］ 公民阅读权；基本文化权利；法律效力

尽管阅读的获取知识、开发智力、修心养性①的价值已广为人知，阅读已成为一种个人需要：通过阅读，人类能够对知识进行大规模组织、批判性积累、存储和提取，可以系统化地运用逻辑知识，追求科学、构思艺术②，但“公民阅读权利”却通常以默认概念的形式出现，与文化权利、信息权利、图书馆权利、读者权利混同，没有明确的内涵与外延。阅读权是公民文化权利的重要组成部分，是一项未被宪法列举的公民基本权利。公民阅读权性质的确认、法律效力的厘清对全民阅读立法的制定和实施，对个体素质和能力的提升，对社会的全面发展均有重要意义。

一、阅读权：一项未被宪法列举的公民基本文化权利

阅读是人类从信息符号中获取意义的一种复杂的智力活动③，阅读对个

① 李超平：《公共图书馆宣传推广与阅读促进》，北京师范大学出版社2013年版，第161—163页。
② ［新西兰］史蒂文·罗杰·费希尔：《阅读的历史》，李瑞林等译，商务印书馆2009年版，第287页。
③ 胡继武：《现代阅读学》，中山大学出版社1991年版，第20页。

体发展和社会进步的重要推动作用已获得广泛认可。作为一项公民基本文化权利，阅读权性质的确认对于全民阅读目标的实现至关重要。

(一) 阅读权是一项公民基本权利

基本权利是公民在宪法上的权利，是公民要求国家作或不作某种行为的权利，是个人对国家提出的主张。从阅读对个体智识开发和社会全面发展的重要推动作用来看，阅读权应当是公民在社会生活中所具有的最根本的、最低限度的权利，应当是国家有能力给予保护并实现的具有现实基础的权利，应当是被宪法认可的公民基本权利，它的重要性、稳定性和法律效力都不同于普通权利①。尽管在各国宪法中鲜有阅读权的相关条款，我国宪法也未对阅读权加以明确规定，但这并不会影响阅读权的基本权利性质。

一方面，基本权利是一个不断变化的概念，仅凭宪法文本并不能完全确定其概念和范围，还需要考虑社会观念和现实条件等因素。早期的宪法性文件，如1689年英国《权利法案》、1776年美国《独立宣言》所规定的基本权利主要是安全、生存、自由等个人免受国家侵犯的消极权利，而随着经济社会的发展和福利国家思潮的兴起，经济社会文化权利等需要国家积极保护或给付的权利也逐渐被纳入基本权利范围。从当前我国的整体国民素质、国家文化创新能力以及文化发展的客观状况来看，阅读权应当作为基本权利。

另一方面，立法不能穷尽文化生活的方方面面，阅读权的内容已分散在宪法关于公民文化权利和国家文化义务的规定当中，没有明确的"阅读权"概念，不会影响公民阅读权的实际行使。并且，基本权利体系具有开放性，只有具有开放性构造的基本权利体系才能具有不断发展和演变的客观性，才能适应和满足基本权利保障的核心宪法命题②。宪法未规定的生命权、健康权、迁徙自由等权利都应作为基本权利而得到宪法层面的保护。所以，基本权利又有"被宪法列举的基本权利"和"未被宪法列举的基本权利"之分。从基本权利的体系特征来看，阅读权是一项独立的、未被宪法列举的权利，它应当作为基本权利受到宪法保护。

(二) 阅读权是文化权利的重要组成部分

我国《宪法》第四十七条一般被视为文化基本权利条款，根据该条款，公民有进行科学研究、文学艺术创作和其他文化活动的自由。参照《世界人权宣言》第二十七条、《经济、社会及文化权利国际公约》第十五条规定以及联合国

① 胡锦光、韩大元:《中国宪法》,法律出版社2007年版,第177—178页。
② 秦奥蕾:《基本权利场域:理论、规范、生活》,知识产权出版社2016年版,第93页。

经济、社会及文化权利委员会2009年发布的《第21号一般性意见》,“公民有进行文化活动的自由”可理解为公民有参与、享有文化生活和为文化生活作贡献的权利,“参与”和“享有”表明权利应包含“可提供性”与“可获得性”要素,“可提供性”指文化产品和服务应向所有人开放,“可获得性”指所有人有享有文化产品和服务的平等机会;而“文化生活”则包括“生活方式、语言、口头和书面文学、音乐和歌曲、非口头交流、宗教或信仰制度、礼仪和仪式、体育和游戏、生产方法或技术、自然和人为环境、食品、服装、风俗习惯和传统”等多个项目①。

阅读是从文本识读中获取信息和意义的活动,是文化生活的具体展开。根据阅读行为的定义以及它与文化生活的内在联系,可以认为,阅读权是文化权在阅读领域的具体展开,是文化权的一种子权利②。开展阅读首先要能够接触书籍、获取信息,信息越容易获取,图书馆多、书店多、家庭藏书多、免费读物多,人们的阅读成绩也会越高③。文化权利的“可提供性”和“可获得性”在阅读领域集中体现为能够获得图书类文化产品和服务,尤其是能够平等、自由地接受公共文化服务机构的服务。所以,阅读权一定程度上涵盖了信息权利、图书馆权利、读者权利等权利的内容。我国《宪法》第二十二条关于“国家发展为人民服务、为社会主义服务的文学艺术事业、新闻广播电视事业、出版发行事业、图书馆博物馆文化馆和其他文化事业,开展群众性的文化活动”的规定,明确了国家对于公民文化权的保障义务,也间接确认了文化权及其在文化生活各领域展开的子权利,如阅读权、图书馆权利等的宪法地位。

二、公民阅读权的法律效力:指向与类型

法律效力即法律规范的效力,是法对主体(包括自然人、法人等)行为的约束力和强制力。法律规范以权利和义务为核心内容,所以法律效力主要表现为权利的效力和义务的效力。法律效力是法律规范的存在方式,法律若无效

① General Comment No.21: Right of Everyone to Take Part in Cultural Life[art.15, para.1(a), of the International Covenant on Economic, Social and Cultural Rights], http://docstore.ohchr.org/SelfServices/FilesHandler.ashx?enc=4slQ6QSmlBEDzFEovLCuW1a0Szab0oXTdImnsJZZVQc5ReG9hKvddWC2ML5U76E63nT%2beY%2btmSVIRS0ynN0q4EDmpjJye7rC1DxEtC%2fGxx7WLBcmnxGwpWSXy0fmnHDS, 2019-09-12.

② 黄明涛:《公民文化权研究——〈宪法〉第47条之规范建构》,中国政法大学出版社2015年版,第191—194页。

③ [美]吉姆·崔利斯:《朗读手册》,沙永玲等译,天津教育出版社2006年版,第176—177页。

力，就不能得到切实遵守和执行，它所规定的权利和义务就毫无意义。之所以要明确阅读权的基本权利属性，是因为基本权利具有“主观权利”和“客观法”的双重性质和独特的功能分类，性质和功能的特殊性决定了基本权利有着不同于普通权利的法律效力。

（一）基本权利法律效力的特殊性

基本权利具有“主观权利”和“客观法”的双重性质：“主观权利”强调基本权利作为“个人权利”的性质，而“客观法”则强调基本权利本身就是约束国家公权力的“法律”①。作为主观权利的基本权利有“防御权”和“受益权”两项功能，“防御权”功能在于防止国家权力侵犯公民基本权利；“受益权”功能在于保障个体自由，公民可依据基本权利之规定请求国家提供一定的服务或帮助。被宪法明文规定的文化权也具有“主观权利”和“客观法”双重性质和防御权、受益权、客观价值秩序三项功能，且与三种国家义务相对应：立法、行政、司法机关都负有尊重和保护文化权的义务，行政机关是文化给付义务的主要承担者②。基本权利性质和功能的特殊性决定了其法律效力的特殊性。

一是对国家的效力。基本权利对国家的效力体现在对立法、行政、司法等国家机关的约束上：第一，立法机关制定的法律不得与基本权利相抵触，行政机关的行政行为不得侵犯基本权利，司法机关的裁判不得与基本权利的内容指向相悖；第二，行政机关须为公民基本权利的行使提供必要的服务和物质帮助，公民在基本权利受到侵犯时可请求司法机关予以救济；第三，立法、行政和司法机关应保护基本权利，立法机关须建构相应的制度来促进基本权利的实现，行政机关须在立法机关建构的制度框架内维护基本权利，司法机关须将基本权利精神贯彻到普通案件的裁判中。

二是对第三人的效力。在传统宪法学的理论和实践中，基本权利的效力仅关涉国家，并不及于个人。但德国1919年《魏玛宪法》和二战后的《基本法》均肯定了基本权利对第三人的效力，即基本权利可对国家之外的第三者也就是对私人产生拘束力，“对第三者效力理论”由此兴起③。基本权利对第三人的效力有三重含义：第一，伦理上的效力，指个人基于宗教或者道德确信要求在一切领域中贯彻基本权利，如公司的社会责任；第二，制定法上的效力，指宪法直接规定基本权利效力及于私人或者制定法在规范私人关系的普通立法中

① 张翔：《基本权利的双重性质》，《法学研究》2005年第3期。

② 喻少如：《公民文化权的宪法保护研究——以国家义务为视角》，中国法制出版社2017年版，第101—103页。

③ 陈新民：《德国公法学基础理论》上卷，法律出版社2010年版，第336、337页。

贯彻基本权利；第三，司法上的效力，指法院在审理私人之间争议过程中就当事人主张的宪法权利进行权衡和裁判①。由于基本权利主要是针对国家的权利，随意扩大基本权利的效力范围会侵害私法自治，所以对基本权利"第三人效力"理论的承认和适用应当审慎。

（二）公民阅读权的效力指向

作为一项未被宪法列举的基本权利，阅读权的法律效力主要体现在以下几个方面。

一是对立法机关的效力。为保障公民阅读权利，提高公民阅读能力，丰富人民群众精神文化生活，立法机关有义务进行阅读立法，建构全民阅读促进制度。我国宪法赋予公民立法提案权，人大代表有权依据法定程序向人大或人大常委会提出法案。当人大代表所在地的立法机关未进行阅读立法或已有阅读立法存在一定问题时，人大代表可行使立法提案权，向有权立法的机关提出制定、修改或补充阅读立法的提议。立法提案权是一种请求权，是阅读权"客观价值秩序"功能的具体体现。

二是对行政机关的效力。行政机关有义务在立法机关制定的阅读立法的框架内为公民提供包括阅读发展规划、阅读推广、阅读场所和设施、阅读促进活动经费补贴等在内的服务或物质帮助。在行政法上，行政机关的此种义务是一种"文化给付义务"，与公民阅读权的"受益权"功能相对应。当行政机关不履行或不适当履行阅读保障义务时，公民可行使请求权请求其履行或者行使救济权向相关行政复议机构提起行政复议，此种请求权或救济权是阅读权"防御权"功能的具体体现。

三是对司法机关的效力。当公民阅读权利受到侵害时，司法机关有义务为公民提供司法救济。由于文化权利种类繁多，内容存在不确定性，且文化权利的实现很大程度上取决于一国经济社会的发展水平，所以学界对于文化权利能否直接作为司法适用对象的认识存在分歧。但在已有阅读立法的情况下，司法机关不仅应当对阅读权负有消极的、不得干预的尊重义务，还须依据现有立法对受到侵害的阅读权予以救济和保护。公民获得司法机关救济的权利又称救济权，是阅读权"防御权"功能和"客观价值秩序"功能的具体体现。

四是对文化生产和服务者的效力。基本权利是公民针对国家的权利，所以它对国家之外的第三人的效力应当属于伦理上的效力，即基本权利仅对国家之外的第三人有"软"的道德约束力，无"硬"的法律强制力。公民阅读权对

① 郑贤君：《基本权利原理》，法律出版社2010年版，第177—179页。

第三人的效力也是一种伦理上的效力，主要表现为对文化生产和服务者（如出版发行单位、网络运营商、实体书店、非公共图书馆）的道德约束力，这意味着文化生产和服务者未履行阅读促进义务并不需要承担相应的法律责任。

（三）公民阅读权的效力类型

自由和平等是基本权利的核心价值所在，宪法规定公民基本权利的目的就是为了最大限度地维护和实现自由与平等，确保每个人都能过上有尊严的生活。自由和平等是阅读权的核心内容，自由的“消极”和“积极”之分以及平等的“形式”与“实质”之别，使阅读权的效力呈现出多侧面性和多层次性。

1. 阅读自由权的效力

阅读权首先表现为阅读自由权。英国学者伯林认为，自由包含不受他人干涉的“消极自由”（免于……的自由）和成为某人自己的主人的“积极自由”（去做……的自由）两种含义①。消极自由要求国家不得干预，积极自由要求国家提供帮助。从这两种自由出发，阅读自由权又外化为阅读自由选择权和阅读保障请求权两种权利形式。阅读自由选择权指公民享有自主决定阅读内容、时间、地点、形式以及参与阅读活动、使用阅读设施等的选择权利，属于消极自由范畴。阅读自由选择权的效力集中体现为：国家对公民阅读权的享有和行使不能加以干涉，须对其履行尊重义务。阅读保障请求权指公民享有请求国家采取一定措施满足自己阅读需求的权利，属于积极自由范畴。阅读保障请求权的效力集中体现为：国家须对其履行包括人、财、物以及组织、政策和法律在内的给付义务②。

当然，在现代宪法理论中，对消极自由性质的认识已经发生一定程度的改变。消极自由并非完全消极，国家不得干涉公民阅读权，并不意味着就不需要为这一权利的免受干涉而设置相应的司法程序。美国学者霍尔姆斯和桑斯坦甚至由此否定了在自由“二分法”基础上作出的“积极权利”与“消极权利”的传统划分，指出“所有权利都是积极权利”③。但上述认识的改变并未带来阅读权法律效力的变化，不会对全民阅读立法造成实质影响。

2. 阅读平等权的效力

平等有形式上的平等和实质上的平等之分，形式平等又称机会平等，指所

① Isaiah Berlin, *Four Essays on Liberty*, Oxford: Oxford University Press, 1969, pp. 118—172.

② 谭小军、周安平：《阅读权结构的法理思考》，《现代出版》2018年第2期。

③ ［美］史蒂芬·霍尔姆斯、［美］凯斯·R.桑斯坦：《权利的成本：为什么自由依赖于税》，毕竟悦译，北京大学出版社2011年版，第2页。

有人的法律地位平等，权利和义务平均分配；实质平等又称条件平等，包含民族平等、性别平等、社会平等多个种类，指为了纠正形式平等可能导致的事实上的不平等而采取的必要措施，从而在实质上为公民提供平等发展的条件①。阅读平等权的效力围绕这两种平等而展开：一方面，立法机关要通过立法确认公民享有平等的阅读机会，行政机关和司法机关在适用法律时应遵循平等原则，保障公民能够平等地接触阅读资源、平等地使用阅读设施和场所；另一方面，立法机关在立法时要充分考虑到由自然、社会或历史等原因造成的不同性别、不同年龄、不同民族、不同地域的公民在阅读权利行使能力和条件上的差异，对特殊群体作出适当的、合理的、必要的倾斜或扶持。行政机关和司法机关在适用法律时应根据实际情况确定倾斜或扶持的标准和程度，避免因标准和程度的不合理而引发新的不平等。

不过，自由与平等并非完全兼容。人与人之间的自然禀赋和社会条件有差别是客观现实，任由自由权行使就会带来更大的不平等，而一味地强调平等又会扼杀人的创造力、阻碍社会进步，这就出现了自由与平等的对立，这种对立也存在于阅读权中。有学者在讨论与阅读权相关联的图书馆权利时指出，图书馆权利是自由和平等的对立统一，基于当前发展目标、平等权实现的复杂性以及人的社会性等因素考虑，现阶段图书馆权利体系的建构在兼顾自由的同时要偏重于平等权的实现②。这一论断同样适用于阅读权。在充分尊重阅读自由权的基础上，偏重阅读平等权对于具有公益性目标的全民阅读立法来说更为重要；在兼顾阅读自由权效力的同时，尽可能发挥阅读平等权的法律效力，对于促进全民阅读来说更为关键。

三、从法律效力到法律实效：公民阅读权的实现途径

法律效力的内容可以概括为两个方面：一是对权利、义务和法律责任的确定力；二是对所确定的权利、义务和法律责任的实现力③。确定力指国家须通过立法来确认权利、义务和法律责任对人们行为的约束力；实现力指立法所确认的权利、义务和法律责任应合理、可行。“纸面上”的法只有落实到“行动中”才有意义，公民阅读权的法律效力只有转变为法律实效才能达到促进个人和

① 张千帆主编：《宪法学》，法律出版社 2014 年版，第 240 页。

② 常安：《论图书馆权利体系中的自由与平等及其统一》，《中国图书馆学报》2015 年第 1 期。

③ 江必新：《论软法的效力兼论法律效力之本源》，《中外法学》2011 年第 6 期。

社会全面发展的目的。

（一）健全立法程序

实现公民阅读权首先要通过国家立法对阅读权以及与其相对应的义务和责任加以确认，并借助阅读权对立法机关的约束力来提高立法的合理性和可行性。公民阅读权对立法机关的约束表现在程序和实体两个方面，其中，程序性约束指立法机关在进行全民阅读立法时须遵守法定程序、落实立法后评估。《中华人民共和国立法法》第五条虽然确立了民主立法原则，但一些地方的全民阅读立法却没有体现出公众的利益诉求，“公职人员起草、行政领导决定”的现象比较突出，导致立法缺乏权威性和约束力，难以得到公众的支持和认可，对立法的执行效果造成了不利影响①。公众参与立法的过程既是公民阅读权行使的过程，也是公民阅读权对立法机关的效力的实现过程，以保障公民阅读权为宗旨的全民阅读立法若要能够得到切实遵守和执行，就必须围绕“充分反映民意、广泛集中民智”来设置各项立法程序：

1. 参考和吸收立法建议。我国只有少数地方出台了全民阅读促进立法，且大多采用简单结构立法，重倡导轻施行。鉴于全民阅读促进立法之于社会发展的重要性，有必要改变“自上而下”的立法模式，建立和畅通公众与立法机关之间的沟通渠道，使公众得以借助网络、媒体、报刊等方式行使阅读权，根据自身实际需要向有立法权的国家机关提出立法建议，请求进行全民阅读促进立法，敦促相关部门在编制立法规划时作出科学、必要的选择，从而提高未来立法的可行性。

2. 建立健全立法听证制度。《中华人民共和国立法法》第三十六条、第六十七条分别规定了法律和行政法规起草的立法听证，一些地区在起草地方性法规和地方政府规章时也选择实行立法听证。尽管这一制度在现有的全民阅读促进立法过程中尚未建立，但对于阅读这一具有较强自主性和能动性的人类活动，围绕其所进行的法案起草应当进行立法听证，拓宽公众参与渠道，给予阅读权以充分行使的平台和空间。

3. 调整和完善立法提案制度。立法提案权是阅读权“客观价值秩序”功能的具体体现，但在既有的“机构主导、代表参与”的法案提出模式之下，人大代表立法提案权的行使存在一定的程序障碍。为了充分保障公众的立法参与，在全民阅读促进立法过程中有必要对现有的立法提案制度进行调整和完善：首先，加强人大代表立法提案权行使与人大常委会立法活动的主动衔接；

---

① 白苏红:《全民阅读政策执行的制度约束与优化》,《图书馆》2017 年第 4 期。

其次，完善人民代表大会期间代表法案处理机制，提高议案处理意见表决层级；最后，设置会议议程补充程序，保证会议期间法案的入会可能①。

另外，全民阅读立法不仅要在立法准备阶段启动评估程序、建构全民阅读评估标准体系，还应落实立法后评估，对已实施的法律法规的制度设计、执行效果以及存在问题等进行跟踪、调查和评价。当前我国立法后评估大多在国家的主导下进行，往往会因忽视社会成员的参与而不能准确反映公众需求，导致评估结论缺乏客观性与公正性，可接受性较低②。对全民阅读促进立法进行立法后评估，必须要重视公众参与。公民参与立法后评估的方式有多种，包括提出议案（向立法机关提出法律修改、废止等议案）、提出审查建议（向立法机关提出审查某一法律法规的建议）、提起诉讼（请求司法机关对规范性文件进行附带审查）等。由于阅读权的权利内容具有特殊性，相关国家机关在采用实地调研、信息采集、问卷调查等方法进行立法后评估时，除对全民阅读促进的效率、效益等作评估外，还应对公众阅读满意度、全民阅读促进的公平度等作量化评价，以保证阅读自由权和阅读平等权的充分行使。

（二）明确权利内容

公民阅读权对立法机关的实体性约束主要指立法机关须通过立法将阅读权以法律的形式确定下来，且立法对权利的规定应当明确、具体，便于全民阅读指导委员会（小组）、各级人民政府文化主管部门、新闻出版广电部门等行政机构履行对阅读权的保障义务，便于司法机关对受到侵害的公民阅读权提供司法救济。

基本权利是公民要求国家作或不作某种行为的权利，公民基本权利与国家基本义务之间存在一定的逻辑顺序，全民阅读立法在设置公民阅读权利条款时，应将其列在总则（立法目的、立法根据、适用原则）之后，国家阅读保障义务之前。在确定公民阅读权的法律文本位置之后，就需要对权利的内容进行详细列举，因为保障权利首先要阐明“有什么权利”。自由和平等是阅读权的核心，围绕阅读自由权和阅读平等权在全民阅读立法中详细列举阅读权的内容是确定和实现公民阅读权效力最直接、最有效的方式。根据阅读权的内容及效力的表现形式，可对公民阅读权作如下阐述：公民有选择阅读内容、时间、地点和方式的权利；公民有参与阅读立法和阅读规划的权利；公民有请求政府

① 张筱倜：《全国人大代表立法提案权行使之程序障碍及完善》，《湖北社会科学》2017 年第 2 期。

② 汪全胜、金玄武：《立法后评估的触发机制——国家与社会联动的视角》，《中共中央党校学报》2009 年第 5 期。

及公共阅读服务机构履行阅读保障义务的权利；公民有无差别地使用阅读资源和阅读设施的权利，无差别地获得阅读服务和阅读帮助的权利；未成年人、老年人、残疾人等弱势群体可以优先行使阅读权；公民有监督政府及公共阅读服务机构履行阅读保障义务的权利；在阅读权受到侵害时，公民有获得行政或司法救济的权利。

需要注意的是，我国的全民阅读立法中有相当一部分采用了简单结构，总体条文较少，没有总、分则和章、节的设置，也没有以法律文本通行的第X条的形式对立法内容加以表现。采用简单结构进行立法具有立法时间短、立法成本低、能够及时回应社会法律需求的优势，但往往会忽视法律规范逻辑结构的完整性。法律规范有着特定的逻辑结构，由假定、处理和制裁三个要素组成。假定指法律规范适用的条件；处理指权利和义务的安排，指明主体可以做什么、应当做什么、禁止做什么；制裁指违反这一规定将承担何种法律责任或国家强制措施，假定、处理和制裁之间有着必然的因果性联系，它们可以体现在同一个法律规范或条文中，也可以体现在不同的法律规范或条文中，缺少任何一个要素的法律规范就不完整，会直接影响法律规范自身的效力。因此，强化阅读权的效力首先要优化立法结构，将全民阅读立法由“简单结构”转变为“复杂结构”，并且，在拟定具体法律条文时，应当规范表述方式，指明法律规范适用的条件、行为主体的权利和义务安排以及违反义务将要承担的法律责任，避免因法律规范逻辑结构不完整所导致的效力不足。

（三）推进阅读权对文化生产和服务者效力的法律化

根据基本权利第三人效力理论，阅读权对出版发行单位、网络运营商、实体书店、非公共图书馆等文化生产者和文化服务提供者只有道德约束力而无法律强制力，但良好阅读环境的营造和全社会阅读风气的形成离不开这些社会主体的参与，为避免阅读权对第三人效力的完全虚化，可以通过立法对文化生产和服务者的效力加以确认，如西班牙《阅读、图书和图书馆法》(2007)第九条规定图书价格可以在95％到100％之间浮动，违反上述规定者将受到致歉、罚款等制裁①；也可以通过国家补助的方式促使文化生产和服务者主动履行阅读保障义务，如《深圳经济特区全民阅读促进条例》第二十二条规定，市、区政府有关行政主管部门可以对非公共图书馆向市民免费开放、实体书店开展公益性阅读推广等全民阅读促进活动予以经费补贴。然而，阅读权对第三人

① 中国新闻出版研究院、江苏省全民阅读办编：《国外全民阅读法律政策译介》，译林出版社2015年版，第95—124页。

的效力毕竟是一种伦理上的效力，通过立法直接规定文化生产和服务者的阅读保障义务有限制生产和服务自由、要求过高之嫌；而国家补助目前主要适用于阅读促进和推广活动，尚未涉及阅读内容的提供、也就是文化生产，尽管文化生产对阅读权的行使、对公民精神文化需求的满足更为重要、也更为根本。

为使法律效力全面转变为法律实效，有必要赋予阅读权以一定的法律强制力，将阅读权对文化生产和服务者的效力“主动法律化”，即从文化生产和服务者对公民所担负的伦理或道德责任中提炼出法律原则并通过立法来加以固定和确认。法律原则虽然概括、抽象，却能够指导法律规则的运用，同时还可以保持道德与法律之间的合理张力，避免对文化生产和服务活动的过度干预。适用于文化生产和服务、体现文化生产和服务伦理的法律原则有：

第一，内容质量原则。文化生产和服务者应当为公众提供丰富多样、质量上乘的阅读产品和服务，合理使用文化资源，避免同质化、低水平的竞争，防止文化生产泡沫化和信息垃圾泛滥①。

第二，社会效益原则。文化生产和服务者应当以“文化传承、创新和交流”为目标，在满足人民群众阅读需求的同时，传递社会主义核心价值理念，提升公众道德文化素养，促进文化繁荣发展。

第三，以人为本原则。文化生产和服务应当尊重公众阅读需求的多样性和公众阅读选择的自主性，在获取经济利益、运用先进文化科技的同时，维护文化多样性，防止标准化、商品化和技术化这些文化工业的弊端对人们精神的欺骗和束缚。

四、结语

公民阅读权的效力问题涉及立法、执法和司法多个环节，关乎公民、社会和国家多个层面。立法是公民阅读权法律效力发挥的前提和基础，确认和实现公民阅读权的法律效力，应当坚持以权利为逻辑起点，从程序和实体两方面对立法机关加以约束，根据各地的经济社会实际发展状况，因地制宜，分阶段、有步骤地制定和完善全民阅读立法，并积极借鉴已有相关立法或立法已取得显著成效的其他国家和地区的阅读促进经验。在制定和适用全民阅读立法的过程中，应重视量化评估的作用，兼顾科学性与民主性，以“阅读权的充分行使”或“阅读权效力的充分发挥”作为首要评估标准。此外，公民阅读权法律效

① 厉亚、俞涛、贺战兵：《生态出版产业内涵研究》，《出版科学》2012年第5期。

力向法律实效的转变还需要将阅读权对第三人的效力进行法律化，通过在立法中设置法律原则的方式合理规制文化生产和服务者的行为，从而为公民阅读权的有效行使和公民阅读需求的充分满足奠定制度基础。

On the Legal Validity of Citizen's Reading Rights

Qi Chongwen

Abstract: Reading right is an important part of citizens' cultural right, and it is a fundamental right which has not been clearly stipulated by the Constitution. The nature and operation logic of fundamental rights determine that the legal validity of reading rights is different from ordinary rights, and the reading right of freedom and the reading right of equality can form effective constraints on legislation, administration, judicial organs and cultural producers and cultural service providers. Only in realized from "paper" to "action" can citizen's reading rights achieve the goal of promoting the integrated development of individuals and society. To realize the transformation of the legal validity to the legal actual effect of reading rights, we should improve the legislative procedure, clarify the contents of rights, and promote the legalization of the effect of the citizen's reading rights on cultural producers and cultural service providers.

Key words: citizen's reading rights; fundamental cultural rights; legal validity

文化伦理：人工智能的价值与悖论*

湖南师范大学　段峰峰

武汉大学　陈星豫

［内容提要］ 人工智能实现了对人类思维的高度模拟，在文化创造领域引发了深刻变革。一方面，人机协同有效赋能文化内容创作，促进文化产业实现数字化、智能化、个性化、场景化转向；另一方面，在人工智能的文化实践中也存在着个性与标准、技术与情感、理性与霸权、商业逻辑与人文价值之间的悖论。人工智能价值观与伦理观的缺失使现代文化面临着尖锐的伦理危机。在人工智能快速发展和广泛应用的背景下，文化及相关产业发展的着力点将在于重构文化伦理框架，采用能动性手段从意识形态层面进行技术规制，通过提高文化供给质量、维护文化多样性、重塑人机协作生态、优化文化自律等，使人工智能技术真正为人所用、对人有益。

［关键词］ 人工智能；文化；伦理；机器创意

2018年10月，英国佳士得拍卖行以43.2万美元（约300万元人民币）的高价拍卖出首款人工智能制作的画作《埃德蒙·贝拉米肖像》，其成交价甚至碾压了同场的毕加索的作品，引起文化艺术界一片哗然。艺术家一方面惶恐人工智能即将攻下“创意”这一凸显人类独特性的最后壁垒，另一方面也不得不承认人工智能与文化艺术的结合已成为不可逆的发展潮流。同时，通过人工智能模拟某些知名艺术家的风格而创造出的画作或创意作品已不鲜见。这些都给人们留下了关于文化伦理的灵魂拷问。

人工智能技术以其对人类创造性活动的模拟在文化创意领域引发了颠覆传统生产关系和文化价值体系的讨论。文化产业实行智能化转型的初衷在于

* 本文系2018年度国家社科基金项目“跨媒体网络舆情大数据智能获取、分析与处理技术及应用研究”（18BXW109）研究成果之一。

提高文化内容生产效率，用技术赋能精神财富创造，以满足人们日益增长的精神文化需求。但是，现实的人工智能文化应用却不尽如人意，技术逻辑与文化伦理之间充满着矛盾、对峙与冲突。智能化生产工具的介入使文化产品与服务在数量上呈现指数级增长，但其中却鲜有蕴含人文价值、升华人类情感的高质量内容。技术对情感的仿真、数据对经验的取代模糊了文化作品价值的边界，践踏了文化主体的权益。同时，数字化理念对信息决策的渗透使数据理性克服感性思维、经验主义，成为助推社会公正的主要动力。殊不知，数据背后潜藏着植根于社会系统之中的种族歧视、性别偏见，数据理性成为扩张文化霸权主义的完美掩护。人工智能的文化实践面临着尖锐的文化伦理问题。

一、人工智能的文化伦理问题

如果将智能(Intelligence)定义为完成复杂目标的能力①，那么人工智能(Artificial Intelligence, AI)则是让计算机具有与人类一样的完成复杂目标的能力，包括解决问题的能力、理解力、学习能力，等等。人工智能与人类智能本质上的区别在于人工智能没有自我意识。即使机器行为具有明确的目标导向，机器也无法理解自身行为的意义，更无法从中建立社会关系、体会人类情感、获得精神享受。而机器学习也只是基于大数据与数学规则的算法自我改善，其先进性在于通过大量训练样本与概率计算在短时间内提供目标事件的最优解决方案。尽管到目前为止人工智能所具有的人工神经网络还无法完全代替生物神经网络实现学习、判断与决策，但人工智能技术依然渗透进了人类生活的方方面面，在经济、政治、文化等多个维度引发深刻变革。

在文化方面，人工智能逐渐超越“效率工具”的身份，向文化主体转变。2017年，微软小冰诗集的出版撬动了一个新概念的诞生——“人工智能创造”(AI Creation)。②这标志着人工智能的产物不再是对人类简单重复性劳动的替代，而是拥有独立知识产权的创意性作品，即人工智能具备了创造的能力。在文学领域，人工智能已经可以独立创作诗歌、小说，甚至进行文学IP价值分析。自然语言处理技术引发了“智能化文学”创作的新议题，掀起新的文学“革命”。③在音乐领域，人工智能作曲家、机器人乐师大量涌现，智能音乐创作被

① [美]迈克斯·泰格马克：《生命3.0》，汪婕舒译，浙江教育出版社2018年版，第197页。

② 腾讯研究院、中国信息通信研究院互联网法律研究中心、腾讯AI Lab、腾讯开放平台：《人工智能：国家人工智能战略行动抓手》，中国人民大学出版社2017年版，第253页。

③ 罗先海：《人工智能与未来文学》，《长江文艺评论》2017年第5期。

应用在广告、游戏、影视等多个场景。在新闻传播领域,大数据智能算法促使内容生产、分发、消费全面升级,成为信息传播的底层支持。[①]在绘画、设计领域,人工智能既可模仿特定的流派风格,又可自成一派,其艺术作品在艺术馆展出、收藏以及拍卖。有研究者甚至提出了人工智能美学的概念,他们认为具有创造力和情感表达能力的人工智能应成为艺术研究的重要议题。[②]这一切都昭示着创意将不再只是人类的专属品,文化活动将不再是人类的特权。

然而,智能体对文化领域的渗透同样威胁到人类创意主体的地位,引发了人们对文化价值以及自我文化身份的怀疑与思考,从而导致人工智能的文化实践成为关乎未来文化生存、发展的伦理事件。文化伦理表现为一种社会价值精神,是人们对社会文化活动的价值取向、道德精神作出判断的标准体系,是维护文化可持续发展的基本准则。而人工智能创造物的涌现模糊了人的主体地位,放大了技术理性的工具主义以及文化中固有的歧视与偏见,对以人类生命体验与精神蕴藏为核心的文化价值标准产生了极大的冲击。当个体经验难以匹敌实时更新的大数据、情感表达被情感计算充分模拟、精神蕴藏在现代商业逻辑下失语时,人们将逐渐被工业式的文化生产所迷惑,进而难以在文化情境中定位个体与文化的自在价值。人工智能技术对文化伦理体系的消解迫使人们不得不重新思考人与技术、技术与文化之间的关系。

目前,有关人工智能伦理的研究大多聚焦于人权伦理、责任伦理、环境伦理、行为道德伦理等方面,极少有从文化向度考察人工智能伦理性的研究,但我们仍可从文学、美术、音乐等细分领域的学术文章中窥见研究者对人工智能文化实践的看法。著名作家韩少功提出:“人类智能之所长常在定规和常理之外。”[③]机器人可以胜任大多数类型化写作但机器始终缺少带着“缺点”的智能体认,无法突破常规俗见。周飞认为自主意向性的缺失使智能体无法成为独立的创作个体,人工智能绘画的过程比其结果更具有艺术性。[④]王伟、黄轶则强调了创造力活动的不可取代性,同时,技术与艺术的融合与创新将带领人类前往从未踏足之地。[⑤]综上所述,大多数研究者将人工智能看作驱动文化产业转型升级以及丰富人类文化生活的一种创新与努力,并对其发展抱以乐观的态度。一方面,他们认识到智能体的置入对就业市场、文化市场产生巨大冲

① 彭兰:《智能时代的新内容革命》,《国际新闻界》2018 年第 6 期。

② 陶锋:《创造性与情感:人工智能美学初探》,《中国图书评论》2018 年第 7 期。

③ 韩少功:《当机器人成立作家协会》,《读书》2017 年第 6 期。

④ 周飞:《人工智能数字绘画的艺术性思辨》,《湖北经济学院学报(人文社会科学版)》2017 年第 7 期。

⑤ 王伟、黄轶:《协同、价值与奇点:人工智能挑战下的艺术反思》,《艺术学界》2018 年第 2 期。

击；另一方面，他们从价值观、灵感思维、人文关怀等方面看到了人的不可替代性，并认为有效的人机协同将带来文化发展的新契机。随着人工智能与文化的深入融合，以及在文化内容生产领域应用的不断拓展，有必要从文化伦理视域出发，结合文化批判理论探讨人工智能的文化价值，反思人工智能创作所引发的文化悖论，探索人工智能的文化伦理规制。

二、人工智能的文化创意价值

人工智能技术对文化创意行业的全面介入驱动了文化内容生产、分发，以及文化消费、商业活动等文化创意全产业链的转型升级。同时，智能时代数字化、智能化、多元化、个性化等创新理念对文化的渗透重构了文化生产各要素之间的关系，进而逐步构建起全新的文化创意生态。

（一）智能工具赋能内容生产

智能工具的广泛应用带动文化内容生产从纸笔时代走向数字时代，从创意源头到内容形态，智能化引发了一场新内容革命。从创意生成方面看，大数据技术及仿真技术的应用一定程度上消解了内容生产对个体经验的依赖，从而拓宽了创意来源。广告大师詹姆斯·韦伯·扬曾提出创意生成的五个阶段：收集原始素材、寻求事物关联性、刺激潜意识投入创作、持续思考以及实践检验与修正。①大数据技术的出现不仅使海量的个体经验以数字化汇聚，还自主构建了数据间的关系，有效降低了人们信息搜索与经验沉淀的成本，从而简化创意生成的第一、第二环节。越来越多的文化主体可以真正站在"数据巨人"的肩膀上，孕育出高质量的文化创意。

从创意落实方面看，人机协同可以有效弥补创作者的技能短板，驱动创意的高精度、高效率实现。一方面，智能工具延伸了专业内容生产者的能力，为其独立进行内容创作提供了强大的技术支撑。例如，2015 年意大利作曲家莱奥纳尔多·巴尔巴多罗（Leonardo Barbadoro）利用机器人乐团制作了自己的音乐专辑。这意味着未来的作曲家不需要会弹奏乐器，也不需要向人类弹奏者寻求帮助，只需要好的耳朵就可以创作出高质量的音乐作品。另一方面，高效率、强功能 AI 工具的普及同样破除了文化内容生产的技能壁垒，赋予更多爱好者与专业人士同等的竞争力。因此，用户内容生产成为文化创意产业中不可小觑的新生力量。

① ［美］詹姆斯·韦伯·扬：《创意的生成》，祝士伟译，中国人民大学出版社 2014 年版，第 78 页。

从创意形态方面看，计算机视觉、深度学习、情感分析等技术创新构建出了 AR、VR、虚拟偶像等智能时代独有的文化创意形态。在这种创意形态之下，人们已不再受到时间、空间以及次元壁的局限，在仿真空间中实现虚拟在场，与虚拟人物进行实时交互，获得前所未有的全感官体验。值得一提的是，脱离了技术层面的人工智能也已成为可供创作的内容。作为文化 IP 的人工智能衍生出了《人工智能》《她》等众多优秀的书籍、影视作品。文化创意内容生产正在经历全方位的智能化重塑。

（二）智能算法升级文化消费

为了应对内容超载危机，传统的文化消费行为被精准营销所取代。个性化推荐算法、大数据分析、实时定位及传感技术的普及使用户的文化消费越来越多地被置于个性化、社交化的语境之中。

个性化注重对个体消费需求的深度挖掘。当“消费者”不再是模糊的群体而是鲜活的个体，文化内容生产需要突破标准化思维，走上个性化定制的发展道路。今日头条的走红使基于兴趣的用户推荐算法进入大众视野，从此用户逐渐摆脱了被动的地位，转而主导内容消费。而智能算法推荐的浪潮没有在信息资讯领域止步，从电商到音乐软件再到视频平台，基于兴趣的内容分发已席卷网络生活的方方面面。同时，在 3D 智能制造技术的支持下，个性化定制也逐渐渗透到实体文化商品消费中。对于商家，智能算法有助于精准定位消费群体，提高了效率，降低了成本；对于消费者，个性化推荐帮助他们过滤信息冗余，快速实现供需适配；对于市场，个性化需求的大量涌现使庞大的利基市场浮出水面。基于长尾的个性化营销为文化消费市场注入了新的活力。

社交化强调连接，包括人与人的连接、人与场景的连接、人与服务的连接。智能时代，文化消费的过程从简单的双向供需发展成纵横交错的关系网络。人、事、物是其中的节点，关系数据将节点与节点紧密地联系在一起。马化腾曾在 2018 年的世界人工智能大会上提出：“人工智能技术的发展正在通向‘大社交’时代。”[①]未来，人工智能将在人与人、人与物、人与服务之间构筑起千亿级的节点网络，真正实现“连接一切”。当下，无论是移动智能终端还是可穿戴设备，无论是 LBS 还是物联网，都是这种连接意识的产物。消费者的兴趣爱好、行为习惯、社会关系、实时定位甚至身体状态无时无刻不在被数据化，而这些数据无时无刻不在为他们连接着文化产品与服务。文化消费成为一种环

① 马化腾：《人工智能技术正在通向“大社交”时代》，《中国企业家》2018 年第 19 期。

境，消费者时刻身处其中，获得全方位、沉浸式的文化体验。

（三）技术模拟革新文化视角

人类的文化活动充斥着复杂的逻辑规则、模糊的感性情感以及丰富的主观体验，愚钝的机器往往难以领悟其中的奥秘。当工程师试图进行文化创作的技术模拟时，需要理清创作过程的每一个步骤，将意识流动转换为数据流动，最终从成千上万的样本学习中推导出文化创作所蕴含的逻辑与规律。而在整个过程中，人类不仅仅教会了机器如何创作，还通过对自我意识的解构重新认识人类自身，深刻发掘文化作品中潜藏的文化思维。

2016年荷兰金融公司ING发起艺术项目“下一个伦勃朗”（The Next Rembrandt），旨在用人工智能技术“复活”这位17世纪的伟大画家，创造出新的伦勃朗画作。在项目实施过程中，研究团队先对现存的多件作品进行了分析，再根据统计学原理及前端算法提取出伦勃朗的创作习惯并构建相关数据库，通过计算机对伦勃朗艺术思维的模拟，将绘画主题锁定在“肖像”“白人男性”“30岁”等几个关键词上。最终，经历成千上万次的机器学习，计算机运算程序习得了伦勃朗的绘画语言，实现了对伦勃朗绘画技巧及艺术风格的完美再现。整个项目完成了对艺术创作各个环节的量化与仿真，这意味着“伟大”“杰出”这些抽象的艺术特质能通过大数据的方式具象化，甚至进行复刻。人工智能技术或许已突破商业应用，逐渐触及人类的灵魂。

不同于人类情感体验式的思考模式，人工智能以一种完全理性的方式介入文化创意领域。基于大数据分析的多维相关性和基于计算机程序的精确性帮助人类突破过度依靠直觉与灵感的文化思维，更加明确了解并定义文化创作的过程。加拿大艺术家乔安妮·黑斯蒂（Joanne Hastie）发现，算法中的随机性使机器会在独立进化中实现“非常规”的创造。[①]这种不可预料性将在某种程度上对人类的文化创意产生启发。未来，不同眼光对文化作品的审视以及不同决策思路的互补也许会带领人类前往其未踏足之地。

三、人工智能的文化悖论纠缠

作为文化演进的内生动力，科学技术的迅猛发展往往对文化产生持续而深远的影响。20世纪四五十年代，以电子信息技术为代表的第三次科技革命

① 钟宛彤：《用AI画画的艺术家目的何在，以及，这些画到底是不是艺术？》，http://www.qdaily.com/articles/55935.html。

消解了以人为核心的文化生产关系，构建出以电子印刷、摄影等机械复制技术为基础的标准化、规模化、流程化的文化生产格局。法兰克福学派形象地将其称为“文化工业”，并认为在文化工业体系之下，商业逻辑与资本运作对文化的全面入侵发展了商品拜物教的意识形态，使文化商品的交换价值取代其使用价值，变成马克思所谓的没有实际意义的“幽灵般的”存在。①人们不再看重文化消费的过程中所蕴含的深刻与精神价值，而是盲目地追求文化商品的效用最大化，比如：休闲娱乐、彰显地位、经济效益等商品诉求成为文化诉求的重要组成部分。同时，随着工具理性对人类生活的逐渐渗透，文化艺术不再具有改变现实的力量，转而以欺骗的形式占领大众的思想，成为统治阶级意识形态的附庸，而大众则成为被算计的机器的附件，沦落为被消费的客体。②面对不可逆的文化工业化趋势，艺术家与研究者一方面希冀着艺术自律的回归与大众精神觉醒，另一方面在技术理性与价值理性的夹缝中寻求着文化与科技以及文化与商业的和解。

进入 21 世纪以来，人工智能、大数据、云计算等技术的成熟应用推动了文化创意产业链的智能化重塑，文化生产从机械复制、机械生产走向了机械创造。但是，技术工具与创作手段的转型升级并没有将大众从文化工业的异化世界中解放出来。恰恰相反，缺乏价值观规制的智能技术成为文化工业体系的同谋，放大了现代文化情境中技术与伦理的对峙和冲突，导致了文化智能的悖论纠缠。

（一）个性化效果与标准化内核

物质生活的丰盈引发了人们对精神文化生活的更高要求，使大众不再满足于千篇一律的内容与服务，而倾向于文化产品的个性化与定制化。机器创造的出现则填补了在个性化内容生产过程中人类创造力无法涵盖的领域，实现了人与内容、场景、服务的精准匹配。但是，在个性化的名义下也发展出了标准化、类型化的文化生产策略。换言之，人们往往追求着效果的个性化，却忽视了文化内容内部结构的标准化，从而落入商业运作的陷阱。

德国哲学家阿多诺曾批判流行音乐是标准化制造模式下细节的置换。如今，科技对创造力的延伸似乎并没有将人类从这种标准化制造模式中解脱出来，反而是深度学习算法将这一潜藏在虚假繁荣背后的类型化的生产逻辑暴

---

① 赵勇：《整合与颠覆：大众文化的辩证法》，北京大学出版社 2005 年版，第 46 页。

② Theodor W. Adorno, *The Culture Industry Revisited*: *Selected Essays on Mass Culture*, London: Routlege, 1991, p.85.

露在了大众的视野中。在智能化创造过程中，无论是文学、绘画还是音乐，文化创作物在经历数字量化之后无不被嵌套在相似的标准化框架之下，再通过对相同分类标签的创作细节进行置换与重组，消费者往往能得到众多表面不同而又似曾相识的文化消费品。即使大众能从标准化的文化消费中得到一时的快感，类型化的文化创作对于文化发展而言也是无实质意义的。与此同时，当类型化、套路化的文化作品以惊人的速度侵占文化市场，人工智能创造逻辑也会反过来影响人类智能创造思维。正如尼采所言："我们所用的写作工具参与了我们思想的形成过程。"当技术增强了人的能力，成为人的延伸，人也在不知不觉中成为技术的外延。①因此，人工智能的广泛使用会在潜移默化中改造人类智能。从消极的视角出发，人类创作者会日渐依赖 AI 的数字计算与经验公式。长此以往，他们或将丧失突破常规、实现变革型创新的能力。

（二）数据理性与文化霸权

当代智能技术的机器理性、数据中立性特征常常使人们对未来以数据为主要支柱的文化体系作出种种美好的设想，如性别平等、种族共荣、文化包容度提高等。部分数字主义者认为数据理性能弥补人类感性化的弱点，在重大决策面前作出更加客观公正的价值判断。然而，在现实的文化实践中，数据却只是忠实地反映并内化文化社会中存在的歧视、偏见以及文化鸿沟，助长文化霸权主义。

对于个体来说，算法一直被用来判断个体身份与个体需求，歧视与偏见随处可见。一次又一次的"智能事故"印证着种族歧视、性别歧视等文化霸权主义已深深地烙印在了社会的大数据系统中。虽然数据并不具有生命意识，但是数据背后是人，开发者和设计者会潜移默化地将自己的主观价值嵌入智能算法中，左右着人工智能的决策。不仅如此，由于缺乏自省意识与自我纠错机制，智能算法的广泛应用又可能把歧视倾向进一步放大或者固化，从而造成"自我实现的歧视性反馈循环"②。

这种文化霸权主义并不仅仅发生在个体层面，地域、民族和国家等文化群体同样面临着文化创造鸿沟扩大的危机。由于人工智能核心科技地域分布集中程度高，文化资源则呈现出由高至低的流动特征，对于不同城市，智能技术

① ［美］尼古拉斯·卡尔：《浅薄：你是互联网的奴隶还是主宰者》，刘纯毅译，中信出版社 2015 年版，第 260 页。

② 苏令银：《透视人工智能背后的"算法歧视"》，《中国社会科学报》，2017 年 10 月 10 日。

的分布不均将导致大城市与小城市、城市与乡村的文化差异扩大;对于不同国家,人工智能创造的高速发展将导致缺少人工智能发展战略布局的发展中国家越来越多地被动接受优势国家的文化输出,逐渐丧失其文化自主权和文化创造能力。文化意识形态是政治意识形态的延伸和扩展。[①]因此,发达国家展现出的文化霸权不仅使南北数字鸿沟转换为不可逆转的创造性鸿沟,还将引发国家安全之间的冲突与斗争。

(三)形式模拟与情感失真

智能技术在极大程度上重构了人与文化、艺术之间的关系。原有的艺术创作依赖于创作者独特的生命体验及由此产生的主观情感。正如只有经历了至死不渝的爱情,才有了"十年生死两茫茫,不思量,自难忘"的千古绝句;只有体会了战争的残酷无情,才诞生了《格尔尼卡》这样引人深思的旷世巨作;只有凝结了生命的苦痛与不屈的精神,才造就了《命运交响曲》雄浑壮丽的乐章。文化艺术是对社会现实的集中凝练,也是对生命个体思想情感的淋漓表达,是人类精神文明的伟大结晶。因此,文化艺术的价值不仅在于创作者高超的艺术手法、巧妙的艺术呈现,更在于作品所引发的对社会问题、对生活本质、对生命构成的共鸣与思考。

相较之下,智能化时代的文化艺术虽呈现出前所未有的繁荣之态,却面临着情感失真、精神缺失的伦理危机。传统艺术的智能化变革使生命体验式的文化创作过程被大数据分析取代,思想情感被束之高阁,现实批判逻辑也随之土崩瓦解,正如审美者或许能从微软小冰的诗句中读出朦胧派的表达技巧,却读不出她多变的情绪以及对社会阴暗面的批判与抨击。德国哲学家本雅明曾哀叹机械复制时代艺术作品"灵韵"的消散殆尽,智能创造时代又何尝不是这种丧失的延续?艺术自律性被文化资本与市场逻辑进一步瓦解,使其屈从于智能机器和算法规则;人的意识、情感、思想被数据收编,使艺术作品被抽离所指而变成了没有实际意义指涉的能指;大众审美也被标准化的文化样式所异化,使小众艺术不得不让位于"时新"与"流行"。目前,智能技术给文化创造带来的副作用尚难以预测,但毋庸置疑的是,缺失人类精神、情感的文化创造是脆弱且虚伪的,人工智能创作物的伦理正当性不得不重新进行考量。

(四)商业逻辑与人文价值

现代文化产业的发展已然破坏了传统文化的存在方式,文化被商业、技

① 胡惠林:《国家意识形态安全关系:"新冷战"趋势下中国意识形态安全策论——兼论中美国家意识形态安全关系治理》,《学术月刊》2018年第10期。

术裹挟是无法阻挡的潮流。20 世纪以来,先驱者不断尝试适应文化变迁的历史潮流,在商业逻辑与人文价值之间寻求平衡,使计算机图像处理、视频图像识别、音频处理等技术手段成为人们追寻生命意义、实现人文关怀的辅助工具。

人工智能创作物的出现却破坏了这一平衡,使文化创作完全脱离了人的自由意志以及精神、情感交流。一方面,高效率的机械复制、量身定制的创意生产放大了文化产品的实用价值。"便捷、好用"成为消费者评价文化产品与服务的核心标准。价格、评分、排名等经过精确量化的工具性指标成为衡量文化价值的重要尺度。另一方面,在工具主义和功利主义的框架之下,数据分析超越意识感知,技术应用消解意义表达,市场规则收编社会批判,文化的内在性精神价值逐渐在文化市场中被人们忽视。对于部分文化消费者而言,他们或许欣赏的并不是文化作品本身,而是人工智能所承诺的独一无二、私人定制,他们所需要的也并不是由艺术引发的思考,而是艺术中包含的高超手法以及科技含量。马克思所定义的"商品拜物教"的意识形态正逐渐在文化消费领域放大、扩散。不仅是文化产品,人自身也难逃被数据化、商品化的命运。在智能化商业运作的情境中,个体的精神意识被剥离,每个人都被分解为年龄、性别、社交关系、兴趣等各式各样的数据。依据相似的数据,不同的人会被进行不同的分类,最终被二次售卖给商家,成为精准营销的靶子。可见,智能化技术加剧了文化中价值体系的变异与人的物化。于是,智能化时代背景下如何在文化产品生成与消费领域重建商业逻辑与人文精神的平衡关系,并寻求两者之间的最好契合点成为亟待解决的现实问题。

四、人工智能的文化伦理规制

技术可以解决问题,但技术无法构建价值与意义,只有文化可以弥补这一点。[①]因此,人工智能技术与文化的融合不能仅仅停留在生产力的层面,还需从意识形态伦理道德层面对技术进行规制,塑造文化友好型人工智能。

(一) 优化产业结构,提高文化供给质量

虽然文化产业的智能化改造极大程度上提高了文化生产力,但我国文化

① Octavio Kulesz, "Culture, Platforms and Machines: The Impact of Artificial Intelligence on the Diversity of Cultural Expressions", Paris: United Nations Educational, Scientific and Cultural Organization, 2018.

产业仍存在低端文化产品过剩、中高端优质文化产品缺乏、同质化产品过多而差异型产品较少等问题。[①]其根源在于文化产业结构的不合理。智能化时代，新技术带来的“高效率且低成本式”文化生产在短时间内冲昏了人们的头脑，使他们陷入盲目的资源疯抢与资本逐利之中。人们在看重文化产品与服务经济效益的同时忽视了其社会效益。文化生产成为一场工业式的狂欢，数据化、标准化生产流水线的建立剥夺了文化创作的内在价值。可见，技术的全面升级使现有的文化价值结构、文化市场就业结构、文化产业结构以及文化产品结构都面临着前所未有的冲击。因此，文化产业供给侧结构性改革势在必行。

在文化价值结构方面，创作者要认清自身的主体地位，在人机交互的实践中以社会效益为根本立足点，借助智能化工具驱动变革型创新，从而创新文化表现形式、提高文化产品质量。在文化市场就业结构方面，机器可替代大多数重复性的文化劳动，优质劳动力需要更多地投入创意性活动。在文化产业结构方面，既要发挥市场在资源配置中的决定性作用又要重视国家宏观调控，从供需关系入手化解产能过剩，驱散文化产业虚假繁荣之风。在文化产品结构方面，文化企业应该加大对传统文化的保护与传承，并利用智能化手段明确企业定位、产品特色，提高企业竞争力，培育优秀的文化品牌。以此最终破除标准化文化生产的困局，真正做到文化创新与服务创新。

（二）设定法律红线，维护文化多样性

如果将程序设计环节的伦理框架构建视为数据输入层面的规制路径，那么在数据输出层面的规制重点则应植根于法律法规。2018 年，快手、微博、今日头条等多家互联网企业因社会道德问题被国家有关部门要求整改的事实证明：在商业运作逻辑之下，单纯依靠行业自律与企业责任意识难以保证文化市场的健康发展。因此，需要将国家强制力纳入文化伦理规制的举措，对违反公序良俗的文化内容进行约束、整治，严守文化伦理底线。尽管民间基金组织与大型互联网平台都对人工智能的伦理道德问题高度重视并发布了相应规制条文，但这些规章、原则背后往往隐藏着既得利益者的意志，极易助长行业巨头在文化领域的垄断。这就要求法律法规代表公共利益发出统一的声音来维护公众的基本权益。

不仅是文化市场中的博弈，国家与国家之间的文化交往和文化传播同样需要明确的声明来限制文化霸权的扩张，维护全球文化的多样性。新技术勃

① 李康化：《文化产业供给侧结构性改革的战略选择》，《福建论坛（人文社会科学版）》2017 年第 8 期。

兴要求经济、文化关系也要应时而变。于是,国际组织需要以智能化时代的视角重新审视全球文化的机遇与危机、交流与冲突,对国际条例进行更新迭代。例如,2017 年联合国教科文组织对 2005 年通过的《保护和促进文化表现形式多样性公约》进行优化,颁布了《关于在数字环境中执行〈公约〉的操作指南》,以实现在数字环境语境下对不同文化主体权利的保护,以及建立国家间平等合作关系。可见,只有越来越多地将"人工智能文化创造"置于国与国平等对话、透明交流的舞台上,才能维护南北各方以及地域间文化的协调发展。

(三)强化人本思想,重塑人机协作生态

在当下的文化创作过程中,人的生命体验、精神内涵、情感表达、思想碰撞仍是文化创意作品的价值核心,这是人工智能技术所不可取代的。而不管是对文化元素的置换、重组还是对人类艺术风格的拓展、延伸,人工智能对人类创意性思维的数据仿真与算法模拟终究缺乏主观意识。基于人工智能对劳动力的替代,智能体的创造行为只能称为一种"文化劳动"而不是真正的文化创意。

因此,在文化创作活动中需要厘清人与人工智能的主从关系:人是文化创意的主体,而人工智能则是协助创意实现的辅助工具。即使在生产技术层面,人工智能日臻完善,甚至超越了一部分专业文化内容的生产者;即使在一些情境中算法的偶然性会对人类创作者产生启发性的影响,但处于文化发展核心地位的仍然是人。在利用计算机智能应用进行文化内容生产时,一方面要充分发挥技术优势,利用人工智能赋能文化产品的创意与制作,革新文化内容呈现方式,驱动文化产业的转型升级。另一方面,文化创意机构也应当坚持人机协同,看到人在价值表达、情感传递方面的不可替代性,并用能动性的手段对智能文化创造进行人工干预,避免其陷入工具理性与市场规则的陷阱,使人工智能创作物更好地体现人的主导性与价值观,从而在文化领域建立以人本思想为中心的人机协同生态。

(四)构建伦理框架,优化文化自律机制

人工智能归根结底是对人类智能的拓展与延伸,人工智能行为终究也是对社会行为规则与人类意识形态的投射与放大,机械始终缺乏人的自主性以及对自身行为的认知。因此,作为人工智能的责任者,人需要为 AI 提供价值引导,发挥主观能动性去发现并主动纠正文化活动中的积弊,构建智能伦理框架。

近年来,越来越多的机构和企业意识到对人工智能的伦理规制应该追溯到智能化设计本身。为了从设计源头避免伦理危机，许多的基金组织与大型互联网平台制定了 AI 应用程序设计的相关伦理规章，其中最著名的有：2016 年底电气和电子工程师协会（IEEE）发布的《合乎伦理的设计：将人类福祉与人工智能和自主系统优先考虑的愿景》报告，2017 年初基于“有益的人工智能”会议建立的阿西洛马人工智能原则（Asilomar AI Principles），以及 2018 年 6 月谷歌公司发布的人工智能应用原则等。①这些规章从机械道德、伦理学、社会价值等不同角度为人工智能设定框架，在以人为本、自主系统运作透明、程序可责性、非歧视性等基本观点上达成共识。企业责任意识的唤醒以及程序设计层面伦理框架的限制成为人工智能技术可持续发展的重要路径。

与此同时，文字化的行业规章必须内化为自动化智能应用的伦理代码落实到社会生活的文化实践中。除了完成针对具体功能的训练，在投入商业使用前，算法程序还需经受特定文化伦理冲突的考验。无论是自上而下在程序设计中为智能体嵌入道德价值观念，还是自下而上让智能应用进行文化伦理学习，编程者需要在建立伦理框架的基础上优化人工智能的文化自律机制，从而实现错误自查与冲突预判。

Cultural Ethics: The Value and Paradox of Artificial Intelligence

Duan Fengfeng　Chen Xingyu

Abstract: Artificial intelligence has realized a high degree of simulation of human thinking, which has caused profound changes in the field of cultural creation. On the one hand, human-computer cooperation can effectively enable the creation of cultural content, and promote the digitalization, intelligence, personalization and scene transformation of cultural industry. On the other hand, there are also paradoxes between personality and standard, technology and emotion, rationality and hegemony, business logic and human value in the cultural practice of artificial intelligence. The lack of artificial intelligence values and ethics makes modern culture face a sharp ethical crisis. Under the background of the rapid development and wide application

① Octavio Kulesz, "Culture, Platforms and Machines: The Impact of Artificial Intelligence on the Diversity of Cultural Expressions", Paris: United Nations Educational, Scientific and Cultural Organization, 2018.

of artificial intelligence, the focus of the development of culture and related industries will be to reconstruct the framework of cultural ethics, regulate technology from the ideological level by means of initiative, improve the quality of cultural supply, maintain cultural diversity, reshape the human-computer cooperation ecology, optimize cultural self-discipline, etc., so as to make artificial intelligence technology really useful for people.

Key words: artificial intelligence; culture; ethics; machine creativity

文化经济研究

第29卷

Commentary on Cultural Industry in China

中俄文化贸易结构分析与路径创新研究*

中国传媒大学　蒋　多

［内容提要］　近五年来中俄两国文化贸易总体呈现快速增长态势。中国向俄罗斯出口的文化产品大多来自资源密集型和劳动密集型生产制造领域。而俄罗斯对中国出口文化产品具有一定的内容优势。在图书版权、电影、艺术、数字内容等文化服务领域,两国还有很大的贸易潜力有待挖掘。面对各自文化产业进入结构调整阶段、日益重视对外文化输出以及大力推动数字经济发展的态势,中俄两国应当在人文交流成果的基础上,壮大对外文化市场主体实力,开拓数字内容贸易空间、发挥口岸效应和集聚功能,推动中俄文化贸易路径创新。

［关键词］　中俄贸易;文化贸易;贸易结构;创新路径

2019年是中俄建交70周年、中俄地方合作交流年的收官之年,作为两国建设全面战略协作伙伴关系的重要内容之一,人文交流与合作的规模、层次和水平不断提升,为中俄文化贸易发展带来了新的机遇和动力。基于中俄文化产品和服务进出口结构分析及其凸显的主要问题,探索中俄文化贸易发展空间,寻求文化贸易发展路径的创新和突破,有助于深化两国在文化领域的交往合作,符合两国长远互惠互利的价值追求。

一、中俄文化贸易概况

(一) 中国对外文化贸易总体情况

来自海关总署和商务部的统计数据显示,2018年,中国文化产品和服务

* 本文系2017年国家社科基金重点项目"中国文化走出去效果评估研究"(17AZD035)的阶段性成果。

进出口总额1 370.1亿美元,较上年增长8.3%。其中,文化产品进出口总额1 023.8亿美元,较上年增长5.4%;文化服务进出口总额346.3亿美元,较上年增长17.8%。2016—2018年,中国文化产品和服务进出口总额年均增速为9.7%,文化产品进出口总额年均增速为7.8%,文化服务进出口总额年均增速为16.1%。总体而言,中国对外文化贸易规模不断扩大,贸易总额持续增长,在国际贸易发展中的作用愈发凸显。具体表现在:

第一,文化产品贸易一直是中国文化贸易的主要力量。2018年,中国文化产品进出口1 023.8亿美元,同比增长5.4%。其中,出口925.3亿美元,增长4.9%;进口98.5亿美元,增长10.3%;顺差826.8亿美元,规模比上年扩大4.3%。文化产品出口结构趋于优化,文化用品为出口第一大类别,增长2.0%,占比达50.6%。工艺美术品及收藏品、出版物出口增幅较高,分别增长9.9%和5.9%,增幅比上年分别提升12.4和9.3个百分点。文化专用设备出口增长4.4%,占比13.1%,比上年下降0.1个百分点;美国、中国香港地区、荷兰、英国、日本为文化产品出口前五大市场,合计占比达59.6%。与新兴和发展中经济体贸易保持稳步增长,对"一带一路"沿线国家出口162.9亿美元,为历年最高水平,对金砖国家、中东欧国家出口分别增长18.1%和8.9%,对拉丁美洲、亚洲出口分别增长14.5%和7.5%。

第二,中国文化服务贸易体量快速增长。2018年,中国文化服务进出口总额346.3亿美元,增长17.8%,占文化产品和服务进出口总额的比重为25.3%,比上年提升2.1个百分点。文化服务出口72.9亿美元,增长18.2%,增幅比上年提升22.1个百分点。其中,处于核心层的文化和娱乐服务、著作权等研发成果使用费、视听及相关产品许可费三项服务出口18.7亿美元,增长21.4%,高出整体增速3.2个百分点,占比提升0.8个百分点至25.7%。2018年,中国文化服务进口增势保持良好,文化服务进口273.4亿美元,增长17.7%,增幅比上年下降2.8个百分点。其中,视听及相关产品许可费、文化和娱乐服务、广告服务进口成为增长较快的领域,分别增长37.5%、23.2%和22.4%,占比分别提升1.6、0.6和0.4个百分点。①

2019年初联合国贸易和发展会议发布的《创意经济展望:创意产业国际贸易趋势》指出,尽管全球贸易增长放缓,但全球创意产品及贸易正在扩大,平均出口增长率超过7%。在报告研究的130个国家和地区中,中国创意产品贸易增长显著,表现优异,在过去13年里,一直是推动全球创意经济繁荣的主

① 参见中国服务贸易指南网,http://tradeinservices.mofcom.gov.cn/article/lingyu/whmaoyi/201903/79501.html。

要力量，并持续在全球创意经济中处于领先地位。

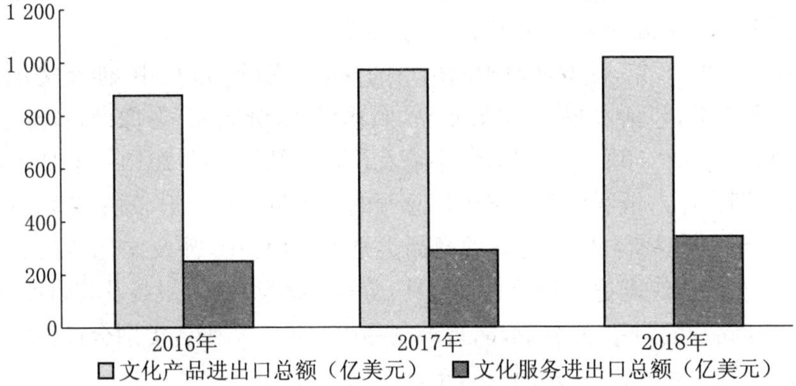

图 1　2016—2018 年中国文化产品和服务进出口总额

资料来源：商务部。

（二）俄罗斯对外文化贸易总体情况

自普京 2000 年执政以来，经过 16 年的沉淀和发展，俄罗斯逐渐形成以各时期的《俄罗斯联邦文化专项规划》为具体实施路径，以《俄罗斯联邦文化基本法》为法律保障，以"统一文化密码"为国家民族文化复兴的最高理想的独特的文化复兴之路。①其根本目标在于重塑国内文化环境和扩大俄罗斯文化国际影响力。为此，联邦政府强调"支持国家的文化生产者并将他们的产品推向世界市场"的政策目标，推出一系列推动文化产业发展、对外文化贸易发展的措施。例如，为科技创新提供充足的科研经费，为文化产业提供财政和金融支持；立足本国创新经济的发展需要，重视创意专门人才教育培养等。这些措施为俄罗斯文化产业发展提供了技术支持和人力资本，使得俄罗斯的文化服务具有较高的竞争力。2016 年之后，俄罗斯联邦政府先后制定《俄罗斯国家文化政策基础》和《2030 年前俄罗斯联邦国家文化政策战略》，这两项具有战略意义的纲领性文件正式开启俄罗斯在文化领域的复兴计划。

来自俄罗斯海关的贸易统计数据显示，2014—2018 年，在俄罗斯出口商品类别前 30 位中，涉及文化产品的有六大类，按出口金额排序，依次是珠宝、贵金属制品及首饰，木制品，音像设备，塑料制品，纸制品和照相设备，其中具有相对优势的是珠宝、贵金属制品及首饰和木制品两大类。各类别合计占俄罗斯出口总额的比重逐年上升，年均占比约 7.5%。在俄罗斯进口商品类别前

① 汪宁、韦进深：《俄罗斯文化战略评析》，《国际观察》2018 年第 4 期。

30 位中，涉及文化产品的有六大类，包括音像设备、塑料制品、照相设备、服装及其附件、纸制品以及玩具、游戏或运动用品等。各类别合计占俄罗斯进口总额的比重 5 年来波动不大，年均占比为 23.6%。

2014—2018 年，俄罗斯对中国出口的商品类别前 30 位中，涉及文化产品的共有七大类，包括木制品，塑料制品，照相设备，纸制品，音像设备，珠宝、贵金属制品及首饰，印刷品、手稿、打字稿及设计图纸等。除 2018 年有所下降之外，各类别合计占俄罗斯对中国出口总额的比重近年来上升较快，年均占比超过 10%。在俄罗斯自中国进口的商品类别前 30 位中，涉及文化产品的共有九大类，包括音像设备，塑料制品，玩具、游戏或运动用品，服装及其附件，照相设备，织制品，纸制品，陶瓷制品，玻璃制品等。近 5 年来各类别合计占俄罗斯自中国进口总额的比重波动较小，年均占比超过42%。①

二、中俄文化贸易结构及其主要特点

（一）中俄文化产品进出口

依据商务部、海关总署等发布的《对外文化贸易统计体系(2015)》对中国海关进出口商品统计数据进行计算整理，可以看到近 5 年中俄文化产品贸易总体呈现增长态势，从 2015 年的 8.86 亿美元增加到 2018 年的 13.22 亿美元，增幅达 49.2%。2019 年前三季度，两国文化产品进出口总额达 68.34 亿元人民币(约合 10.05 亿美元)。从进出口总体结构来看，近 5 年中国向俄罗斯出口文化产品大于进口，俄罗斯处于对中国文化产品净进口的地位。

出口方面，近 5 年中国向俄罗斯出口文化产品总额增长显著，从 2015 年的 8.78 亿美元上升到 2018 年的 13.07 亿美元，2019 年前三季度出口额已达 9.94 亿美元。按照出口额大小，依次是文化用品、文化专用设备、工艺美术品及收藏品、出版物。其中文化用品占比最大，虽逐年略有下降，但年均占比仍有 64.8%。文化专用设备和工艺美术品及收藏品两类出口额十分接近，合计年均占比达 33%，并呈现小幅增长趋势。占比最小的是出版物，年均占比仅 2.2%。从各类别出口构成情况看，玩具、游艺器材及娱乐用品出口占据文化用品出口主体，文化专用设备出口绝大部分依靠广播电视电影专用设备，工艺美术品出口优势远远大于收藏品，2019 年 1—9 月，收藏品出口为零。音像制品和电子出版物占出版物出口比重极小，图书、报纸、期刊虽然出口金额逐年上升，但与其他出版物出口相比，仍有较大差距。

① 参见商务部国别报告网，https://countryreport.mofcom.gov.cn/default.asp。

进口方面，近 5 年中国自俄罗斯进口文化产品总额有所波动，2016 年和 2018 年是峰值，进口金额分别为 0.16 亿美元和 0.15 亿美元，2019 年前三季度进口总额相当于 2017 年全年水平。进口额从大到小依次为出版物、工艺美术品及收藏品、文化专用设备、文化用品。其中，出版物和工艺美术品及收藏品两类较为接近，合计年均占比超过 75%。文化专用设备进口下降明显，2019 年 1—9 月占比仅为 7.2%。文化用品占比最小，不足 1%，但 2019 年 1—9 月大幅回升至 17.5%。从各类别进口构成情况看，出版物类别中其他出版物比重逐年下降。图书、报纸、期刊和音像制品、电子出版物的进口份额增长较快。虽然工艺美术品进口还是主流，但收藏品进口份额显著提高。在文化专用设备进口中，广播电视电影设备的地位不可替代，印刷专用设备在 2018 年和 2019 年 1—9 月进口为零。乐器、游艺器材及娱乐用品作为文化用品进口的主体，出现大幅增长。

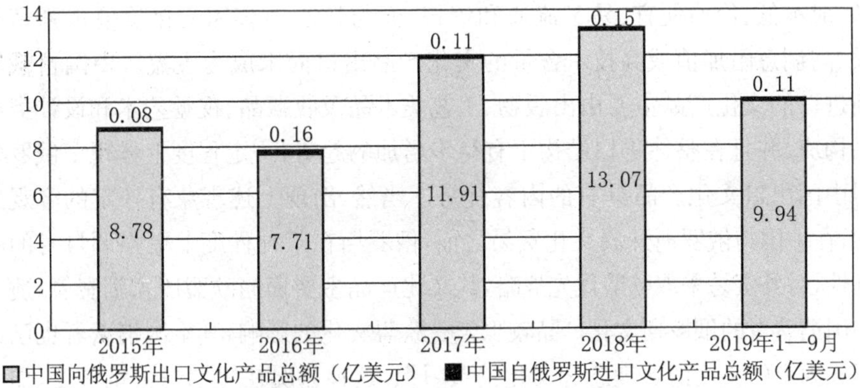

图 2　2015—2019 年中俄文化产品贸易总额

资料来源：商务部、海关总署。

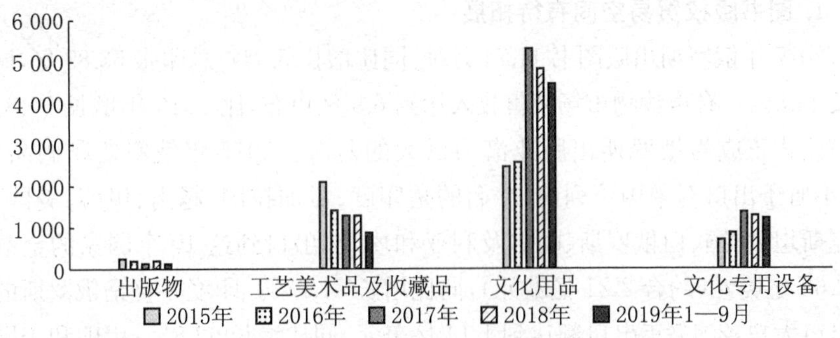

图 3　2015—2019 年中国向俄罗斯出口文化产品类别构成

资料来源：商务部、海关总署。

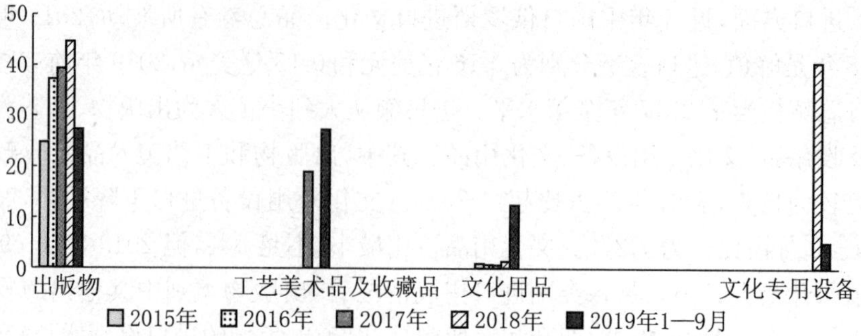

图4　2015—2019年中国自俄罗斯进口文化产品类别构成

资料来源：商务部、海关总署。

总体来看，中国向俄罗斯出口的文化产品主要集中在文化用品和文化专用设备等相关层，这些产品大多来自资源密集型和劳动密集型的生产制造领域，成本低、价格便宜、易于流通和销售，而与核心内容和文化价值观紧密相关、高创意附加值或高技术含量的文化产品出口尚未成为主流。中国自俄罗斯进口的文化产品主要由出版物、工艺美术品及收藏品、视觉艺术和设计类产品构成，并且在整体进口结构中有稳步增加的趋势，一定程度上体现了俄罗斯对中国出口文化产品具有的内容优势。当然，出现上述现象有一定的客观原因，在中国与俄罗斯开展文化贸易之前，俄罗斯在某种程度上更强调自身的欧洲性，对外贸易采取欧盟优先战略，其文化产品主要面向欧盟国家消费者，适合中国消费者的俄罗斯文化产品较少。受欧盟文化的影响，其本国消费者也已经形成固定的文化消费理念和文化消费习惯，这种状况在短期内很难转变，加上受近年来俄罗斯经济环境影响，人们对实用性强的物质类文化产品需求更大。

（二）中俄文化服务进出口

1. 图书版权贸易空间有待拓展

2017年俄罗斯出版图书11.74万种，同比增长5.6%；总印张53.89亿，同比增长14.5%。有声读物市场销售收入达到6.5亿卢布，比2016年增长54.8%，有声读物正成为俄罗斯出版业潜力巨大的蓝海。2017年俄罗斯印刷品、图书、小册子出口对象国位列前10名的是印度、孟加拉国、越南、伊朗、美国、哈萨克斯坦、中国、白俄罗斯、阿尔及利亚和埃及，出口到这10个国家的金额约为2.63亿美元（约合2.21亿欧元），同比增长54.7%。印度一直是俄罗斯的图书出口大户，2017年出口额达到1.14亿美元，同比增长62.8%；伊朗和美国也是俄罗斯图书出口的主要国家，2017年出口到这两个国家的图书金额分别为

0.18 亿美元和 0.17 亿美元，同比分别增长 5.9%和19.8%。①

根据中国国家新闻出版署每年定期发布的《新闻出版产业分析报告》，2017 年，全国出版新版图书 25.5 万种，降低 2.8%；总印数 22.7 亿册(张)，降低 5.6%。2018 年，全国累计出口图书、期刊、报纸、音像制品、电子出版物、数字出版物(不含游戏)1 701.4 万册(份、盒、张)，较 2017 年降低 21.9%；10 092.6 万美元，降低 6.3%。全国累计进口图书、期刊、报纸、音像制品、电子出版物、数字出版物(不含游戏)4 096.9 万册(份、盒、张)，增长 25.3%；74 222.1 万美元，增长 11.5%。进出口总额 84 314.7 万美元。从实物进出口角度来看，无论是图书、期刊、报纸还是音像、电子出版物，进口量均大于出口量，进口金额远大于出口金额，显示为逆差。从版权贸易角度来看，引进输出比逐年缩小，但逆差状况仍然持续。客观来说，俄罗斯年度出版图书品种不及中国一半，单本平均发行量也不高，但是出口金额远高于中国出版物，特别是在欧亚出版领域和单一国家市场的竞争力更强。

从版权贸易角度来看，2012—2017 年，中国向俄罗斯累计输出各类版权 1 259 项，其中，图书版权 1 202 项，占 95.5%；录音制品、录像制品、电视节目以及电子出版物合计 57 项，占 4.5%。2012—2017 年，中国从俄罗斯累计引进版权 527 项，其中，图书版权 506 项，占 96%，录像制品、电影、电子出版物和软件合计 21 项，占4%。②总体上中国对俄罗斯版权输出远大于引进，并且出现顺差扩大的趋势。与中国图书版权贸易总量相比，俄罗斯所占比重非常小，美、英、日、法、德仍然是中国主要的图书版权贸易伙伴，作为两个出版业大国，未来中俄在出版物进出口和版权贸易两方面都有较大拓展空间。

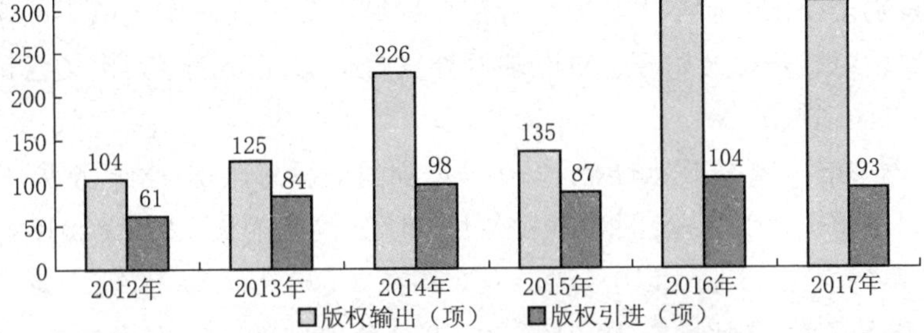

图 5　2012—2017 年中俄版权贸易情况

资料来源：国家统计局。

① 参见范军主编：《国际出版业发展报告(2018 版)》，中国书籍出版社 2019 年版。
② 参见国家统计局国家数据网站，http://data.stats.gov.cn/easyquery.htm?cn=C01。

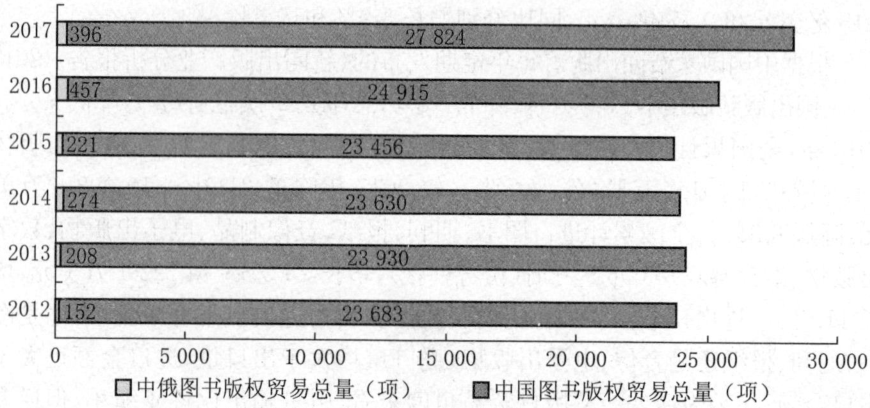

图 6　2012—2017 年中俄图书版权贸易总量占比情况

资料来源：国家统计局。

2. 电影市场相互接受度亟须提高

2017 年，俄罗斯电影市场延续了之前 5 年的稳步增长态势，电影票房收入和观影人数分别达 532.8 亿卢布和 2.122 亿人次，同比增长 9.5%和 10%，再创历史新高。在观影人次方面，俄罗斯首次跃居欧洲第一位。2017 年，俄罗斯本土电影产量达历史最高，共有 108 部，其中 93 部是完全的俄罗斯电影，本土电影票房比重从 17.6%上升到 24.1%，全年观影人数最多的 20 部电影中有 5 部俄罗斯电影，本土电影成为市场增长的主要驱动力。①从海外上映情况来看，2017 年，乌克兰、美国和哈萨克斯坦是俄罗斯电影观影人数最多的 3 个国家，俄罗斯电影的传统市场（乌克兰、哈萨克斯坦、白俄罗斯）合计占比则高达 39%。中国由于其庞大的市场容量，开始成为俄罗斯电影海外发行的新兴国家，特别是在俄罗斯本土电影和合拍片领域。为了提高本土电影的市场收益，俄罗斯电影基金开始着手对电影海外发行提供配音、字幕、市场营销和广告宣传方面的资助。②

根据中国国家电影局的统计，2018 年全国电影总票房（含服务费）609.76 亿元，同比增长 9.06%；全国观影人次 17.16 亿，同比增长 5.9%。2018 年度前十影片票房均在 16 亿元以上，观影人次均在 4 500 万人以上，前十影片票房合计 243.8 亿元，同比增长 19.9%。在 2018 年上映的 542 部影片中，国产片（包括合拍片）430 部，进口片 112 部，分别实现票房 379 亿元和 301 亿元，前

① 陈阳、[俄]德米特里·利沃维奇·卡拉瓦耶夫：《俄罗斯商业电影发展新趋势》，《艺术评论》2018 年第 7 期。

② 李怀亮主编：《国际文化市场报告 2018》，首都经济贸易大学出版社 2019 年版，第 83—84 页。

者同比增长25.9%，连续两年增幅超过10个百分点；后者同比下降10.6%，拖累总票房增速。相应国产电影票房占比也有大幅提升，2018年票房占比提升8.4个百分点至62.2%。2018年电影银幕数量为60 079块，同比增长18%，居世界首位。

与中俄两国国内电影市场的各自繁荣相比，中俄电影贸易还处于起步阶段，无论是上映影片数量和类型，还是票房收入和口碑效应，中俄电影在对方市场的能见度有限，互补性和接受度也比较小。2015—2019年，共有27部俄罗斯电影在中国院线上映，其中合拍片7部，中俄合拍5部。从类型来看，上映数量最多的是动画片和动作片，各有7部，合计占比50%，前者大多带有奇幻冒险色彩，后者则多与科幻惊悚悬疑有关；其次是爱情片，共有5部，战争片则有3部。从票房收入来看，票房超过千万元人民币的俄罗斯电影共有16部，占60%。票房收入最高的5部俄罗斯电影分别是《绝杀慕尼黑》《冰雪女王3：火与冰》《他是龙》《冰雪女皇之冬日魔咒》《火海凌云》，票房合计2.93亿元人民币，不及好莱坞大片、印度电影、日本动画在中国的单片票房成绩。即使在俄罗斯国内引起轰动的票房冠军电影在中国的反响也不如预期。例如，在俄罗斯一上映就口碑爆棚的科幻电影《太空救援》，在中国的放映收入仅为1 686万元人民币；《花滑女王》在俄罗斯国内票房突破10亿卢布（约1.12亿元人民币），但是在中国的票房收入仅为1 718万元人民币。此外，从院线排片密度来看，俄罗斯电影被中国市场接纳的程度与美国、日本乃至印度电影相比仍有不小差距，11部电影上映天数仅有10天，5部电影上映天数不足10天，放映档期超过20天的只有3部。

可以看出，近5年来在中国院线上映的俄罗斯电影总体数量不少，但票房收益不高，而且没有一部电影进入中国票房排行前25位。2018年俄罗斯年度票房排名前25位的电影中，美国占21部，中国仅1部上榜，并且是中美合拍，即《巨齿鲨》，该片于2018年8月在俄罗斯上映，票房收入1 330万美元，观影人数343万人次。同年中国年度票房排名前25位的电影中，美国11部，印度1部，而俄罗斯电影则无一上榜。有关调查显示，俄罗斯2016年全年对中国电影的年均观影数量仅为2.17部。囿于传播障碍和交易壁垒，以俄罗斯为代表的独联体国家（白俄罗斯、乌克兰、摩尔多瓦）已经成为中国电影海外传播的洼地。①

① 田秒：《"一带一路"背景下中国电影对外传播研究——从中国电影在俄罗斯的传播现状说开去》，《中国电影市场》2017年第10期。

表1　2015—2019年俄罗斯电影在中国上映情况一览

上映年份	影片名称	影片类型	票房收入（万元人民币）	上映天数	备　注
2015	《战火中的芭蕾》	战争	1 211	17	中俄合拍
	《这里的黎明静悄悄》	战争	730	13	
	《冰雪女王》	动画	408	7	
2016	《冰美人》	爱情/冒险	5.3	NA	中俄合拍
	《他是龙》	爱情/奇幻/冒险	6 015	17	
	《超能太阳鸭》	动画	2 008	10	
	《火海凌云》	动作/冒险/灾难	3 079	10	
	《暗杀游戏》	动作/惊悚/科幻	2 110	10	
	《黑海夺金》	冒险/惊悚	226	3	
	《冰雪女皇之冬日魔咒》	动画/奇幻/冒险	3 576	16	
2017	《灵狼传奇》	动画/冒险	1 151	16	
	《守护者：世纪战元》	动作/科幻/冒险	2 023	10	
	《绿野仙踪之奥兹国奇幻之旅》	动画	905	10	
	《时间去哪儿了》	剧情	854	18	南非/印度/俄罗斯/巴西/中国合拍
	《维京：王者之战》	战争/动作	1 411	10	
2018	《太空救援》	科幻/冒险/剧情	1 686	10	
	《莫斯科陷落》	爱情/科幻/剧情/灾难	238	10	
	《花滑女王》	爱情/剧情/运动	1 718	10	
	《冰雪女王3：火与冰》	动画	7 422	60	中俄合拍
	《最后一球》	运动/剧情/励志	609	17	
	《网络谜踪》	惊悚/剧情/悬疑	3 051	10	美俄合拍
	《最萌警探》	动作/喜剧	21	NA	
2019	《战斗民族养成记》	爱情/喜剧	804	11	中俄合拍
	《最后的勇士》	动作/喜剧/冒险	66	3	
	《绝杀慕尼黑》	剧情/运动	9 178	32	
	《冰雪女王4：魔镜世界》	动画/奇幻/冒险	2 357	24	
	《龙牌之谜》	奇幻/冒险/动作	1 851	10	

资料来源：艺恩咨询网、中国票房网。

总体而言，中俄两国电影合作已经从互办电影节、互相引进影片拓展到了电影合拍，但进入俄罗斯的中国电影参加电影节展远大于在商业院线放映，主要原因是中国电影在俄罗斯销售渠道和网络建设相对滞后，加上语言障碍，大多只能通过国际合拍片的方式进入俄罗斯市场，中俄两国影视贸易层次和水平都有待提升。

3. 演艺及艺术品服务贸易表现失衡

近 5 年来，中国正步入文化娱乐消费最快的增长阶段，剧场等硬件设施条件日益完善，观演需求和艺术素养日渐增长，演出市场的发展潜力正在释放，但对外演出仍以交流居多。俄罗斯芭蕾、戏剧和大马戏历来被视为俄罗斯三大艺术瑰宝，其悠久的历史传承、深厚的舞台技艺以及高水平的民众艺术鉴赏力成就了在世界演艺市场的重量级地位，具有相当的市场号召力和国际影响力。这种差异在中俄演艺服务贸易领域表现得十分突出。

根据文化部涉外营业性演出审批信息公示系统数据，赴中国商演的俄罗斯文艺表演团体数量近 5 年来总体呈现下滑趋势，但已经在国内形成固定的受众群体和稳定的票房收入。其中不乏俄罗斯顶尖甚至是世界级水准的文艺表演团体，它们在华演出上座率高、票房亮眼、口碑稳定。例如被称为世界十大交响乐团之一的俄罗斯圣彼得堡爱乐乐团几乎年年都来中国登台亮相，由著名形体剧团 HAND MADE 打造的百变形体剧《魔法师的白手套》曾经在 23 个国家上演，来华演出已经 3 年，上演超过 120 场。

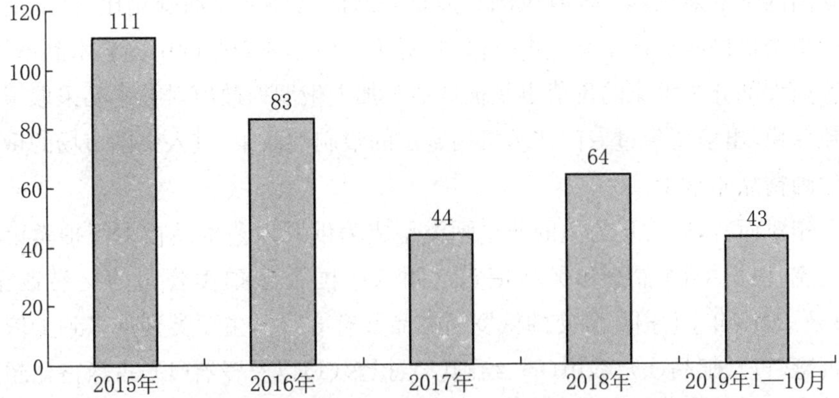

图 7　2015—2019 年来华商演的俄罗斯文艺表演团体数量

资料来源：文化部涉外营业性演出审批信息公示系统。

相较而言，中国文艺表演团体赴海外演出收入持续增长，但仍以交流性演出为主体，商业性占比较低。根据中国演出行业协会年度报告统计，2016 年中国赴海外演出收入 27.23 亿元，比 2015 年上升 4.15%。国外来华演出收入为 43.68 亿元，演艺贸易存在较大逆差。2017 年，文艺表演团体赴海外演出收入 29.74 亿元，同比上升 8.43%；其中，商演比重依然很低，占赴海外演出总场次的 38.1%，不到一半。2018 年文艺表演团体赴海外演出收入为 31.86 亿元，较 2017 年增长 6.66%；其中，商业演出场次 0.2 万场，收入 12.97 亿元，比上年增长 4.76%。从演出类型来看，舞蹈、杂技、武术是中国在国际演出市场最具商业价值的 3 种艺术类型，尤其是杂技。2018 年中国演艺产品海外商演中近 40%是杂技类项目，已经是中国演艺“卖出去”的主力军。由于商演类型的同质性和海外市场营销能力有限，中国文艺表演团体赴俄罗斯的规模和数量都很有限，多数是交流性质，真正形成口碑并持续进行商演的团体非常少，中俄两国演艺服务贸易存在较大逆差。

在视觉艺术方面，俄罗斯油画在世界艺术领域中具有很高的地位，出现过列宾、列维坦、希施金等多位世界级绘画大师。2002 年以来，俄罗斯艺术品市场出现长足发展，同中国、印度一起被认为是新兴艺术品市场的代表。随着苏富比和佳士得俄罗斯油画的拍卖价格和成交率不断刷新，俄罗斯油画的收藏价值逐渐受到国际市场认可，行情一路看涨。由于中国民众对俄罗斯油画有着天然的亲近感，俄罗斯油画成为中国人较大规模收藏的外国艺术品类之一，自 20 世纪 90 年代开始，中国藏家和艺术爱好者开始关注并购买俄罗斯油画，带动国内俄罗斯艺术品经营风潮。但是与欧洲其他国家油画相比，俄罗斯油画的市场价格明显低于其艺术价值，相对于当前迅速膨胀的中国艺术品市场，俄罗斯大部分艺术家的价值更是被低估。加上俄罗斯政府对艺术品采取了入境免关税、出境要经过专门艺术机构鉴定的限制性政策，进入中国市场的俄罗斯油画精品非常少。

相对而言，以古玩为主的非绘画类型成为俄罗斯艺术品在中国拍卖市场的主流，根据中国嘉德和保利拍卖这两家中国大型拍卖公司的交易数据，2015—2019 年，上拍并成交的俄罗斯拍品共有 32 件，主要类别从多到少依次为古籍(17)、邮品(5)、钱币(5)、绘画(3)、摄影(1)以及瓷器(1)，古籍占比超过一半。与美国、法国、英国相比，俄罗斯拍品数量极少。但是从成交价格来看，俄罗斯拍品具有一定的优势，柴可夫斯基、鲁宾斯坦、列宾等俄罗斯大师级音乐家和画家的手稿，单件成交价格从上万元到数十万元不等。尽管俄罗斯拍品近 5 年成交总额不稳定，2015—2017 年出现明显下降趋势，但是在大师手稿拍卖价格强劲的支撑下，2018 年俄罗斯拍品总成交额突破 70 万元。

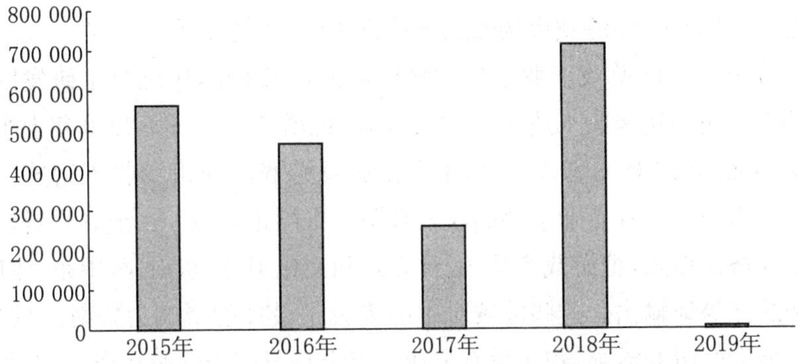

图 8　2015—2019 年中国嘉德和保利拍卖俄罗斯拍品成交额

资料来源：中国嘉德、保利拍卖。

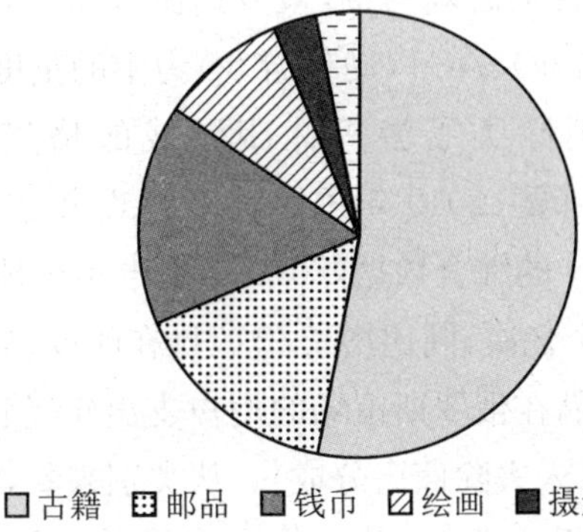

图 9　2015—2019 年中国嘉德和保利拍卖俄罗斯拍品类型构成

资料来源：中国嘉德、保利拍卖。

4. 数字内容贸易成为新兴增长点

近年来，以游戏、短视频、网络文学为主体的数字内容产品正在成为中俄文化贸易的新兴增长点，形成了以 IP 为中心，视频内容与出版、音乐、文学、游戏、电商等领域协同的跨国娱乐内容生态。根据 Newzoo 发布的《2019 年全球游戏市场报告》，2019 年，全球游戏市场预计将产生 1 521 亿美元的收入，同比增长 9.6%。全球游戏市场收入规模排在前 15 位的国家分别是：美国、中国、日本、韩国、德国、英国、法国、加拿大、意大利、西班牙、澳大利亚、俄罗斯、墨西哥、巴西、印度。其中，中国作为亚太区域第一和世界第二大游戏市场，其规模将达到 365 亿美元。作为欧洲游戏市场中起步较晚的区域，东欧地区的游戏市场结构及消费习惯具有自身特点，并在近年来发展迅速，占据愈发显著的位置，俄罗斯作为东欧市场的领头羊、最吸引国际投资商和游戏厂商关注的国家之一，其2019年游戏市场收入预计将达到18亿美元。

综合历年中国游戏产业报告的统计数据，2018年，中国自主研发网络游戏海外市场实际销售收入达95.9亿美元，同比增长15.8%。2019年上半年达55.7亿美元，同比增长20.2%，高于自主研发游戏国内市场收入增速。海外市场已成为中国游戏企业重要的收入来源。中国正在以一个成熟且规模巨大的游戏经济体形象，把游戏产品、运营方式和文化IP向东南亚、中东、印度、俄罗斯和欧洲等地输出。这些区域对中国来说是最佳的影响力辐射区域，他们有足够庞大的游戏需求，却还没有形成跟得上玩家脚步的游戏产业，随着国内市场和人口红利见顶，处于战略窗口期的中国游戏企业不断强化对全球市场的布局，进一步拓宽游戏产业“走出去”的通道。

以近年来增长迅速的移动游戏为例，俄罗斯游戏市场保持着以SLG（策略游戏）、RPG（角色扮演游戏）、ACT（动作游戏）为主的重度游戏占据绝大部分市场份额，偶尔穿插消除类手游等休闲游戏的格局。2019年8月，AppAnnie联合Google发布的《2019年中国移动游戏出海深度洞察报告》显示，基于iOS和GooglePlay的综合数据，2019年上半年全球主要游戏市场下载量排名中，俄罗斯以11.7亿次，同比增长9%，排在印度、美国、巴西之后，位列第四。中国移动游戏产品在俄罗斯市场的用户支出年增长率高达73%（包括付费下载和应用内付费，未去除商店分成）。从类别来看，在策略类游戏中，中国移动游戏产品在俄罗斯市场具有绝对优势；在角色扮演和动作类别中，中国移动游戏产品与美、日、韩游戏企业竞争较为激烈。从产品来看，包括《王国纪元》《列王的纷争》《阿瓦隆之王》在内的中国移动游戏产品在俄罗斯市场收入在过去两年中实现了翻番。以IGG、智明星通、网易为代表的中国游戏企业纷纷在俄罗斯实施本地化策略，除了与谷歌商店、苹果应用商店等建立长期稳定的合作关系外，围绕当地文化、用户习惯等方面进行深入研究，强化对于用户的深度运营，从而更好地生产契合本土用户需求的产品。

凭借着碎片化、低门槛和高传播特性，以抖音、快手为代表的中国短视频App自2017年开始加快国际化发展步伐并且高速增长。AppAnnie数据显示，快手于2017年5月进入俄罗斯市场，其海外用户数量中俄罗斯占比高达31%。到2018年5月，快手成为俄罗斯市场安卓和iOS系统移动应用下载量“双榜冠军”，在俄罗斯受到欢迎得益于其人气视频和积极的广告宣传。而根据《2018中国网络文学发展报告》的统计，在俄罗斯，除了起点国际(Webnovel)、武侠世界(Wuxiaworld)、引力传说(Gravity Tales)等重要的海外网文平台之外，主要推介和翻译中国网络小说的平台是Rulate。该网站建立于2012年，到2017年已经累计注册34 059个用户(含译员)，翻译1 998部作品，60万个文章片段，对译文修改5万多次。有419部中国小说，78部韩国小说，370部日本小说，141部英语小说。中国小说大多是网络小说。在近2 000部小说的总榜中，前15部中有12部是中国网络小说。

三、中俄文化贸易发展趋势与创新路径

(一) 巩固人文交流成果，壮大对外文化市场主体实力

作为共建“一带一路”的合作伙伴以及同为金砖国家和上合组织成员国，中国和俄罗斯在多方面有着相同的目标和共同的利益追求。但是中俄两国的文化产业结构都处在调整过程中，迫切需要进一步释放国内生产力，通过贸易一体化和投资便利化措施将本国文化产品和服务推向国际市场。在2012年8月正式成为世贸组织成员之后，俄罗斯下调了总体关税水平，把跨国企业合作规则纳入统一框架中，这一系列变化有利于中俄两国文化企业展开合作。但是依据俄罗斯《战略领域外国投资法》，外资进入的限制性行业包括覆盖俄罗斯领土一半区域的广播媒体、发行量较大的报纸和出版公司等，对中俄文化贸易和投资会产生一定的影响。

从总体趋势来看，中俄文化贸易将会向广阔和纵深的方向发展。但是与政治关系和经贸关系相比，中俄文化贸易的发展潜力尚未得到充分挖掘。因此，两国面临的首要任务是基于现有高级别人文交流机制和多年来各领域民间交往，夯实战略互信基础，巩固人文交流成果。大型交流活动能够为中俄人文合作提供契机和平台，以及相互了解的信息渠道，但是使合作扩大、产生持久的动力在于强有力的制度支撑，需要综合考虑经济性、社会性、市场性的因素，避免短期效应，通过市场化手段真正促进贸易发展。有必要加大对俄罗斯相关文化战略、文化政策以及具体国情、民情的研究，把握差异性地域文化特质，对本地市场进行深入的积累。尤其是要壮大两国文化贸易相关市场主体，突出企业的主体地位和市场导向作用，扫清通关成本过高、标准不统一等种种障碍，不断改善营商环境，为两国企业的文化贸易投资合作创造良好条件，实现文化贸易规模和质量提升，给中俄经贸合作注入新的动力。

(二) 瞄准数字内容市场，创新中俄文化服务贸易模式

在全球数字贸易规模不断扩张的背景下，各国都在积极推动以创新为主要引领和支撑的数字经济发展。2019 年，《俄罗斯联邦国家科技发展计划》和《2030 年前俄罗斯国家人工智能发展战略》公布，前者以国家"科学""教育"和"数字经济"项目为专项指标，于 2019 年至 2030 年实施。后者旨在促进俄罗斯在人工智能领域的快速发展，包括强化人工智能领域科学研究，为用户提升信息和计算资源的可用性，完善人工智能领域人才培养体系等，并将纳入"俄罗斯联邦数字经济"国家发展计划。

作为全球化与数字化结合的热点，新兴技术与文化创意产业逐步融合形成中国数字创意产业的基础架构。特别是随着数字创意产业被中国定位为国家战略性新兴产业，5G 商用落地指日可待，中国数字文创意产业正在迎来爆发式增长阶段。不仅电子游戏、影视视频、会展、旅游、新闻出版等产业将受益，产业互联网与消费互联网形成的跨界融合性互联网将激发文化产业作为生产性服务业所能发挥的重要作用。而向海外市场拓展已经成为中国数字创意企业的共同选择。

面对数字贸易的巨大发展机遇和经济发展战略转型的现实，中俄两国应该积极调整贸易战略，挖掘和培育数字经济新增长点，大力发展以数字技术为支撑、高端服务为先导的"服务+"整体出口，积极培育文化服务贸易新业态和新模式。促进版权应用便利化的各种探索，将保护创意者商业变现的权利，有效推动创意生成和生产转化。利用大数据的消费主导效应以获取对外文化贸易价值的认可，避免产品同质化所造成的贸易损失，实现文化贸易的本土化。打破文化产品出口种类单一的弊端，重点打造出版物、影视传媒、动漫游戏、音乐等具有原创知识产权的产品，并在此基础上向版权交易、参股投资等方面拓展，实现更自主和多样的深度合作。

(三) 发挥口岸效应和集聚功能，推动中俄文化贸易升级

中俄两国边境线长，开放口岸众多，地缘相近、人缘相亲、文缘相通，这是中俄文化贸易发展的重要优势之一。发挥口岸效应和集聚功能，是推动中俄文化贸易尤其是中国与远东地区的贸易转型升级的关键。

应当加强对俄罗斯口岸基础设施建设，为口岸发展文化贸易奠定硬件条件和物质基础。加强与俄罗斯的沟通和协调，优化通关环境，为发展文化贸易提供便利条件。加强与内陆文化产品和文化服务发展具有优势的城市的联系和合作，打造发展文化贸易直通车。加强政策宣传，吸引更多具有国际竞争力

的文化企业落户优势口岸或建立分支机构，畅通产业合作渠道，方便企业贸易结算并协助两国企业进行技术对接，帮助中俄企业开拓对方文化市场。

促进中国边境口岸城市与俄罗斯在文化展览、文艺演出、教育培训等方面的合作，利用哈洽会等平台打造具有较大文化魅力、经济效益和国内外影响力的大型中俄跨境文化贸易集市，形成文化艺术交流、艺术品展销、文化经济贸易集散地，推动口岸城市向拥有较高经济附加值的高科技产品和文化产品贸易转型，推动口岸经济多元化。

以哈尔滨、黑河、满洲里为重点，面向俄罗斯和欧亚市场，整合现有中俄文化大集、中俄文化驿站等综合性平台，联动哈尔滨国际油画交易中心、黑河俄罗斯油画城等各类交易平台，促进中俄演艺业、娱乐业、动漫业、游戏业、文化旅游业、体育业、艺术品业、工艺美术业、文化会展业、网络文化业以及教育、金融、贸易、服务等相关产业集聚，建设对俄贸易平台、产业平台、金融平台和科技合作平台。

积极利用《中国(黑龙江)自由贸易试验区总体方案》的政策机遇，落实演艺、会展、艺术品、游戏等行业领域的贸易投资便利化措施，吸引中俄相关企业和机构集聚，借助俄罗斯加入 WTO 后投资环境日趋转好之势，实现文化产业跨国经营和投资合作，培育发展高端文化服务和数字内容产业新业态，形成中俄文化贸易先导区和示范区。

参考文献

1. 顾俊玲、关秀娟:《“一带一路”背景下黑龙江省对俄文化产业合作创新模式思考》,《西伯利亚研究》2017 年第 3 期。

2. 秦淑娟、刘慧、瞿喜妹:《中国与俄罗斯文化贸易发展及对策——以“一带一路”为背景》,《沈阳大学学报(社会科学版)》,2017 年第 6 期。

3. 高艺:《转型发展的挑战与思考“一带一路”背景下中俄人文交流》,《对外传播》2017 年第 7 期。

4. 吴赛、张建华:《“一带一路”框架下的中俄人文合作机制:特点、问题与对策》,《北京教育学院学报》2019 年第 5 期。

5. 白晓光、廖常君:《俄罗斯加入世贸组织后黑龙江省对俄文化产业合作的机遇和挑战》,《西伯利亚研究》2014 年第 2 期。

6. 韩琳琳、张博、窦强:《黑龙江省与俄罗斯远东地区文化贸易发展展望》,《对外经贸》2017 年第 6 期。

7. 张举玺、王怀东:《论中俄媒介集团合作基础、方法与实施机制》,《重庆工商大学学报(社会科学版)》,2018 年第 5 期。

Structure Analysis and Path Innovation Research on China-Russia Cultural Trade

Jiang Duo

Abstract: In the past five years, the cultural trade between China and Russia has shown rapid growth. Most of China's exports of cultural products to Russia come from resource-intensive and labor-intensive manufacturing fields. Russia has certain content advantages in exporting cultural products to China. In the fields of cultural services such as book copyright, film, art, and digital content, the two countries still have great trade potential to be tapped. In the face of their respective cultural industries entering the stage of structural adjustment, increasing emphasis on foreign cultural output, and vigorously promoting the development of the digital economy, especially based on the achievements of cultural exchanges, China and Russia should expand the strength of foreign cultural market players, develop the capacity of digital content trade and bring into play the port effect and agglomeration function so as to promote the innovation of Sino-Russian cultural trade path.

Key words: Sino-Russian trade; cultural trade; trade structure; innovation path

法国文化遗产普查地方分权模式及其启示

上海立信会计金融学院　周莅濛

［内容提要］ 对应戴高乐重振法国的雄心，法国文化遗产普查的雏形始于马尔罗时期，由文化部在各大区的代言机构大区文化事务局推动。在实行过程中，遇到了一系列困难，如中央投入有限、地方缺乏积极性、普查范围不断扩大等等。2004 年法律将文化遗产普查的职权下放到大区，且明确中央和地方的职权划分。在其后的实行中该改革体现出一系列优势，取得较好的成果，可对我国的文化遗产事业带来一定的启示，如多元共治激发地方活力、重视文化遗产普查结果的宣传、推动文化遗产普查与其他部门条块融合等。

［关键词］ 文化遗产普查；地方分权；法国；多元共治

我国改革开放已经 40 年，目前已进入“两个一百年”奋斗目标的历史交汇期，面对新时期新任务提出的新要求，文化遗产保护利用机制的探索与改革也应不断深化，文化遗产普查作为文化遗产事业中的基础工作，应该受到进一步的重视，并不断进行优化。法国和中国一样，是文化遗产强国，其对文化遗产的科学认识及形成的管理体制机制远远早于中国。法国文化遗产普查始于安德烈·马尔罗时期，并于 2004 年由中央将职权下放给地方。本文着眼于探析法国文化遗产普查地方分权这一模式，介绍法国文化遗产普查的缘起和原则，其在实施过程中遇到的困难，以及文化遗产普查地方分权的过程及取得的成果，以期对我国的文化遗产普查事业带来启迪。

一、法国文化遗产普查的开端

法国文化遗产普查的前身是 1964 年马尔罗担任法国文化部长期间开展

的“法国古迹与艺术财富普查”。1961 年 5 月 13 日，艺术史学家安德烈·沙泰尔(André Chastel)向法国文化发展第四计划委员会提出了文化古迹普查的建议，当时正处于法国战后社会经济大发展的“三十年辉煌”时期，该项普查应和了马尔罗对年轻的法国文化事务部存有的雄心，同时也对法国总统戴高乐重振法国的宏大野心形成助力，所以得到了积极的回应。根据 1964 年 3 月 4 日的法令成立了该项普查的国家委员会，设于文化事务部之下，罗歇·德拉罗齐埃(Roger Delarozière)为其首位主任。该项普查后来发展成“文化遗产普查”。

马尔罗对该项普查设立了三重目标：辨别、研究以及宣传具有历史、审美和考古价值的古迹和艺术财富。整个普查计划宏大，包含“所有类别的建筑及不动产附着物、雕花大门、彩绘玻璃窗、祭坛后的装饰屏风”，还有“可移动的艺术财富：绘画、收藏品、珍稀作品等等”。委员会中的个别成员曾就普查范围过大以致囊括了平庸艺术品的倾向提出质疑，委员会对此的意见是“普查的范围应该越广泛越好，囊括所有具有艺术作品特点的物品，尽管其中某些物品从审美的角度来说稍显平庸”。

1964 年，布列塔尼和阿尔萨斯两个大区成立了大区普查委员会，从 1965 年起，其他各大区也陆续成立了普查委员会。1977 年大区文化事务局(DRAC)在各大区中普及，主要负责中央和大区的联络，起到上传下达的作用，其可以视为中央文化部在地方的“代言”机构，保障中央的各项文化政策能够在大区落实，大区文化事务局中的大区普查事务处(SRI)成为大区沟通普查事务的对象。

二、法国文化遗产普查面临的困境

由于中央投入的资源有限，这项全国普查长期处于人员和物资不足的状况，1964 年只有布列塔尼和阿尔萨斯两个大区成立了大区普查委员会，其他大区都等待中央给它们创造条件。安德烈·沙泰尔回忆，“在接下来的几个月里，马尔罗好多次在议会中宣布‘大普查’的开展，这种自信十分振奋人心，但是也让人惶恐，在二十几个大区中，有哪几个能够配备最基本的人力和物质资源呢，只有两个，阿尔萨斯和布列塔尼……”。国家在给地方配备足够的资金和人员方面行动十分缓慢，从 1964 年的布列塔尼和阿尔萨斯开始，一直到 1983 年底才总算覆盖了整个法国本土，2000 年才延伸到海外领地，并且所配人员十分有限,地区间不平衡的状况十分严重。在该计划实施 30 年之后,在卢瓦尔河大区有 16 名常设人员,在科西嘉有 4 名,瓜德罗普只有 1 名,而在留尼汪只有半个职位(Michel Melot, 2014)。

在开展工作过程中,地方也缺乏自主积极性,热拉尔·埃尔米斯(Gérard Ermisse, 1997)回忆道:"从一开始,某些省只是以协作的方式对待普查,将一些人手借调给国家使用,但是在选择勘探的领地、方法、还有修复和宣传的资源时,都将全部的自由留给中央。"

同时,随着普查的推进,加上景观本身也会发生变化,就像道路会随着旅行者的轨迹而变化,普查范围不断深入和扩大,不断有新的文化遗产显现出来。尤其在 20 世纪 80 年代,文化遗产的概念迅猛扩张,明确工业遗产对于地方政府来说是一件优先要做的事,因为他们必须决定是重建还是摧毁大量工业时代遗留下来的荒废区域。同时,随着绿色旅游的发展,乡村遗产也有了相当大的规模,越来越多的协会宣传保护河流、海洋、铁路、学校、医院甚至是古墓地遗产,法国以前的殖民地也呼吁法国普查遗留下来的文化遗产,这让普查工作负重累累,精力分配捉襟见肘。最迫切的问题还不是财政资助方面的,而是要在每块地区明确普查范围的大小。面对不断更新和多样化的工作,普查似乎永远也完不成了,"普查变成了一项西西弗斯的工作"(Michel Melot, 2014)。而中央政府被吸入这个漩涡之中,疲于应对。与此同时,地方政府在法国 20 世纪 80 年代的整体地方分权中获得了经济、教育、方面的职权,它们对在当地进行遗产普查持积极态度。

虽然是中央主导的普查,但是由于政治、主题还有方法方面的分裂,以及人员物资等不到位,在普查开始 6 年后,即 1970 年,只有一个县,卡赖普卢盖(Carhaix-Plouguer),出版了一部普查成果作品,当时的文化部长莫里斯·德吕翁(Maurice Druon)对于工作进展的缓慢十分担忧,他在 1973 年 6 月 1 日发表了斥责性的讲话来要求加快工作进度。随着时间推进,虽然渐渐有了丰富的成果,但是普查成果中几乎没有"国家"层面的出版物,只有寥寥几本"文选"类作品,比如《50 处工业遗产》或是《法国二十世纪一千处遗迹》等作品,得到全国性数据似乎是一个不可能的结果。其中的原因有大区间的合作难以实行、大区文化事务局之间的协调困难重重等。总体来说,在普查分权给大区的前夕,法国本土中"彻底"的普查占了全部领土的四分之一,普查还是取得了比较丰富的成果,最终出版了 1 000 多部作品,为无数课程、讲座、展览还有手册提供了内容,但是这些工作成果都是零碎的,在法国全境,没有系统、深入地就某些主题展开工作。

三、文化遗产普查职权转移到地方

2004年,当《地方自由与责任法》在议会中讨论的时候,许多人持惊讶态度,但如果我们仔细观察会发现,促成这一结果的许多元素在之前就已经交汇。

地方和中央的合作由来已久。从20世纪60年代开始,中央政府和地方之间在普查方面的合作,其中包括财政方面的合作就已经存在了,20世纪80年代国家和大区间实行"文化发展合同"模式,将这种合作嵌入了正式的框架。20世纪80年代国家—大区间"计划合同"的第一阶段,要求大区在财政上支持一些普查项目,普查的共同资助原则被确立下来。1990年,26个省和大区文化事务局签订了文化发展协定,其中有一节涉及遗产普查,这种中央和地方的合作让文化遗产地位更受重视,也让大区一级的议员对该议题更敏感。

20世纪80年代,大区和省层面的普查委员会被取消,普查直接置于大区文化事务局的领导之下。

1990年,勒内·里扎多(René Rizzardo)在给当时的文化部长雅克·朗格的报告中审慎地提出了关于普查的责任架构的新设想,他当时并没有提到"职权转移"的原则,只是建议赋予大区一个更特别的角色,应该和大区文化事务局合作,"发展出文化遗产资料的系统化的政策"。和2004年的法律相比,他的建议还是比较克制的。

2001年,当时的文化部长卡特琳·塔斯卡(Catherine Tasca)和文化分权国务秘书米歇尔·迪富尔(Michel Duffour)发起《文化分权议定书》(*Protocole Des Decentralisation Culturelle*),这也是迈向正式分权过程中的重要一环,这是一个实验性的尝试,包含一项双重试验:一个是在中央和大区或省的合作中,大区或省在两个领域的职权增加——艺术教育和文化遗产;还有一个是将地方置于计划协调者、各合作方的调解者的位置上。这些试验的目的是得出文化分权上的新路径。

让-皮埃尔·巴迪(Jean-Pierre Bady)2002年所作的报告《对于文化遗产的国家政策的思考与建议》可以视为普查分权的最后预示,这个报告由当时的文化部长让·雅克·阿亚贡(Jean-Jacques Aillagon)资助,建议在历史文物管理方面的有限地方分权以及在普查方面的总体地方分权。这篇报告的撰写时间正好和政府总结《文化分权议定书》政策的时间一致，巴迪作出的建议有一部分可被视为是《议定书》试验的效果。

2004年8月13日，《地方自由与责任法》颁布，其中的第95条款将文化遗产普查的职权明确移交给了大区。法律原文内容为："在不损害中央政府在全国层面开展的行动计划的前提下，各大区以及科西嘉地方政府在它们的管辖权中，负责文化遗产大普查。地方行政机构对每年的行动计划撰写年度报告。大区及科西嘉地方政府将大普查的项目开展委托给那些提出申请的地方行政机构或是团体，这些机构或是团体与大区或科西嘉地方政府缔结协议。""在本条法律生效之前的大区层面协议中的中央政府在文化遗产普查方面的权力和义务转移给大区及科西嘉地方政府。"

法律同时规定开展普查工作的部门的权威领导必须是"任职于文化遗产技术相关公务机构的人员，或是拥有最高行政法院法令中所列文凭的人员"，同时，"文化遗产普查的项目开展必须根据最高行政法院的限制性规定，服从于中央政府的科学和技术监督"。

根据2011年5月24日的法令建立了文化遗产普查国家委员会，其中集合了国家、地方还有专业人士代表，作用是促进地方机构和中央部门之间的对话，构成一个协商和管理的空间，一些必要的工作变动和发展在双方的磋商中得以确定、实施并获得评估。

在各方对此次分权的接受方面，由于包含普查分权的整体法案中的一些文化分权措施没有和大区预先谈判，所以还是引发了争议，许多人认为中央将职权移交给原本就跃跃欲试的地方政府是一项屈尊俯就的提议，甚至是一项愚蠢的交易。对地方来说，由于事先中央未与大区充分谈判，所以地方政府对国家分权的意图充满疑虑，他们认为2004年法案在本质上是一项障眼法，"发牌"方式只在边缘地带稍有改变，比如艺术教育的可变预算部分，而那些原本为中央政府工作的相关人员则有一种被"降级"到大区的感觉。由于受到2003年7月开始的失业保险体制危机的影响，当时主要的敌意集中在艺术教育相关的法令上，关于文化遗产的条款则躲过了不少火力。科西嘉从2004年1月开始切实实行了权力的转移，而其他大区则等到2007年才贯彻落实。分权改革之后的大区普查事务处在不同的大区面临不同的组织机构安排，有的被放置在某个文化机关下面，有的被放置在"国土规划"相关机关下面，有的成为了一个单独的机关。随着时间推移，普查专业人士和大区机构之间的互相沉默局面逐渐缓和，普查工作团队虽然一开始觉得在新的部门里工作没有那么吸引人，但是在开展工作时，双方都感觉到这是一种双赢的局面。

那些和“国土规划”机关一起工作的文化遗产普查专业人员可以和城市规划及景观规划的工作人员频繁接触，后者对前者工作中和自己工作相关的部分也十分感兴趣。事实上，对大区普查事务处来说，分权之后和之前在大区文化事务局期间的最大区别是和别的非文化部门更接近了，在同一屋檐下工作，他们更容易遇见国土规划、旅游部门的负责人。

从2007年开始，职权转移得到全国范围的切实实行，人事还有相应的工资总量、财产都得到转移，工作预算也被建立。从其后面取得的成果来看，文化遗产普查分权被视为2004年分权改革中最成功的部分。

四、文化遗产普查分权至地方后的优势及成果

文化遗产普查分权给大区之后，由于《地方自由与责任法》明确规定了大区和中央的角色，国家和大区的职责分配更明确了：中央负责监督、引导、保障普查的科学质量，大区负责发起、开展普查项目；中央负责制定普查过程中的科学和技术标准，地方负责制定普查方面的政策、计划、目标、实施方法和资源保障。除研究的职责之外，地方还需负责宣传普查工作成果，引起公众对文化遗产的重视。大区每年需通过“年度报告”将计划提交给中央政府，后者决定是否批准，大区在如何组织工作方面有完全的自由，比如设定研究的领土范围，大区还可以自由利用工作的成果。中央的一个重要作用是汇总全国范围积累起来的经验，并用此指导每一个研究或是普查项目。中央的另一个工作重点是普查方法和标准的更新，这是一项对法国以及国外研究界技术发展、新工具应用的展望性工作，同时还需编撰新的“术语表”以及新的参考系统，这也是一项长期的工作。这些工作没有办法由大区独立完成。

上文提到，到2003年为止，法国仍然鲜有全国范围深入、系统的普查成果出版，但是有意思的是，文化遗产普查分权到地方后，反而出现了更多的全国层面概况性质的出版作品。有些中央曾经想让大区完成却没有成功的研究计划，现在却以大区间自发合作的方式完成了，例如从巴黎到勒阿弗尔的法国第一条铁路的遗产普查（*De Paris À La Mer-La Ligne De Chemin De Fer Paris-Rouen-Le Havre*），还有出版于2012年的首部关于“法国医院”的“国家级”的优秀作品（*L'Hôpital En France，Histoire Et Architecture*）。

另外，未分权时期的文化遗产普查成果在大区文化事务局中因为种种繁

冗限制没有得到充分的开发利用，这背离了普查想法的提出者安德烈·沙泰尔当初赋予普查的使命——“引导旅游组织；保障教学的任务；指导考古和历史研究；给予历史文物和城市化委员会足够的行动元素。”得益于工作环境改变后条块阻隔的消除，文化遗产普查部门和其他如国土规划、旅游、教育等部门展开了更丰富及更频繁的对话。南部—比利牛斯大区主席马丁·马尔维(Martin Malvy)在接受关于普查的采访时就曾说：“普查的中心任务当然是确认大区的文化遗产，但是，伴随着工作的不断深入，其也发展出了别的具有广泛利益的目的，比如助力地区发展、协助大区的国土规划等等。”在南部—比利牛斯大区，文化遗产普查部门“正在展开和教育局的合作，工作内容是关于‘艺术1%计划’作品的统计，还有和国土规划局在‘南部—比利牛斯大区重要遗迹’项目框架内的旅游发展方面的合作也已经进行”(Marie Cornu, 2014)。

在分权之后的新位置上，大区普查事务处也同时发展了许多外部的伙伴，有别的大区甚至国家，也包括大学实验室、建筑学校或是城市规划学校等等，下诺曼底大区的负责人帕斯卡尔·柯西(Pascale Cauchy)表示，“为了佩尔什大区自然保护区的研究工作，下诺曼底大区和中央大区展开合作，地方普查机构一起有效率地工作来分享和确认遗产的价值和认识。在分权合作的框架中，地方普查机构还和马其顿共和国、挪威(霍达兰大区)、马达加斯加共和国(阿钦安阿纳大区)在建筑遗产的研究和开发项目中合作”(Marie Cornu, 2014)。

总体来说，在文化遗产普查职权移交给大区后，地方和中央的职责分配更明确，中央能够腾出精力来专注于普查的总结、引导、督察、标准制定和展望工作，而地方也有了更大的自主性来因地制宜地进行项目工作，并且积极自发地寻求合作伙伴来完成项目工作。

五、法国文化遗产普查地方分权对我国的启示

(一) 多元协商共治，激发地方活力

在现代行政体制改革中，地方治理是一个趋势，法国的文化遗产普查放权改革是其通过去中心化实现文化领域政府职能转变的一个体现，其结果是充分调动了地方的积极性，在普查方面取得了良好的成果。

在我国的文化遗产工作体制中，中央政府是最终力量，但其并不进入文化遗产管理利益相关者的核心圈，通过委托—代理制度，地方政府下属的直接管理机构才是文化遗产地工作的日常管理主体，但是地方直接管理机构在职能、

干部管理、资金管理上都全面受制于上级政府。

文物普查、保护和利用应该是各方互利共赢、共同发展的，中央政府的作用需要逐步改变，不再作为唯一主体，文化遗产管理中权力运行的方向应由单向朝双向、多向转变，社区和新生的社会力量也有必要考虑其中，从而形成多元协商的网络型治理结构。

（二）重视文化遗产普查结果的宣传与利用

在法国，保护文化遗产已成为全民共识，这一方面和法国是老牌经济强国，国民文化素养较高有关，另一方面也和政府的多种宣传手段有关，这在地方开展文化普查事业的时候就得以体现，法国文化遗产普查的原则是“辨别、研究以及宣传具有历史、审美和考古价值的古迹和艺术财富”，除了文化遗产的勘察、登记、研究等传统认知中的普查工作，对普查成果的运用和宣传也占了地方机构在普查工作中的很大一部分比重，地方机构有责任将普查的成果普及给大众，同时普查的结果也会为无数课程、讲座、展览、手册提供内容。

在我国，全社会保护文物的观念仍然有待提升，这和文化遗产缺乏普及与宣传有一定关系，文化遗产普查工作主要是面向上级，将普查结果提交、汇报、登记，但却缺乏和人民群众方面的联系。改革开放已经40年，我国已进入“两个一百年”奋斗目标的历史交汇期，既要全面建成小康社会又要开启全面建设社会主义现代化国家新征程，这个时候文化遗产工作的重点需要转向人民群众，我们理应借鉴法国在这方面的工作成果，思考如何从文化遗产工作的起始端——文化遗产普查工作开始，让民众共享获得感。

（三）推动文化遗产普查与其他部门条块融合

文化遗产的外延在不断拓展，工作的要求在不断提高，不仅近现代建筑、重要史迹和工业遗产等不断“迭代”进入文化遗产范畴，与线性文化遗产有关的更多实体也会被确定为文化遗产，与其具有高度关联性的区域会被纳入文化遗产工作统筹范围，这显著扩大了文化遗产相关工作的范围，但管理机构和管理措施都没有跟上，条块管理、职能分散的管理体制对文化遗产地的发展形成制约。

法国文化遗产普查分权到地方，特别在与非文化部门共同工作后在条块融合方面的良好效果值得借鉴，我们应该推动文化遗产普查工作和社会发展规划、城乡规划、土地利用规划、生态环境保护规划相互融合，解决现有的这些规划自成体系、内容冲突、缺乏衔接协调等突出问题。

文化遗产承载灿烂文明，传承历史文化，维系民族精神，是弘扬中华优秀传统文化的珍贵财富，是促进经济社会发展的优势资源，是培育社会主义核心价值观、凝聚共筑中国梦磅礴力量的深厚滋养。党的十八大以来，我国文化遗产事业取得显著进步，但是仍然存在不少问题，如文化遗产合理利用不足、传播传承不够、治理能力和治理水平尚需提升等，文化遗产普查工作作为文化遗产管理工作的起始端，良好的工作成果能保障后续一系列工作的实行。因此，我们有必要汲取其他国家在这方面的优良经验，同时结合我国实际国情，努力走出一条符合国情的文化遗产普查优化之路。

参考文献

1. *L'inventaire général des momuments et des richesses artistiques de la France*, 1978, p.32.

2. André Chanstel, "L'invention de l'Inventaire", *éditorial de la Revue de l'art*, 1990(87).

3. Michel Melot, "L'inventaire général: le chemin vers la décentralisation", *L'Observatoire*, 2014(2).

4. Gérard Ermisse, "L'inventaire aujourd'hui et demain", *Sciences et conscience du patrimoine. Actes des Entretiens du patrimoine 1994*, Fayard, 1997, pp.269—288.

5. Marie Cornu, Jean-Pierre Saez, "Dynamique de la décentralisation de l'inventaire", *L'Observatoire*, 2014(2), pp.27—33.

6. Jean-Pierre Bady, "Réflexions et propositions pour une politique nationale du patrimoine(État, collectivités et secteur privé)", *La Documentation française*, novembre, 2002.

7. *De Paris à la mer, La ligne de chemin de fer Paris-Rouen-Le Havre*, Images du patrimoine, Île-de-France et Haute-Normandie, 2005, p.152.

8. *Inventaire général du patrimoine culturel, L'Hôpital en France, Histoire et architecture*, Cahiers du patrimoine n°99, Lieux Dits, 2012, p.592.

9. 2004 年《地方自由与责任法》条款原文，参见专门发布法国法律法规的网站 https://www. legifrance. gouv. fr/eli/loi/2004/8/13/INTX0300078L/jo/texte。

The Model of Decentralization of French Cultural Heritage Survey and Its Enlightenment

Zhou Limeng

Abstract: In response to de Gaulle's ambition of revitalizing France, the embryonic form of French cultural heritage survey began in the period of André Malraux, which was promoted by the DRAC(Direction Régionale des Affaires Culturelles), representative agency of the Ministry of culture in each *Région*. In the process of implementation, there were a series of difficulties, such as limited investment from central government, lack of local enthusiasm, expansion of the scope of survey, etc. In 2004, the law delegated the power of cultural heritage survey to the Région and clarified the division of functions and powers between the central and local governments. In the following implementation, the reform reflects a series of advantages and achieves good results, which can bring certain enlightenment to the cause of cultural heritage in China, such as multi governance to stimulate local vitality, the publicity of the results of cultural heritage survey, the integration of cultural heritage survey and other departments.

Key words: cultural heritage survey; decentralization; France; multi-governing

微信公众号软文的审美性研究*

广东外语外贸大学　王　焱　陈银珊

［内容提要］　审美性前所未有地凸显是微信公众号软文产生巨大商业效用的重要原因，但尚未得到学界的充分阐发。优质公众号软文具备鲜明的审美风格，高阶植入式软文在“泛文学内容＋商业广告”的创作模式中，更好地保全了审美性。公众号软文基于目标受众的符号价值观发起消费行为，通过泛文学的内容创作，将符号价值嫁接到商品上进行精准营销；通过审美性为商业营销开辟了一条高效触达的道路——打动而非打扰，从而具备了受众、广告主和媒体三赢的可能性。但审美性与商业性之间的矛盾，并未在公众号软文中得以彻底解决。

［关键词］　微信公众号软文；审美性；商业；符号价值；高阶植入式软文

我们正身处一个被软文包围的时代。何为软文？吴晔指出：“比较普遍的说法是指企业通过策划，在报纸、杂志或网络等媒体上刊登的可以提升企业品牌形象和知名度、促进企业营销的一系列宣传性、阐释性文章，包括特定的新闻报道、深度文章、付费短文广告、案例分析等，‘软文’因此又被称为‘广告文学’。”①这一说法在关于软文研究的论文中被广泛引用。该定义的优势在于，它指出了软文区别于灌输式硬性广告的特点：即通过具有文学性的报道方式使品牌推广软着陆。但随着时代的发展，软文的含义早已溢出该定义的范畴：软文的推广主体已不再局限于企业，而其表现形式亦不再局限于新闻报道等。

广告被视为媒体效应的晴雨表。2015年后，传统媒体的广告收入急转直下，就连20多年持续增长的电视也开始快速下滑，更遑论在此以前就已经腰

＊　本文系国家社科基金重大专项项目“新时代中国特色文艺理论基本问题研究”(18VXKD07)、广东外语外贸大学2017年特色创新(师生共研项目)“微信时代文学生产方式的变迁”(17SS05)的阶段性成果。

①　吴晔：《对当下媒体“软文”的思考》，《新闻战线》2008年第2期。

斩的报纸和杂志。与此同时，互联网媒体包括PC和App，也出现了流量大面积流失和广告业务增速减缓的状况①。2015年究竟发生了什么？这是微信公众号爆发性增长的一年，各行各类的优质公众号不断涌现，吸引了资本的正式进驻和广告的大规模投放。微信公众号的出现改变了中国广告业的版图，公众号软文爆发出前所未有的生产力。依据阅读量和在看量的不同，公众号软文报价在数千元到上百万元不等。2018年，公众号"GQ实验室"一篇软文广告价格高达100万元，通过投放广告，公众号营收近两亿元②。为何公众号软文会产生如此巨大的商业效用？这一方面得益于微信异常发达的媒介连接功能，另一方面，亦源于公众号软文自身的文本特点，那就是其审美性前所未有地凸显。

胡惠林指出，无论是文化生产还是文化消费，本质上"都是一种情绪和情感的意义或审美倾诉"③，深刻表明了审美性之于文化产品的重要性。然而目前围绕微信公众号软文虽有不少研究成果，多侧重于分析公众号软文的营销特征、传播原理，很少关注公众号软文内容创作的审美属性。基于此，本文将公众号软文置于美学、传播学、经济学等多学科视野的网络中加以观照，对公众号软文审美性凸显的文本特征、社会心理以及商业效用等问题进行考察，该研究有助于揭示媒介、美学与营销之间深度的互动关系，呈现软文的审美性与商业性互利冲突的复杂结构，在新的媒介形势下把握软文创作模式的变革趋势。

一、审美性凸显的文本特征

从传统软文到公众号软文，可以看到一种非常清晰的发展态势，那就是审美性的日益凸显与商业目的的日益隐蔽。正如《故事经济学》中所说：随着自吹自擂和夸大承诺的"推"式策略逐渐失去吸引力，越来越多的广告从业者转向"拉"式叙述④。而审美性正是"拉"式叙述的尚方宝剑。

传统的软文广告一般都是发布在报刊等平面媒体上，称为平面软文。中国真正意义上的现代平面软文可追溯到20世纪90年代，当时，以脑白金为首

① 黄永轩等：《公众号思维》，广东经济出版社2017年版，第39页。
② 吴启萌：《微信公众号软文广告特征研究》，《传媒论坛》2019年第13期。
③ 胡惠林：《作为公共领域的文化市场》，《探索与争鸣》2014年第8期。
④ [美]罗伯特·麦基、[美]托马斯·格雷斯：《故事经济学》，陶曚译，天津人民出版社2018年版，第2页。

的医药保健行业利用平面媒体发表了一系列软文广告，如《人类可以“长生不老”?》《98全球科技最受关注的人》《两颗生物原子弹》《宇航员服用脑白金》等，形成了爆炸式的全民购买保健品的浪潮。此类软文虽然主要还是在推广商品的功能性，但由于采用了故事性、情感性等具有文学性的新颖形式，满足了很多消费者的功能期待与心理共鸣，所以在当时取得了巨大成功。然而随着时间的推移，大众并没有看到产品所宣传的成效，软广的欺骗性日益显现，加上许多软文内容套路陈旧，大众的审美疲劳和抵触情绪日益加重，软文一度发展滞缓。

自微信公众号代替纸质报刊成为内容的主要生产平台之后，软文呈现出新的面貌，强化了软文作为“广告文学”的文学性，审美性前所未有地凸显，主要表现在两个方面：一是大批具有较高审美素养的内容生产者进入软文创作的行列，使得软文具备了鲜明的审美风格；二是具有审美属性的所有泛文学文本成为软文的载体，在“泛文学内容＋商业广告”的创作模式中，公众号软文有效降低了泛文学文本与广告文本的摩擦，比以往的软文更好地保全了审美性。

就第一个方面而言，微信媒介极大地扩充了软文写作的群体，公众号软文的写作者，已由以前专门的广告从业人员，扩展为公众号内容生产的创作者，因此囊括了全社会的内容原创能力。

广告主所青睐的公众号大号，其运营者通常具有深厚的文字功底、审美素养和丰富的媒体从业经验，注重在文字的美感度和思想的纵深度上下功夫，公众号也具有鲜明的审美风格。审美风格是指创作者的创作个性在作品的有机整体中显示出来的能引起受众持久审美享受的艺术独创性，是创作者独特的艺术创造力稳定和成熟的标志，其实也就是公众号业界人士常说的“调性”。如六神磊磊曾做过新华社时政记者，其公众号“六神磊磊读金庸”嬉笑怒骂，以解读武侠小说针砭时弊；黄佟佟是专栏作家，其公众号“蓝小姐与黄小姐”则以生活哲学的方式评说娱乐时尚；顾孟劼是漫画家，其公众号“顾爷”以调侃的笔法漫谈世界名画家及艺术史；刘黎平是暨南大学的古代文学硕士，曾任《广州日报》国学版主笔，其公众号“刘备我祖”以“史记体”书写当下热点话题。

在前微信媒介上，软文可采用通告模式；而在微信媒介上，通告模式已行不通，同一个商品在不同公众号平台的软文都不一样。由此，受众聚焦也从“某某品牌”的软文如何，演变成“某某公众号”的软文如何。所以相对前微信软文而言，公众号软文更强调的是平台的审美风格，其次才考虑将商品的品牌理念融入这种风格。换言之，就是让商品的品牌理念适应平台的审美风格，而不是相反。

就第二个方面而言，微信媒介极大地扩充了软文的文本体裁，公众号软文由以前的新闻报道、文学故事等较为单一的文体，扩展到具有审美属性的所有泛文学文本，比如娱乐评论、时评杂文、影视评论、旅游札记、育儿心得、职场分享等。而这些泛文学的文本成为优质公众号软文的内容主体。

公众号软文主要可分为主体式软文和植入式软文两大类。主体式软文，通常以“独立第三方”的立场，以新闻报道、深度文章、案例分析等表现形式，着重描述所推广的商品，所推广的品牌即为软文文案的主体与主题。主打主体式软文的公众号平台，不少本身就是电商，通过推送软文进行宣传推广和线上销售服务。这种软文与前微信时代的软文并无大的差异。

植入式软文又有低阶和高阶之分，而充分体现了微信媒介特色的则属高阶植入式软文。低阶植入式软文即根据需要，将广告不固定地安插在内容当中。此类软文的文案主题通常与广告商品的特点有直接关联，比如美食类的公众号会在美食制作过程的文案中，植入某个厨具的广告；时尚类的公众号会在化妆教程的文案中，植入某个美妆品牌的广告。这种软文的套路在前微信时代比较常见，受众对此也有较强的防备意识。

高阶植入式软文则遵循“泛文学内容＋商业广告”的创作范式，通常保持公众号的一贯风格，开篇时与日常发布文章无异，直至文章的后部，引出植入品牌广告，读者这才发现原来在为某商品进行推广。此类软文的文案主题与广告商品的特点并无直接关联，从文案的标题通常也看不出这是一篇软文，软文只是找到一个合适的点实现意义的嫁接，将原生文案与商品的卖点关联在一起，将广告主的品牌理念、受众的价值诉求和文章的主旨融为一体，达到消费者自取的效果，化营销于无形。此类代表性公众号有“六神磊磊读金庸”“蓝小姐与黄小姐”等，通常以输出内容累积了一定流量后吸引资本入驻与广告邀约。

六神磊磊是高阶植入式软文的金牌写手。他在 2018 年母亲节推出的一篇名为《“慈母手中线”，我们可能没读懂的一句诗》的文章中，延续以往品评金庸小说的文字风格，用现代人的思维和言说方式，勾勒出古代诗人孟郊所写《游子吟》背后令人唏嘘的故事，进而引出孝敬母亲的话题，最后对接以“用心、甜蜜”为理念的某品牌“专属于妈妈的母亲节蛋糕”广告。该文看似插科打诨，却又真挚动情、催人泪下，被网友争相转发，很快就收获了 10 万加的点击量，并产生了良好的广告效应。有读者留言“一个广告帖写得这么煽情，居然看哭了”，还有读者表示这广告太好了，立马下单了。

此类高阶植入式软文又被戏称为“脑洞软文”“神软文”。因为受众在阅读软文的内容时，并未感觉到这是一篇软文，而是把它当作一篇具有泛文学意味的文章在阅读，沉浸于文章的叙事铺垫或情感氛围中，直至读到后部抖出的“包袱”，才意识到植入了广告。当受众终于明白这就是一篇软文时，也大多不会产生排斥心理，一方面，受众已从前部分内容的阅读中获得了一种情感上、趣味上、道德上或智识上的满足；另一方面，受众也大多能对公众号承接广告以实现盈利的需求报以理解，并对该公众号植入广告的方式表示接受，甚至出于粉丝心理，对被推广的商品甘之若饴。

公众号高阶植入式软文不同于一般软文的高明之处表现为：后者的植入方式往往是零散、分割的，广告突兀地分散在软文中，对内容的整体性构成破坏。而前者植入方式往往是后置的、委婉的、自然的。在“内容＋广告”这一植入模式中，“内容”通常是具有泛文学意味的文本。优秀的公众号软文会尽量坚守“内容为王”的黄金准则，保持内容的高质与独立性。内容虽然是为后面的植入商业广告做铺垫，但广告植入并不会明显损害内容的独立性和整体美学风格。于是，高阶植入式软文在“泛文学内容＋商业广告”的模式中，有效缓解了商业性对审美性的干扰。

二、审美性凸显的社会心理

当今社会的消费模式，正在经历从理性消费到感性消费的变迁。人们进行线下消费或使用传统的网上购物方式时，其消费行为往往是一种“货架式消费”，消费者会对商品的性价比进行理性比较，从而决定是否购买，这便是理性消费。与之相对，感性消费则是指消费者依据感性原则而进行的消费，注重商品对消费者品位、趣味、身份、个性等满足所带来的精神愉悦。理性消费在传统社会占主导地位，而在消费主义盛行的当下，感性消费则成为新的消费趋势。在剩余生产力与剩余购买力日益充足的现代社会，产品的过度供给为消费者提供了无数替代性选择。随着生产技术的不断成熟，同类商品在功能性方面日趋同质化，往往难分高下，于是，越来越多的消费者所看重的已不是商品的性价比和使用价值，而是商品的个性化符号内涵。

消费模式由理性消费到感性消费的转变，也导致了广告创作模式的改变：即广告从商品功能的广而告之，逐步转变成为商品添加“符号附加值”①。一

① 饶广祥：《广告符号学》，四川大学出版社 2014 年版，第 12 页。

种商品要在感性消费时代从琳琅满目的商品中脱颖而出，它便不能只是某种物，而是某种能满足消费者隐秘欲望的精神符号。正如鲍德里亚所言："要成为消费的对象，物品必须成为符号，也就是外在于一个它只作意义指涉的关系——因此它和这个具体关系之间，存有的是一种任意偶然的和不一致的关系，而它的合理一致性，也就是它的意义，来自它和所有其他的符号——物之间，抽象而系统性的关系。这时，它便进行'个性化'，或是进入系列之中，等等：它被消费，但(被消费的)不是它的物质性，而是它的差异。"①鲍德里亚所说的差异，就是彰显消费者尊贵、有趣、时尚、浪漫、独立、先锋、小众等精神优越性的符号价值。

在理性消费时代，广告的表述方式是"人—商品"；而在感性消费时代，广告最基本的表达是"人—符号—商品"。公众号软文在感性消费大潮中应运而生，自然要处心积虑地在受众与商品之间加入符合受众欲望的符号价值。那么如何加入这种符号价值，并让受众接受这种符号价值？泛文学的内容创作就是被广泛采用的叙事方式。

优质公众号软文创作与接受的过程一般会经历这几个阶段：第一个阶段，定位目标受众。公众号会依托具有特定审美风格的泛文学内容创作，比如娱乐评论、时评杂文等吸引受众聚集，然后在后台数据与留言互动的信息中，把握受众的符号价值，并据此对自身的审美风格进行调整，对目标受众进行明确定位。第二个阶段，吸引目标受众。持续输出符合受众的符号价值的泛文学内容，吸引更多的目标受众，并充当这一群体的意见领袖。第三个阶段，为目标受众量身定制软文。承接不会与自身调性产生冲突的商品广告，创作与其审美风格相一致的泛文学内容，将目标受众推崇的符号价值嫁接到其要推广的某种商品身上，进行精准的产品营销。第四个阶段，受众在阅读了符合自己符号价值的泛文学的文本后，基于对公众号的认可与信任，在相近的价值理念与稳定的黏性情感的驱动下，省去了以往货架消费性价比对比的艰难理性思考环节，产生购买冲动，完成消费行为，获得这一群体所追求的符号价值。

娱乐时尚类公众号"蓝小姐与黄小姐"在创立之始对目标受众进行了清晰的定位，即"经济独立、同时也人格独立，或者说渴望人格独立的一群人"，后台数据显示"女性粉丝高达80%以上"②。可见，该公众号的目标受众就是拥有

① [法]让·鲍德里亚：《物体系》，林志明译，上海人民出版社2001年版，第224页。

② 《蓝小姐和黄小姐：相识10年，相差12岁，谁说闺蜜不能一起创业?》，http://dy.163.com/v2/article/detail/CS4IHCU105179PE6.html。

一定经济实力且追求时尚品位的独立女性，而其软文就为此群体量身定制。

该公众号曾推出一篇"泛文学内容＋商业广告"的高阶植入式软文，所推销的商品是某零食品牌与大都会博物馆合作推出的礼盒，软文的题目是《如今最时尚的人，都是行走的博物馆》，该文的泛文学内容秉持了该公众号一贯的时尚评论风格，先从敦煌博物馆赠送滑板给明星王一博的热点事件切入，然后列举了时尚界从博物馆取经以及与博物馆联手的诸多案例，比如YSL向抽象艺术大师蒙德里安取法的"robe Mondrian"（蒙德里安裙），路易·威登（Louis Vuitton）和波普艺术家杰夫·孔斯（Jeff Koons）推出的大师系列对接了礼盒的商业广告。

该文渲染零食口味的文字甚少，而是着力将大都会博物馆所代表的高雅、诗意、时尚、精致、美好、底蕴、小众等符号价值，其实也正是该公众号目标受众所期盼拥有的符号价值，附加到该零食之上。类似这样的暗示反复出现："那些教科书上的创世名作，竟可以直接背在身上出街，让你变身成行走的'博物馆'，这样独特时髦又有文化内涵的单品，提升格调不只一点点"——将消费某种商品与提升文化格调等同起来，诱导消费者通过拥有商品将博物馆肉身化。"如今把'你穿什么，你就是什么'作为座右铭的年轻人越来越多，当他们背一只包时，想被人看到的也不仅仅是钞票，还有自己的独特审美与态度。与其去追逐随处可见的潮牌，倒不如追逐这些拥有小众而又富有文化底蕴的产品。当在博物馆'血拼'的时候，感觉自己买的可不单是一个包、一条项链，还有背后几百年甚至几千年的历史和艺术家们心中的美"——将消费方式与生活方式等同起来，将拥有某种商品与拥有独特审美品位和文化底蕴等同起来，诱导消费者将对艺术史以及艺术家的追求与热爱转移到商品上来。"这只烫金的马克杯很合我心意，印的是我最喜欢的《麦田和柏树》。如果梵高将自己的一生都浓缩在自己的画里，那么我觉得百醇这个礼盒则是将他的那份炽热、孤独与美好沉淀在这只杯子之中"——将艺术家的生命抽象为一种高贵小众的符号价值，并嫁接到商品上。"这个系列味道都是淡雅的花香和酸酸甜甜的果味结合，将'果'和'花'连接起来很迷人，闭上眼仿佛是置身于一幅油画之中"——诱导消费者通过消费某种商品对日常生活进行艺术化的想象。"朱光潜说，懂生活的人就是艺术家，他的人生就是艺术作品。其实像艺术家一样生活也并非那么难，在细节之处，给生活多一点艺术感、仪式感，或许会让平淡的生活变得时尚而有诗意"——将艺术家的生活高度抽象为一种时尚诗意的生活，进而诱导消费者将消费某种商品与像艺术家一样生活等同起来，从而与一般人的生活区别开来。

于是，在这篇软文的引导下，消费这种零食，成为一种高品位的、具有艺术感和仪式感的生活美学。而完成购买行为的受众也幻想自己在享用这种零食时，能拥有他们向往的艺术人生，获得他们自我期许的、与他人相区隔的符号价值。有读者在评论区留言：这篇软文"让吃格力高也成了一件蛮艺术蛮小资的事"，正代表了众多消费者的心声。费斯克的一段分析正深刻地道出了该软文高超的符号操纵能力：广告"赋予这些产品差异以意义，使得那些生活在广告所瞄准的社会结构中的人，意识到自己正在'被告知'，甚至在该产品中辨识出自己的社会身份认同与价值观念"①。该公众号也通过高超的符号操纵能力，产生了可观的营销效应。据第三方监测机构显示，该公众号软文"阅读原文"打开商品购买链接的跳转率高达 6%，远高于行业内大号跳转率 0.1%的标准②。

公众号软文迎合了受众的感性需求，基于目标受众的符号价值观发起消费行为，通过泛文学的内容创作，将符号价值嫁接到商品之上，并将商品的符号价值作为最大的卖点进行精准营销，从而成为微信平台最重要的推广利器。其推广优势在于不像以往的软文泛泛地影响大基数群体，而是分众化传播，深度地影响有着共同符号价值观的较小基数目标群体。

三、审美性凸显的商业效用

审美性与商业性存在尖锐冲突，是当今美学界的主流观点。这种观点深受德国古典美学与西方马克思主义的影响。康德、席勒、黑格尔等将审美性视为一种超越性和无功利性，认为审美是引领人抵达自由王国的必经之路。黑格尔指出："审美带有令人解放的性质，它让对象保持它的自由和无限，不把它作为有利于有限需要和意图的工具而起占有欲和加以利用。"③马尔库塞、阿多诺等西方马克思主义者继承了德国古典美学关于审美自律性的认识，也将审美性视为抵抗资本主义异化社会的一种策略。

然而，审美性与商业性格格不入的关系在商业经济高度发达的 21 世纪发生了重大转变。在这个被阿苏利等学者称为"审美资本主义"(Aesthetic

① [美]约翰·费斯克：《理解大众文化》，王晓珏、宋伟杰译，中央编译出版社 2001 年版，第 11 页。

② 《"蓝小姐和黄小姐"如何读懂女人心?》，http://www.sohu.com/a/122490124_226049。

③ [德]黑格尔：《美学》第 1 卷，朱光潜译，商务印书馆 1979 年版，第 147 页。

Capitalism)的新时代，审美已被商业网罗吸收，成为当代经济增长的强劲动力。审美与商业的紧张对立得以缓解，更多显现出来的是合谋与共生。我们可以清晰地看到公众号软文中审美性与商业性之间相互依附依托的关系，一方面，商业依附于审美，商业广告只是作为泛文学内容的尾题出现，商业依托审美实现利益增值；另一方面，审美又依附于商业，广告收入是维持公众号进行泛文学内容推送的重要经济来源，审美依托商业获得支撑。

不少学者已注意到审美性产生的商业效用。韦尔施曾说："一旦同美学联姻，甚至无人问津的商品也能销售出去，对于早已销得动的商品，销量则是两倍或三倍地增加……倘若广告成功地将某种产品同消费者饶有兴趣的美学联系起来，那么这产品便有了销路，不管它的真正质量究竟如何。你实际上得到的不是物品，而是通过物品，购买到广告所宣扬的生活方式。"①卢瑞指出："现代消费文化特殊的风格特点源于美学知识在价值创造过程中日益增加的重要性。"②阿苏利也指出："审美资本主义说明了一种经济的变革，这种经济在本质上不是有用的商品流通和购得的问题，而是一个服从于审美判断的吸引力和排斥力的审美空间。"③这也从大的理论背景论证了优质公众号软文制胜的关键，那就是审美性的凸显带来了巨大的商业效用。

公众号依托具有鲜明审美风格并符合受众符号价值的泛文学内容聚集粉丝。粉丝们阅读公众号推送的文章，就像是在看一本正在连载的书，他们像期待一部未完成的作品一样期待它的更新，希望从推文中获得情感的慰藉、思想的指引、审美的愉悦或者快意的感觉，并希望这种感觉一直延续下去。公众号推出的软文与公众号日常推送的文章在审美风格上保持一致。有学者指出："微信公众平台发布软文广告始终需要遵循的原则就是与公众号的定位和风格相一致，否则广告效果不会好，还会伤害公众账号的影响力和形象。"④公众号要爱惜自己的羽毛，就必须尽量抵抗商业企图的干扰，以一贯的审美风格打造软文。

时尚类公众号"胡辛束"依靠其推送的爆款文章《像机器人一样爱你》大热后，吸引了许多广告商的注意。面对纷至沓来的广告投放，胡辛束表示：不接整容、理财这些与公众号不在同一基调上的广告品类；不直接接受供稿，也不

① [德]沃尔夫冈·韦尔施：《重构美学》，陆扬、张岩冰译，上海译文出版社2006年版，第6—7页。

② [英]西莉亚·卢瑞：《消费文化》，张萍译，南京大学出版社2003年版，第75页。

③ [法]奥利维耶·阿苏利：《审美资本主义：品味的工业化》，黄琰译，华东师范大学出版社2013年版，第201页。

④ 董春艳：《微信公众平台软文广告的传播效果研究探析》，《传播与版权》2016年第11期。

接受两次以上大幅度改稿；如果广告商在固定推送时间的前半小时都没办法确定细则，则把广告退掉，绝不耽误推送时间。胡辛束对软文审美风格的维护，不仅没有吓退广告主，反而助其成长为具有广泛影响力的自媒体大号，得到越来越多的广告商的青睐以及资本的融资。从这个案例中，我们也看到了软文的审美自律对平台传播效力和商业利益产生的正向驱动力。

虽然商业推广是软文最终的功能旨向，但优质公众号软文通常把广告不露痕迹、不动声色地放在最后，而且广告并不会明显减损泛文学内容的独立性和审美风格，广告的隐蔽性、柔软性、迂回性，最大程度弱化了商业目的压迫性。在阅读此类软文时，受众感觉自己阅读的并不是广告，而是能触动和感染他们的趣味、观点、故事、分享。于是这些泛文学内容便成为没有明显直接利害关系的审美对象，与受众建立起比较纯粹的审美关系。当受众认为这些泛文学内容于他并没有明显直接利害关系时，隐藏在内容背后的符号价值更容易对受众产生诱导，使其产生消费冲动。在审美愉悦的驱动下，受众甚至还会主动将软文在朋友圈和微信群中分享，间接为商业推广助力。

可见，公众号软文是以一种表面上弱化商业目的的方式实现了商业目的，通过“随风潜入夜、润物细无声”的传播效果，实实在在达到了推广商品的目的，产生了良好的广告效益，软文广告的到达率与接受度达到了前所未有的高度。这也正应验了广告界的一句名言：“不像广告的广告才是好广告。”“微信之父”张小龙曾阐述了微信媒介的四大核心价值观之一：“商业化存在于无形之中”，“好的商业化应该是不骚扰用户，并且是只触达他需要触达的那一部分用户”①。高阶植入式软文与微信的价值观高度吻合，它通过审美性为商业营销开辟了一条高效触达的道路，那就是打动消费者，而不是打扰消费者。

有学者指出：“用中国古典美学术语说，艺术在广告中相当于促销的‘起兴’手段。广告中的艺术成分首先使公众兴腾起来，进入想象的世界，进而在这种想象中与商品实现无意识认同。”②这一观点用于对高阶植入式软文的分析尤其适用。由于此类软文的风格及理念与受众的期待视野和情感诉求高度契合，能够对受众产生很强的诱导性，受众往往会在无所防备的情形下，发自内心地去接受软文的趣味与价值观，并对与软文内容对接的推广商品产生品牌认同感，进而产生强烈的消费冲动，去获得附加在商品之上的符号价值。

---

① 微信张小龙：《好的商业化应该是不骚扰用户》，https://tech.qq.com/a/20160111/035538.htm。

② 王一川主编：《大众文化导论》，高等教育出版社2007年版，第171页。

在人类广告发展史上，从整体上而言，还没有哪种形式的商业广告能比公众号软文更称得上是广告文学，能通过文学为广告带来如此巨大的商业增值。公众号软文，尤其是高阶植入式软文顺应了感性消费的大潮，凸显了广告文学的审美性，比以往的软文更好地实现了审美性与商业性的互利，从而具备受众、广告主和媒体三赢的可能性：给广告主带来可观的商业利益；给公众号带来内容变现的同时，尽可能地保持平台自身的美学追求；同时也给受众提供优质的内容创作，应和受众的审美需求。这些优质公众号软文商业效用的节节攀升，也表明了未来软文的发展趋势。

尽管审美性与文学性在公众号软文中前所未有地得以凸显，但其仍与真正的“美”的文学有所区别，因为广告文学本质上仍然是广告。现代广告大师戴维·奥格威毫无遮掩地指出了被全球广告人奉为经典的座右铭：“我们的目的是销售，否则便不是做广告”，公众号软文的广告营销属性，使得软文创作者不得不以一种“顾客就是上帝”“甲方就是爸爸”的心态来进行创作。软文的审美性再高，广告主也具有一票否决权。公众号软文最终受制于商业逻辑支配，很难拥有独立的审美逻辑。当然，也有一些粉丝甚众的公众号，因其对粉丝有极强的号召力，广告主对内容创作的干扰会降到最低，这些公众号推出的软文，能够在更大程度上保全自身的审美性，但毕竟是很少数。

整体上而言，审美自由性与商业功利性之间的矛盾，并没有在公众号软文中得以彻底解决。审美性如何呈现要受到商业性的制约，审美性凸显和商业性隐退其实是为了更好地实现商业效用。公众号软文通过泛文学内容所着意附加的符号价值都是虚拟的，而把商品推销贩卖出去的商业企图才是真实的。商业性在表象上的隐退，并没有让受众获得不被商业企图左右的自由，从消费欲望中解放出来，反而诱使我们对商品甘愿就范，在消费欲望中更加沉溺。从表面上看，审美性在广告中的话语权提高了，但实际上这仍只是为商业效用加密的糖衣。

On Aesthetic Nature of WeChat Public Account Soft Advertisement

Wang Yan　Chen Yinshan

Abstract: Aesthetic nature has become more prominent than ever, which is an important reason for the huge commercial utility of WeChat public account soft advertisement. The high-quality public account soft advertisement has a distinct aesthetic style, and in the "pan-literature content+commercial advertisement" creative mode, it has preserved the aesthetic nature to the greatest extent. The public account soft advertisement initiates consuming behavior based on the target audience's symbolic values. Through pan-literature content creation, the symbolic value is grafted onto the product for precise marketing. The public account soft advertisement has opened an efficient access for business marketing through sympathy rather than disturbance, thus having the possibility of win-win for the audience, advertisers and media. However, the contradiction between aesthetic nature and commercial nature has not been completely resolved in WeChat public account soft advertisement.

Key words: WeChat public account soft advertisement; aesthetic nature; commerce; symbol value; high-quality public account soft text

“市场”介入与乡村治理研究

云南大学　李　佳

［内容提要］　在原有乡村研究的分析框架上，“市场”作为一种动态变量的介入，有助于充分理解经济关系对乡村社会治理的作用。由于市场的复杂特质，关于市场的研究逐渐从纯粹的经济学转向文化领域。现代市场体系对乡村的深层社会结构产生巨大影响，乡村社会的自然调节机制不能完全应对经济关系的改变，对原有的治理系统和治理形态形成冲击。新的文化经济形态发展，不但成为突破经济停滞陷阱的机会，且以文化为资源的发展模式强化了文化认同，使大量的乡村地区由“单一社区”变成了“复杂社区”和“流动社区”，促进多元主体进入治理系统，也促进了多元治理理念的发展。

［关键词］　市场；乡村经济；治理

乡村治理是多种元素共同作用的结果，根据结构功能论的观点，各个制度不是孤立存在的，而是难于切割、紧密相连构成一个整体。分析乡村治理，不能不分析相关的制度域，尤其是对乡村治理构成最大影响的经济制度。对乡村社会治理的阐述必须依靠对乡村经济关系的充分理解，分析作为空间和经济体系的市场与作为社会和文化体系的市场如何塑造了观念形态，及这些观念形态对治理产生的影响。传统的乡村治理研究较多聚焦于“国家政权建设”和乡村传统的自生力量，但当前乡村社会的形态发生着巨大的改变，从小型均质的社会变为在复杂的现代社会中不断演进的、单一形态与多元混合形态并存的社会单元，原有的治理研究不足以解释乡村社会发生变化的重要变化。因此，在原有乡村研究的分析框架之上，“市场”作为一种动态变量的介入，成为很好的分析选择。

一、市场研究的文化转向

随着对商品交换形式的不断认知，市场的概念逐渐建立起来，市场作为经济学研究的核心范畴和基本对象，在某些经济学分析领域，将市场仅仅描述为进行交换的时空场域，其中交换行为是独立的，通过价格机制和竞争机制发生作用，个人利益最大化是基本原则，这个角度强调的是其作为交易的组织方式。事实上，从宽泛的意义上来看，“市场”是在生产、交换和消费环节中建构起来的社会关系，其中包含了个体的行为和心理动机，更是与文化、社会制度甚至政治权力关联。而且，市场并不只表征实体市场，而是一系列意识的统称，是哲学体系和生活方式。从某种意义上来说，现代市场经济导致前社会形态向现代社会的巨大转变。由于市场的复杂特质，关于市场的研究也逐渐从纯粹的经济学发生着文化的转向。

市场首先被认为是一个经济学概念，古典经济学认为市场是一种价格机制，能有效地配置社会资源。亚当·斯密在这样的分析框架中认为市场的一般形式由买者、卖者、商品、货币构成。现代资本主义制度的确立使市场发展到了较为成熟的形态，市场的内在规律得以充分展现，市场交换成为现代经济运行的基本形态和基本特征，也促成市场理论的发展和不断完善，并不断集中于资源配置的角度，从而忽略了市场分析的其他维度。19 世纪 70 年代“边际革命”标志着新古典经济时代的来临，新古典经济学继承了古典经济学中“市场自由主义”的理论，并使之得到充分而精致的阐释。在西方经济学的分析框架中，市场是一个高度纯化的时空场域，被视为物品买卖双方相互作用并得以决定其交易价格和交易数量的一种组织形式。因此，市场的主要属性是经济资本交换，是独立的范畴，而社会关系和权力关系等要素不被考虑进入市场分析范畴。

在市场理论发展的过程中，一些经济学家注意到主流经济学在市场分析中的缺陷，试图进行修正，制度经济学认为市场是社会结构中非正式互动的产物，文化因素和政治因素也发挥着作用，把市场看作为了降低交易成本而形成的一种诱致性制度变迁。新制度经济学派的科斯认为，市场和企业都是资源配置方式，相互具有替代性，交易成本是决定采用哪一种配置方式的决定性因素。制度经济学认为理性人在追求效用最大化时，有限理性和信息不对称等因素制约了其行为，因此制度为交易行为提供了有效的框架。制度经济学对市场的分析仍然是运用新古典的逻辑和方法，不过更侧重从微观的角度研究市场制度的运行，从制度出发分析人类的交易行为。

新经济社会学将市场的研究向前推进，经济史学家卡尔·波兰尼提出“嵌入性”(embed)的概念，认为市场经济活动嵌入和普遍浸没在社会关系和社会文化结构中，这些社会关系包括宗教和政治等。他认为，人类社会出现过三种交易模式，即早期的互惠交易、稍晚的再分配交易和最晚近的市场交易。互惠模式和再分配模式在人类社会中有长久的历史，19世纪以前是人类经济整合的主要形式，而市场交易模式仅仅在市场制度兴起后才出现并逐渐取代了互惠和再分配模式，成为经济整合的主要方式。波兰尼认为三种交易都不能够脱离普遍的社会关系，市场只是社会制度的一种方式而已，并且受到社会的规制。波兰尼通过这些论述把市场放入宏观的社会结构之中，而不是将其作为独立于社会结构的要素进行分析。

新经济社会学对市场研究的最新动向是把皮埃尔·布迪厄(Pierre Bourdieu)的场域理论运用于市场研究。布迪厄关于市场的相关研究主要体现在其著作《经济人类学原理》一书中，他将“场域”定义为：在各种位置之间存在的客观关系的一个网络(network)或一个构型(configuration)。布迪厄认为，社会是由大量具有自身逻辑和必然性的客观关系空间，即“场域”构成。市场作为场域概念被理查德·斯威德伯格(Richard Swedberg)、尼尔·弗雷格斯坦(Neil Fligstein)、沃尔特·鲍威尔(Walter Powell)以及保罗·迪马吉奥(Paul Dimaggio)等当代著名新经济社会学家用于理论分析和经验案例。他们将市场视为行动者生产和再生产的经济场域，其中涉及权力关系，除了金融和技术等资本，他们强调文化和社会符号也是重要的资本。通过生产和再生产过程，他们在场域中保持竞争优势并强化制定规则的能力。

基于人类学的分析拓展了关于经济和市场的相关论述，人类学家在田野工作的基础上用另外的视角去观察阐释市场，并得出了与经济学不同的关于“市场”的观念。从市场的起源来看，著名的人类学家马林诺夫斯基根据他在特罗布里恩群岛的研究，发现了“库拉圈”(Kula Ring)这一原始经济交换形态，但其实质不仅仅是交换物品，而是通过交换礼仪形成了文化行为。这种原始形态的交换系统，除却交易的经济功能外，兼有社会交往、娱乐、风习等功能，因而实质上是一种社会文化行为。经济人类学对交换研究的基点，并不完全关注物的形态，而是试图通过考察经济体的社会统合关系来分析不同形式的整合之间的差异。马塞尔·莫斯(Marcel Mauss)曾经分析古代社会中交换的"总体呈现"特征,交换不仅限于物质,仪式等也是交换的重要要素,社会关系是多元化的,物的交换过程中蕴含着种种不同的象征意义。因此,交换反映出当时社会中存在"杂糅"的观念。

文化转向研究中的市场具有更广泛的含义,超越了纯粹的经济系统的意义,并且与特定的社会发生制度性和结构性的关联。因此,市场只是人类交换行为的一个表达,而人类交换行为的表达方式远远超出市场范围,依据不同的文化社会特征,交换呈现复杂的表达形式,人类社会借由这些交换实现着物质的流通,实现着社会结构的调整和文化的交流。

二、现代市场关系对传统乡村治理的冲击

乡村社会出现治理危机,最重要的方面是经济生产方式改变导致的治理结构改变,乡村原有的治理结构是基于农耕生产方式出现的,经历多年的发展与不断纠错,能够提供初级公共产品,成为一个行之有效的治理系统。但现代生产方式改变,乡村社会的自然调节机制不能完全应对,带来了治理系统的极大改变。现代治理体系发展中,应当关注市场对乡村经济、社会、心理结构的改变,在此基础上说明乡村的权力结构的变化,以及这些变化如何影响乡村治理的可能走向。这个改变过程是渐进的,早在20世纪20—30年代,由知识分子群体发起的乡村建设运动就注意到了乡村传统经济受到冲击、乡村社会破产、公共事业凋敝的社会现实。在燕京大学社会学系发起的清河调查中,认为中国农村社会单靠自身传统组织演进已经走入死局,农村社会需要找到新的调节性组织方式。杨开道作为清河实验的组织者,在考虑乡村社会的治理时,不仅仅关注治理本身,而且将经济方式、城乡关系、社会资本分配等统合考虑,他认为应该依据农村的自然社会条件,调整其与土地、市场、资本、政府等外部环境之间的关系,通过渐进改良激活农村自生力并实现城乡间公平分配。

当前关于市场对乡村社会的作用,可分为不同的面向,一部分研究强调现代市场对乡村的摧毁,形成乡村传统治理的崩塌。这种观点认为现代资本主义与乡村之间有天然的不相容性,马克思研究了资本主义主导的市场经济如何瓦解乡村共同体的非经济关系,正如在《共产党宣言》中的表述:"资产阶级在它已经取得了统治的地方,把一切封建的、宗法的和田园诗般的关系都破坏了。它无情地斩断了把人们束缚于天然首长的形形色色的封建羁绊,它使人和人之间除了赤裸裸的利害关系,除了冷酷无情的'现金交易',就再没有任何

别的联系了。"吉登斯认为马克思的著作中关于资本主义的论述对于我们理解现代世界十分重要,因为资本主义是塑造现代社会的重要力量,它无所不在,被认为是一种含有比此前的任何一类生产秩序都远为巨大的动态扩张趋势的经济企业模式。大规模的乡村社会经济改变是近三四十年来发生的,现代市场体系对乡村的深层社会结构和治理的形态产生巨大影响。大量的研究指向了传统乡村社会秩序的瓦解,表现为农民对乡村社会的归属感大大降低,集体行动能力下降,以及公共服务短缺、人居生态环境恶化、基层组织涣散等,形成公共事务治理危机。

另一部分的研究分析了市场的正向作用,马克斯·韦伯、波兰尼和鲍曼等学者的论述都指向同一个结论:资本主义市场力量要求经济从社会中脱嵌,在乡村中加速土地和劳动力剥离,农民从村庄共同体中分割出来,成为自由劳动力,土地和农民都成为资本主义发展的要素。这个结论在中国的有效性依然展现出来,在这个过程中,市场在乡村治理中发挥的作用也得到更充分的讨论。一部分观点认为,分析乡村社会的治理,不能无视市场的巨大作用,不能一味持否定的立场。尤其是在市场化过程中,乡村社会的基层权力结构的改变,乡村权威的瓦解与重新形成中反映出市场化过程中村庄内生权威与秩序新的生成与运行逻辑。另外,市场经济有其内在的伦理性,其在参与乡村社会中发挥着重要的作用,在国家—村庄和市场的框架中,应审慎研究市场在文化和社会结构中的作用。

三、新的文化经济形态兴起及对治理的影响

乡村是生物多样性和文化多样性的重要保留地,作为地方共同体,发挥社会认同与情感的价值,从而也是社会治理的重要资源。在现代市场关系中,乡村的文化除了具有治理资源的功能外,与经济、社会资源往往会互相转化,在经济发展形态发生改变时,有可能成为经济资源,乡村文化依然是潜在的经济发展资源。在后现代社会发展中,其潜在的价值还将进一步出现。此外,根据西方发达国家的经验,乡村凋敝的过程在经历一个拐点后又出现复兴的趋向。因此,保留乡村文化是社会资源的另一次重整,乡村文化资源在未来经济发展形态中被赋予新的价值。法国学者孟德拉斯于 1967 年发表《农民的终结》,认为小农不可避免走向消亡。但 20 年后,作者在再版的书中加入了新的内容,在农村凋敝的论断外,从统计数据和经验事实中发现了乡村社会惊人的复兴,

人口流动方向发生了逆转，而且在乡村获得了一种特别的和舒适的生活方式，城乡之间的差异进一步缩小。孟德拉斯举例，根据人口普查，自1975年乡村人口下降的趋势就停止了，7年后乡村人口数量开始回升，且回升速度高于同期法国其他地区。农业从业者的数量依然持续下降，但降幅减缓。他认为，乡村经过休克期后重新获得了生命力。

在现代市场关系的冲击下，乡村社会的凋零是显见的，经历高速城镇化阶段之后，乡村社会的复兴还没有大规模出现，目前已经出现了逆城市化的产业发展端倪，城乡之间呈现要素双向流动的态势。随着媒介传播方式改变和技术手段介入，以及文化观念和消费风潮的改变，乡村逐渐成为新一轮经济发展形态的目标。尤其是在消费社会的语境中，乡村的价值被重新“发现”，促进了乡村文化资源产业化的进程。哈贝马斯认为，现代社会具有双重意义，即“系统”的社会和“生活”的社会，“系统”的社会通过宏观的社会制度，如经济、政治等来实现运转，而“生活”的社会则呈现为个性、意义和象征，是文化价值的领域。乡村在系统社会不断受到冲击，但是在生活世界的社会却获得了自身存在和发展的价值。

乡村新的经济形态的兴起和发展，并非乡村本身发展演化的自然结果，而是呈现出与某种“大众的趣味”(taste of the masses)以及经济力量的密切关系，这种趣味是全球化、消费社会及技术进步的杂糅产物。目前出现乡村人口回流和一批城市创意产业进入乡村的现象，带来大量的资本和经济发展机会，以乡村文化为资源的产业获得活力，个人创意从业者将乡村看作新的经济发展场域。

新的文化经济形态发展对乡村治理产生积极的影响。在一些文化资源富集而其他资源匮乏的地区，地方经济发展的目标是希望通过发掘具有特质性文化资源获得突破经济发展停滞陷阱的机会。以文化为资源的发展反过来进一步强化了文化认同，村民通过“他者”的眼光发现了司空见惯的传统文化的价值，并在旅游业和文化产业发展中拓展了生计方式，激活了一些文化因子，形成了文化自觉，强化了文化的认同。新的文化经济形态的发展，促进了乡村自组织的发展和公共事务的处理，这些自组织在公共事务中产生了拼合式秩序，就像锁子甲一样，由多个相互重叠、彼此锁定而又界限分明的团体组成，最终形成不可割裂的连续体，这个秩序正是各种涉及广泛领域的治理职能所依赖的秩序。

另外，原来的乡村社会基本是一个同质社会，新的经济形态的发展，使大量的乡村地区由“单一社区”变成“复杂社区”和“流动社区”,原有的乡村社区是涂尔干描述的机械团结社会,治理方式主要依靠共同的集体意识来凝聚,习惯、风俗扮演着重要的角色。而复杂社区是有机团结社会,依靠现代社会的分工网络实现连结,促进了多元主体进入治理系统,也促进了多元治理理念的发展。

四、结语

“市场化”作为中国乡村的发展进程的描述,可以反映当前中国乡村社会变迁。在市场化过程中,农民的经济观念、行为,以及社会深层结构等发生重大变迁,进而影响到乡村社会的治理。从理论视域来看,“市场”这个变量的介入可以修补国家与社会分析框架的不足。既有的乡村治理研究或关注政府层面的公共决策,或关注民间社会的传统力量,在研究视角下沉和上移的纵向移动中,“市场”介入不但开辟了横向移动的研究视域,而且在经验层面得到丰富的验证。新的文化经济形态的发展,证明了现代市场力量与原有乡村社会文化要素契合会成为乡村治理的新方向。

参考文献

1. [美]罗纳德·哈里·科斯:《论生产的制度结构》,盛洪、陈郁等译,上海三联书店 1994 年版。

2. [英]卡尔·波兰尼:《大转型:我们时代的政治与经济起源》,冯钢、刘阳译,浙江人民出版社 2007 年版。

3. [英]布罗尼斯拉夫·马林诺斯基:《西太平洋的航海者》,梁永佳、李绍明译,华夏出版社 2002 年版。

4. [法]马塞尔·莫斯:《礼物:古式社会中交换的形式与理由》,汲喆译,上海人民出版社 2005 年版。

5. 陈庆德、马翀炜:《文化经济学》,中国社会科学出版社 2007 年版。

6. 侯俊丹:《市场、乡镇与区域:早期燕京学派的现代中国想象——反思清河调查与清河试验(1928—1937)》,《社会学研究》2018 年第 3 期。

7.《马克思恩格斯选集》第 1 卷,人民出版社 1972 年版。

8. [英]安东尼·吉登斯:《民族、国家与暴力》,胡宗泽等译,生活·读书·新知三联书店 1998 年版。

9. 毛丹:《村庄的大转型》,《浙江社会科学》2008 年第 10 期。

10. 邓大才:《中国乡村治理研究的传统及新的尝试》,《学习与探索》2012 年第 1 期。

11. [法]H.孟德拉斯:《农民的终结》,李培林译,社会科学文献出版社 2010 年版。

12. [美]克利福德·格尔茨:《尼加拉:十九世纪巴厘剧场国家》,赵丙祥译,上海人民出版社 1999 年版。

The "Market" Intervention and Rural Governance Study

Li Jia

Abstract: Based on the original analysic framework, the "market" as a dynamic variable involved helps to fully understand the role of economic in governance. Due to the complexity of the market, the research on market has gradually shifted from the pure economics field into the culture field. The modern market system has a big impact on the deep structure of the rural society, and the natural adaptive mechanism of rural society cannot cope with the change of the economy, which will have an impact on the original governance system. The new form of cultural and economic development, not only the opportunity to breakthrough the economic stagnation trap, but also the opportunity to make the culture, as the resource development mode, to strengthen the identity. This form make lot of rural areas from the "single community" to the "complex community" and the "flow community", which promoted the multiple agents into the management system, and has promoted the development of pluralistic governance concept.

Key words: market; rural economy; governance

武汉电子竞技产业发展的现状、困境与进路*

华中师范大学国家文化产业研究中心　刘玉堂　李少多

［内容提要］ 作为一个世界性的文化产业现象，电子竞技产生了广泛而深刻的经济社会影响。在其二十余年的发展历程中，电子竞技产业由“洪水猛兽”逐渐成长为被激烈争夺的“新蓝海”。本文从国内电子竞技产业的宏观态势出发，考察武汉电子竞技产业的发展现状，并结合理论和实践分析武汉电子竞技产业发展存在的问题及其原因，进而提出具有针对性的策略，以促成武汉电子竞技产业健康快速发展。

［关键词］ 武汉；电子竞技；电子竞技产业

一、国内电子竞技产业发展概况

电子竞技，亦称电子竞技运动（Electronic Sports or E-sports）。它是人类社会进入数字信息时代后，通过数字信息技术与人工智能技术的融合，依托现代科技的软硬件设备，将虚拟的电子游戏与传统的体育竞赛规则有机结合，进而产生的一项集对抗性、竞技性、观赏性、娱乐性、科技性于一体的运动模式。自 1998 年以来，随着网吧、网游、即时通讯、互联网技术的迅猛发展，对于大多数游戏业内人士而言，电子竞技不再是新鲜事物；但对于业外人士，尤其是在普通民众眼里，电子竞技依然等同于网络游戏、电子游戏，无异于“洪水猛兽”。电子竞技虽然由电子游戏发展而来，却与电子游戏有着本质区别。电子游戏侧重点在于“游戏”，是以愉悦、放松为首要目的，人们自由、自愿地按照一定规

* 本文系中央高校基本科研业务费创新资助项目“武汉‘大学之城’视域下城市文化构建路径研究”（2018CXZZ019）的阶段性研究成果。

则、一定目标开展的竞争性的娱乐活动，所以带有天然的娱乐性和休闲性。[①]而电子竞技侧重点在于“竞技”，是区别于电子游戏并达到竞技层面的一项运动，是提高和锻炼受众的思辨能力、反应能力、心眼与四肢的协调能力，以及培养其意志品质和团队协作精神的一项有益于德智体全面发展的体育运动，也是纳入全民健身的运动之一。[②]两者概念在普通民众眼中的含混不清，以及学校与家庭教育对电子竞技的疑虑、误解乃至污名、歧视，在一定程度上使得国内电子竞技的发展之路颇为曲折。

新事物在诞生之初往往面临着夹缝生存、艰难发展的困境。尤其是在有“礼俗代教化”文化传统的中国，歧视游戏仿佛有着天然的文化正确性，歧视游戏者以“他者”身份进入这个特定的文化场域，与持有相同文化倾向的“他者”在这种文化氛围中获得了更大的认同。但电子竞技作为人类社会发展到一定阶段的历史产物，顺应了新时期消费主义与休闲工业的发展，迎合了大众传播、大众艺术、大众娱乐、大众文化的兴起，以其低消费、易参与、强互动的特点，逐渐成为人们尤其是青少年群体的主要娱乐方式。于是，凭借电子竞技发展的“东风”，以电子竞技运动比赛为基础，以粉丝文化为依托，从信息产业向体育产业渗透并相互融合，而最终发展为集科技、传媒和传统体育为一体的新兴产业——电子竞技产业。电子竞技产业相较于中国其他门类的文化产业，涵括多个领域，产业链较长。具体而言，电子竞技产业是以电子竞技用户围绕电子竞技赛事的参与和消费为核心，监管部门对电子竞技赛事进行内容和执行层面的监管，联合游戏内容提供商、赛事赞助商、电子竞技俱乐部、节目制作方、直播平台、营销媒体，涵括比赛制作、直播输出、电子竞技周边等诸多内容为一体的庞大产业链（见图 1）。

一项运动要发展成一个产业，需在客观需求与市场规律的双重作用下，由潜在市场发展为现实市场，最终成为规模产业。中国电子竞技产业的发展一波三折，大致经历了四个阶段。[③]一是 1998—2002 年的艰难起步期，《星际争霸》（1998 年）和《反恐精英》（1999 年）两款游戏在中国的流行标志着电子竞技产业在国内开始起步；2000—2002 年浩方电子竞技平台的兴起与推广标志着电子竞技产业开始走向大众。二是 2003—2008 年的摇摆探索期，中国队在韩

① 何威：《电子竞技的相关概念与类型分析》，《体育文化导刊》2004 年第 5 期。

② 铁钰、赵传飞：《中国电子竞技产业研究》，《体育文化导刊》2017 年第 7 期。

③ 陈东：《中国电子竞技产业发展研究（1996—2015 年）》，山东大学 2015 年博士学位论文，第 50—56 页。金轲、王昕：《大力发展文化产业的产业政策研究——以电竞产业为例》，《经济研究参考》2017 年第 56 期。

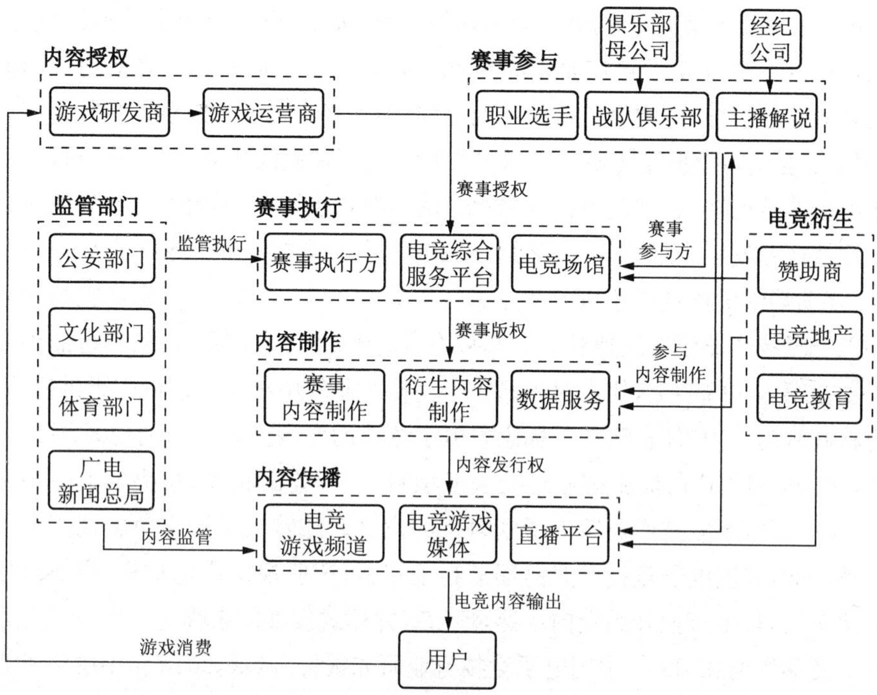

图 1　中国电子竞技产业链①

国举行的 WCG(World Cyber Games, WCG,中文译名为世界电子竞技大赛)比赛中取得位列金牌榜第二的优异成绩,同年国家体育总局宣布电子竞技成为我国第 99 个正式体育项目,并主导了 2004 年中国电子竞技运动会的举办。中国成为世界上第一个将电子竞技列为体育竞赛项目的国家,也是第一个将电子竞技办成国家体育联赛的国家,这标志着电子竞技获得了官方层面的认可。但好景不长,2004 年广电总局一纸"网络游戏类节目的禁播令"使得该项赛事遭遇重大挫折——媒体撤场、企业撤资、赛事撤离,标志着中国电子竞技产业走入萧索寒冬。三是 2009—2013 年的回暖爆发期,2009 年全球顶级电子竞技赛事 WCG 首次进入我国成都,大赛的举办标志着电子竞技产业在国内开始回暖。2010 年,我国第一支专门针对电子竞技产业设立的公益基金正式揭幕。同时,我国第一个电子竞技中心也在北京建成。②2012 年,在江苏昆山举办的 WCG 总决赛中,中国代表团首次获得代表最高荣誉的 WCG 冠军。2013 年,国家体育总局决定组建一支 17 人的电子竞技国家队,出战在韩国举

① 参见艾瑞咨询:《2019 年中国电子竞技行业研究报告》,第 5 页。
② 杨帆:《国内首个电子竞技示范基地落户北京》,《北京商报》,2010 年 2 月 1 日。

行的第四届亚洲室内和武道运动会，引发全民关于“电子竞技算不算体育”的大讨论。[①]得益于电子竞技商业价值和产业效益的不断扩大，以及政府部门的良好监管与引导，国内电子竞技产业逐渐回暖，并呈爆发式发展的态势。四是2014年至今的稳步发展期。2014年“斗鱼TV”在武汉成立，将直播直接应用于电子竞技比赛，在规避电视“限游令”的同时提供了新的转播渠道，解决了电子竞技产业发展中最重要的问题。在PC端电子竞技产业发展如火如荼的同时，移动端电子竞技产业也风生水起。2015年，以《王者荣耀》为代表的移动端电子竞技产业正在迅速壮大。2017年10月28日，在瑞士洛桑举行的国际奥委会第六届峰会上，代表对当前电子竞技产业的快速发展进行广泛讨论，同意将其视为一项“体育运动”，标志着电子竞技的发展进入了新的纪元。[②]2018年，中国队“UZI”在雅加达亚运会表演项目——《英雄联盟》总决赛上一举夺冠，给中国电子竞技产业留下了划时代的意义。随着大量资本争相涌入电子竞技产业，我国电子竞技产业链逐渐趋于完整，产业规模快速扩充，产业市场迅速扩大，整个行业开始走向成熟，预示着井喷式发展的来临。

艾瑞咨询《2019年中国电子竞技行业研究报告》显示：2018年中国电子竞技整体市场规模突破940.5亿元，且保持持续快速地增长势头。[③]根据艾瑞咨询统计预测模型估算，预计到2020年中国电子竞技整体市场规模将达到1 353.1亿元，其中移动端电子竞技市场规模出现爆发式增长，市场规模占据整体电子竞技市场的半壁江山，达到48.6%，超越PC端电子竞技市场规模；2018年中国电子竞技用户规模达3.5亿，预计到2020年全国电子竞技用户将达4.3亿，其中青年用户是电子竞技的用户主力，占到总体用户的60%以上，并稳定增长。电子竞技产业引发了显著的“规模效应”，正逐渐成为文化产业的一片“新蓝海”。这种产业融合与产业集聚而产生的巨大联动效应，为国家带来丰厚的经济与社会效益。

二、武汉电子竞技产业发展的现状

近年来，武汉电子竞技产业取得长足的发展，产业业态初具规模，产业整体发展态势良好，依托知名电竞赛事，依凭“斗鱼”直播平台，依仗高校青年学

① 张楠：《电子竞技你以为就是打打游戏？》，《青年报》，2013年3月25日。

② 周舸：《终于获正名　国际奥委会同意将电子竞技视为“运动”》，《看天下》，2010年10月30日。

③ 艾瑞咨询：《2019年中国电子竞技行业研究报告》，第7页。

生，依靠电子设备制造，正在进入多个行业融合发展的新时代。

（一）依托知名电竞赛事，铸造特色电竞赛事品牌

公认的第一场真正意义上的电子竞技赛事于 1997 年在美国的亚特兰大举办，随着几十年的发展，具有影响力的国际赛事有 WSVG、CPL、WCGC、ESWC、WCG、WEG4 等。2016 年，国家发改委出台的《关于促进消费带动转型升级行动方案的通知》和文化部出台的《关于推动文化娱乐行业转型升级工作的意见》都明确提出“要鼓励支持电子竞技游戏游艺赛事活动开展，引导和扶持各种竞技比赛与游戏游艺行业融合发展”，国内电子竞技赛事呈爆发式发展。

早在 2007 年 5 月 1 日，著名赛事 WSVG 落户武汉。在那个第三方赛事称雄的时代，武汉首次与世界级电子竞技大赛结缘。同年，被国家体育总会审批命名为“国家级电子竞技训练基地”的武汉光谷电子竞技广场隆重开街。这是当时国内正式挂名的国家级训练基地，也是当时规模最大、设备最完善的电子竞技中心，成为当时 ESWC、世界劲舞团大赛，舞动奇迹、WCG 武汉赛区总决赛等专业比赛的场地。在其后的 10 年中，据不完全统计，武汉相继举办了《英雄联盟》全球总决赛（LPL）、中国电子游戏超级联赛总决赛（CGL）、中国电子竞技大赛总决赛（ECGC）、中国青年电子竞技大赛（CYEC），除了职业电子竞技赛事以外的高校联赛、城市联赛、企业赛等各类大众赛事，以及 PGL、CEST、NEST 等第三方赛事也相继在武汉举办，呈常态化趋势。其中，由共青团中央主办，中共武汉市委宣传部、共青团武汉市委、武汉东湖新技术开发区管委会支持，武汉梦竞科技有限公司承办，武汉・中国光谷电子竞技产业联盟、华中师范大学国家文化产业研究中心协办的中国青年电子竞技大赛，作为近两年来兴起的最具影响力又最为官方认可的绿色电子竞技赛事，秉承打造绿色电子竞技、传播正能量的精神，对引导湖北乃至全国青年树立健康和谐的游戏文化价值取向和获得多元化电子竞技体验，推动青年在电子竞技领域创新创业，推动绿色电子竞技产业发展等方面起到巨大作用，也成为青年群体中最具影响力的品牌赛事之一。

（二）依凭“斗鱼”直播平台，扩大电竞产业优势

电子竞技直播平台作为电子竞技产业中的一部分，其以电子竞技赛事直播内容作为核心业务，是连接电子竞技赛事和用户之间的重要枢纽，是电子竞技赛事转播的关键。早在 2004 年，国家广电总局出台《关于禁止播出电脑网络游戏类节目的通知》，要求所有相关电视节目停止播出电子竞技赛事，这意味着模仿韩国电子竞技电视直播与转播的道路被封死，国内电子竞技被主流

媒体挡在门外。2005—2013年,国内电子竞技依靠的是P2P流媒体直播技术,但这种模式受限于用户受众群体数量,影响力与网络平台不可同日而语,这一时期也是国内电子竞技产业发展最困难的时期。①

而随着互联网技术的不断发展,2013年末,网络直播逐渐成为电子竞技用户观看电子竞技比赛的主要方式。随着电子竞技赛事网络直播观看体验的不断改善,以及弹幕、竞猜等互动机制的引进,用户观赛热情持续高涨,一些热门赛事的观看人数屡创新高。尤其是2014年武汉本土企业"斗鱼TV"携直播文化的兴起,给武汉电子竞技产业重新注入了活力。"斗鱼"作为国内最早开展自制电子竞技赛事的直播平台,凭其优秀的电子竞技直播内容吸引了大量用户和流量,在国内同类直播平台的竞争中处于明显的领先位置。武汉市利用斗鱼直播在直播行业取得的先发优势和重要地位,2017年与"斗鱼"合作举办了"首届斗鱼嘉年华",派出大量一线主播到武汉与线下观众互动,吸引了35万人次参加,创造了武汉文娱活动人流量的新纪录。2018年五一节日期间举办的"第二届斗鱼嘉年华"活动中,人流量更是多达53万,再次刷新纪录。"斗鱼嘉年华"俨然成为武汉的一张城市名片,位列政府重点打造的"五个一"文化工程中的"一节"。②凭借着"斗鱼"的影响力和独家赛事版权的引进,武汉重新在中国电子竞技产业的版图上崛起。《英雄联盟》S7全球总决赛作为在电子竞技领域最富影响力的赛事,其入围赛和小组赛于2017年10月在武汉体育中心落地,赛期长达10天。这标志着时隔近10年,武汉重新迎回世界级电子竞技大赛,最有能力成为继上海、成都之后的中国电子竞技第三极。

(三)依仗高校青年学生,形成庞大电竞受众群体

电子竞技作为一种新型的"潮流运动"和"炫耀式运动",是集对抗性、竞技性、观赏性、娱乐性、科技性于一体的体育运动,极容易受到年轻用户的青睐。据企鹅智酷&腾讯电竞发布的《2017年中国电子竞技发展报告》显示,30岁是电子竞技用户的分水岭,其中25岁以下的用户占64%,男女比例接近8∶2,主要以在校学生为主,白领人士比例较高,用户渗入大众人群。而且,电子竞技用户二线城市最多,用户渗透率也最高。③易观智库进行的调研显示,电子竞技用户中,18—24岁的爱好者占比最高,达61.8%;其次为25—30岁的爱好者和18岁以下的爱好者,30岁以上的爱好者明显较少;青年电子竞技

① BBKinG:《中国电子竞技幕后史》,长江文艺出版社2015年版,第4页。

② Alvis雷:《从超玩到斗鱼,武汉电竞10年沉浮录》,东方资讯网,2018年6月25日,http://mini.eastday.com/a/180625121453195-7.html。

③ 企鹅智酷&腾讯电竞:《2017年中国电子竞技发展报告》,第10页。

用户与大学生群体高度重合，在电子竞技用户中的学历占比中，硕士及以上学历占 9.7%，本科学历占 54.8%，两者相加，则超过60%。[①]显而易见，18—24岁的青年群体为目前市场主流的电子竞技用户受众群体。

武汉作为“大学之城”和全国重要的高教中心，高校数目与在校人数都位居全国前列，截至 2017 年底，武汉市有高等院校 84 所，在校生达 947 651 人。[②]数量众多的高校青年学生，形成庞大的电子竞技用户受众群体，其不仅是电子竞技比赛观众的中坚力量，同时也是电子竞技产业的主要消费人群，为武汉电子竞技产业的发展提供了源源不断的客户群，成为武汉电子竞技产业的重要引擎。

（四）依靠电子设备制造，打造完整电竞设备供应链

电子竞技作为高度依赖现代电子软硬件设备的一项体育运动，在日常的训练与对抗比赛中，不同品种和不同功能的电子竞技设备已成为专业电子竞技选手和广大电子竞技爱好者的必需品。高运算速度、快执行周期、强处理能力的 CPU、硬盘、主板，逼真显示效果的专用显卡，操作准确、特殊手感的机械键盘，移动定位、反应灵敏的电子竞技鼠标以及听音辨位的高端耳机等，都是为电子竞技而生的设备。自 2015 年 7 月《文化部关于允许内外资企业从事游戏游艺设备生产和销售的通知》鼓励企业研发和生产内容健康的游戏设备，提倡功能竞技游戏以来，各大资本以及电子设备生产商、创业者纷纷进入这个行业，为电子竞技设备生产作出了巨大的贡献。

而武汉作为中国重要的电脑生产销售基地，从 1982 年到 2012 年的 20 年间，广埠屯“电脑一条街”曾雄霸整个华中地区的电脑市场，占据了华中地区电脑总销售三分之一以上。“北有中关村，南有广埠屯”就是武汉电脑生产销售的真实写照。这里汇聚了蓝星科技、宁美国度、攀升兄弟、京天华盛等国内外知名的电脑设备销售巨头。其中宁美国度作为国内最大的 DIY 电脑销售商，坚定“更好性能的电脑”的品牌定位，通过成立由业界资深 DIY 硬件专家组成的产品研究院、建立智能化工厂，不断优化产品性能和扩大整体产能，以高品质的商品和服务，使其在电脑设备销售行业内连续八年创造销售奇迹。仅在 2018 年的“4 月 4 日—4 月 6 日电脑节”中，全网线上购物平台累计销售额突破 2 500 万元，刷新行业记录。[③]

① 易观智库：《2018 中国电子竞技行业年度综合分析》，第 19 页。

② 武汉市统计局：《武汉统计年鉴 2018》，中国统计出版社 2018 年版，第 325 页。

③ 科技主旋律：《宁美国度 4.4 电脑节震撼收官，2 500 万销售额实力堪当行业标杆！》，搜狐网，2018 年 4 月 9 日，http://www.sohu.com/a/227649691_502791。

武汉地区中,以宁美国度为龙头的电脑设备供应商,依靠市场经验和灵敏嗅觉,为电子竞技设备的生产、升级奠定了良好基础。这些供应商以国内外众多职业电子竞技选手的使用需求与应用体验为导向,以逼真显示效果输出为核心,不断优化产品线,为电子竞技职业选手、电子竞技爱好者不断提供集显示器、键盘、鼠标、耳机等周边设备于一体的最优质的产品组合,助其在电子竞技比赛中稳定发挥。事实表明,武汉电子竞技设备供应商专事电子竞技设备制造,营造了"强硬件才有强游戏"的电子竞技生态圈,在电子竞技产业硬件领域拔得头筹。

三、武汉电子竞技产业发展的困境

在中国第一代电子竞技者中,一直流传着这么一句话:"上海崛起那都是后来的事,在中国电竞的草莽时期(2000—2008 年),武汉几乎可以代表整个江湖。"①这意味着在中国电子竞技产业发展的早期,武汉有着绝对的话语权。尽管武汉电子竞技产业在 21 世纪初一度发展迅速,但必须承认的是,武汉电子竞技产业毕竟经历了"失去的十年",其整体上还处于低水平的发展阶段,因而也存在着诸多问题。

(一) 社会认可度偏低

社会认可度,指社会大众对社会某一事项的行为及属性的肯定与接纳程度,是明确社群对该事项定义及量化的指标。不可否认的是,不论是武汉还是其他城市,电子竞技产业的社会认可度仍然偏低。国内主流媒体所呈现的对电子竞技的态度,客观上也反映了其社会认可度。有学者以《人民日报》近 40 年所刊载的 515 篇相关文章的分析为例,以"电子竞技"和"电子游戏"为关键语词,发现在 1989 年之前,正面态度高于负面态度;1989—2008 年之间,负面态度高于正面态度;2009 年之后,正面态度再次高于负面态度,但正负面意见悬殊程度较前两阶段有所缓和。从某种意义上来说,《人民日报》对电子竞技及电子游戏的态度与同期的社会舆论生态大致同步,扮演了意识形态和社会思潮晴雨表的角色。②虽然受"业精于勤荒于嬉"古训的影响,加上长时间操作电子竞技对人身体的过劳损伤,在一定程度上造成社会对电子竞技的理解偏

① BBKinG:《中国电子竞技幕后史》,长江文艺出版社 2015 年版,第 26 页。

② 洪建平:《娱乐·教育·产业:电子竞技的主流媒介镜像——以〈人民日报〉(1978—2018)为中心》,《成都体育学院学报》2018 年第 4 期。

差，电子竞技甚至一直未能摆脱被“妖魔化”的危险。但武汉市作为曾经的电竞之都，社会大众对电子竞技的认可度仍停留在对传统网络游戏的固有偏见上，尤其在对电子竞技的正名和“祛魅”上，不论是官方还是民间，同上海、成都等城市相比仍有一定差距。

（二）政府扶持力度偏小

电子竞技产业作为与多个产业聚合的新兴产业，所蕴含的巨大经济价值与发展潜力构成一块异常丰厚的“财富蛋糕”，国内各大城市竞相精准发力，各项政策红利接踵而来。如上海发布了《建设国际体育赛事之都三年行动计划（2018—2020年）》，努力打造“国际电竞之都”；北京出台的《关于推进文化创意产业创新发展的意见》特别强调“要支持举办高品质、国际性的电子竞技大赛，促进电竞直播等网络游戏产业健康发展”。与此同时，众多新一线城市也纷纷加入电竞产业的竞争，如西安发布了《西安曲江新区关于支持电竞游戏产业发展的若干政策》，针对电竞企业的最高奖励金额达到1亿元；杭州着力打造电竞小镇，出台了16项扶持政策，专门设立促进电竞数娱小镇产业发展专项资金1亿元。不少省会城市也跃跃欲试，如银川宣布投资30亿元，建设“世界电竞之都”；贵阳宣告借助大数据产业，建立移动电竞小镇。而作为中部中心城市的武汉，虽然也在倾力打造中国电竞之都，探索“互联网＋文化＋娱乐＋电子竞技”模式，让电竞成为武汉城市新名片，但同国际大都市北京、上海，新一线城市成都、西安、杭州等相比，政府对电子竞技产业的扶持力度相距甚远。尤其值得注意的是，武汉对自身电子竞技的资源禀赋、产业基础、产业链条尚无明确分析和定位，从而对未来电子竞技产业的发展方向和发展战略尚不清晰，政府对武汉电子竞技产业的扶持力度也就无从谈起。

（三）文化消费能力偏弱

根据伽马数据的调查，18—24岁的青年群体是目前电子竞技市场第一受众消费群体；25—30岁与18岁以下的两个阶段的人群分别为第二、第三消费群体。为更加全面深入地了解武汉电子竞技产业的消费现状，课题组于2018年12月至2019年1月，在武汉举办的第二届中国青年电子竞技大赛期间，对武汉电子竞技用户展开了一次随机不分层的问卷调查。①其中，尤为需要关注的是电子竞技用户年收入水平和月消费水平（见图2、图3）。调查结果显示，受众个人年收入普遍不高，其中没有固定收入的电竞用户占41％；同

① 需要说明的是，本次调查共计发放调查问卷1 348份，回收有效问卷1 265份，问卷有效率为93.8％。

时，受众普遍产生了用于电子竞技方面支出的直接消费，但消费支出水平有限。61.9%的电子竞技用户每年在电子竞技方面的消费不足500元。通过对以上数据的综合分析得出，武汉电子竞技用户的消费能力偏弱。这可能有两方面的原因：一是武汉电竞用户的主要消费人群为15—25岁的青年，而处于这个年龄段的青年群体主要为在校学生，大多数人没有稳定持续的年收入，这就天然限制了其在电竞上的消费能力；二是由于电子竞技的社会认可度偏低，青年学生的家长及主要监护人会控制他们在电竞上的消费。双重因素叠加使得武汉虽然坐拥庞大的电竞用户受众，但并未能最大化提高电竞的文化消费能力，导致其整体偏弱的局面。

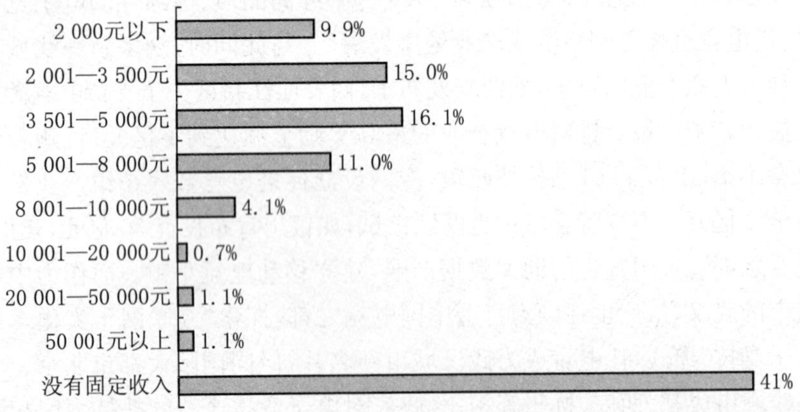

图2　2018年武汉电竞用户个人年收入水平

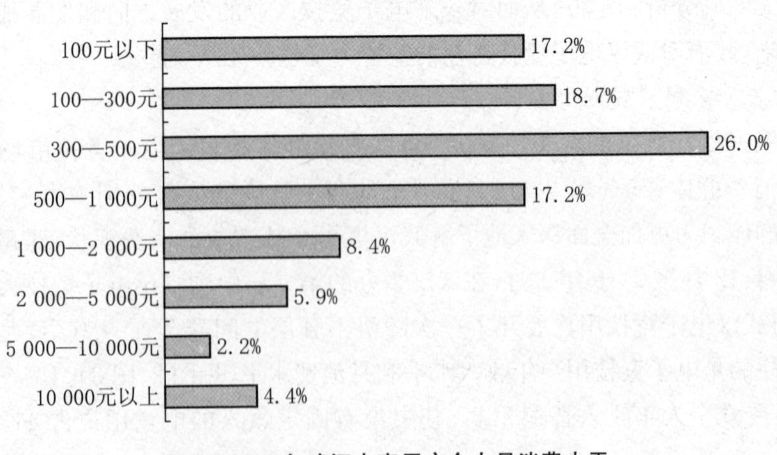

图3　2018年武汉电竞用户个人月消费水平

(四) 电竞专业人才偏少

电子竞技产品的核心价值在于其创造性和创新性,而这些无疑离不开人才的支撑,尤其是高端人才。武汉电竞专业人才偏少主要体现在两个方面:一是职业电竞选手流失严重,高端人才匮乏。虽说“电竞选手看两湖(湖北湖南)”早已成为电子竞技行业内人才洼地的思维走势,根据近几年媒体公开报道的观察发现:湖北(主要是省会武汉)尽管仍然是当前最强职业选手产地,如草莓、厂长、苏小妍、那美、ClearLove、Hope、UZI、柚子等职业选手,尤其是厂长和 UZI 依然是国内人气第一的职业电子竞技选手;但不得不反思的是,武汉电竞行业的高端人才“墙内开花墙外香”,流失格外严重,很难为武汉本地电竞产业的发展效力。二是培养体系不完善,基础人才匮乏。电子竞技产业链涉及 9 个电竞行业方向,武汉电子竞技产业的发展仍然需要大量基础人才。虽然武汉多所高校相继开设与电子竞技产业相关的专业,但是武汉高校培养的电子竞技专业学生,主要集中在管理与游戏策划方面,游戏设计、电竞解说、电竞教育、赛事运营等方面的人才仍有较大缺口,无法满足整个电竞产业链的人才供应。

四、武汉电子竞技产业发展的对策

人+手→人+机→人+网构成文化产业演化的三种形态和三个阶段,是文化产业演化表现出来的基本规律。[1]电子竞技产业作为文化产业中与网络技术联结最为紧密的产业之一,其发展与科学技术的现代演化相关。武汉电子竞技产业必须紧跟世界信息技术发展大势,充分把握科学技术调整发展所形成的机遇,建立与其他地区的比较优势,以便在国内外激烈的竞争中抢占先机。

(一) 发展绿色电竞,拓宽电竞生存空间

电子竞技本身不是造成大众误解恐慌和社会治理危机的根本原因。因此,在大众对电子竞技较低认可度和较多负面评价的当口,武汉应极力倡导绿色电竞,积极响应国家大力倡导的“健康体育”口号,视绿色电竞为电子竞技的理性回归,倡导健康和谐的娱乐精神;推动电竞行业的良性发展,打造绿色的竞技环境。武汉需要在政府层面发力,着重解释电子竞技中容易引起误会和

① 胡惠林:《关于文化产业发展若干问题的思考》,《华中师范大学学报(人文社会科学版)》2016 年第 6 期。

争议的触点，引导媒体对电子竞技及电子竞技产业蕴含的现代体育文化特性和传统体育文化精髓进行阐释，作出积极的、正面的报道和宣传，注意其健身性、竞技性的“镜像刻画”。同时，武汉“斗鱼”直播作为国内最大的电子竞技直播平台，堪称电子竞技产业中的关键枢纽，其一举一动都对电竞产业有着至关重要的影响。2018 年，“斗鱼”主播卢本伟“开挂”和陈一发不当言论事件，在一定程度上为“斗鱼”在电子竞技产业中的发展涂抹了一层阴影。因此，武汉要通过监管“斗鱼”直播来规范电子竞技直播行业的秩序，尤其是要提高主播的职业素养和道德品质，更要督促主播主动承担社会责任，传播正能量，为观众营造一个良好的直播环境。总而言之，武汉政府应当引导舆论宣传，向公众和社会发出绿色竞技的信号，用社会正能量带动行业形象的转变，最终带动武汉电子竞技产业新发展，拓宽电子竞技产业的生存空间，推动武汉文化产业转型升级。

（二）优化产业政策，加大政府扶持力度

党的十九大报告指出：要“健全现代文化产业体系和市场体系，创新生产经营机制，完善文化经济政策，培育新型文化业态”。这是由于传统文化产业的规划管理方式已经不能完全应对新技术、新市场和新局面，迫切需要更为巧妙、恰当的治理逻辑和治理方式。武汉在发展电子竞技产业上，一要主动对接国家和省级层面的相关政策，结合武汉实际，制定具有针对性、指导性和操作性的产业政策；二要整合行政资源，明确电子竞技产业发展管理部门责任，落实工作，在产品设计、电竞直播等环节加大监管力度，推动电子竞技产业健康发展；三要强化重点企业培育，从财政和税收等方面继续予以支持，加大资金扶持力度，对电竞企业提供税收优惠；四要加强电竞产业园区建设，通过集聚优势，带动周边产业，实现电子竞技产业全产业链集聚发展；五要搭建投融资平台、交易平台，筹集设立武汉电子竞技产业发展基金，鼓励民营资本、境外资本和金融资本的投入，对获得国家级、省级重大奖项的原创产品给予奖励。

（三）运用“电竞+”手段，提高文化消费能力

2018 年，国务院印发的《完善促进消费体制机制实施方案（2018—2020 年）》，明确提出要大力发展电竞运动。就当前武汉市电竞用户的消费群体而言，随着社会认知的转变和“80 后”父母的“集体登场”，电竞用户消费潜力会更大程度释放。但是对于电子竞技产业这一具有创新性和时代性的新兴产业而言，仅仅局限电竞本身来发展电竞很容易作茧自缚。因此，武汉要通过建立多元的盈利模式，在保证现有电子竞技受众群体的基础上，增加产品附加值，

拓宽产业链，挖掘电子竞技产业新的受众群体，大力提高电竞用户的文化消费能力。具体而言，一要巧妙利用电竞场馆，通过引进、举办和打造具有全球影响力的品牌赛事，以赛事的美誉度和影响力吸引新的文化消费群体；二要大胆利用电竞酒店，支持现有游戏企业和互联网企业拓展相关领域，将赛事相关元素融入酒店中，发展“过夜经济”；三要充分利用武汉的文化资源，将电竞融入武汉的特色文化中，让电竞向文化禀赋的深处延伸；四要加强电子竞技产业与文化、体育、旅游、商贸等产业的融合发展，使得电竞用户受众的年龄边界能够涵盖老、中、青三个层次，电竞用户文化消费能力也水涨船高，进而推动武汉电子竞技产业的跨越式发展。

（四）构建合理人才体系，完善人才培养机制

“我劝天公重抖擞，不拘一格降人才”，龚自珍为晚清实学思潮勃兴的一声呐喊，至今言犹在耳。“21 世纪什么最重要？是人才”，《天下无贼》中的一句经典台词成为新世纪人才建设的激情呼唤。①在产业发展中，人才起着基础性、战略性和决定性的作用。电子竞技产业实质上是人与人之间的交流，所以本质上，电子竞技行业的成熟不单单是为了培养高端人才和基础人才，而是要通过构建整个行业的人才体系，不断吸纳、规训和塑造人才，完善人才培养机制，最终实现电子竞技产业的规范化运营和快速发展。武汉要利用高校密集和在校大学生数量庞大的优势，继续支持本科高等院校、职业院校开设电子竞技专业，完善学历教育与职业教育相结合的人才培养模式；针对行业紧缺的复合型人才进行定向培训，建立以电子竞技产业亟须人才为导向的培养机制；鼓励企业、行业协会和高等院校通力合作，共办、协办、联办与电子竞技产业相关的培训和竞赛活动，开设电子竞技和游戏软件研发等相关课程；积极吸收和引进国内外优秀的人才扎根武汉，鼓励各单位通过电子竞技文化节、电子竞技赛事等形式广泛吸纳优秀人才，打造电子竞技人才战略高地，不断推动武汉电子竞技产业又好又快发展。

The Status, Dilemma and Approach of the Development of Wuhan E-sports Industry

Liu Yutang　Li Shaoduo

Abstract: As a world-wide cultural industry phenomenon, e-sports has

① 李少多：《英山毕昇文化资源开发利用研究》，华中师范大学 2018 年硕士学位论文，第 36 页。

produced extensive and profound economic and social impact. In its development process of more than two decades, the e-sports industry has gradually grown from a "Great Scourges" to a "New Blue Ocean" that is fiercely contested. Starting from the macro situation of the domestic e-sports industry, this article examines the development status of Wuhan's e-sports industry, and combines theory and practice to analyze the problems and causes of the development of Wuhan's e-sports industry, and then proposes targeted countermeasures to facilitate the e-sports industry in Wuhan is developing more sustainable and faster.

Key words: Wuhan; E-sports; E-sports industry

以观众为导向：剧院大数据管理体系架构研究

天津音乐学院　任　兀

［内容摘要］　大数据时代已经来临，而剧院管理的理念、方法和手段未能紧随时代步伐作出相应的转变。剧院管理者应该与时俱进，利用大数据思维变革管理模式，建立以观众为导向的大数据体系，从而掌控数据的主导权。为剧院更好地适应大数据时代的变革，本文从"以观众为导向"这一观察角度进行阐述，兼顾过往研究结论，具体提出剧院在大数据时代下技术创新管理的体系架构，也期待更多人士为"基于大数据技术的剧院管理"提供创新思路。

［关键词］　大数据；剧院管理；以观众为导向；数据主导权

剧院的建设和良性运营一直是国家促进文化事业发展的重要组成部分，进入21世纪以来，以中国国家大剧院正式投入运营为标志，象征我国剧院建设正在步向全盛阶段。中国的互联网生态发展如火如荼，学界对剧院运营和管理的过程中融入互联网技术的呼声随之而来。如王广振和曹晋彰认为"电子票务系统必然成为中国演艺产业链的重要组成部分"①；郭梅君主张文化艺术机构应该重点把握好"文化资源管理中的大数据应用"趋势②；李琳提出了"票务网站对剧院的数据掠夺"问题，建议"剧院铺设自有电子票务平台"③；王文勋在针对北京地区剧院发展的现状研究中发现"消费群体培养不够，缺乏大数据分析"的问题，并呼吁"以客户为中心，结合大数据营销，培育消费群体"④。

---

① 王广振、曹晋彰：《中国演艺产业发展反思与演艺产业链的构建》，《东岳论丛》2013年第4期。

② 郭梅君：《科技创新与城镇化背景下文化艺术机构的数字化转型与发展趋势》，《上海文化》2014年第2期。

③ 李琳：《当下城市剧院的发展困境与突围之策——以浙江为例》，《浙江艺术职业学院学报》2018年第1期。

④ 王文勋：《北京地区剧院发展现状、问题及对策研究》，《传播力研究》2019年第6期。

虽然学术界在剧院管理与“大数据”技术结合的研究上已有探索，但是学者的研究结论大多停留在“建议应用”的层面，鲜有具体实施方案。大数据技术在中国高速发展，但剧院管理在大数据战略上的滞后却是不争的事实。时至今日，很多剧院管理者对于“大数据”的理解仍然存在诸多欠缺，文化艺术市场的发展节奏、艺术机构的运营管理也因此出现了与时代背景的相对错位。

一、作为艺术管理者“业务环节”的大数据基础

大数据的基础特征至少包含三个层面(3V)，即规模性(Volume)、多样性(Variety)和高速性(Velocity)。①文化产业从业者对“大数据”的直观理解很容易突破“数据体量庞大”这个层面，也就是“规模性”，而对“多样性”和“高速性”的理解往往存在歧义，这导致在管理工作中会忽略必要的业务环节。为方便后文的论述，先占用篇幅将大数据的基础特征进行概要阐述。

(一) 规模性:“总量”优于“样本”

在提到数据分析和数据统计时，艺术管理者往往想到的是“随机采样”，也就是利用部分随机分布的样本特征描述总体特征。统计学认为，采样分析的精确性随着采样随机性的增加而大幅提高，但与样本数量的增加关系不大。在大数据技术成熟之前，随机采样确实是一条较好的捷径，它囿于时代的技术条件而诞生，是一种在“取得近似结果”和“降低统计成本”之间达到平衡的解决方案。其实不难发现其中存在的问题:必须保证样本的绝对随机性;确保采样过程不得掺杂偏见;不能细分采样结果。正因如此，学术界存在着很多针对采样分析结果不准确的原因分析、校准和相关研究。②

大数据思维的规模性就体现在将“全部的数据量”作为“样本的数量”进行操作，如此可以有效回避随机采样方法中存在的很多问题，尤其是对细节的考察。大数据技术可以操作总量的数据，主要得益于技术环境的改善，强大的数据处理能力、海量的数据存储能力、先进的无线通信技术等条件使得数据收集越来越趋于简单和廉价。规模性的数据使得我们能够更细致地进行观察和研究。为艺术管理者做一个比较容易理解的比喻:大数据的工作方式是请你欣

① 孟小峰、慈祥:《大数据管理:概念、技术与挑战》,《计算机研究与发展》2013年第1期。
② 马江洪、张文修、徐宗本:《数据挖掘与数据库知识发现:统计学的观点》,《工程数学学报》2002年第1期。

赏完整的交响乐后再谈感受，而非只让你聆听作品的几个片段，差别不言而喻。

（二）多样性："相关"优于"因果"

吴军在《智能时代》中将"高速性"翻译为"即时性"，将"多样性"解释为"多维度"，认为"维度"的讲法简单而准确。①我对此观点表示赞同，"多样性"的数据不是单纯强调数据的"种类"多，更应该凸显数据的"维度"多，为了后文表述的简单性和一致性，仍采用"多样性"的说法。

不同于数据规模的大，数据的多样性更倾向于能够完备地描述对象，我们对于一个对象的描述维度越多，越有利于清晰地把握这个对象；我们对一些事物记录的数据维度越多，就越有利于我们发现一些事物之间的相关性"规律"。这也是当前大数据技术和人工智能技术发展所带来的一个问题：只能看到事物之间相互关联的结果，但不能得到其背后的联动解释。这与人类通过因果关系理解世界的常规方式冲突，令人感到一丝不安。而实际上，这种规律也确实存在着一些不确定性，所以大数据只能带给我们概率性质的结论，这些结论往往都建立在"相关性"之上。

大数据即便不能得出因果性的结论，艺术管理者还是应该意识到数据多样性带来的红利。首先，相关性分析本身意义重大；其次，相关性分析为研究因果关系奠定了基础；第三，相关性分析为我们提供了新的研究视角。比如，大数据得出一个相关性的结论：喜欢海明威作品的读者在很大概率上也会购买《了不起的盖茨比》，虽然计算机不会给出这背后的成因，但是这为艺术市场营销提供了新的研究方向。

（三）高速性："自动"优于"被动"

人类历史上数据产生的方式大致经历了运营式系统、用户原创内容和感知式系统等三个阶段，对应的特征分别是"被动的""主动的"和"自动的"。这些数据共同构成了大数据的数据来源，但是自动式的数据才是大数据产生的最根本原因。②自动产生的数据体现了数据的动态性，"活"的数据才是有意义的数据。数据自动化生产的背后主要依赖技术的发展，无线技术和微型传感器的组合是这一阶段的主要运行逻辑。虽然艺术管理者对此技术方面无须深入研究，但是应该注重此方面常识的积累，强化大数据意识。

通过对大数据三个基本特征的简析，绝非要广大艺术管理者抛弃随机采

①② 吴军：《智能时代》，中信出版社2016年版，第63页。

样、因果性研究以及被动收集数据等方法，而是希望大家能够专注理解大数据时代处理数据理念上的转变：要全体不要抽样，要效率不要绝对精确，先找到相关性再分析因果性。大规模数据也意味着信息的散乱，同时必然混入了不精确的数据。“接受不精确，保证混杂性”正是大数据思维中又一颠覆常识的认知，充斥着噪声的环境本来是人们极力避免的，然而这正是真实世界的全景描述。放弃对数据的纠偏，在规模效应的作用下，来自四面八方的噪声数据或可相互抵消。大数据概率性的结论并非严格执行的铁律，它只能在一定程度上辅助决策，为管理者提供更多的思考角度，人们并不会丧失决策的主动权。针对剧院管理者来说，应用大数据技术的工作重点应放在“如何实时得到数据”以及“如何采集更多维度的数据”上。剧院管理者不可窄化“互联网＋内容”的结合空间，更不可小觑了“大数据＋剧院管理”的发展前景。

二、剧院管理者掌握大数据思维的意义

科技进步便捷了人们生活的方方面面，经济增长刺激了人们的文化消费需求。在此时代背景下，人们的消费和行为模式都发生着翻天覆地的变化，人们主动交出数据权以换取高效和便捷。由此，催生出很多新型企业，又进一步细化了业务流程和社会分工。以观众购买剧院演出票为例，观众购票由原来单一的剧院票务窗口发展成为线上剧院票务系统购票、线上第三方票务平台购票和线下剧院票务系统等多元化渠道。此例中不难看出，第三方票务平台（公司）就是在时代背景下形成的产物，而此类业务形态的生成是从剧院原有的业务链条中拆分而出，并且进行资源整合，最终实现平台效应，进而又成为剧院的分销渠道。

知识和技术的进步促进了社会分工和专业化发展，企业间的关联促成产业链的产生。[①]“演艺产业链”的模型逐步形成并日臻完善，从宏观上可以拆解为版权交易与演员经纪的要素平台、演出院线以及作为分销渠道的电子票务网络系统等三大环节。[②]伴随近几年中国移动互联网技术的蓬勃发展，上述三大环节中产生的版权信息、演出信息和票务信息呈规模化涌现，时时处处体现出浓烈的数据色彩。当前的剧院管理者，掌握必要的大数据思维正是与时俱进的体现，是顺应时代发展之必然。除此之外，剧院管理者掌握大数据思维还

① 吴金明、邵昶：《产业链形成机制研究——“4＋4＋4”模型》，《中国工业经济》2006 年第 4 期。
② 任沉：《以需求为导向重新审视“互联网＋音乐”的核心》，《艺术科技》2019 年第 7 期。

有利于：

第一，完善剧院社会化的价值创造：艺术活动对社会及文化发展具有积极的贡献，剧院的良性运营在提升市民个人素质及生活质量的同时，也促进了社会整体的经济活动，带动周边产业的发展。大数据思维转变剧院管理的基调，以满足观众更多维度的需求为使命，挖掘出更多的与剧院活动形成联动效果的周边业态及行业，整体布局演出计划。

第二，形成剧院数据化的决策制定：剧院制定决策的模式在大数据环境中，将不再是自上而下的由领导牵头后的会议决策模式，转为由数据挖掘出更多的潜在需求，再由管理者具体论证是否采纳此建议。大数据的核心是预测，大数据的本质是还原用户的真实需求。剧院在大数据时代的决策，是“有数可依”的决策。

第三，建立剧院实时化的市场洞察：依赖先进的感知技术，剧院管理者可以随时掌握所布局的数据和信息，深入思考后续工作的方向和目标。大数据是动态的、实时的，在大数据技术下的市场观察将不再静止和滞后。

三、细分观众数据以解决剧院的数据主导权问题

近几年，中国演艺产业链造就了电子票务网络系统这一环节，随之也出现了以大麦网为代表的一批互联网票务公司。前文已述，此类票务公司的核心业务其实争夺了剧院自身的业务环节，实际工作中也经常出现因第三方票务与剧院票务之间的壁垒造成观众不良消费体验。比如，在第三方票务平台购票的观众，无法得到剧院协调解决忘带证件无法取票的问题。然而，这并不是剧院需要关注的重点，真正的威胁在于剧院对数据主导权的丧失。

（一）剧院数据主导权问题的提出

互联网票务公司的业务既非生产演出也非制造票券，其核心是以数据信息主导的服务型业务，以大数据眼光审视，其核心价值在于长期沉淀的数据。囿于技术原因，很多剧院开展与互联网票务公司的合作，而类似“数据劫持”的现象也由此衍生：剧院管理者在缺乏大数据思维的情况下，很难意识到数据主导权问题的存在，本应发生在剧院与观众之间的业务数据现在由第三方票务公司掌握了主导权。

从剧院发展的角度看，票务公司所掠夺的信息正是剧院赖以生存的观众信息。在营销学视角下，关系营销取代交易营销成为企业现代营销最重要的

目标，顾客资产是企业最重要的价值资产[①]，而挖掘顾客资产价值必须依赖丰富的客户资料。所以，第三方票务公司挤占的不仅仅是在前互联网时代中本属于剧院自持的业务逻辑，更多的则是抢占了剧院在数据经济时代中具有战略意义的数据资产，导致剧院缺乏导向性指引，未来发展的动力不足。

从社会责任的角度看，"数据的归属、使用和保护"已经成为大数据时代中的热议话题。我国在大数据保护方面的政策法规暂付阙如，而建章立制又非朝夕之举。[②]不难看出，将个人数据信息存放在城市剧院或国家专属机构相比存放在互联网公司而言，从观众的个人感受来说会更令人心安；在相关政策法规落地后，也便于相应职能部门工作的顺利开展。

从文化使命的角度看，艺术管理者担负"发展艺术产业，推动艺术生产力的增长"的使命，其在很大程度上包含了"对大众审美情趣的正确引导"[③]。而票务公司的首要任务是业务发展，公司在资本的驱动下更多需要考虑保护投资人的利益。票务公司基于大数据技术更愿意关注"观众的审美偏好"，很难主动挖掘"观众的审美缺失"，二者在一定程度上存在着长期文化使命与短期现实利益的冲突。从长远来看，剧院丧失数据主导权也意味着政府文化职能失去了参考函数。

数据越是交叉，融合就越具有意义，剧院管理者必须从守护顾客资产的角度树立数据主导权意识。数据主导权掌握在城市剧院手中，也有利于在统一部署下的数据协同和对接。剧院有责任和义务扮演好个人数据权保护的公信角色，主动扛起数据的主导权。

（二）剧院数据主导问题的解决思路

历史无法倒退和重演，剧院管理者应在理解大数据思维的前提下，转换思维方式，把控数据主导权。当下的重点不是与第三方互联网票务公司争夺数据，而是应该先分析在现有的业务流程中，他方持有了哪部分数据，是否还有未被采集的数据。这就需要以观众为导向，深入思考业务流程，重新挖掘数据维度。从观众整体观演流程（见图 1）来看，第三方互联网票务公司所能获得的观众数据集中在演出信息查询和网上购票环节，而用户在剧场内发生的离线数据仍为空白。

① 刘建新、陈雪阳：《顾客资产的形成机理与增值策略》，《商业经济与管理》2005 年第 3 期。
② 齐爱民、盘佳：《数据权、数据主权的确立与大数据保护的基本原则》，《苏州大学学报（哲学社会科学版）》2015 年第 1 期。
③ 田川流：《论文化艺术管理的主体系统》，《文艺研究》2005 年第 2 期。

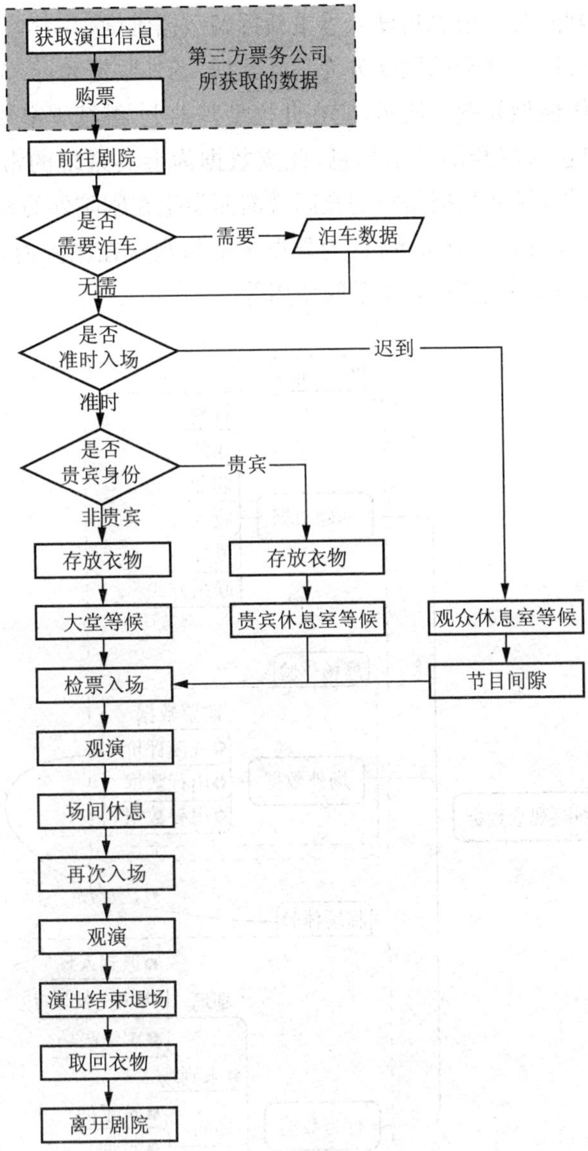

图 1　观众整体观演流程

上述流程为观众观演的通用流程，以观众为导向的思考方式可以启发我们进行更多视角的观察，比如，思考“场间休息”环节观众还会发生哪些数据，大体能够想到观众“是否使用洗手间”“是否有吸烟行为”“是否存在迷路的情况”等。也正是因为演出消费体验的临场属性，才让剧院有更多挖掘观众行为数据的机会，使剧院重新取得数据主导权成为可能。

据此，从剧院观众信息角度入手重新拆解数据维度，并考虑可以采集的数据内容，大体可以将观众的数据分为基础数据、场外数据和行为数据。为方便论述，初步制作模型如图 2 所示，应在此模型基础上，继续丰富数据观测维度。基础数据主要包含观众的基本信息，此类数据为会员系统的常设数据，如性别、年龄、职业等；场外数据是指观众因观演而发生在剧院外的系列数据，如购票、出行、用餐以及观演评价等；行为数据主要指观众在剧院内发生的具体行为或事件，如迟到、中途离场、洗手间使用等。

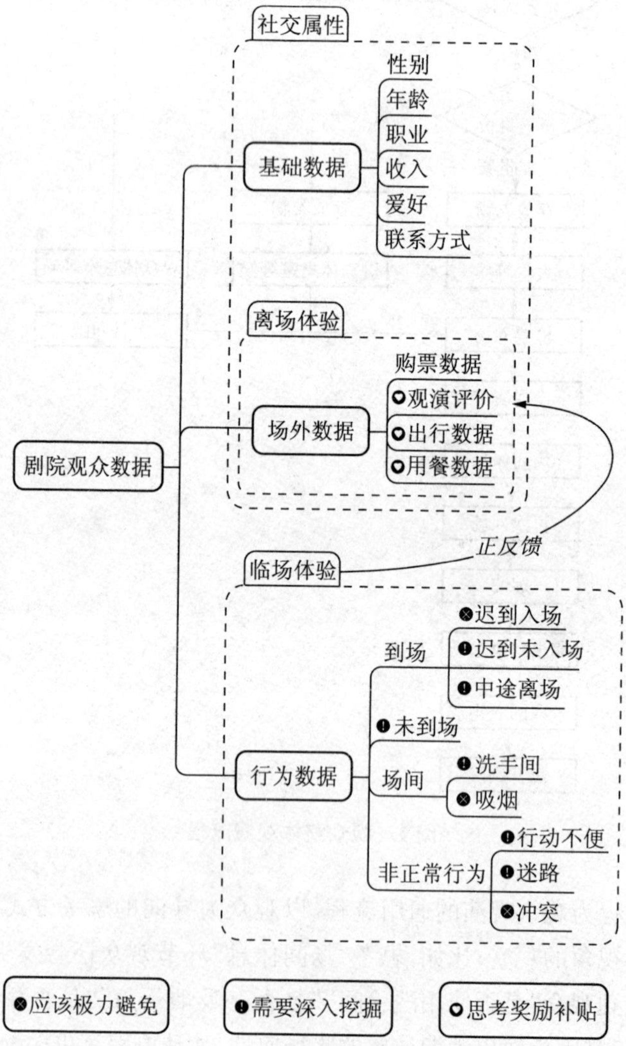

图 2　以观众为导向的剧院观众数据维度拆解

现仅就图 2 中所涉及的数据维度进一步展开讨论，以详细说明数据维度划分的作用：

第一，行为数据：对行为数据的有效掌握和分析，便于剧院梳理在日常管理中存在的问题，有效提高观众在剧院的“临场体验”。找出哪些行为是观众在观演流程中应该极力避免的，以此完善管理制度，规范管理流程；深入挖掘那些异常现象背后的成因，采用适当的补偿方式，维护良好的客户关系和观众的再次召回，提升用户体验。

第二，场外数据：场外数据所涉及的维度恰好是观众视角下“一次完整观演体验”中的数据链条。场外数据的意义重大，不容忽视，依此视角可以完善观众的“离场体验”。但是从剧院角度出发会感觉很难直接获取其中所涉及的数据，而这正是剧院管理者应该发挥主观能动性的所在。显然，此问题的解决方案并非主要依赖技术实现。

第三，基础数据：基础数据独立使用时并不能产生太多有意义信息，在结合场外数据后可以挖掘更多具有社交价值的信息，以便剧院开展后续的精准营销工作，针对不同观众群体实行贴身服务。

上述三类数据并非独立存在，对此三类数据的有效采集和挖掘，将使剧院整体服务质量得到提升，同时将有效增强观众的观演体验和忠诚度。虽然“票务数据”被票务公司部分劫持，但也不难发现，一旦剧院以大数据思维变革管理模式、长线布局，很可能使观众发生偏好转移，弃票务公司转而使用剧院自有的票务系统。即非如此，剧院持有更多维度的观众数据就是掌握了更多与票务公司合作的谈判筹码，从而可以实现数据主导权属关系的重新分配。

四、以观众为导向的大数据体系实施策略

大数据时代中，数据、技术和思维这三个要素相互协同，以鼎足之势推动商业、管理和思维方式的变革。对于剧院管理者来说，即使在理解了大数据思维之后，面对具体技术框架的讨论和实施也不免感到无从置喙。但这并不代表大数据思维在剧院管理工作中无法推行，管理者可以结合具体情况，在把握成本和效率两条主线的前提下，稳步向前推进大数据技术创新管理的进程。随着无线应用的普及、云计算的发展、硬件的不断升级改进、科技公司爆发式的增长、国家政策的扶持，将大数据技术应用到实际业务流程

中的成本越来越低，剧院只需要制定自己的切实需求，大数据技术的服务公司可以提供一揽子解决方案。技术壁垒不应该成为艺术管理者进退维谷的借口，真正形成管理局限的是缺乏与时俱进的思维和意识。剧院可根据自身定位、经营能力和周边配套等情况的不同，采用不同的策略或组合以具体应用大数据技术。

（一）自我完善策略

剧院在采集观众基础信息方面，应广泛设置数据的维度，在现有的会员系统中扩展更丰富的会员基础信息项。剧院要充分利用会员（或文惠卡）制度，刺激观众自主完善个人基础信息以换取观演优惠，并制定更多形式的促销组合以获取更有价值的隐性信息。例如，开展"老带新"的促销活动后，可以实现常规意义的观众拓展和会员数量提升。更值得注意的是，在大数据技术的作用下，通过过滤新会员后续观演频次、新会员观演节目质量的发展趋势、新会员再度拓展会员数据以及老会员与自身拓展新会员之间的关联数据等，很容易挖掘出那些自身具有极强拓展属性的优质观众群体。通过对此类优质群体进行用户画像①，再度实施精准营销，以期获得更好的观众拓展效果。可以想见，此过程会挖掘到一类特殊的群体——黄牛党，对于剧院管理工作来讲，得到此类副产品性质的结论也未尝不是一件好事。

大数据技术在发展过程中并非与剧院没有交集，围绕大数据视角下建立智能剧院的讨论时有发生。然而，这些讨论大多从建筑和科技的角度，只停留在了对"物"的监控和连接，比如监控设备、道具，或单纯为了实现更好的舞台效果等。②然而大数据时代的"物联网"指的是"人—机—物"的万"物"互联，剧院缺乏对观众的想象，忽视了对观众临场行为数据的收集。

在采集行为数据的具体实施方面，剧院考虑数据采集方式有效性的同时也要兼顾设备投入的成本问题。自动化的数据收集必须依赖无线技术和微型传感器设备的支持，考虑采用 RFID 标签化的演出票或会员卡，部署应用 Zigbee 技术的系统，设置自动折叠观众座椅等方式用以采集观众在剧院内的轨迹和行为数据。图书馆③或博物馆④与此相关的技术应用常有讨论，剧院管理者可以考虑先期的观摩学习和组织研讨。此外，随着人脸识别、步

① 刘海、卢慧、阮金花等：《基于"用户画像"挖掘的精准营销细分模型研究》，《丝绸》2015 年第 12 期。

② 沙狄、李茜、成学军等：《剧场物联网系统信息安全问题与技术》，《演艺科技》2018 年第 9 期。

③ 秦格辉：《Zigbee 与 RFID 整合应用研究——智慧图书馆感知网组网设计》，《图书馆论坛》2014 年第 5 期。

④ 仇岩：《大数据时代博物馆动态观众服务体系浅析》，《中国博物馆》2014 年第 4 期。

态识别[1]等技术的不断发展完善，剧院可以利用更多的设备和技术手段不断丰富行为数据的获取方式，也必然提出更多提升观众现场体验的方案。

目前对于剧院来说，考虑如何增补场外数据的获取方式，是比较经济有效的行动方向。应充分发挥剧院自有官网、微信公众号、微博平台的作用，加大曝光率和促销活动的推广，构建线上、线下的活动生态，实现引流和观众参与度的提升。围绕观众设置更多的活动，不仅是激发他们的存在感，更是要使观众有参与感和获得感。大麦网已经设置对演出节目的观演点评功能，剧院也应考虑开发自持的演出节目点评系统，剧院在此方面更具先天优势。首先，围绕演出节目的台前幕后信息，剧院更有发言权。其次，剧院官方指定的评价系统更值得信赖，影响力也更加深远。第三，剧院可以借助"大讲堂"或沙龙之类的线下活动，进行演出节目的专业点评或前期预热，进而形成线上的二次讨论，增持线上讨论热度。总之，剧院应该考虑在传统的经营理念之外，围绕观众的全程观演体验进行更多维度的内容制作，尤其要考虑制作线上参与感更强、波及面更广的可分享内容。节目的专业点评和真诚的观众反馈对于后期观众有极强的引导作用，此一轮知识型消费升级已经出现很多在这方面可供参考的商业模式。上述做法在传统视角下都被视作常规的营销手段，可如果在操作细节上将数据的收取作为关注点，那么在所有环节实施的过程中自然需要融入对数据的采集任务。这也就是强调增补场外数据的根本所在。

（二）区域联盟策略

"自我完善策略"并非万用之法，可以想见对于小型剧院或剧场来讲，因经营规模、定位和资金实力的问题无法实施上述自我完善的策略。但这并不意味着此类群体在大数据时代中无法行动和转身，大数据的"大"也是由众多小数据堆积而成的，由此提出剧院、剧场的区域联盟策略。陈庚指出我国演出行业联盟"名存实亡"的现实窘境[2]，并在前互联网视阈下提出优化路径。传统行业联盟中"名义合作，实则竞争"的问题，其根源性在于利益的纷争，而造成利益冲突的重合市场或因联盟成员未厘清各自的发展定位所致。本文提出的"联盟"由传统联盟的基因组成，更强调从"数据联盟"的角度促使联盟成员之间构成合力。

---

① 刘晓芳、周航、韩权等：《基于视觉的步态识别研究综述》，《小型微型计算机系统》2018年第8期。

② 陈庚：《中国演出业联盟发展的现状特征及其路径优化研究》，《学习与实践》2013年第5期。

在剧场的发展历史上，欧美社区剧场联盟的力量不容小觑，很值得我们借鉴，其核心理念是“根植社区发展剧场，以应对多元的诉求”[①]。其逻辑与本文倡导“以观众为导向”的主旨非常相似。从大数据的视角来看，“多元性”的诉求是群体规模增加导致的必然结果，“社区性”的实质是在梳理小群体的特征，进而实现观众群的细分，达到精准营销的目的。本策略中联盟所覆盖的区域，其界定范围并非严格遵循绝对意义上的行政区域划分，但应该考虑两点因素：一是区域内文化市场的供需影响力[②]能够相互协同，二是区域内一定要存在有能力进行自我完善的主导型剧院加入联盟。

大数据体系的形成，不是一两家剧院单打独斗就能摸清数据规律的，必须横纵联合进行多元数据的交叉分析。受场地、设施和资金等条件限制，小剧场一定存在无法获取的数据维度，联盟中的大型剧院应该在此方面为小剧场补充决策。比如，小剧场无法获取观众的行为数据，而大剧院在实行自我完善策略后，挖掘出某些临场体验的改善策略，可以直接将此结论分享给联盟中的其他成员。小剧场在联盟中可因地制宜制定发展策略，细化数据粒度。在不依托基础设施改进的情况下，小剧场更应该着力于演出质量和观众场外体验度的提升，在具体的小数据维度深耕细作，将自己更加精准的小样本数据上传云端贡献合力。比如，小剧场可以在社群建设、微信、微博平台等方面深入研究，专注观众行为偏好、用户画像等社交型数据的获取，提升“从关注到观众”的转化率，如此形成的经验同样会给联盟成员以启示。剧院、剧场无论规模大小，只要努力完善自身的数据，都是在数据联盟中进行了有效贡献。正所谓“大有大的优势，小有小的长处”。

此外，政府应当充分发挥职能作用，主导构建一套可以满足众多中小型剧场数据需求的管理系统，主要包括演出信息发布、票务、评价体系、客户关系管理等功能模块，倡导区域内的各中小型剧院、剧场和演出团体积极参与使用，并共享数据。同时也期待出现以政府主导的第三方数据采集服务公司，为中小型剧场提供数据采集的设备租借或合作建设整体打包方案。此间的原则是由政府或剧院主导数据权。

联盟产生的效应不会是一蹴而就的，联盟的结果也未必是皆大欢喜。在动态发展的过程中，联盟务必着眼未来，不断摸索和定位成员特质，利用新方

① 梁燕丽：《社区剧场的观念和实践——以英美社区剧场为例》，《戏剧（中央戏剧学院学报）》2018年第1期。

② 孟书魁、雷原：《中国文化产业发展的影响因素研究》，《统计与决策》2019年第7期。

法寻求各种老问题的突破方案。小剧场做专精,大剧院做高端,两者之间的观众群体未必是泾渭分明的两类,或许存在一定的交叉。实际情况如何,还需要大数据过滤结果。在互联网时代,我国要大力推动文化产业的发展,就应当充分注重互联网所能引发的规模效应,大力发展线上的社区联盟、数据联盟,也许是推动文化消费可持续性发展的有效路径。

(三)跨行合作策略

场外数据多来自文化消费以外的服务性行业,依靠联盟内部无法有效获取,应当考虑跨行业合作的策略。郑新文从营销的角度对此早有洞察,认为"艺术机构除了演出本身的吸引力外,还应关注演出场地的交通设施、邻近的餐饮场所、剧院的环境和服务质量以及具有社交意义的活动等因素,因为艺术市场的营销要以总体产品(Total Product)的观念考虑演艺活动的营销方向"①。

以观众视角审视观演活动完整生命周期所包含的环节,即可锁定能展开合作的行业或具体商家。仍然以图 2 模型中所关注的数据维度为例,将场外数据主要归结为票务交易、出行、餐饮和观演点评等数据,其中的票务交易数据应该产生在剧院自持的票务系统。剧院在建立观演点评系统的同时,应有计划、有意识地将此点评系统与社交媒体或周边业态进行聚合。聚合多元的行业服务,共同为观众提供观演全程服务的体验升级,构建一个围绕观演整体流程的生态系统,平衡使用成本和体验。通过打通餐饮、出行等消费场景,体现以观众为中心的理念,促成跨行业间的互利,真正实现从信息决策、出行到交易的服务闭环。

剧院在进行跨行业的数据合作后,根据演出信息,提前为观众发送提醒,推荐出行方式、出行路线和泊车信息,体现对观众的贴身服务,提升观众准时到达率、降低管理成本;根据观众到场的出行数据,在演出结束前与出行服务商动态协调出行资源,并为观众提供出行优惠,使观演体验在离场瞬间再次升级。同理,对于剧院周边的餐饮实体,在建立合作关系后,将实现双边 O2O (Online to Offline)引流效果。根据"峰终定律"②对经验回顾评价造成的影响,可以推断观众对观演体验将作出积极评价,而这又会促使观众更多围绕演出本身的质量进行点评,整个过程都是正反馈的效果。

① 郑新文:《艺术管理概论》(修订版),上海音乐出版社 2018 年版,第 216 页。

② 对一段经验的回顾性评价是通过建构代表性时刻进行的,代表性时刻的情感值是该段经验中最强烈情感(峰点)和结束时情感(终点)的简单平均,这被称为峰终定律。

在大数据时代，跨行业的数据合作模式必将形成发展趋势。期间的业务流程和技术实现都不是难题，关键问题在于数据决策的靶向应该是以用户为导向。大数据核心思维下对数据维度的关注具有极其重要的意义，值得剧院管理者为此做足文章。趋势的判断往往来自数据交叉的细节，指引管理者破除故步自封的经验模型是大数据体系的重要价值。

在总结上述三种实施策略后，可以勾画出剧院主导的大数据体系蓝图（见图 3），期待此剧院大数据体系早日实现，其必将在一定程度上重新制定演出市场的规则。

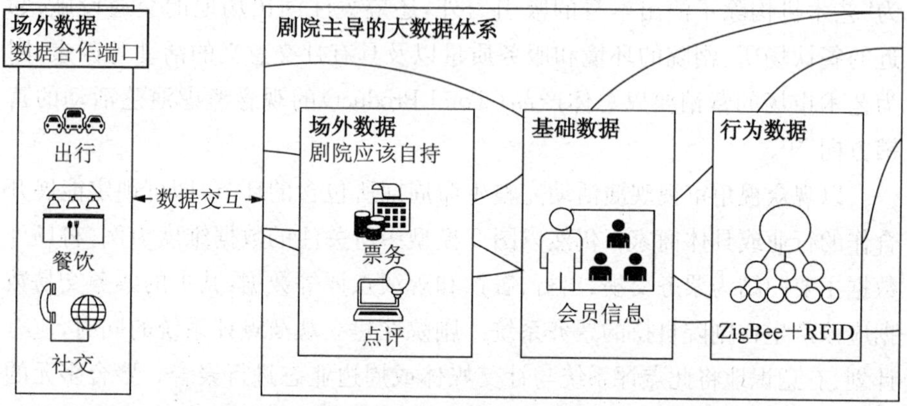

图 3　剧院主导的大数据体系架构

我国文化产业在转型升级期必须走中国特色的文化产业发展之路，坚持以自主创新为原则，以彰显中国特色为目的，实现从文化资源到文化资产的有效转化。要抓住以“互联网＋”、大数据、人工智能为引导的新一轮科技革命所带来的重大机遇。在人才培养方面，不仅要重视“创意、管理、经营”三要素人才的培植，也要考虑如何扭转“文化人不懂科技，科技工作者缺乏文化”①的局面，两个方面齐抓共管，努力为我国打造一支“兼有科技创新管理思维”的文化产业人才军队。

Theatre should build an audience-oriented big data system

Ren Wu

Abstract: The era of big data has arrived, and the concepts, methods,

① 李修松：《自主创新、特色发展是文化产业转型重点》，《中国文化报》，2015 年 10 月 17 日。

and methods of theater management have not been able to respond to changes in time. Theatre managers should keep pace with the times, use the big data thinking change management model, establish an audience-oriented big data system, and thus control the dominance of data. For the theater to better adapt to the changes in the era of big data, this paper discusses the significance and strategy of "the theater to build an audience-oriented big data system". It calls for the theater to pay attention to the management of technological innovation under the era of big data, and expects more people to create innovative ideas for "Theater management based on big data technology".

Key words: big data; theater management; audience-oriented; data dominance

2019年中国影视动画产业发展回顾

上海交通大学　邓　林　付丛笑

[内容提要]　2019年，中国影视动画产业开始回暖，国产电视动画片产量增加，进口动画片呈国别多元化，特别是在动画电影方面，由于《哪吒之魔童降世》这一现象级动画电影的上映，拉动了中国动画电影市场各项数据的繁荣增长。动画电影市场在经历了2016年这一巅峰时期，进入2017年、2018年的持续低迷期之后，终于又迎来了一次崭新的飞跃。本文在对2019年国内影视动画产业的发展数据进行分析的基础上，梳理2019年中国影视动画产业的各大现象，总结分析动漫产业的发展方向和发展趋势。

[关键词]　国内市场；影视动画产业；国产动画

一、电视动画产业发展概况

(一) 电视动画片产量有所回升，时长略有减少

2019年全国国产电视动画片累计备案公示剧目数量为472部，总时间188 186.05分钟；对比2018年的460部，194 346分钟，总部数增加12部，总时间却减少3.3%(见图1)。平均每月备案39.3部。

表1　2019年电视动画片备案公示汇总

时间	部数	时长(分钟)
1月	34	13 197.8
2月	33	14 525.5
3月	42	18 765
4月	40	21 732

（续表）

时间	部数	时长（分钟）
5 月	49	19 302
6 月	25	12 731
7 月	35	10 634
8 月	44	13 251.25
9 月	55	20 182
10 月	44	14 386.5
11 月	41	14 232.5
12 月	30	15 246.5
合计	472	188 186.05

注：数据截止日期为 2020 年 1 月 13 日。

数据来源：国家广电总局网站各月份全国国产电视动画片制作备案公示，参见 http://www.nrta.gov.cn。

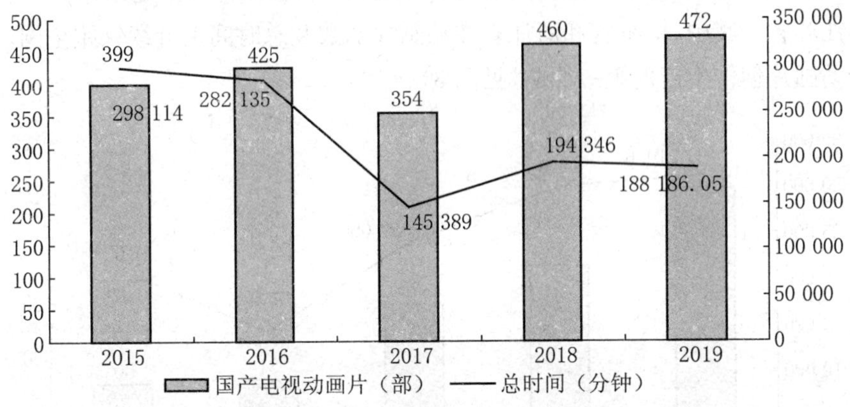

图 1 2015—2019 年国产电视动画片产量和总时间

注：数据截止日期为 2020 年 1 月 13 日。

数据来源：国家广电总局网站各月份全国国产电视动画片制作备案公示，参见 http://www.nrta.gov.cn。

总体来看，在产量方面，除 2017 年电视动画片产量大幅下降以外，我国电视动画片产量自 2015 年以来基本处于稳步上升阶段；与之相比，在时长方面，虽然在 2018 年曾有大幅回升，但自 2015 年以来还是处于明显的下降趋势之中（见图 1）。从月份数据来看，国产电视动画生产集中在每年 3—5 月和 9 月这两个时间段（见图 2）。

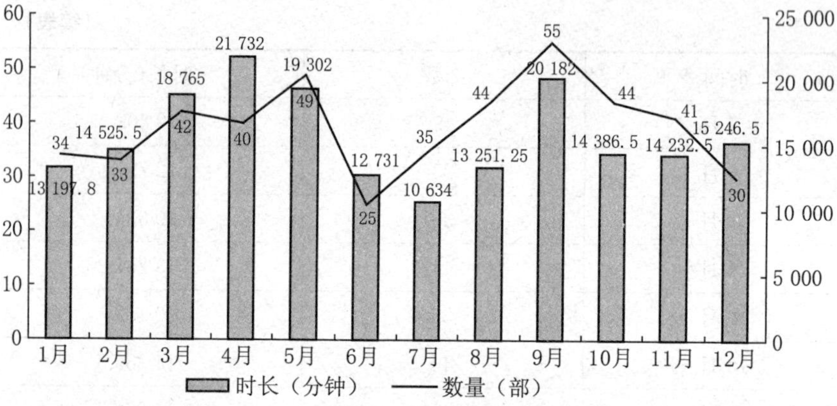

图 2　2019 年 1—12 月国产电视动画片产量和总时间

注：数据截止日期为 2020 年 1 月 13 日。

数据来源：国家广电总局网站各月份全国国产电视动画片制作备案公示，参见 http://www.nrta.gov.cn。

2019 年，全国动画片创作生产数量排在前五位的省份与往年相比变化不大，主要是东部沿海地区的发达省份，分别为广东省、浙江省、北京市、上海市和江苏省。其中，广东省和浙江省在动画片部数及总时间上继续领跑全国，处于动画片创作生产的第一梯队（见图 3）。

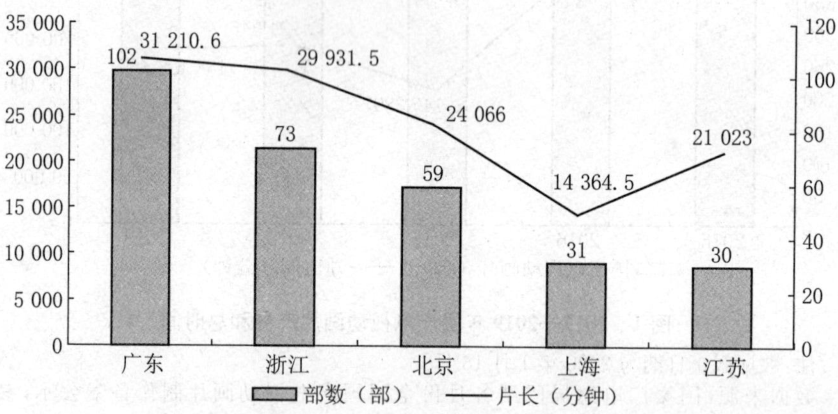

图 3　2019 年全国动画片创作生产数量前五位省份

注：数据截止日期为 2020 年 1 月 13 日。

数据来源：国家广电总局网站各月份全国国产电视动画片制作备案公示，参见 http://www.nrta.gov.cn。

按国产动画片生产数量，2019 年我国原创动画片制作生产十大机构分别是：央视动画有限公司、无锡亿唐动画设计有限公司、浙江中南卡通股份有限公司、厦门翔通动漫有限公司、广东咏声动漫股份有限公司、福州智永信息科技有限公司、水木动画有限公司、缘娃影视传媒(北京)有限公司、上海亲宝文化传播股份有限公司、河南小樱桃动漫集团平顶山有限公司(见图 4)。

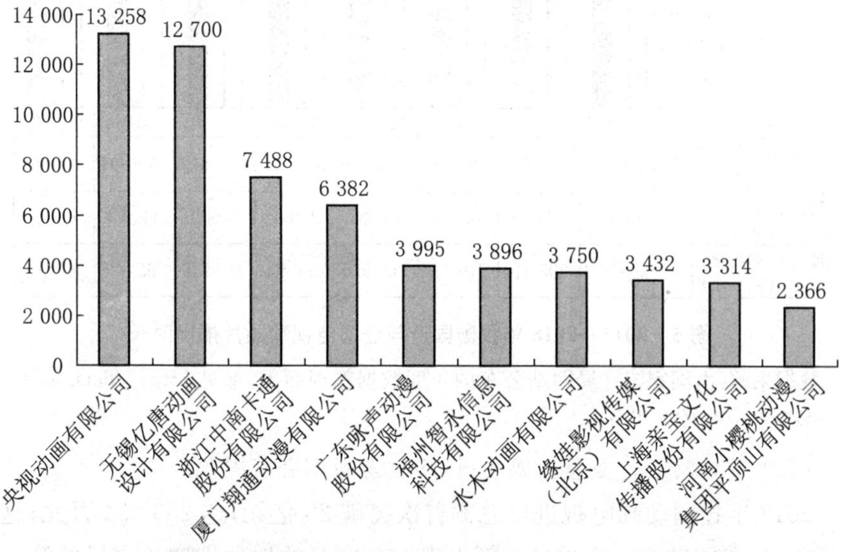

图 4　2019 年中国原创动画片制作生产十大机构动画片备案量

注:数据截止日期为 2020 年 1 月 13 日。

数据来源:国家广电总局网站各月份全国国产电视动画片制作备案公示,参见 http://www.nrta.gov.cn。

(二) 国产电视动画片占播出主导,时长稳中求进

根据国家统计局公布的数据显示,2018 年国产电视动画片播出时长达 365 606 小时,持续向 40 万小时大关迈进,占全年动画播出时长的 97.6%。而进口动画电视播出时长较 2017 年则有大幅回落,总计 8 879 小时,创历年最低(见图 5)。数据向好的背后是政策大力扶持的结果。如 2008 年广电总局发布《关于加强电视动画片播出管理的通知》,从扶持动画少儿频道建设、限制引进动画片播出、延长国产动画播出时间段等方面支持动画产业,以及 2013 年发布《关于做好 2014 年电视上星综合频道节目编排和备案工作的通知》,要求各卫视每日播放至少 30 分钟国产动画片等等。但与国产动画播出时长平稳向好的趋势不同,进口动画播出时长在 2018 年出现大幅滑落。在此需要特别注意的是,当一项政策获得预期效果的同时,应当根据其无意造成(或许也是在预料之中)的后果进行适当调整,放宽限制力度以保障电视动画片播出种类在国别层面上的多元化。

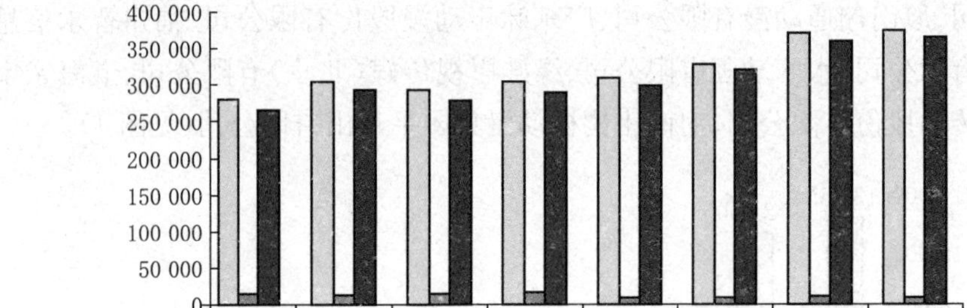

	2011年	2012年	2013年	2014年	2015年	2016年	2017年	2018年
全年动画电视播出小时数（小时）	280 255	304 877	293 140	304 839	309 100	328 819	374 304	374 485
进口动画播出小时数（小时）	14 822	12 063	14 015	15 883	9 700	8 900	11 479	8 879
国产动画播出小时数（小时）	265 433	292 814	279 125	288 956	299 400	319 919	362 825	365 606

图 5　2011—2018 年我国国产与进口电视动画片播出时长

数据来源：由国家统计局网站公布的年度数据整理而得，参见 http://data.stats.gov.cn/easyquery.htm?cn=C01。

（三）进口动画片数量大幅上升，多元与极端并存①

2018 年我国动画电视进口总额首次突破 25 亿元，达 250 634 万元；这是继 2015 年我国动画电视进口总额出现 303.27%的爆发性增长之后的第二次大幅度上升，其增幅高达 204.71%（见图 6）。与之相比，电视进口总额在 2017 年稍有回暖的情况下也呈现大幅上升趋势，增幅高达 89.5%。尽管如此，动画

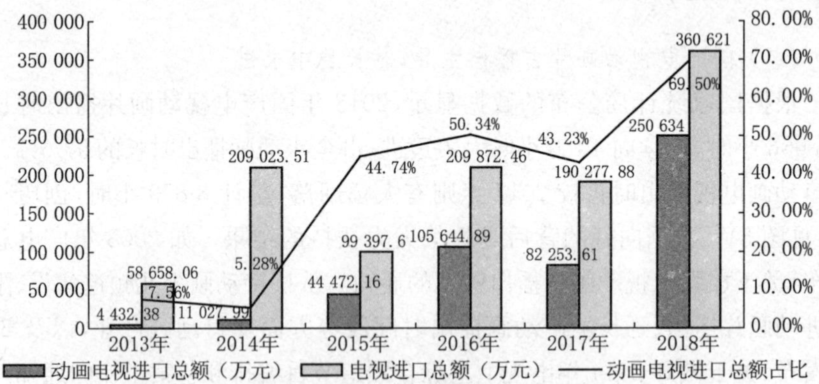

图 6　2013—2018 年我国电视动画片进口概况

数据来源：国家统计局电视节目制作播出情况年度数据，参见 http://data.stats.gov.cn/easyquery.htm?cn=C01。

① 截至 2020 年 1 月 13 日，中国国家统计局网站尚未公布关于 2017 年、2018 年、2019 年中国动画电视出口状况的相关数据，此部分内容暂时空缺，特此说明。

电视片的进口总额占全部电视节目进口总额的比重还是高达69.50%,创历年新高。数据显示,2018年我国动画电视进口量为18 213小时,这是继2016年开始的低迷以及2017年的回升之后的又一次爆发式增长,增幅高达51.5%(见图7)。值得注意的是,2018年动画电视进口数量的增长并没有带动进口动画播出时长的相应增长。这一方面或许说明国产动画电视越来越受到国内观众的喜欢;另一方面也说明政策上的制约作用。

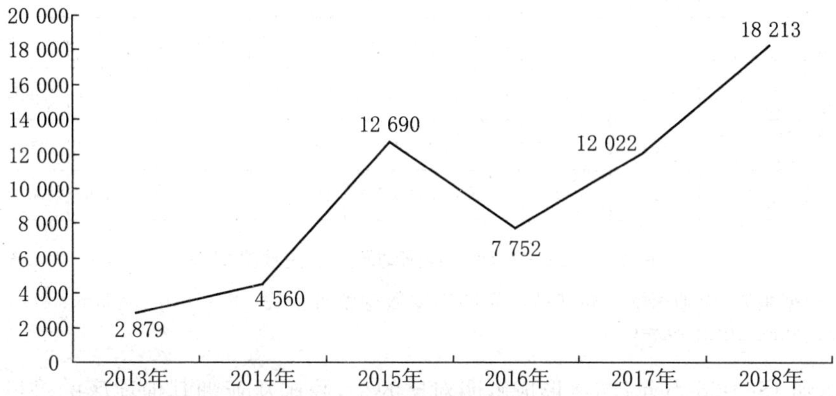

图7　2013—2018年我国电视动画片进口量(时)

数据来源:国家统计局电视节目制作播出情况年度数据,参见http://data.stats.gov.cn/easyquery.htm?cn=C01。

具体来看,宏观层面,2018年我国从亚洲进口的动画电视总额呈现跳跃式增长,这是自2015年大幅上升之后的又一次飞跃。其进口总额首次突破15亿元,高达15.64亿元,增长162.59%。与之相比,从美洲和欧洲的进口总额虽然也较2017年出现大幅度的增长,其涨幅分别为289.75%和367.43%,在动画电视进口总额中占据不到一半的比重。亚洲仍然是中国在动画电视方面的主要进口地区,占据动画电视进口总额的62.4%(见图8)。不过,从2017年开始,我国从美洲和欧洲进口动画电视总额开始明显上升,直至2018年呈现跳跃式增长,可以说,我国近年来在动画电视进口方面并不仅限于亚洲诸国家,而是开始呈现出一种拥抱多元化的发展趋势。

微观层面,具体到我国动画电视进口的亚洲各国家和地区,正如之前所提到的,其总额呈现较大幅度的增长。但与之前所说的多元化发展趋势正相反,2018年我国从亚洲各国家和地区进口动画电视呈现出了一边倒的严重不平衡景象。其中我国从日本进口的数额大幅度上升,增幅高达184.14%,进口总

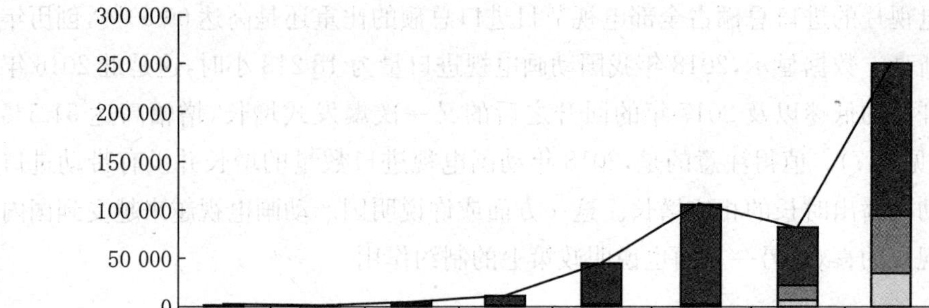

	2011年	2012年	2013年	2014年	2015年	2016年	2017年	2018年
■从亚洲进口动画电视总额（万元）	50	966.64	2 853.59	9 779.81	41 459.15	102 194.84	59 570.95	156 428
■从美洲进口动画电视总额（万元）	491.01	410.93	1 159.18	1 018.98	2 148.63	2 280.83	15 149.4	59 045
□从欧洲进口动画电视总额（万元）	161	111.44	419.61	229.2	864.38	1 168.22	7 511.66	35 112
—动画电视进口总额（万元）	702.01	1 489.01	4 432.38	11 027.99	44 472.16	105 644.89	82 253.61	250 634

图 8　2011—2018 年我国动画电视主要进口地

数据来源：由国家统计局网站公布的年度数据整理而得，参见 http://data.stats.gov.cn/easyquery.htm?cn=C01。

额达到 156 068 万元；与之形成鲜明对比的是，我国从亚洲其他地区的进口总额均出现或大或小幅度的下降，其中从中国香港地区进口的动画电视总额降幅最大，降幅为 99.53%，其进口总额仅为 14 万元，创历年新低。（见图 9）

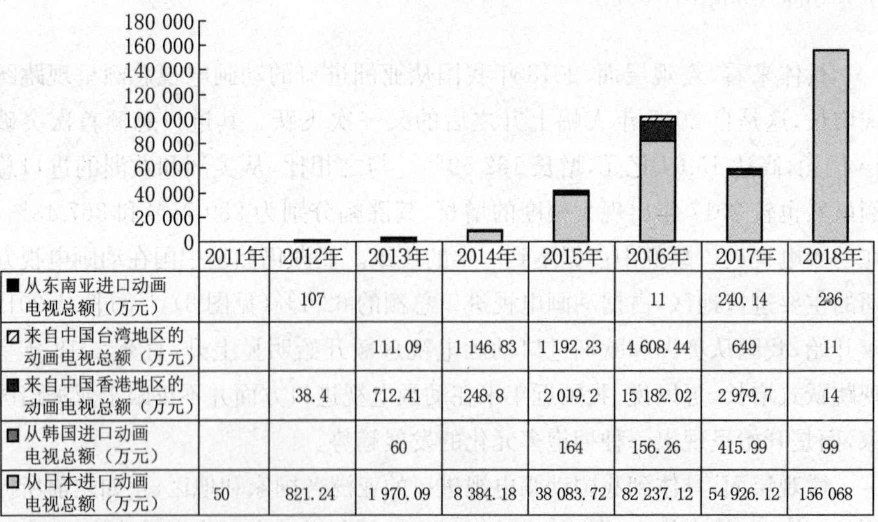

	2011年	2012年	2013年	2014年	2015年	2016年	2017年	2018年
■从东南亚进口动画电视总额（万元）		107				11	240.14	236
▨来自中国台湾地区的动画电视总额（万元）			111.09	1 146.83	1 192.23	4 608.44	649	11
■来自中国香港地区的动画电视总额（万元）		38.4	712.41	248.8	2 019.2	15 182.02	2 979.7	14
■从韩国进口动画电视总额（万元）			60		164	156.26	415.99	99
□从日本进口动画电视总额（万元）	50	821.24	1 970.09	8 384.18	38 083.72	82 237.12	54 926.12	156 068

图 9　2011—2018 年我国动画电视进口亚洲国家和地区

数据来源：由国家统计局网站公布的年度数据整理而得，参见 http://data.stats.gov.cn/easyquery.htm?cn=C01。

二、动画电影发展概述

2019年中国电影业爆款迭出且种类丰富，呈现出一派欣欣向荣的景象。特别是在动画电影方面，由于《哪吒之魔童降世》这一现象级动画电影的上映，拉动了中国动画电影市场在各项数据方面的繁荣增长。我国动画电影市场在经历了2016年这一巅峰时期，进入2017年、2018年的持续低迷期之后，终于又迎来了一次崭新的飞跃。

2019年全国电影总票房为642.66亿元，同比增长5.4%；其中国产电影总票房411.75亿元，同比增长8.65%，占票房总额的64.07%；2019年全国共生产电影故事片850部，其中动画电影51部。全年票房前10的影片中，国产影片占8部；全年票房过亿元影片88部，其中国产电影47部。

具体来看，2019年全国上映动画电影71部，较2018年增加10部，动画电影票房总和为114.82亿元，为历年最高，占全年总票房的17.87%(见表2)。如此高的票房数据可以说完全得益于《哪吒之魔童降世》这一现象级电影的高票房成绩的带动作用，头部动画电影的票房集中度出现了极为异常的大幅上升。相较2018年，2019年中国动画电影总票房首次突破100亿元，动画电影票房总额同比增长212.5%。其中上映的31部国产动画电影票房约为71.14亿元，占动画电影总票房的61.96%，虽然在数量上不及上年的34部，但在票房总量上较2018年增加近55亿元，平均每部电影票房为2.29亿左右。进口动画电影共40部，在数量上远超上年的27部，且就引进国别来说呈现出多元化的发展态势。其票房总量约为43.62亿元，较上年增加23.45亿元；其占比将近38%，较2018年的54.9%的占比却有明显下降。这也是国产动画电影在票房及占比上首次超过进口动画电影。

表2　2011—2019年全国电影及动画电影票房收入及比例

年　份	2011	2012	2013	2014	2015	2016	2017	2018	2019
动画电影票房(亿元)	16.85	12.67	15.03	30.28	42.44	80.29	47.17	36.74	114.82
全国电影总票房(亿元)	131.15	170.73	217.69	296.39	440.69	457.12	559.11	609.76	642.66
动画电影票房占比	12.85%	7.42%	6.90%	10.22%	9.63%	17.56%	8.44%	6.03%	17.87%

注：数据截止日期为2020年1月13日。
数据来源：艺恩咨询网。

动画电影票房总量增长的原因一方面是动画电影数量的上升，虽然就国产动画电影来看，其在数量上相较2018年略有下滑，但就进口动画电影来说，其在数量上却有较大幅度的增长，所以总体来看动画电影在上映的数量方面较上年略多；另一方面则是《哪吒之魔童降世》这一超级爆款对总体票房带来的巨大影响。但是，由《哪吒之魔童降世》所带来的总体数据的一片向好的背后，仍然是由其他动画电影票房数据所显示的动画电影市场在经历持续低迷期之后的缓慢回升。具体来看，2019年票房超5亿元的动画电影共4部，其中过10亿元的仅有《哪吒之魔童降世》这一部，第2名《冰雪奇缘2》票房为8.43亿元(见表3)，如果仔细分析可以发现，第2名的票房数据与其他年份的同一位置的票房数据相比并不算高。除2018年票房过5亿元的动画电影仅为《熊出没·变形计》这一部之外，2017年票房过5亿元的动画电影共3部，其中过10亿元的有两部；2016年票房过5亿元的动画电影共6部，其中有两部票房位居10亿元以上(见表4)。反观票房在1 000万元—5 000万元之间的动画电影数量，2019年共22部，相较之前各年为数量最多的年份①，证明动画电影票房低迷的情况仍然严重存在。由此可见，在动画电影总票房超100亿元的数据背后，仅是我国动画电影市场继2016年巅峰期以及2017年、2018年遇冷期之后所经历的部分回暖。

表3　2019年动画电影票房TOP10

排名	电影名称	制片地区	票房(单位:亿元)
1	哪吒之魔童降世	中国	50.11
2	冰雪奇缘2	美国	8.43
3	狮子王	美国	8.33
4	熊出没·原始时代	中国	7.17
5	千与千寻	日本	4.88
6	白蛇:缘起	中国	4.55
7	驯龙高手3	美国	3.67
8	罗小黑战记	中国	3.15
9	天气之子	日本	2.88
10	名侦探柯南:绀青之拳	日本	2.31

注:数据截止日期为2020年1月13日。
数据来源:艺恩咨询网。

① 据统计，其他年份中动画电影票房位于1 000—5 000万元之间的情况为:2018年18部，2017年18部，2016年17部。

表 4　2016—2019 年获得票房 5 亿元以上的动画电影数据统计

年份	片　　名	票房(单位:亿元)	制作地区	上映日期
2016	疯狂动物城	15.30	美国	3 月 4 日
	功夫熊猫 3	10.02	中国/美国	1 月 29 日
	奇幻森林	9.79	美国	4 月 15 日
	你的名字	5.73	日本	12 月 2 日
	大鱼海棠	5.65	中国	7 月 8 日
	愤怒的小鸟	5.13	美国	5 月 20 日
2017	寻梦环游记	11.53	美国	11 月 24 日
	神偷奶爸 3	10.37	美国	7 月 7 日
	熊出没:奇幻空间	5.22	中国	1 月 28 日
2018	熊出没·变形计	6.05	中国	2 月 16 日
2019	哪吒之魔童降世	50.11	中国	7 月 26 日
	冰雪奇缘 2	8.43	美国	11 月 22 日
	狮子王	8.33	美国	7 月 12 日
	熊出没·原始时代	7.17	中国	2 月 5 日

注:数据截止日期为 2020 年 1 月 13 日。
数据来源:艺恩咨询网。

进口动画电影方面,与上年相比,票房过亿元的动画电影增多 3 部,共 12 部。值得注意的是,与往年清一色的美国进口动画电影相比,2019 年"亿元俱乐部"清单(共 12 部)中来自美国的动画电影共 6 部,与上年持平,其票房总和为 25.44 亿元;而在 2019 年票房过亿元的动画电影中从日本引进的共有 5 部,仅次于美国,其数量为历年之最,累计票房之和为 13.26 亿元。并且,这 5 部动画电影可谓种类丰富,其中既包括经典重映的动画影片《千与千寻》,也包括曾制作《你的名字》这一在当年大热的动画电影的新海诚的最新作品《天气之子》,以及《名侦探柯南:绀青之拳》《航海王:狂热行动》和《夏目友人帐》这类由同名动画电视剧搬上大荧幕的系列名作。除此之外,改编自芬兰经典游戏的系列动画电影《愤怒的小鸟 2》也在 2019 年跻身亿元以上,这部由美国与芬兰合拍的动画电影展现了游戏 IP 顽强的生命力。

具体来看,票房过亿元的 6 部美国动画电影中迪士尼占 4 部,票房总和 20.23 亿元,在这 6 部动画电影总票房中占比将近 80%,说明迪士尼动画的长盛不衰。在这几部票房过亿元的美国动画电影中，属于系列续集的动画电影有 4 部，外加技术重映的《狮子王》，也就是说真正独立创作的全新动画电影仅 1 部由迪士尼出品的《小飞象》。2019 年美国进口动画电影总计累积票房为 26.14 亿元，占全年动画电影票房的 22.8%，占进口动画电影总票房的 60%。

2019 年相较往年在进口动画电影方面最突出的特点之一就是从日本进口的动画电影数量大幅上升，共 15 部，远超 2018 年的 6 部。其在数量上也超过了美国，累积票房约为 14.82 亿元，占进口动画电影总票房的 34%。但这其中，除上述 5 部票房过亿的动画电影之外，其余 10 部均未超过 4 000 万元，甚至有 4 部位居 1 000 万元以下；而美国动画电影中票房低于 4 000 万元的仅 3 部，且皆为美国与其他国家合拍的动画电影。由此可见，日本动画电影虽然在数量上超过由美国引进的动画电影，但其电影受众度与票房反响却远不如美国动画电影。

另一个特点在于 2019 年从欧洲市场有更多优质动画电影引进，包括芬兰、俄罗斯、英国、法国等国家，共计 15 部动画电影，比 2018 年增加了 7 部，其中合拍片有 7 部，占到了将近一半的比例。从欧洲进口的动画电影累计票房约为 2.66 亿元，占进口动画电影总票房的 6%。其中最惹人注目的当属跻身票房亿元之列的改编自芬兰经典游戏的动画电影《愤怒的小鸟 2》，这一出自经典游戏的热门 IP 从 2016 年上映第一部动画电影并取得 5.1 亿元的票房成绩以来，一直保持着较强的生命力，可以说是游戏 IP 改编动画的领头者。不过除这部《愤怒的小鸟 2》之外，其他从欧洲各国引进的动画电影，特别是那些多国合拍的动画电影在票房上却反响平平，虽然在数量上明显增多，但其票房成绩并不显著。

2019 年票房前 10 的动画电影中国产动画电影有 4 部，在数量上首次超过美国，且在票房成绩上由于“50 亿爆款”的影响，也远超美国，这在历年都是未曾出现过的奇观。具体来看，2019 年票房过亿元的国产动画电影共 6 部，多于 2018 年的 4 部，票房总和为 67.6 亿元，占国产动画电影总票房的 95.02%，这其中仅《哪吒之魔童降世》就贡献了 50.11 亿元的票房成绩，占国产动画电影总票房的 70.44%，单部爆款动画的牵动效应明显。相较而言，其他国产动画电影的表现没有那么出众，其中《熊出没·原始时代》作为火爆多年的系列电影以 7.17 亿元的成绩位列国产动画电影票房第 2，在 2019 年全部动画电影的排名中位居第 4；此外，根据中国民间传说“白蛇传”改编的动画电影《白蛇：缘起》以 4.55 亿元的票房成绩位居 2019 年动画电影排名的第 6 位，该动画虽然以其唯美的画风和对于中国民间传说的改编而一度获得豆瓣评分8.1 分的好成绩，但该动画在号称“突破尺度的成人动画”的背后却是众多为迎合所谓“成人向”的低俗镜头，这使其豆瓣评分最终降至 8 分以下；除此之外，在《哪吒》热潮之后上映的《罗小黑战记》也最终获得 3.15 亿元票房的好成绩，位居 2019 年动画电影票房第 8，该片以其独具一格的简约画风吸引了众多好评，豆瓣评分高达 8.2 分，自《哪吒之魔童降世》之后，这部《罗小黑战记》让观众看到了国产动画更多的希望和光芒。（见表 5）

表 5　2019 年中国动画电影票房排行

排名	电影名称	制片国家	上映日期	票　房
1	哪吒之魔童降世	中国	7 月 26 日	50.11 亿元
2	冰雪奇缘 2	美国	11 月 22 日	8.43 亿元
3	狮子王	美国	7 月 12 日	8.33 亿元
4	熊出没・原始时代	中国	2 月 5 日	7.17 亿元
5	千与千寻	日本	6 月 21 日	4.88 亿元
6	白蛇:缘起	中国	1 月 11 日	4.55 亿元
7	驯龙高手 3	美国	3 月 1 日	3.67 亿元
8	罗小黑战记	中国	9 月 7 日	3.15 亿元
9	天气之子	日本	11 月 1 日	2.88 亿元
10	名侦探柯南:绀青之拳	日本	9 月 13 日	2.31 亿元
11	航海王:狂热行动	日本	10 月 18 日	2.04 亿元
12	玩具总动员 4	美国	6 月 21 日	2 亿元
13	爱宠大机密 2	美国	7 月 5 日	1.54 亿元
14	小飞象	美国	3 月 29 日	1.47 亿元
15	愤怒的小鸟 2	美国、芬兰	8 月 16 日	1.4 亿元
16	雪人奇缘	中国	10 月 1 日	1.37 亿元
17	小猪佩奇过大年	中国	2 月 5 日	1.25 亿元
18	夏目友人帐	日本	3 月 7 日	1.15 亿元
19	全职高手之巅峰荣耀	中国	8 月 16 日	8 558.9 万元
20	神奇乐园历险记	美国、西班牙	4 月 19 日	4 770.9 万元

（续表）

排名	电影名称	制片国家	上映日期	票　房
21	钢铁飞龙之奥特曼崛起	中国	1月18日	4 465.4 万元
22	我的英雄学院:两位英雄	日本	3月15日	3 876.5 万元
23	猪猪侠·不可思议的世界	中国	7月5日	3 611.6 万元
24	命运之夜——天之杯:恶兆之花	日本	1月11日	3 168.4 万元
25	赛尔号大电影7:疯狂机器城	中国	8月2日	2 925.1 万元
26	潜艇总动员:外星宝贝计划	中国	6月1日	2 398.6 万元
27	我想吃掉你的胰脏	日本	1月18日	2 390.4 万元
28	巧虎大飞船历险记	中国	6月1日	2 383.7 万元
29	冰雪女王4:墨镜世界	俄罗斯	8月2日	2 356.6 万元
30	托马斯大电影之世界探险记	英国	5月31日	1 971.5 万元
31	悟空奇遇记	中国	5月1日	1 904 万元
32	乐高大电影2	美国、澳大利亚、丹麦	3月22日	1 843.8 万元
33	朝花夕誓——于离别之朝束起约定之花	日本	2月22日	1 724.5 万元
34	未来机器城	中国	7月19日	1 687.5 万元
35	小羊肖恩2:末日农场	英国、法国	12月28日	1 658.6 万元
36	昆虫总动员2:来自远方的后援军	中国	8月23日	1 645.2 万元
37	女王的柯基	法国、比利时	8月30日	1 536.6 万元
38	若能与你共乘海浪之上	日本	12月7日	1 396 万元
39	游戏人生零	日本	7月19日	1 395 万元
40	宠物联盟	中国	11月8日	1 126.6 万元
41	青蛙王子历险记	中国	4月5日	1 120.3 万元
42	机动战士高达 NT	日本	7月12日	870.8 万元
43	萌宠特工队	德国	11月15日	850.7 万元
44	森林奇缘	乌克兰	1月18日	797.9 万元
45	虫林大作战	法国	4月13日	773.9 万元
46	养家之人	爱尔兰、卢森堡、加拿大	1月11日	638.4 万元

（续表）

排名	电影名称	制片国家	上映日期	票　房
47	精灵怪物:疯狂之旅	德国、英国	3月29日	626.5万元
48	福星高照朱小八	中国	9月13日	556万元
49	功夫四侠:勇闯地宫	中国	4月5日	522.7万元
50	疯狂梦幻城	中国	9月21日	521.6万元
51	江南	中国	9月27日	507.4万元
52	闯堂兔3:囧囧时光机	中国	1月18日	501.2万元
53	三傻闹地球	德国、卢森堡、丹麦	10月26日	488.1万元
54	萤火奇兵2:小虫不好惹	中国	11月2日	454万元
55	尼斯大冒险	德国、加拿大、法国	12月28日	446.5万元
56	丑娃娃	美国、中国	10月13日	364.9万元
57	境·界	日本	4月19日	363.2万元
58	企鹅公路	日本	5月17日	334.5万元
59	魔镜奇缘3	中国	12月14日	320.4万元
60	太空狗之月球大冒险	俄罗斯	12月14日	291.7万元
61	深海特攻队之超能晶石	中国	11月2日	246.2万元
62	疯狂斗牛场	中国	10月3日	230.1万元
63	江海渔童之巨龟奇缘	中国	3月16日	205.3万元
64	猫公主苏菲	中国	5月1日	112.2万元
65	白牙	法国、卢森堡、美国	6月14日	66万元
66	迪丽丽的奇幻巴黎	法国	12月21日	65.2万元
67	魔神Z	日本	3月8日	40.8万元
68	参娃与天池怪兽之瑞雪兆丰年	中国	2月16日	22.3万元
69	精灵小王子	德国、荷兰、丹麦	7月20日	21万元
70	空天战队之星兽大战	中国	5月18日	20.1万元
71	天池水怪	中国	11月29日	7.6万元

注:数据截止时间为2020年1月13日。
数据来源:艺恩咨询网。

三、影视动画产业现象分析

2019年中国影视动画市场开始回暖，上映的国产动画电影为31部，在数量上略低于2018年。2019年动画电影总票房达114.82亿元，其中，国产动画电影的总票房约为71.14亿元，在票房上首次超过进口动画电影；40部进口动画电影的累计票房约为43.62亿元，较之2018年的20.17亿元有较大幅度上升。回顾过往一整年中国影视动画行业的发展，可以看到几家欢喜几家愁。

(一)《哪吒之魔童降世》呈现象级：论"爆款的自我修养"

2019年我国影视动画市场最值得注意的当属创下50.11亿元票房成绩的《哪吒之魔童降世》。(以下简称《哪吒》)这个一脸烟熏妆、"吊儿郎当"唱着打油诗的叛逆少年在不被"认可"的情况下一举拿下2019年度的电影票房冠军，并且超越了在春节档上映的《流浪地球》成为中国影史票房第2名。纵观《哪吒》的整个票房进程，可以看到，其在上映之初就已经摆出一种势不可挡的"架势"，并且在上映过程中打破多项动画电影票房纪录。

在点映阶段，《哪吒》就以猫眼9.7分、淘票票9.6分、豆瓣8.8分、IMDb8.3分的好口碑博得广泛关注，其势头甚至超过《西游记大圣归来》。如此清一色的好口碑也使其在仅仅4天的点映中就已获得了超过5 200万元的票房。而在首映日不到两个小时其票房就已破亿元，创下动画电影最快破亿纪录。

《哪吒》在上映首日最终拿到了1.383亿元票房，超越《神偷奶爸3》于2017年7月实现的首日1.378亿元的票房纪录，创下中国内地动画电影首日票房新纪录。此后还在7月30日12时55分，即上映第5天达到9.57亿元票房，刷新了此前《西游记之大圣归来》于2015年创下的9.56亿元纪录，成为国产动画电影新票房冠军。在上映第14天突破30亿元，观影人次达到8 300.6万人。从7月26日到10月26日长达93天的放映时间里，《哪吒》收获了高达49.74亿元的票房，令全国观众叹为观止。并最终通过延期上映将票房最终定格在了50.11亿元。

纵观《哪吒》整体的影片及市场情况，其成功可以简明归结为以下几点：

(1)"死磕"制作：细节决定成败

这部时长110分钟的动画电影，历时5年之久，共经历了66次剧本修改，有20多个专业外包团队，1 600多位动画制作人员参与制作。最初全片有5 000多个镜头，是普通动画电影的3倍，导演反复挑选后留下了2 000个。

其中,《哪吒》作为首部 IMAX 国产动画,成片中 1 318 个特效镜头,占比达到 80%,这在国内动画界可以说是史无前例。

《哪吒》这部动画的一大特点就是对哪吒这一古典神话中正义少年的形象进行了极大的颠覆,仅哪吒这一形象主创团队就设计了 100 多个版本。大量的人物形象制作,分镜动画绘制,以及特效的制作,都是极其耗时耗力的过程。短短十几秒画面,可能需要几个团队几个月的努力,比如故事中仅“江山社稷图中 4 个人抢笔”这个景的草图就做了 2 个月时间,总耗时 4 个月。

导演饺子(原名杨宇)本身就是一个对各种制作细节“死磕”到底的人。曾经,为了完成 16 分钟的动画短片《打,打个大西瓜》,他一个人用了 3 年 8 个月的时间。如今,针对自己的首部长片动画电影,导演也是在各个方面精益求精。比如,为了做好申公豹变身这个不到 5 秒钟的镜头,导演“死磕”了两三个月的时间。而《哪吒》在制作中最反传统的地方就是先配音后制作,所有配音演员的表情被采集到相应角色上,角色的表情就是配音演员当时配音的表情,这样的改动成倍地增加了制作时长,但获得了更为逼真的效果。这种制作上的精益求精可以说为《哪吒》的成功奠定了良好的基础。

(2) 传统文化的现代转化:削弱对权力的批判,增强戏剧冲突

《哪吒》基于传统古典文学形象与故事基础进行了较为成功的现代化改编,通过对人物的重新设置以及在情节上的重构,增强了戏剧冲突。在人物设置方面,首先是对哪吒这一传统形象的反英雄化处理,在人物设计上用一种“丑化”的“烟熏妆”突出了其传统形象中混世魔王的一面。而该动画对传统文本最大的改编要属将原本故事情节中为哪吒设定的“灵珠投胎”中的“灵珠”改写为“混元珠”,“混元珠”又被分为“灵珠”和“魔丸”,在一个阴差阳错下“灵珠”变成了龙王三太子敖丙,而哪吒却成了“魔丸”降世。由这一错置带来的另一个对原著的巨大改变就是丰富了原著中仅仅是一个小人物的敖丙这一角色,使其成为与哪吒构成主要冲突的主要角色。这两个分别作为“魔丸”和“灵珠”转世的初始设定及其在寻求自我认同过程中善恶、灵魔之间的不停转换形成了一种强烈的并且是难以调和的戏剧冲突。

哪吒作为“魔丸”转世,从出生起就被陈塘关的百姓所厌恶,但其作为“魔丸”(恶)的本性并没有改变他在成长过程中不断寻求大家认同的决心,呈现出一种向善的倾向;而作为“灵珠”转世的敖丙却在龙族身份的压力下由善变恶,为实现族群的崛起决定水淹陈塘关,最终在哪吒“我命由我不由天”的感召下又转恶为善,与哪吒共同对抗天命。整个过程善恶、灵魔交替出现并从之前的

不断对立发展为最后的统一，这其中善与恶、人命与天命构成了影片中两种主要的难以调和的冲突。

反观传统叙事中的哪吒，其与龙王和敖丙虽是正邪的冲突关系，但在原本的角色处理中，哪吒的力量具有压倒性的优势，作为反派的龙王与敖丙毫无还手之力，这一善恶之间的对抗缺乏张力。其中真正难以调和的冲突在哪吒与他父亲之间，体现了个人与权力之间的深刻矛盾。在这一冲突下，哪吒“削肉还母，剔骨还父”，体现其极大的反叛与对抗精神。但这一对抗与冲突作为中国传统父权制伦理纲常思想下的产物，在现代人看来也许并不像天命那样难以调和，其冲突性对现代人来说已缺乏强烈的冲击力。《哪吒》通过构建“双男主”在寻求身份认同过程中的成长故事，突出天命这一难以调和的戏剧化冲突，用对抽象的命运的对抗替代了对中国传统父权制伦理纲常的批判，这一转变贴合了如今在传统父权制思想相对隐形化和弱化的时代背景下观众新的情感需求。

得益于角色的重新设定，故事情节本身类似于古典悲剧，具有了很强的戏剧冲突性与复杂性。构成悲剧内涵的核心因素是冲突、抗争、毁灭与永恒。在冲突方面，《哪吒》突出强调了原本故事情节中所弱化的善恶、正邪这一极端对立的两方面，并在情节发展中通过对这两方面的多次对立转换，即抗争增加冲突的复杂性。这其中既包括哪吒自身对善恶的抗争，比如对哪吒所具有的毁灭性力量的设定；也包括其主题，即人命对天命的抗争。与传统哪吒故事的另一不同之处在于其弱化了原版故事中哪吒与其父亲（个人与权力）的强烈冲突，并用爱这一永恒的主题将其化解。而毁灭出现在整部影片的高潮部分，为对抗天命，哪吒与敖丙两人肉身被毁，但在太乙真人的帮助下保留了魂魄，即永恒。影片最终对永恒这一部分进行了“迪士尼式”的调整，使对抗、冲突、命运等沉重的话题全部消失，构建起了一种合家欢式的温情结尾。

总体来看，《哪吒》通过对传统叙事的现代化改编，转变冲突重心，在人物与剧情两方面创造了大量复杂的戏剧性冲突，迎合了当代人的审美与情感需求。

（3）市场加营销造就票房奇迹，其背后深层社会问题值得关注

《哪吒》在其高票房的背后除了影片自身的原因之外还应当注意到的是：2019 年暑期档频繁爆出的撤档风波为之后《哪吒》的上映带来了良好的机遇。自 6 月 27 日暑假档开门影片《少年的你》因完成度撤档之后，《八佰》《小小的愿望》《刀背藏身》也紧随其后纷纷宣布撤档、改期。数据显示 2019 年暑期档

(6—8月)电影总票房为176.4亿元,同比增长1.49%,观影人次同比增长0.6%,达4.99亿元人次。票房前五的影片分别是《哪吒之魔童降世》《烈火英雄》《扫毒2》《速度与激情:特别行动》《银河补习班》。其中7月票房57.12亿元,8月票房77.71亿元。7月票房较去年同期出现大幅下滑,而8月票房则创造了历史最高纪录,这主要得益于《哪吒》的上映。

对比同年其他档期以及2018年暑期档的电影上映数量及票房情况,2019年暑期档可以算是竞争最小的一个档期。2019年贺岁档在大年初一同期共上映14部电影,仅5天就累计收获50亿元的票房成绩,竞争极其激烈;而国庆档上映的3部主旋律大片更是势均力敌,并在国庆假期累计斩获将近50亿元的票房;反观2018年暑期档更可谓群雄角逐,在整个暑假期间共一百多部电影上映,其中24部票房破亿,总票房高达173亿元。对比之下,2019年的暑期档在热门电影数量上就显得冷清了许多,不过这也为《哪吒》的出现奠定了极佳的市场环境。

在动画电影《哪吒》的营销策略方面有以下三点值得关注。首先,通过上映前期的三轮不同规模的点映,为影片造势。其实和绝大多数国产动画电影一样,《哪吒》点映之前尽管发布过一支预告片,但却并未获得很多关注度。首轮点映规模均在400场左右,且80%以上的排片占比集中在一二线城市。这轮点映为《哪吒》带来极大关注度,首日点映过后《哪吒》单日全网的有效评论数就从两位数飙升到1 000以上,其中正向评论占比超过95%。制作方借此乘胜追击,在第二轮点映中开始不断增加三四线城市的排片数量,其中最高达到单日4 000场。在这一轮点映中,上座率、场均观影人次等核心数据均不断上涨,网络上的口碑与话题也在不断发酵,电影热度持续升级。在上映前5天,《哪吒》停止了大规模的点映活动,仅在7月23日进行了小规模的IMAX场点映,为其电影中的高科技特效再进行一波宣传造势。可以看到,在整个点映过程中,《哪吒》先是将宣传重点聚焦一二线城市的电影爱好者,然后再向普通影迷和三四线城市扩散,在普遍关注度和热度持续发酵的情况下"戛然而止",以"饥饿营销"的方式进一步激发观众的兴趣,在保障了口碑爆棚的同时使观众充满期待。其次,通过与其他动画电影联动宣传的方式,引发话题传播与观众讨论。光线彩条屋影业作为《哪吒》的出品方,也投资制作了《西游记之大圣归来》这一在2016年大火的动画电影。运用之前《西游记之大圣归来》中一个关于"哪吒是个女的"这个梗,剧方将其制作成了一支联动短视频并在《哪吒》上映前发布于电影官方微博之中。视频中哪吒、大圣与江流儿之间的有趣互动吸引了极大的关注，引发网友的参与讨论。甚至在祝贺《哪吒》中国票房超过《复仇者联盟4》时，导演罗素兄弟也问到哪吒是男孩还是女孩？可见这一联动的宣传方式不仅可以引发话题讨论，极大地吸引了观众的兴趣与期待，还有利于推动动画品牌的持续发展。最后，在《哪吒》上映后通过微博、明星、公众号、大V等在众多热门话题基础上对该片的强势推荐，使得《哪吒》一直保持着较高的关注度。例如当时的一个热门话题＃扎一个哪吒头＃累计吸引了3.6亿的阅读量和19.6万的讨论。由这些热门话题和明星推荐带来的跟风效应有利于该片在票房上的持续增长。

这一票房的背后应是对其可能存在的社会现象的关注。数据统计，对电影关注或者说票房贡献最活跃的地区分别是二线城市(40.5％)、四线城市(26.9％)、三线城市(20.3％)和一线城市(12.3％)。通过对一些评论的关注可以发现《哪吒》存在的一个突出现象是有众多观众多次去电影院观看这部电影，甚至有一部分人看过10遍以上，结合活跃地区可以得知，这些人分布在我国二三四线城市的可能性较大。通过对一些数据的分析也可以间接证明这一点，据统计，2019年我国人均GDP达10 276美元，我国电影平均票价为37元，约合5.3美元，据此可以推算电影票价占人均GDP的0.000 52，与2018年持平且低于2016年与2017年。可见，我国城乡居民在电影票这一单项上的消费能力逐年上升，电影票正在成为相对价格低廉的非生活必需品。另一项数据显示，2018年我国现场娱乐市场(文娱演出市场＋体育赛事市场)用户活跃度大幅提升，观演人次逐年增加。但从其在不同城市层级的分布来看，超一线与一线城市一起占了大半(分别为33％和42％)，其余二三线及以下城市则占比极少。可见现场娱乐业在新一线与一线城市已趋于饱和，而在其他城市则有较大的市场空间。反观影院行业，2013—2019年我国二三线城市一直是银幕扩张的主力地区，截至2019年9月，一至五线城市分别拥有银幕6 995、21 302、13 027、12 676、7 272块。通过数据对比可以发现，在二三线及以下城市中，现场娱乐业的发展没有跟上其人均GDP的增长，反而是影院数量在这类城市中一直保持着较大的扩展势头，由此，二三线城市居民除看电影之外在现场娱乐方面似乎没太有其他的选择。因此，由《哪吒》高票房的背后应注意到我国二三线及以下城市在娱乐方式方面的贫乏以及多样性的缺失。

(二) 系列作品成美国动画主流：是保持优势还是难再创新？

2019年由美国进口的6部外加其与其他国家合拍的4部共10部动画电影中，有5部为系列动画电影的续集，加之技术重映的《狮子王》，其真正为独立新故事的动画电影数量不足一半。在票房方面，2019年排名第二的美国动画电影《冰雪奇缘2》票房为8.43亿元，与2016年在我国斩获15.30亿元票房成绩的《疯狂动物城》以及2017年票房达到11.53亿元的《寻梦环游记》相比略显逊色；在口碑方面，由美国进口的6部动画电影中除《玩具总动员4》获得了8.6分之外，其余动画电影的豆瓣评分均未超过7.5分，其中《小飞象》的豆瓣评分甚至低于7分。

迪士尼动画在创新方面历来被众多观众津津乐道。在2016年上映的《疯狂动物城》中，迪士尼构架了一个涵盖寒带、热带、亚热带，囊括沙漠、平原、雨林等地貌要素的微缩版地球动物城。这样不管你是非洲土著人还是因纽特人，都能在动物城中找到自己家乡的影子，由此迎合了全球观众。而在2017年上映的《寻梦环游记》则以一种全新的、墨西哥人的视角探讨了生死命题，影片以墨西哥亡灵节为文化背景，打破了死亡在我们认知中惯有的沉重感，以一种积极、欢快的态度缅怀故人。影片中皮克斯发挥其大胆且丰富的想象力构建了一个"亡灵城"，并对亡灵都进行了萌化处理，虽然看上去是一堆骷髅，却有一种"丑萌"的搞笑效果。

反观2019年，则没有出现像以上两部动画那样独立架构的全新动画电影，上映的各系列续集无论是在票房还是在口碑上都未能获得较为理想的效果，可见优势的保持往往意味着由故步自封而导致的创新的缺失。

（三）批量化进口影片点缀其中，细分领域小众化与多元化并存

2019年从日本与欧洲批量化进口的影片累计达30部之多，与往年相比明显增多。虽然不管是来自日本的小众题材粉丝电影还是引自欧洲的绝大多数由多国合拍的动画电影，题材类型都可谓丰富多样；但就票房成绩看，除少数日本动画电影之外，这一类进口动画电影主要集中于票房排行的后半部分。

2019年由日本批量进口的动画电影多达15部，票房分布呈现两极化态势。原因主要在于：一方面，作为批量进口的影片，其上映存在太多不确定性因素，这些动画电影的上映时间往往无法由购片方决定。由于档期的不确定性，批片更像是国产大片和好莱坞大片之外的市场点缀。这种不确定性会导致两种不利于影片票房的现象，其一是电影在上映的时间分布上会显得比较随意，我们能看到在过去的上映期中，有时候一个季度也没有一部日本动画电影，有时候却30天连上4部日本动画电影；其二是影片从定档到上映间隔时间往往较短，这就会导致除部分忠实粉丝之外，宣传力度往往难以涉及其他观众。

另一方面就体现在日本动画电影所特有的以粉丝为主要目标的相对小众化的受众策略。这在2019年上映的影片类型上可以充分体现。第一类是定期将电视系列片拍成剧场版的动画电影，在2019年包括获得2.31亿元票房的经典动画《名侦探柯南：绀青之拳》以及紧随其后获得2.04亿元票房的《航海王：狂热行动》和获得1.15亿元票房的《夏目友人帐》，这类影片大多具有较好的中国观众基础，票房成绩往往位居前列。第二类是由游戏改编的动画电影，包括在2019年上映的《命运之夜——天之杯：恶兆之花》是根据同名游戏《Fate/stay night》中的一条剧情路线进行改编，这类动画电影分析基础相对狭窄，更多属于细分领域下的小众影片。第三类就是一般常见的独立制作的动画，票房分布较为复杂，既有像《千与千寻》这种广为人知的动画电影的重映，也有由之前大热的《你的名字》的导演新海诚制作的最新作品《天气之子》，这两部动画都以其原本所具有的人气基础获得了不错的票房成绩。相比之下，其他影片例如在2019年1月18日上映的青春爱情类型影片《我想吃掉你的胰脏》就未获得太多关注。

反观由欧洲进口的动画电影，在2018年的基础上，2019年由欧洲进口的动画电影特别是由多国合拍的动画电影的数量继续上升，仅合拍片就多达11部。而其类型也是多种多样，包括系列动画电影的续集，例如由英国经典动画IP制作的电影版《小羊肖恩》的续集《小羊肖恩2：末日农场》；俄罗斯动画电影《冰雪女王4：墨镜世界》；以及在所有这些从欧洲进口的动画电影中票房唯一过亿的动画电影《愤怒的小鸟2》，该片作为由经典游戏IP改编的动画电影，在其第1部中就曾创下5.1亿元的票房好成绩，打破了“游戏改编必死无疑”的魔咒，虽然第2部在票房成绩上不及第1部，但也保持了一个比较稳定的发展态势。此外，还有曾在多处获得好评，豆瓣评分8.2分，烂番茄的新鲜度高达94%的《养家之人》，该片不仅在动画安妮奖拿下分量极重的最佳独立动画片，还入围2018年奥斯卡最佳动画片。不过，即便获得如此亮眼的成绩却也无法阻止其票房仅为638.40万元的事实。造成票房失利的原因其实与对日本动画电影的相关分析差不多，文化差异以及批量片本身内在的宣传力度不足等劣势使得此类动画电影虽然前景广阔，但需对其引进之后的放映及宣传策略进行相应调整。

由此看来，日本与欧洲动画电影的大量进口以其特有的风格补充了由商业化影片充斥的动画电影市场，其所细分出的小众化受众群体为我国动画电影市场带来了多元化的发展基础。但由于文化差异、受众狭窄，特别是日本那种以粉丝情怀为基础的动画电影以及批量化进口导致的上映以及宣传策略的不足，使得这些动画电影在我国动画电影票房市场中难以取得较高的成绩。这充分说明类型多样化的背后并不表现为观众观影行为的多样化。

总结2019年中国影视动画市场可以看出，国产影片由于《哪吒》单片票房的影响，头部动画电影的集中度出现极其异常的大幅上升，我们不仅应看到总体动画电影票房数据的一片向好，还应意识到从除《哪吒》之外的其他国产动画电影的票房数据来看，我国国产动画电影市场只能说是在2017年和2018年经历了一段遇冷期之后的部分回暖。具体到《哪吒》来看，通过对其高票房成因的分析，反映出的深层社会问题值得关注，即我国二三线及以下城市在娱乐方式方面的贫乏以及多样性的缺失。最后在进口电影方面，系列作品成美国动画主流，但其无论是在票房还是在口碑上都未能获得较为理想的效果，可见优势的保持往往意味着由故步自封而导致的创新的缺失。相较而言，从日本与欧洲批量进口的动画电影在数量上表现强势，即便如此，由于文化差异、受众狭窄、批量化进口导致的上映以及宣传策略的不足等原因，此类影片往往难以取得较好的票房成绩，说明类型多样化的背后并不表现为观众观影行为的多样化。

参考文献

1.《导演饺子：做〈哪吒〉没别的，就是死磕》，新京报网，http://www.bjnews.com.cn/ent/2019/07/26/607955.html。

2. 卢扬、郑蕊：《上映14天破30亿〈哪吒〉票房空间还有多大》，人民网，http://media.people.com.cn/n1/2019/0809/c40606-31284620.html。

3.《2019年暑期档135亿收官低于去年》，时光网，https://baijiahao.baidu.com/s?id=1643441858725257784&wfr=spider&for=pc。

4.《2019年我国GDP近百万亿元，增长6.1%——人均1万美元，了不起(权威发布)》，中国日报网，https://baijiahao.baidu.com/s?id=1656029858103367934&wfr=spider&for=pc。

5.《电影行业数据分析：2019年中国电影平均票价为37元》，艾媒网，https://www.iimedia.cn/c1061/68468.html。

6.《〈2018中国现场娱乐票务市场年度综合分析〉发布》，新华网，http://www.xinhuanet.com/ent/2019-03/21/c_1124264695.htm。

7.《2019年上半年中国影院及电影票房发展情况分析：二三线城市成银

幕扩张主力》,中国产业信息网,http://www.chyxx.com/industry/201910/799525.html。

8. 国家统计局网站:http://www.stats.gov.cn/。

9. 国家广播电视总局网站:http://www.nrta.gov.cn/。

10. 艺恩网:http://www.endata.com.cn/BoxOffice/BO/History/history.html。

11. Box Office Mojo 官网:https://www.boxofficemojo.com/。

12. IMDb 网:https://www.imdb.com/。

13. 豆瓣网:https://www.douban.com/。

14. 猫眼电影:https://piaofang.maoyan.com/dashboard。

15. 灯塔专业版网站:https://piaofang.taopiaopiao.com/pro/download/pc/index.html。

16.《2019 中国电影市场数据洞察》,猫眼专业版网站,https://piaofang.maoyan.com/feed/news/106225。

Review on the Development of Chinese Animation Industry in 2019

Deng Ling　Fu Congxiao

Abstract: Chinese domestic film and television animation industry began to recover in 2019. The production of domestic TV animation increased, and the import TV animation showed a diversified-oriented trend. The total box office of animation films increased from 3.674 billion in 2018 to 11.482 billion in 2019. Thanks to the influence of the single box office of *Ne zha*, the total box office increased by 212.5% compared with last year. Based on the analysis of the development data in 2019, we reviews the major phenomena of China's film and television animation industry in 2019, and summarizes the development direction and trend of animation industry.

Key words: domestic market; animation industry; domestic animation

非遗文化研究

第29卷

Commentary on Cultural Industry in China

当我们谈“保护”时，我们在谈些什么？

——对非物质文化遗产保护若干核心概念的讨论*

中山大学　张骁鸣

顺德职业技术学院　周淑君

［内容提要］　细究《保护非物质文化遗产公约》和《中华人民共和国非物质文化遗产保护法》等重要文件的内容及其表述，结合我国非物质文化遗产保护的丰富实践，可认为“保护”概念无论在理论上还是在实践上都是一整簇概念的统称。在此基础上，可进一步区分出“反应式保护”和“预防式保护”这两个基础概念，并由此纾解国内非物质文化遗产保护领域对于“保护”和“利用”的认知冲突，反思“生产性保护”的概念缺陷，并进一步巩固“生活性保护”转向的理论依据。

［关键词］　非物质文化遗产；反应式保护；预防式保护；生产性保护；生活性保护

自联合国教科文组织2003年通过《保护非物质文化遗产公约》以来，我国的非物质文化遗产（以下简称“非遗”）保护工作迅速升温，在编制各级非遗代表作名录及确认非遗传承人等方面成绩斐然，而学术界与实践领域对于相关保护原则、保护策略、保护措施的讨论也方兴未艾。

目前比较普遍的看法是：抢救性保护、整体性保护、生产性保护、生活性保护是我国非遗保护工作的四个核心概念①，而行政性保护、民事性保护、技术

* 本文系广东省教育厅2019年度广东高校科研项目“类型学视角下的非物质文化遗产传播性保护研究——以佛山为例”（2019GWQNCX148）的阶段性研究成果之一。

① 参见朱宁嘉：《文化空间复兴与再生可能的研究》，载《中国文化产业评论（第21卷）》，上海人民出版社2015年版；刘永明：《新时代非物质文化遗产保护方法体系论——以生活性、生产性和生态性保护为中心》，《美与时代（上）》2018年第4期。

性保护、参与性保护等作为关联概念也十分重要①。然而,有关这些概念的理解和应用,学术界还存在着不小争议,从而也一定程度上削弱了将这些概念用于指导非遗保护实践的可靠性和实效性。显而易见的是,"保护"一词在所有概念中都是核心词汇,值得做一番专门的分析和讨论。

一、从概念簇角度区分"反应式保护"和"预防式保护"

《公约》的中文版本早已为人们所熟悉,其英文标准版本标题中的"safeguarding"在中文标准版本中译为"保护"②。《公约》第一章第二条明确指出:

> "保护"(safeguarding)是指确保非物质文化遗产生命力的各种措施,包括这种遗产各个方面的确认(identification)、立档(documentation)、研究(research)、保存(preservation)、保护(protection)、宣传(promotion)、弘扬(enhancement)③、传承(transmission)④(特别是通过正规和非正规教育)和振兴(revitalization)。

这里暗示了《公约》缔约国的一致看法:"保护"(safeguarding)是一个由多种行动措施概念组成的概念簇,而其中包含了同样常用的保存(preservation)和保护(protection)等概念。

无法视而不见的是,这里出现了两个"保护"——"safeguarding"和"protection",翻译为中文后在字面上无法区分。那么,两者究竟有何差别?查国外主流英语词典,虽然两者通常都被处理为近义词,但区别还是明确的。以韦氏词典为例,它指出"safeguard"作为名词时的两个含义分别是"一种预警性(precautionary)措施、规定、工具"或"一种预防(prevent)意外的技术设置",

① 参见胡惠林、王媛:《非物质文化遗产保护:从"生产性保护"转向"生活性保护"》,《艺术百家》2013年第4期;李康化:《"非遗"的认知困境与保护途径》,载《中国文化产业评论(第18卷)》,上海人民出版社2013年版。

② 文件完整英文标题为 *Convention for the Safeguarding of the Intangible Cultural Heritage 2003*,参见 http://portal.unesco.org/en/ev.php-URL_ID=17716&URL_DO=DO_TOPIC&URL_SECTION=201.html。

③ 按原文"enhancement"的本义,译为"优化"或"提升"会更恰当。

④ "传承"一词在国内非遗保护中通常与"传播"并提,也是一个核心概念,甚至也具有概念簇的特征,有必要专文另行探讨。徐艺乙先生将其译为"承传",参见徐艺乙:《传承人在非物质文化遗产生产性保护中的作用》,《贵州社会科学》2012年第12期。

并且强调了它要“对那种还只是可能的危险采取预防式保护措施”。同样,陆谷孙主编的《英汉大词典》(第2版)也指出“safeguard”有“预防措施”[①]的含义,其例句包括“定时储蓄可使晚年免于贫困”“接种疫苗能预防天花”“保持清洁能预防疾病”等[②],均为针对潜在威胁事件的未雨绸缪之举。然而,这些细微含义在“protect”或“protection”的词典解释中都未曾发现。

这样的解释倒是十分符合《公约》所保护的对象——“非物质文化遗产”的特点:它们在社会进程中面临的威胁是多方面的,而且各自所处的环境千差万别,很难说有什么统一的、固定的、程式化的、标准化的破坏性力量。这样的判断也能从《公约》原文中找到一些支持。例如,《公约》提到:

> 承认全球化和社会转型进程在为各群体之间开展新的对话创造条件的同时,也与不容忍现象一样,使非物质文化遗产面临损坏、消失和破坏的严重威胁,在缺乏保护资源的情况下,这种威胁尤为严重。

这里指出的正是威胁的多样性,其既包括不容忍现象以及直接的损坏、消失、破坏带来的威胁,也包括全球化和社会转型进程这样看起来“中性的”力量带来的威胁,因为它们将可能使得人们将资源用于别的似乎更符合社会发展主流的方向而削减了对非遗保护的投入。又如《公约》提到“还注意到迄今尚无有约束力的保护非物质文化遗产的多边文件”,也是在提醒各个缔约国要根据自己所面临的实际威胁来选择合理的非遗保护措施。而这些“实际威胁”可能是已经发生或正在发生的,也可能是潜在的。

参照这样的理解,为叙述清晰起见,下文在必须作出区分的地方将“safeguarding”译为“s-保护”,而将protection译为“p-保护”。从上述分析来看,“s-保护”是一个更周全的概念。简单来说,“p-保护”强调的是直面威胁时的保全、保存等行动,是一种追求效率、争取短期效果的“反应式保护”(reactive protection),而“s-保护”不但包含了“p-保护”的内容,还强调针对潜在威胁的预警、预防行动,是一种“预防式保护”(precautionary safeguarding)。

重新回到《公约》第一章第二条,就更容易说明“s-保护”在什么意义上是一个概念簇:即针对各类威胁特别是潜在威胁而采取任何可能的行动措施。

---

① 原文为:SAFEGUARD implies taking precautionary protective measures against merely possible danger。详见 https://www.merriam-webster.com/dictionary/safeguard。

② 陆谷孙:《英汉大词典》(第2版),上海译文出版社2007年版,第1754页。

据此：

1.“确认”所要应对的威胁是从来没有把某个项目当做是非物质文化遗产，使其丧失得到任何可能的保护的机会；

2.“立档”所要应对的威胁是从来没有系统性地记录和整理过已有的非遗项目，使可能的保护行动无法覆盖项目整体；

3.“研究”所要应对的威胁是非物质文化遗产项目的发生、发展及其环境条件、外在影响等诸多课题尚未得必要的考察和分析；

4.“保存”所要应对的威胁是非遗项目实体——无论是传统语言、表演艺术作品、仪式节庆活动还是手工艺作品——在当前社会生活中都逐渐被遗忘或被放弃，换言之，它不再具有鲜活的价值；

5.“保护”（即“p-保护”）所要应对的威胁是非遗项目实体正在遭受损害或破坏，或者已经遭受损害或破坏；

6.“宣传”所要应对的威胁是由于人们的不熟悉、不理解、不尊重而对非遗项目的误解、歪曲和滥用；

7.“弘扬”所要应对的威胁是非遗项目自身发展停滞，跟不上社会生活的变迁的节奏；

8.“传承”所要应对的威胁是由于缺乏对年轻一代的正规和非正规教育而使得他们对非遗项目兴趣寡淡，极少参与；

9.最后，“振兴”所要应对的威胁是人们任由非遗项目处于濒临消亡的状态，使其失去继续存在的社会基础。

这里所列出的威胁，有很多是潜在的，其造成的负面影响也并非迅速显现出来的，但最终后果可能十分严重，因此值得引起重视并预先提出应对措施。这一串说明或许是不充分的，但可以辅助人们澄清如下两点：第一，《公约》在标题中使用“s-保护”一词，可以理解为提醒各缔约国不但要保护已经面临威胁乃至濒临消失的非遗项目，还要特别预防那些潜在威胁。上面略显啰嗦的概念簇分析已经对此提供了例证式的说明。因为是“预防式”的，也就包含了对于过去经验的沿用以及对于可能的新情况和新措施的构拟、设想、猜测、预判，所以这里当然允许出现争议；第二，在中文语境中使用“保护”一词时，也不应该只看到它具有一般意义上面对损害、破坏等直接且显而易见的威胁而作出的条件反射式的“p-保护”，还应该看到它是包含了针对包括忽视、漠视、遗忘、放弃、误解、歪曲、滥用、发展停滞、缺乏传承、脱离社会等其他并非迫在眉睫的威胁而作出的既强调预防式又兼容反应式的“s-保护”。

二、区分的应用之一：纾解“保护”与“利用”的认知冲突

借助对“s-保护”与“p-保护”之间的细微差异的辨析，很容易注意到另外一种区分：《公约》第一章第二条中提出的各种保护措施，传承的含义比较特殊——既可能包括核心传承人群之间的代际接替（succession），有较强的“p-保护”意味，也可能意指更广阔社会范围上的延续和扩散（diffusion），有更强的“s-保护”意味；其他八项措施，从确认、立档、研究、保存到“p-保护”，基本上属于对非遗的存留现状的一种“摸底”和“保底”，大致上都可以用“p-保护”来加以概括；而从宣传、弘扬到振兴，基本上属于面向非遗的可持续发展的一种“（关系）再造”和“（意义）重构”，不能为“p-保护”所明确涵盖，但是以连带出朝向未来境况而实施有所预见的“s-保护”概念来概括，则是可以接受的。朝向当代人、当代生活、当代社会的未来境况而对非遗项目的这种重构和再造，用国内非遗领域更常见的术语来说，当然也包括所谓的“利用”。这将直接引出有关我国非遗保护实践中的一个争议不休的议题：“保护”与“利用”的冲突关系。

根据对两种保护概念的区分可以发现，在中文语境即我国的非遗保护实践中，当人们从观念角度或立法角度提到“保护”时，与《公约》类似，实际上使用的是作为一个概念簇的“s-保护”概念；但是在提及保护行为、保护行动、保护措施的时候，却往往不自觉地只强调了其中的反应式“p-保护”的含义，并且由于这些行为、行动、措施更加可视可感，甚至可以加以量化调控和进行所谓“客观”评价，通常又反过来强化了人们将保护概念仅仅理解为“p-保护”的偏狭认识。

例如，2011 年公布施行的《中华人民共和国非物质文化遗产法》（主席令第四十二号）（以下简称《非遗法》）第一章“总则”部分的第三条提到：

> 对体现中华民族优秀传统文化，具有历史、文学、艺术、科学价值的非物质文化遗产采取传承、传播等措施予以保护。

这里的“保护”显然是一个既有反应式内涵又有预防式内涵的“s-保护”概念，并且这种意义上的使用基本上贯穿全篇，这对于一份有纲领意义的法律文

件是合宜的。不过，不难发现在其中一些条款细节上，“保护”与“利用”之间是截然区分开来的，这正是因为“p-保护”概念的出场。例如，第四章第三十七条指出：

> 国家鼓励和支持发挥非物质文化遗产资源的特殊优势，在有效保护的基础上，合理利用非物质文化遗产代表性项目开发具有地方、民族特色和市场潜力的文化产品和文化服务。
>
> 开发利用非物质文化遗产代表性项目的，应当支持代表性传承人开展传承活动，保护属于该项目组成部分的实物和场所。

这里的“保护”只能理解为“p-保护”，因为它被严格地与“合理利用”或“开发利用”区别开来。但是也要看到，这里确认了开发文化产品和文化服务、开展传承活动的合法性，与《公约》中的弘扬、传承和振兴等提法有良好的呼应，显然也应该属于“s-保护”能够明确覆盖的行动范围。

然而，在更早时期发布的《国务院办公厅关于加强我国非物质文化遗产保护工作的意见》(国办发〔2005〕18号)(以下简称《国办意见》)和2012年发布的《文化部关于加强非物质文化遗产生产性保护的指导意见》(文非遗发〔2012〕4号)(以下简称《文化部意见》)中，“保护”概念向“p-保护”的偏倚十分明显。整体上，这两部政策性文件也跟《非遗法》一样都在字面上用到了“s-保护”和“p-保护”，并且多数时候也的确在“s-保护”的意义上表述着与观念、原则、宗旨等有关的内容；然而，其中也出现了存在争议甚至明显存在内在矛盾的表述，并且很可能也要对因此带来的实践领域的诸多分歧承担部分责任。《国办意见》中提出了我国非遗保护的工作指导方针，即著名的“十六字方针”——“保护为主、抢救第一、合理利用、传承发展”；并且要求：

> 坚持非物质文化遗产保护的真实性和整体性，在有效保护的前提下合理利用，防止对非物质文化遗产的误解、歪曲或滥用。在科学认定的基础上，采取有力措施，使非物质文化遗产在全社会得到确认、尊重和弘扬。

这一方针在《文化部意见》中被完全继承，提出按照《中华人民共和国非物质文化遗产法》的规定，认真贯彻“保护为主、抢救第一、合理利用、传承发展”的方针。……坚持保护优先、开发服从保护原则。此外还有其他多处类似表述，如有“处理好保护传承和开发利用的关系，始终把保护放在首位，坚持在保护的基础上合理利用”，有“处理好天然原材料、珍稀原材料保护与利用的关系”，等等。在这些表述里的“保护”，与“抢救”和“传承”是相容的，与“发展”之间的关系是模糊的，而与“利用”和“开发”的关系则是对立的。一个与此相呼应的事实是：长期的非遗实践中，人们对利用和开发总是带着疑虑和戒备。正如李康化指出的，即便使用了“合理利用”这样的表述，“合理”也不是鼓励的语气，而是一种“限制性”定语，也就是对威胁进行限制。①它们几乎将“保护”与“抢救”视为同义词，或者将抢救作为第一重要的保护行动。因此，不难判断这里多次出现的“保护”只能是“p-保护”。

问题恰恰在于，参与非遗实践的政府基层办事人员、非遗传承人、社区民众，乃至一些媒体从业者、专家学者，也恰恰是这样来理解“保护”概念的：保护的基础或者内核一定是抢救，并且是确保其真实性、整体性的一种抢救。在人们看来，似乎也只有这样的抢救才能确保非遗的传承。换言之，尽管在国内的法律和文件的条文中以及日常语言中，人们会在更宽泛、更有涵括力的意义上使用“s-保护”的概念，然而在实际行动中，人们却倾向于使用一种仅仅突出“保底”的“p-保护”的概念，而始终对关涉“（关系）再造”和“（意义）重构”的行动措施怀有疑虑，甚至充满戒备。实践中的群体当然很难有机会辨析同一中文语词在不同语境、不同语句的使用背后所对应的英文原文的差异，往往很难打消疑虑、解除戒备，也就更难以在真正严格意义上按照国际《公约》的本义——事实上也是我国《非遗法》的本义——来打开非遗保护的新局面。

三、区分的应用之二：反思“生产性保护”概念的缺陷

《文化部意见》是一份特殊的文件，其完整名称中明确以“生产性保护”为关键概念，而这一概念在《非遗法》和《国办意见》中都未曾出现过。甚至，“生产”这个概念也没有出现在《非遗法》中，而在《国办意见》中也仅仅出现过一次，但所提及的是非物质文化遗产产生于我国各族人民的“长期生产生活实践”，显然与保护议题无直接关联。考虑到 2011 年中国共产党第十七届中央委员会第六次全体会议通过了《中共中央关于深化文化体制改革推动社会主

① 李康化：《“非遗”的认知困境与保护途径》，载《中国文化产业评论（第 18 卷）》，上海人民出版社 2013 年版。

义文化大发展大繁荣若干重大问题的决定》，其中提出了“抓好非物质文化遗产保护传承”“促进非物质文化遗产保护传承与旅游相结合”“对非物质文化遗产项目经营实行税收优惠”等指导意见，明确肯定了非遗项目可利用、可经营，这份发布于2012年的《文化部意见》可以看作对中央文件精神的一个迅速响应。

从国际上来看，“生产”概念实际上在《公约》里出现过，并且有其明确地位。《公约》正文前的声明里使用了“参照”(referring to)、“考虑到”(considering)、“承认”(recognizing)、“意识到”(being aware of)、“注意到”(noting)、“忆及”(recalling)等句型，完整地交代了缔约背景和理念。令人困惑的是，这些背景和理念一直未能吸引国内非遗理论界的注意力，由此，其在非遗实践领域也就一直缺乏影响力。其中一条声明是：

> 承认各社区，尤其是原住民、各群体，有时是个人，在非物质文化遗产的生产(production)、保护(safeguarding)、延续(maintenance)和再创造(re-creation)方面发挥着重要作用，从而为丰富文化多样性和人类的创造性做出贡献。①

这里将“生产”概念与“s-保护”概念并举，同时还提到了延续和再创造。那么，如何理解生产与“s-保护”之间的概念联系？简单来说，两者不应存在对立关系，而更应该是你中有我、我中有你、相互支持、彼此促进的关系。一个关键理由是：这里并举的生产、保护、延续、再创造四个概念，相互之间都没有清晰的边界。举例来说，《公约》第三章第十五条是涉及“社区、群体和个人的参与”的专门条款，要求缔约国“努力确保创造(create)、延续(maintain)和传承(transmit)这种遗产的社区、群体，有时是个人的最大限度的参与”。这一表述与正文前声明中的内容几乎完全一致。如果创造、延续和传承都是非遗保护的必要行动并且被列入一部旨在保护非遗的《公约》正文，那么与之并举的生产、“s-保护”也不应例外。另一个关键理由是：“s-保护”既有“反应式保护”的含义又有“预防式保护”的含义，而生产、延续、再创造实质上正是典型的“预防性保护”。

从国内来看，一般认为“生产性保护”概念最初由王文章于2006年在《非物质文化遗产概论》一书中提出。他在讨论非遗保护的基本方式时认为，很多

① 参见 http://ipr.mofcom.gov.cn/zhuanti/law/conventions/other/ICH.html。

手工艺制作项目都可以作为艺人生产、生活方式来延续传承，“转化为经济效益和经济资源，以生产性方式保护”①；此外，保护非遗要“坚持积极保护的原则”，“在既不改变其按内在规律自然衍变的生长过程，又不影响其未来发展方向的前提下，尽可能寻找生产性保护的方式及与旅游开发等的良性互动结合”②。值得注意的是，他提出积极保护的原则时，是将之与抢救即一般性的“p-保护”并立的，还强调了非遗具有“活态流变性的特点”，这说明积极保护应该与“s-保护”的含义更加接近，因此“生产性保护”从其源头来看也显然是一个只能由“s-保护”所包容的概念。

可以认为，至少在王文章提出“生产性方式保护”概念时，其基本思想与《公约》是一致的。然而，“生产性”或“生产”在理论界却面临着不小的争议。

第一个争议，《文化部意见》中明确指出生产性保护方式即“借助生产、流通、销售等手段，将非物质文化遗产及其资源转化为文化产品”，其中明显的商业活动内涵在不少研究者看来是值得肯定的③。不过，反对的声音并不罕闻，甚至十分坚决。例如徐艺乙就认为，非遗保护中的“生产性”不是经济学意义上的“生产”，其目的不在于增加社会财富，而是针对那些在现阶段逐渐边缘化或是处于濒危状态或是即将消亡的非遗项目，因为社会生活变迁导致它们不再是人们生活之必需，所以有必要在政策指引下以公共财政支持的方式来恢复与重建原有的生产过程，在这一过程中实现有效保护；他还认为，让非遗项目通过经济生产“自救”、走向市场、做大做强的说法是“很荒谬的”④。

但是，这种反对及其理由也遭到强烈的批评。洪长泰以潍头年画的案例说明，如果国家“包办”与群众审美不一，群众同样会“抵制”。⑤鲁雯和刘璐等就此评论道，不宜也不可能由国家出资“养”人专门从事年画制作，而只有当它本身有市场时，在社会中才会有活力。⑥类似地，刘德龙等在研究鲁南奚仲文化的现代保育路径过程中也发现，让非遗保护从原来的政府主导型回归到满足民众日常生活需求的本位，更有可能实现在保护中传承、亦在传承中保护的双赢。⑦刘德龙还进一步认为，人们需要警惕非遗保护过程中的“泛产业化”和

① 王文章：《非物质文化遗产概论》，文化艺术出版社2006年版，第30页。

② 同上书，第31页。

③ 高小康：《走向“后申遗时期”的传统文化保护》，《江苏行政学院学报》2012年第2期。

④ 徐艺乙：《传承人在非物质文化遗产生产性保护中的作用》，《贵州社会科学》2012年第12期。

⑤ 洪长泰：《重绘中国：新中国成立初期的年画运动与农民的抵制》，《民族艺术》2016年第3期。

⑥ 鲁雯、刘璐：《阶层、品位与传统美术类非遗的生产性保护》，《装饰》2018年第6期。

⑦ 刘德龙、张兴宇、袁大伟：《非遗的生产性保护与民众的日常生活需求——以鲁南奚仲文化的保育路径为例》，《中华文化论坛》2013年第3期。

现代机器化生产的势头，避免使其完全旅游化、表演化、商品化，但是生产性保护中的“生产”当然可以是能够产生经济价值的商品生产。①

第二个争议，《文化部意见》还明确限定了“生产性保护”的适用范围，即“主要是在传统技艺、传统美术和传统医药药物炮制类非物质文化遗产领域实施”。学者普遍认为这一限定过于保守。例如，谭宏认为，非遗的所有内容都是人类生产和生活活动中物质生产和精神生产的结晶，随着社会分工的不断细化，人们其实早已经习惯了包括非遗在内的精神生产成果的市场经济活动，例如文学和艺术，只不过在这些场合通常用“创作”概念来代替了生产概念。②季中扬和胡燕也认为，诸如民间故事、说唱艺术、民间戏曲、民间歌舞等等传统民间艺术，同样适宜采用生产性保护的方式。③徐赣丽也认为，作为民间艺术的手工技艺多数已经不能作为民俗文化的载体继续在日常生活中发挥作用，而只能以趋向专业化和艺术化的方式转而主要面向城市新的中产阶级，因此她建议重拾工匠精神，增加产品文化附加值，使非遗作品增列到现代艺术中。④这些建议和做法虽然不是“生产性保护”的初衷，却可能成为其趋势，而且事实上在很多地方已经实现了。

需要留意的是，几位学者都提到了“艺术”概念。借助“p-保护”和“s-保护”的区分来看，从《文化部意见》表述中的“技艺”(techniques/skills)到学者所提倡的“艺术(arts)”，发生转变的不仅仅是适用范围从传统技艺、传统美术、传统医药药物炮制扩大到民间文学、民间艺术，更应该是从将非遗的技术和观念剥离并且强调对技艺的“p-保护”，转变到对非遗整体上的“s-保护”。实际上，只有在“s-保护”所能够覆盖的研究、宣传、弘扬、振兴等保护工作中，才有艺术的生存空间，因为艺术本身无论在现代的艺术观念中还是在艺术实践中都已经是一个超越原作者的不断被建构的事物，必然需要突破技艺本身所扎根的社区。如果无法突破社区，只能在社区范围之内来感受、理解、欣赏非遗的艺术成就或者说展开审美活动，那么必须采取如季中扬和高小康所建议的“介入性审美”的方式。⑤但是，这种方式本身发挥作用的可能性是比较低的，因为它要求审美主体拥有一种近乎专家的知识储备和审美能力，能够把民间艺术还原为人类活动，在具体的活动场域中体验到艺术本身的丰满意义。

① 刘德龙：《坚守与变通——关于非物质文化遗产生产性保护中的几个关系》，《民俗研究》2013年第1期。

② 谭宏：《“非遗”生产性保护方式与文学艺术创作》，《文艺研究》2010年第9期。

③ 季中扬、胡燕：《传统民间艺术生产性保护的模式、难题及策略》，《学习与实践》2016年第1期。

④ 徐赣丽：《手工技艺的生产性保护：回归生活还是走向艺术》，《民族艺术》2017年第3期。

⑤ 季中扬、高小康：《民间艺术的审美经验与价值重估》，《民族艺术》2014年第3期。

显然，不能指望普罗大众能够广泛掌握这样的审美能力。与其事倍功半地将一无所知或知之甚少的人们硬生生拉回到历史现场，不如设法让人们以更加熟悉和更加容易接受的方式去接触非遗项目的方方面面，以一种共创的方式——当然是“s-保护”所能包容的方式——令其焕发新生。

令人遗憾的是，“p-保护”背后的认知局限和行动偏差不仅出现在非遗保护实践领域，也在理论领域有不小的影响。举例来说，一些学者建议采取的一些先行划定文化生产主体与保护主体——民间艺人及其所在社群——的保护方案，然后希望通过加强社区教育、唤醒文化自觉，使得保护成为文化主体的一种内生需求，从而生成民间艺术生产性保护的一种良性机制。这里的“社群”或“社区”，或者更明确地称为“本地社区”“本地民众”，以及在某些文献中出现的限定范围更小的“乡村社区”“地域性民族主体”，已经被不少学者规定为非遗保护的关键主体。①这种做法看起来似乎能够构筑一种基于“生产性保护”并且适应了当代需求的新模式，然而，如果把生产主体和消费主体先行局限于本地居民，那么它所倡导的依然还是一种局限于应对眼前风险的反应式“p-保护”，反映出“封闭式（或闭环式）”和“静态化”的问题视角和行动选择，而完全没有考虑到外部环境即整个社会的变化，包括现代化、全球化、信息化等进程才更可能是使得本地社区很难坚持原有生产生活方式的关键力量，并且事实上也已经深刻改变了非遗项目与社区之间的关联方式。胡惠林和王媛发现，我国至今还未建立起一种有效的保护机制，使得最广大的社会公众能够切实参与到非遗保护中。他们把这个现象称作“社会公众对非物质文化遗产保护的集体性缺位”②。

四、区分的应用之三：巩固“生活性保护”转向的理论依据

“真实性、整体性、传承性”作为从《非遗法》颁布以来即深入人心的非遗保护原则，在《文化部意见》中也原封不动地得到了坚持。真实性或本真性概念

① 参见刘德龙、张兴宇、袁大伟：《非遗的生产性保护与民众的日常生活需求——以鲁南奚仲文化的保育路径为例》，《中华文化论坛》2013 年第 3 期；李荣启：《非物质文化遗产生活性保护的理念与方法》，《艺术百家》2016 年第 5 期；秦莹：《从村寨到舞台——南涧彝族“跳菜”商业展演的民族志研究》，载何明主编：《走向市场的民族艺术》，社会科学文献出版社 2011 年版，第 1—2 页。

② 胡惠林、王媛：《非物质文化遗产保护：从“生产性保护”转向“生活性保护”》，《艺术百家》2013 年第 4 期。

向来被视为与生产性相冲突，例如刘魁立即认为非遗保护重在落实“原汁原味”，不仅要在局部环节上保护，也要对其存在条件、发生环境做好整体性保护[①]，而韩成艳还提出了拯救“原生态”和“本真性”概念的呼吁[②]。对立一方的态度也十分鲜明。以胡惠林和王媛的看法为例，他们引述了日本学者营丰对非遗“本源性”价值的批判，认为时代变迁也带来了非遗本身的不断变化，因此所谓由“基本性质、基本结构、基本形态、基本功能和人们对它的基本评价”（刘魁立语）构成的事物“本真性”也都会发生变化，而接受一种基于过程性的可辨识特征和与人们的伴生关系所共同构成的“相对稳定性”才是更为现实的选择。[③]

从“p-保护”和“s-保护”的区分来看，事实上刘魁立所强调的原汁原味只是要求做好“p-保护”，包括他所提到的“存在条件、发生环境”上的“整体性保护”也属于基于抢救目的的“p-保护”。他在这里提及的“整体”，也就只是一种“p-整体”，因为“s-保护”所要求的“s-整体”显然应拓展到更大的人群边界和社会范围，甚至因为其预见性、预行性特征，这样的边界和范围是虚指的、不设限的。换言之，非遗项目的外部环境不会是一个可以由得人们随时根据刺激而作出反应的简单世界，因此无论是宣传和弘扬的受众，还是传承和振兴的主体，都不必是“p-保护”思维下所狭隘要求的社区内部成员。这也正是胡惠林和王媛所强调的，保护非物质文化遗产，就是对人们多样性生活样式的肯定，对构建社会认同重要载体的保护，对人类文化想象力与创造力的激发。[④]王媛还进一步认为，对于一种存续至今的文化事象而言，其最根本的“本真性”存在是人们对它的文化认同关系，即便是这种关系，其内容本身也会随着文化的不断流变而发生变化。[⑤]

从“p-保护”到“s-保护”的推进，以及从“p-整体”到“s-整体”的拓展，与上节末尾讨论中所暗示的从“社区”向“社会”的转向相互呼应。在社区这样的“p-整体”内实施非遗“p-保护”显然是不够的，甚至利用大众传媒和学校教育等基础性手段将有关非遗的知识拓展到更广阔的人群也还是不够的，因为非

① 刘魁立：《论全球化背景下的中国非物质文化遗产保护》，《河南社会科学》2007年第1期。

② 韩成艳：《从学术上拯救“原生态”和“本真性”概念》，《广西民族大学学报（哲学社会科学版）》2015年第6期。

③④ 胡惠林、王媛：《非物质文化遗产保护：从“生产性保护”转向“生活性保护”》，《艺术百家》2013年第4期。

⑤ 王媛：《现代性语境下：非物质文化遗产的生活性保护》，载《中国文化产业评论（第18卷）》，上海人民出版社2013年版。

遗的价值不仅仅在于知识的扩散，而且在于与人之间的关系和意义互动。在胡惠林和王媛看来，“只有不断保持非物质文化遗产之于人的符号意义生产的载体价值，遏制非物质文化遗产的去符号化趋势，推进实现非物质文化遗产与人们生活之间的‘共生性’文化意义，才能真正实现非物质文化遗产的存续、发展”①。换言之，关系和意义是一个更接近于理想化的目标层次的概念，而关系的构建、再造和意义的发生、重构，都必然源于整全性的生活世界，因而从“生活世界”出发才能确立真正奠基性的、彻底的、无偏的保护观念。至此，“生活性保护”的概念呼之欲出。

实际上，在一些学者深入剖析并批评“生产性”概念的时候，就曾暗示过“生活性”概念的重要性，已经将其从“生活世界”这样的哲学概念转换为“日常生活”这样的实践领域。如高艳芳和孙正国所说，“生产性保护”对非遗的本质属性和当代价值是一种误导，因为它背离了非遗的精神性指向，没有将非遗项目还原至日常生活，而只是一种隔靴搔痒、张冠李戴的理论逻辑。②李梦晓也认为，“生产性保护”强调的是以生产和流通为手段，或者说以市场思维提供一种现实应对，而非以经济效益为单纯的追求目标，而真正的目标是实现非遗与现代社会需求的有效对接，体现人文关怀，推动传承创新。③或如朱以青、杨洪林、萧放所说，“生产性保护”是连接传统与现代的两端，是代表传统的遗产与人们现代日常生活对接的途径，是以文化再生产的方式使传统文化样式重新回到的日常生活之中。④在这些观点中，“生活”或“日常生活”确实已经成为一个关键词，它具有容纳生产性保护的特性：它既是历史上非遗的发生源头，也是当前非遗必须去对接的现实环境。刘铁梁将这种具有生活特征的价值称为民俗文化或手工艺类非遗项目的“内价值”，而把作为欣赏对象和商品的价值称为“外价值”⑤，显然也是要将生活对于非遗的意义作为基础部分，是本质的；而作为商品的部分则是建立在生活部分之上的，是派生的。

① 胡惠林、王媛：《非物质文化遗产保护：从“生产性保护”转向“生活性保护”》，《艺术百家》2013年第4期。

② 高艳芳、孙正国：《日常需求与文化创意：“生产性保护”的观念与路径》，《民俗研究》2014年第3期。

③ 李梦晓：《人文关怀与市场思维：“非遗”生产性保护的逻辑起点与现实应对》，《云南社会科学》2015第2期。

④ 朱以青：《基于民众日常生活需求的非物质文化遗产生产性保护——以手工技艺类非物质文化遗产保护为中心》，《民俗研究》2013年第1期。杨洪林：《非物质文化遗产生产性保护研究的反思》，《贵州民族研究》2017年第9期。萧放：《非物质文化遗产生产性保护概念、原则及相关问题思考》，载宋俊华等主编：《文化对话：中美非物质文化遗产论坛》，中山大学出版社2017年版，第175页。

⑤ 刘铁梁：《民俗文化的内价值与外价值》，《民俗研究》2011年第4期。

“生活性保护”，简言之，就是在生活中保护非物质文化遗产，并使非物质文化遗产重新融入人们的生活。[①]不难留意到，在《文化部意见》中也提出要“推动非物质文化遗产保护更紧密地融入人们的生产生活”，然而没有给出具体的路径规定、行动建议、措施要求。“生活性保护”不是对“生产性保护”的补缺和完善，而是从根本上提升我国现有的非遗保护理念，从关注非遗存续发展的行为、技艺的物理层面，向关注非遗作为文化符号和人们生活之间的意义关联层面进行转变。

这样的阐释工作，究竟是概念上的穿凿附会或表述上的文字游戏，还是确实可能具有正本清源、解放观念、启发实践的现实价值？带着这样的疑问，不妨再次回到《公约》和《非遗法》去寻找依据。

在《公约》正文前那些反映其背景与理念的声明中，最后一条的内容是：

> 非物质文化遗产是密切人与人之间的关系以及他们之间进行交流和了解的要素，它的作用是不可估量的。

这里不难解读出《公约》的长远目标、理想化目标乃至可以称为“使命”(mission)的东西——“使得人类更加亲近并且确保他们之间的交流和理解”。作为一项公约，它当然有主旨或目的(purposes)，在公约正文第一章第一条中即明确规定为四个方面：(一)保护非物质文化遗产；(二)尊重有关社区、群体和个人的非物质文化遗产；(三)在地方、国家和国际一级提高对非物质文化遗产及其相互欣赏的重要性的意识；(四)开展国际合作及提供国际援助。这些宗旨由正文其余的缔约内容来共同支撑和保障，事实上也就让“s-保护”的丰富含义具体化了，但它们显然还服务于一个更高的目标，也就是上面提到的“使命”。

从行动哲学的行动(action)、结果(result)、后果(consequence)的目的论分析[②]角度来看(见图 1)，《公约》第二章到第八章的正文都是各种具体的保护行动；第一章规定的是这些行动将产生的结果，从内容看也就是“s-保护”；而那个更长远的、理想化的目标或使命，则是这一连串行动和结果所可能引发的后果。在三者关系中，行动与结果之间有很强的关联性，甚至近似于因果

① 王媛：《现代性语境下：非物质文化遗产的生活性保护》，载《中国文化产业评论(第 18 卷)》，上海人民出版社 2013 年版。

② [芬兰]冯·赖特：《解释与理解》，张留华译，浙江大学出版社 2016 年版，第 67—71 页。

(cause-effect)关系,但是它们只是可能引发所意欲的后果的一种方案或一套策略。从结果到后果之间的关系则是高度不确定的,然而在具体的文本语境中,作为一种公共性质的约定或法则,结果本身显然要满足如下特征:它要么是根据过往惯例被共同认定为可以有效地导致某种后果的经验性(experiential)做法,要么是根据理性判断被共同认定为可以施行并触发相应后果的实验性(experimental)做法。质言之,结果在目的论上决定于后果。因此,这里至关重要的或者说真正促使人们有所行动的不变量是后果或使命。因此,在同一个意欲的后果或使命之下,人们根据过往的惯例或运用理性作出判断而选择了以某一种方案或一套策略来实施某种行动以产生某种结果并引发某种后果,并不意味着只有这些结果才能引发这些后果,更不等同于人们为了引发这些后果就必然只能采取这些行动。随着事情的演进,人们当然可以在具体行动上作出调整。联系上文对《公约》的引述,显然只要是符合正文前声明中的使命和目的,都可以作为某些行动的结果添加到现有目的中;而这些目的的添加,也就意味着可采取的行动不断丰富。

类似地,前引我国《非遗法》第一章第三条提到"国家对非物质文化遗产采取认定、记录、建档等措施予以保存,……采取传承、传播等措施予以保护",而相关的后果或者说《非遗法》的使命则出现在第四条:"保护非物质文化遗产,……有利于增强中华民族的文化认同,有利于维护国家统一和民族团结,有利于促进社会和谐和可持续发展。"容易看出,这里的行动与结果之间的关系比较合乎常理,但是结果与意欲引发的后果之间的跨度也许太大,目前的后果类似于一个终极使命。中间缺失的关键一环也许正是《公约》的后果,即保护非遗的使命(见图 1)。

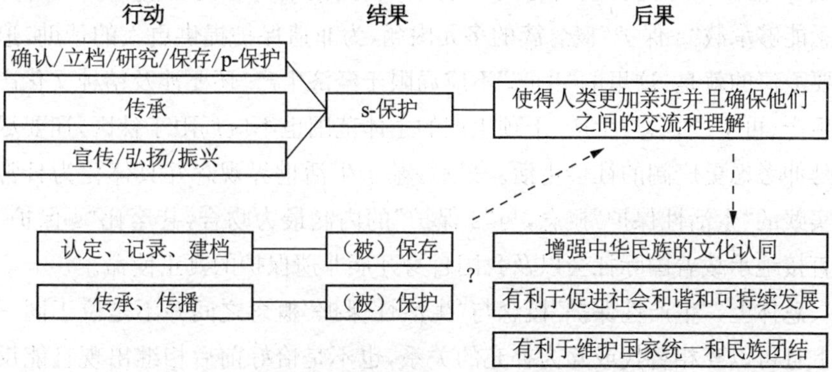

图 1 《公约》和《非遗法》的目的论分析示意

因此,如果《公约》的使命和《非遗法》的直接使命都是"使得人类更加亲近并且确保他们之间的交流和理解"的话,那么在制定法案条例时所设立的目的及其所选择的行动方案都有必要围绕着上述使命来展开。在非遗保护早期,受制于认知不足、理论匮乏、环境约束,人们所设立的目的和选择的行动往往根据当时情境,有其特定的操作性考虑,也就有其临时性、局限性,因此,绝不能拒绝在实践一段时间之后,在条件成熟之时,以澄清使命、回归初衷的方式,提出调整优化后的新的目的并开辟新的行动。

五、结语

经由对《保护非物质文化遗产公约》和《中华人民共和国非物质文化遗产法》关键内容的重新阐释,基于预防式思维的"safeguarding"即"s-保护"和基于反应式思维的"protection"即"p-保护"之间的差异得到了区分和强调。在我国目前的非遗保护理论和实践中,"p-保护"背后的"反应式思维方式"的消极影响是十分普遍且十分顽固的。长期以来,不少地方总是用一种对策式、专案式甚至是应急式、运动式的方法来处理已经暴露出的危机,在要求迅速落实、强调短期见效的压力之下,非遗项目的核心传承人、关键技艺环节、代表性作品、重点传承社区当仁不让地成为非遗保护工作的重点,而那些视野开阔、面向长远、未雨绸缪、正视变革、兼容创新的"s-保护工作"通常被推延或搁置。

四种常见的非遗保护概念也可以据此得到进一步的理解。首先,"抢救性保护"体现的正是"p-保护"的内涵。其次,"生产性保护"以及经常与之并提的基于所谓非遗核心社区的"整体性保护",就其当下通行的含义来说,并未完全摆脱"p-保护"的内涵,但具有向"s-保护"转向的潜力。而要使"生产性保护"概念能够承载"s-保护"概念簇的多元内涵,为非遗保护提供更大的帮助,迫切需要澄清的就是:这里的"生产"不应局限于经济生产,还要涉及精神文化产品的生产、再生产;参与生产、干预生产的主体范围也不应局限于社区,还要尽可能延伸考虑更广阔的社会生活。最后,基于生活世界观念并具体化为日常生活实践的"生活性保护"概念,与"s-保护"的内涵最为吻合,甚至比"s-保护"更加直接地承载着国际社会以及我国自身开展非遗保护的真正使命。

总体上,"生产性保护"概念与"生活性保护"概念之间并不是位于同一层次上且可以互相替代或互为补充的关系,也不是恰好前后相继出现且能反映出改良步履的简单进步关系,而是存在着概念层次上的巨大鸿沟:"生产性保护”是一种“方式”或“路径”层次的概念，它只要求在具体非遗项目的技艺、作品、传承人、用途上加以考虑，甚至从操作上将生产局限于据称是其原生环境的、本真的社区整体范围内；而“生活性保护”则是一种“理念”或“原则”层次的概念，它要求人们将非遗考虑为与人类关系和意义紧密互动的文化现象，因而在社会生活整体视野下，任何能够达到关系再造和意义重构目的的行动措施，都符合非遗保护的题中之义。

人们当然期待社区(Gemeinschafts)尺度下的非遗保护所带来的复兴传统、强化认同、唤起“乡愁”的美好，但是在人类命运共同体视角下，却不得不正视社会(Gesellschafts)尺度给非遗所带来的生活转型、观念冲击、价值挑战、变革创新的现实。据此也可以认为，在保护理念上以“生活性保护”来统合“生产性保护”，也就要求在保护范围上以“社会性保护”来涵盖“社区性保护”，并且要求在保护策略上以“预防式保护”来兼容“反应式保护”。

What We Talk about When We Talk about Safeguarding: Arguments about Some Key Concepts in Safeguarding Intangible Cultural Heritage

Zhang Xiaoming Zhou Shujun

Abstract: Based on the relevant contents and expressions from *Convention for the Safeguarding of the Intangible Cultural Heritage 2003* and *The Intangible Cultural Heritage Protection Law of the People's Republic of China*, as well as the abundant practices in Mainland China, the concept of "safeguarding" should be understood as a cluster of concepts in both theoretical and practical aspects. It is argued that, the precautionary safeguarding can be absolutely distinguished from the reactive protection. With the help of this distinction, the cognitive conflicts between "protection" and "use" in China's intangible cultural heritage practice could be compromised, and the conceptual defects of "productive protection" could be critically introspected, and the theoretical foundation of "lived safeguarding" could be strengthened.

Key words: intangible cultural heritage; reactive protection; precautionary safeguarding; productive protection; lived safeguarding

数字媒介：非物质文化遗产保护与发展的新场域*

安徽师范大学　秦　枫

[内容提要]　非物质文化遗产及其生存环境和载体是相对脆弱的，现代数字技术对非物质文化遗产带来变革性的影响，其中既有好的一面，也有令人担忧的一面。本文以积极、开放、谨慎的态度，从移场与错位、转译与赋权、改变与忽视、再现与传承、传播与认同五对关系来审视和阐述数字媒介对非物质文化遗产的影响。

[关键词]数字媒介；非物质文化遗产；场域

技术变革不是数量上增减损益的变革，而是整体的生态变革。在数字媒介技术下，考察非遗从传承与传播到数字生存与发展，推进非遗数字化理论和实践研究，意义重大。数字技术的影响是非常广泛的，除对文化产业发展本身产生的巨变性影响外，对文化记忆、文化传播、文化消费的影响也是不容忽视的。社会环境不可避免地要发生改变，伴随而来便是植根于这些社会环境中的文化记忆将被遗忘，那些来自往昔的文本失去了不言自明性，变得需要阐释，陷入了因文本与当下存在时间差、空间差而产生的张力之中。对于非遗来说，除了传统的传承和保护方法外，新的保护理念也随技术变革而产生。数字技术已让不少濒临消亡的事物重获新生，数字技术的介入不仅改变文化遗产的存在方式，更是改变了公众对文化遗产的认知、观念和传承、传播方式。

* 本文系高校优秀青年人才支持计划项目“新媒介环境下文化遗产传播研究”(gxyqZD2018009)的阶段性成果。

一、移场与错位

（一）移场：物理场—数字场

场的概念源于物理学。该领域认为物质有“场与实物”两种存在方式。随着科学的发展，物质不再被看作是静止的、不连续的统一体，而被看作连续的场态，场便成为物质的唯一存在方式。可见，现实世界的本质特征就是“场”的特征。从社会领域看，也存在着各式各样的社会场①。但此“场”并非物质场，它是将信息作为核心内容的信息场。该场有多种表现形式，最基本的就是文化信息场（或称为文化场），它是由自然场演化并派生的。那些基本场与派生场之间、派生场与派生场之间再进行复杂的交合作用，又形成了更多元的次生场，如果社会场是从自然场的复杂作用派生出来的，那么文化信息场则是从社会场的复杂作用演化出来的。②

法国学者皮埃尔·布迪厄（Pierre Bourdieu）提出的场域理论认为：它是由社会公众按照一定的逻辑关系共同构建起来的，是社会成员参与各类社会活动的主要场所，并将之定义为各种位置之间的客观关系的网络结构③。现实社会中存在各种各样的场域，而且由于社会分化，被区隔为多样化的场域，由此布迪厄将社会分化的过程看作是场域的区隔化过程。这种区隔本质上是某个场域摆脱其他场域约束的过程，并在此过程中表现出自身固有的特征。为了阐释场域的区隔化，布迪厄区别某个给定的社会空间中的两种“生产场域”——“限定性生产场域”与“大规模的生产场域”。“限定性生产场域”是与场域本身的特殊化共同拓展的，而“大规模的生产场域”是社会场域的扩大，外在影响因素不断涌入，社会各种力量不断渗透，该场域边界逐渐变得模糊不清，特殊化程度不高。④

此处的“场”主要是指非物质遗产赖以存在和发展的场所或空间，包括物理场所、社会空间以及文化空间。从物理学来看，非物质文化遗产的“场”是一个实体的物理的空间，非物质文化遗产在现实存在中必须依赖实体，非物质文化遗产在一定的地理区域及特定的生产方式中孕育发生，物理场是非物质文化遗产的原生场域（基本场域）——也可称为“限定性场域”。随着非物质文化

① 潘德冰：《社会场论导论》，华中师范大学出版社1992年版，第1页。

②④ 程郁儒：《民族文化传媒化》，中国社会科学出版社2012年版，第22页。

③ ［法］皮埃尔·布迪厄：《关于电视》，许钧译，辽宁教育出版社2000年版，第46页。

遗产生存的社会环境与社会结构的变迁，原生场域逐渐被压缩，非物质文化遗产面临生存危机，在社会因素（包括媒介）影响和制度安排的主导下，基本场域中逐渐派生出“次生场域”，次生场域承接了非物质文化遗产的生存与发展。政府在保护和利用非物质文化遗产的前提下，在官方话语体系下开办了多种非遗传习班、传习所、传习基地，将非遗的培训学习纳入地方教育体系中，从而实现了非物质文化遗产的“移场”，借用布迪厄的场域观点，可以将之称为“扩大化的场域”——由个体传承场域、社区传承场域转移到社会化的场域。这种移场，终究还是在“限定性场域”——非遗的生存、保护与传承还限定在一定的文化场域之中。随着数字技术的介入，非物质文化遗产面临更大规模的移场。媒介环境学派代表性人物波兹曼认为，媒介对整个社会文化的塑造具有决定性和关键性的作用，他指出，“一种新媒介可能会改变整个社会的话语结构”①。在他看来，文化是以媒介为基础的“会话”，文化遗产也以媒介为基础进行传播。数字传播的过程中，不仅专注对文化遗产器物层面的信息呈现，更是利用数字技术的手段和方法阐释文化符号和意涵。数字技术加快了非物质文化遗产的传播速度。以往的传播是以原子为基础物理空间，它们的流通速度受到时空的物理因素限制。而当遗产被数字化为比特之后，可以放到数字媒介中进行传播，其影响范围也就从过去的局部地域变成了全球网民②，并几乎没有时间差而抵达目的地。这样的过程就完成了另外一种“移场”——由原生物理场、次生社会场转移至数字文化场。如上文所述，无论是原生场、次生场还是数字场，均由自然场所派生出来，而且各个场域之间存在着各种复杂的关系。

（二）错位：时空—主体错乱

数字技术促成的“场域”转移，必然带来非物质文化遗产的各种错位。首先是空间错位，数字技术将非物质文化遗产的在地情境化转移到数字媒介中，在地性文化知识脱离了日常情境，从而成为“抛弃现实世界”的虚拟化。从物质真实到数字建构，文化事项转化为符号语言，成为新空间的文化景观和虚拟物。将非物质文化遗产事项从互动的地方文化语境中“移出”，数字符号对遗产事项的空间性和地方性进行了“消解”并在数字空间范围内进行重组，形成了新的文化意义空间。其次是时间错位，非物质文化遗产是在地化、及时性的

---

① 秦枫、徐军君：《突围与重塑：数字媒介环境与传统文化传播》，《内蒙古农业大学学报（社会科学版）》2015年第2期。

② 秦枫：《基于数字科技的文化创意产品创新发展研究》，《文化产业研究》2015年第2期。

表演、制作事项。经过数字化的编码与处理，使之具备了时间性的偏向，在线性和异步性传播与展示成为了可能，作为异文化的“他者”可以在任意时间内进行观赏与学习。在错位的时空内，非物质文化遗产会随着数字传播的范围空间进行“再地方化”“再表述”，遗产的地方性和文化性在新的语境中被重新解释或认识。数字媒介为文化遗产提供了不同方式的传播与穿越，这些在数字空间的文化想象消融了非物质文化遗产的历史性、文化性与主体性，打破了遗产事项自身的固定性和限定性。同时，随着时空的错位，也带来了文化心理认知的错位。不同时空的人接触数字化遗产，必然产生对遗产的想象，以及扩散到对遗产主体的认知，这种“超真实性”的数字遗产成为“他者”认知、了解、想象遗产主体的符号，可能会产生真实的遗产及主体与数字遗产的认知错位。正如布迪厄提出的场域理论所说，场域里活动的行动者是有知觉、有意识、有精神属性的人，每个场域都有属于自己的“性情倾向系统”即文化。每种文化只能在场域中存在，并且每种文化和产生它的场域是对应的关系。此场域的文化和彼场域的文化之间存在着“不吻合”现象。把此场域形成的文化简单地“移植”到彼场域中去可能会造成不合拍的现象。在非物质文化遗产数字传播与展示过程中，不同文化主体在接触异文化时存在心理排斥性与误解性。

二、转译与赋权

（一）转译：以今译古

数字技术的介入给非物质文化遗产提供了另一种表达工具和传播介质。对非物质文化遗产的表达和传播，首先要按照数字媒介的话语体系去编码——即转译。非物质文化遗产的转译就是文化信息生产过程，非遗活动、非遗器物、非遗传承人都可以经过数字技术进行文化信息提取、抽象与编码，将之进行信息化加工和传播，且只有将非遗进行数字信息的转译才能使之符合数字媒介载体或信道的传播。非遗项目的数字化转译，包括文化语言体系的转译、文化形式的转译、文化内容的转译、文化系统框架的转译。

首先是文化语言的转译，是以新的数字语言和表征符号去表达非物质文化遗产。上文提及数字媒介的文化表达与传播是在脱域化的时空中去理解和阐释非物质文化遗产，但这个过程是相对困难的，当丰富的现实世界被归纳到一种语言表征系统，其丰富而感性的知识被线性化了。语言的转译涉及多次不同的语言体系，将非物质文化遗产的民间叙事语言（生活语言——传承人表达)转译为学术语言(学术表达),最后转译为数字语言(技术表达)。其次是文化形式的转译,每一种文化都有自己特定的语言形式和文化形式,例如舞蹈、民歌等,数字媒介要根据不同的文化事项进行解构,对所有的构件要用新的媒介形式进行重组,以达到媒介形式符合文化真实。第三是关于文化内容的转译,文化内容是非物质文化遗产的核心,不同的文化内容需要进行不同的转译路径——非遗的活态、具象经过数字技术(录音、录像、三维建模扫描、动作捕捉等关键环节),转换为文本内容、声音内容、音频视频内容等。其中对文化事项的隐性化知识转译是最困难的,隐性知识不容易被高效地编码,不能用清晰的语言阐释清楚,但并不代表隐性知识无法有效编码,运用适当的技术便可使之得以表征,从而有助于文化内容的转译。第四是文化系统框架的转译,以一种数字化知识框架转换非物质文化遗产系统。人们以自己的方式接近文化场所并解读其意义,利用不同的信号与符号来建构属于自己的意义。因此公众理解文化遗产的能力各不相同,信息能否以文化遗产本身所期望的方式或程度被理解和接收,并不存在任何保证。转译不仅是非物质文化遗产事项的转译,更重要的是文化范式的转移——营造数字遗产环境,培育数字化的遗产传承和消费,将文化遗产纳入现代体系,在新的数字环境中去传承、理解和利用遗产。

(二)赋权:自我增能

"赋权"最早源于20世纪中期的美国。基于对歧视主题的研究,美国学者首次提出了赋权的理念并将之界定为一种专业的社会活动,其目的是帮助被社会歧视的弱势群体对抗不公正待遇,以降低自身的无能和无权感,进而增加该群体的权利和能力。从一般意义理解,赋权是在信息技术进步的作用下,弱势群体积极获得信息资源,拥有更多的话语权力,以提升自己的各种社会能力,进而参与社会活动。这种赋权,也就是通常所说的技术赋权,在数字媒介环境下,也被称为数字赋权,是指信息技术进步赋予个体、群体生存与发展的一种权利。麦克卢汉的观点认为,通信技术延伸了人的感官(如触觉、视觉、听觉等),各种交通工具延伸了人的双脚。数字技术的出现,不仅大大延伸了人的"手、眼",更是延伸了"脑"。相对其他技术手段,数字化最大的优势在于可以海量储存、高速传播,用虚拟符号展示丰富的实物,并且改变了人的认知、生活、生产模式。在一定程度上,数字赋权的效能要高于技术赋权,或者说,它更像是一种文化赋权和传播赋权。当人们在使用数字媒介技术时,感受着参与传播过程所带来的效能感的提升,并在该过程中形成新的文化认同。因而数字技术有机会融入赋权理论所提倡的“参与式传播”过程。该种传播模式的目标是共享社会资源的分配和改善社会权力的分布。①数字媒介技术的普及在某种程度上弥合了技术鸿沟，文化个体或群体都可以这个空间中创意创作和表达。一些游离于主流视线之外的文化越来越多的被社会关注，例如非物质文化遗产。

对于非物质文化遗产，数字赋权主要表现在以下几个方面：一是提高非物质文化遗产的传播力。原生在社会环境中的非物质文化遗产传播范围较小，受众群体少，文化传播受制于传统媒介的选择性。数字媒介的技术赋权使传承人或在地民众拥有发声与传播的技术，这是实现文化话语权最基本的保障——使得非物质文化遗产在数字空间内相对自由地表达和传递。同时，传承人或在地民众可以运用数字媒介主动呈现自己，展现自己的文化观点，以扩大自身文化的生存空间，让外界正确了解在地的特色文化。二是数字媒介赋予传承人以发展力，目前非物质文化遗产的经济价值并未凸显，其文化价值也仅局限在特定的区域，不少非遗项目传承动力不足，关键是未能给传承人群带来经济上的满足，仅靠制度上的补贴不足以促进非遗的有效传承。数字媒介为非遗传承人群带来发展的推动力，增强传承人群在互联网中的活跃程度，传播特色文化，提升自我效能感。当下互联网兴起的网络众筹，也为部分非遗找到了经济利益的增长点。2016 年淘宝众筹联手文化部非遗司展开阿里年货节非遗合作，汇聚了百余家中华老字号，还推出多场保护非物质文化遗产的“众筹”活动。通过“众筹”模式，不少非遗项目被网民所了解，有的项目上线半天就超过筹款目标的 150%②。三是赋予非遗所在区域的影响力。互联网、移动媒体兴起，非物质文化遗产的数字传播，不仅是对文化事项的宣传，更是一种对非遗项目所在地的推介，甚至将非遗项目打造成一个区域的文化名片，形成文化品牌，提升了区域的美名度、知名度，在文化经济方面增强了地方发展动力。

三、改变与忽视

（一）改变：整体性变革

“一种新技术不是某种程度上的增减损益，而是改变了一切”，数字技术的

① Julian Rappaport, “Empowerment Meets Narrative: Listening to Stories and Creating Settings”, *Americans Journal of Community Psychology*, 1995(5).

② 《“非遗”老手艺淘宝众筹上线焕发新生机》，http://news.cssn.cn/zx/shwx/shhnew/201601/t20160128_284880.shtml。

介入改变并影响了非遗的"整体性生态",包括对非遗的认知方式、表现方式、表达方式、传承方式,甚至遗产事项本身的呈现方式。数字媒介带来的解构性、自由性、创造性,已然成为非物质文化遗产生存与发展不可忽视的特征。数字媒介首先改变了非物质文化遗产的叙事表达模式,在传统环境下,非物质文化遗产的叙事具有典型的时间结构,某项非物质文化遗产事项的叙述从开始到结束的过程贯穿着线性时间的结构。而在数字环境中,非物质文化遗产的表达具备了非线性和超链接性,可以根据受众的兴趣点和目的性对非遗事项进行有选择性的读取,不必按照时间顺序走下去。其次,数字媒介技术和终端设备改变了受众对非物质文化遗产的认知模式。不仅改变了社会,而且把线性化、区隔化、一元化的社会形态送进了历史,并营造了多元共存、纷杂并存、时空同步、远距互动的新型社会,同时调动了人的所有感官去立体化感知周围世界,催生出一种直觉把握的、系统的认知方式。受众的认知方式从以线性思维为主的习惯模式逐渐向个性化、多元化以及解构性的模式改变。正如麦克卢汉所说:"每一种文化都有它自身的感知与认知模式。"①第三,数字媒介技术改变了非物质文化遗产的生存、生产及传承场域,正如上文所述,数字技术导致非遗的移场,即从物理场到比特场、从原生场到次生场的改变。同时,数字媒介将非遗事项移场到网络空间,导致文化象征意义的异化,原本属于在地民众的日常文化,在网络上可能会演变为一种文化奇观。

(二) 忽视:选择性记忆

数字媒介作为一种工具或载体,无论其本身特性(数字技术因素)还是利用数字媒介的人(人为因素),对所要表达和传播的内容,可能都会产生"盲视"——忽略相关的信息。非物质文化遗产在数字媒介环境中亦不可避免造成不同程度的"忽视"。首先是对非物质文化遗产地方感的忽视。作为地方性的非物质文化遗产是由特定人群与特定地方之间的有机互动形成的,并养成特有的"地方感"(Place Sense),体现了地方生活传统、地方文化记忆、地方历史传说诸多层面,是维系文化生态的重要力量。在数字媒介中的非物质文化遗产处于一种"脱域化"的状态,使之离开源生地,造成"地方感"的迷失。数字媒介会屏蔽非遗的自然环境与社会环境,筛选与过滤掉大量的信息,从而淡化了非遗的"本土意象"和"文化特色",但是只有文化"地方感",才能形成"我"与"他者"的差异。其次是对非物质文化遗产主体性的忽视。在数字媒介中,由

① [加]马歇尔·麦克卢汉:《理解媒介——论人的延伸》,何道宽译,商务印书馆2000年版,第23页。

于受众的教育背景和主观态度，大家更多关注的是文化遗产事项的内容及表现形式，而忽视了对遗产传承人或文化现象背后的意义的关注。非物质文化遗产的诸多知识是系统的、缄默的，若仅仅采用声音、视频、3D 模型、动作捕捉等数字化表现形式，难以完整反映出错综复杂的文化逻辑关系，例如通过影像或动画的形式可以了解某种非物质文化遗产的形式及内容，但却无法获取文化知识的来源、传承演化的历史过程以及它的时间性和地域性特征等内容。第三，忽视非物质文化遗产的周边信息，数字媒介具有选择性，往往选择所谓非物质文化遗产的“关键信息”，而忽视了遗产的相关信息，一项非物质文化遗产是由一系列的周边信息①积累组成——包括物理信息、文化信息、生态信息、相关信息。数字媒介对所选择的信息进行放大，而忽视其他信息内容，当然在数字媒介中要构建完全客观实在也是不可能的。另外一种忽视，就是数字媒介上所产生的信息呈现熵增态势，在数字媒介上的各种非物质文化信息很容易被淹没，如何能在海量信息中凸显非遗，使得受众有效、便捷接收到相关的非物质文化遗产信息成为难题。

四、再现与传承

（一）再现：数字载体呈现

凡是文化，都面临着一个呈现的问题，即如何表现或再现，如何让人感知。传统文化在过去主要的呈现方式是通过口头、印刷纸张、舞台表演、影像音像等传播给公众。到了数字化时代，由于新媒介及各种网络应用的开发和发展，呈现方式也不断创新。数字化媒介环境里的文化遗产新呈现方式有两个特征：一是数字媒体多方式呈现，这是就载体而言的。数字媒介时代，非物质文化遗产除了口头、印刷纸张、舞台、电影、音乐等传统媒介的呈现方式并存以外，还可以通过移动手机、网络、户外广告屏、数字杂志、数字广播、数字电视等来进行传播，这其中尤其重要的数字媒体是互联网。通过这些数字媒介，传统文化以文字、图片、音频、视频及其组合（如虚拟现实 VR、增强现实 AR、混合现实 MR）的形式出现，可将非物质文化遗产进行重新组织和编排，公众不必

① 物理信息，即非物质文化遗产的最基本信息，包括遗产组成部分、制作工艺、工序、制作原料、规格、存续时间、拥有者、传承人等；文化信息包括非物质文化遗产蕴含的文化价值、能指与所指、符号、历史信息、文化价值、历史背景等；生态信息包括非物质文化遗产所存在与发展的原生自然信息与社会信息、次生自然与社会信息；相关信息是指与该文化遗产相关联的信息——遗产的经济性、遗产的创意性和传承性、利益相关者、文化遗产保护与利用相关的政策法规等信息。

再按部就班地接收信息，而是可以根据自己的需要随心所欲地在文化信息之间跳转。由于这种信息组织方式更加符合人类大脑的特点，它将更有助于提高非物质文化遗产信息的呈现效果。数字媒介具备了使非物质文化遗产再现完整的感官体验的能力。现在普通的多媒体技术已经能良好地将视觉和听觉结合在一起，虚拟现实技术中所用的三维传感设备也已经能跟踪动作的变化，甚至连嗅觉和味觉的数字化也已经有了成功的案例，数字化再现与展示促进了文化的沟通。二是创意呈现，这是就内容和形式而言的。在创意传播的时代，只有符合受众心理，抓住受众眼球的东西才能广为传播。数字媒介改变了遗产的文化意义和对遗产表现的诠释路径，增加了全新的展示内容，成了现代社会再生产的"新产品"。数字再现技术的进步通常能够带来前所未有的模仿能力，以及"远距离存在"成为现实，在某种程度上取代了现实世界，呈现的内容根据输入不同而不断变化。虚拟现实运用数字形式建构文化并生产数字创意产品，在线上与线下之间出现了越来越多的共鸣和转换。

（二）传承：扩大数字受众

数字媒介的新传播特性为传统文化的传承和学习带来一场学习与传播革命。过去的师徒面授、现场观摩等学习和传播方式略显落伍，而通过现代数字媒介技术，非物质文化遗产知识可以随时随地在数字媒介上传下载，并通过互联网、移动终端扩散，所有感兴趣的人只要有一台接入设备，便可以任意浏览、学习感兴趣的内容。当然，这也要求在数字媒介环境中，原先掌握传统文化知识和技艺的那一批人要积极主动地参与传统文化的解释和新传播，为数字媒介学习搭建平台。以网络公开课为例，当前各大门户网站如新浪、网易、腾讯、搜狐等，都相继推出了网络公开课供大众学习，在它们提供的公开课中，就有不少来自国际和国内的精品文化课程，涵盖了文化传播、艺术、古典、建筑等学科领域。基于数字媒介的传播特性，有学者甚至提出，在数字化媒介时代还应当"构建常态化学习与传播传统文化机制"，"利用具备互动性、便捷性、可拓展性、可移植性的数字媒体为平台，引导社会公众常态化学习和传播优秀传统文化，是具有可操作性与可行性的"①。以上阐述数字媒介拓展了非物质文化遗产的传承渠道和途径。

另外一个层面，数字媒介还扩大了非物质文化遗产的传承人群，根据学者阮艳萍的研究，在数字时代，数字媒介建构的平等化、自由化、多元化的信息平

---

① 井雪莹、陈月华：《数字媒体时代常态化学习与优秀传统文化的传播》，《艺术教育》2012 年第 9 期。

台，为文化遗产多元化传承提供了一个便捷、低廉、低门槛的技术前提。文化遗产的传承出现了一类新型主体——数字传承人，它是指掌握并运用数字信息技术对非物质文化遗产进行数字化加工、整理、再现、阐释、存贮、共享与传播的主体。全国政协委员冯骥才曾在两会期间发言指出，“民间文化的传承人每分钟都在逝去，民间文化每一分钟都在消亡”①。除了传承人生命的逝去，不少民间传承人传承意愿也相对弱化，失去传承的动力。萨林斯曾说过，“文化在我们探索如何去理解、诠释它时随之消失，接着又将会以我们未曾想象过的方式再现出来”②。在当下数字化情境中，传承人可以利用自身在数字信息技术方面的优势，促使非物质文化遗产在电视、电脑、手机等数字载体上的传播、传承。在此过程中，非遗从专属性、唯一性、地域性的传统文化变成了可共享的、可再生的、脱域的现代文化，数字传承人可与在地民间传承人进行沟通交流、实现良性互动传承。

五、传播与认同

（一）传播：媒介即传播

传播是一个意义丰富的概念，其中，文化与传播的交织是丰富性的重要来源。正如吴予敏教授所指出的，“文化”与“传播”具有内在的统一性。③传播学家施拉姆曾引用人类学家萨皮尔的话说：“每一种文化形式和社会行为都或清晰或模糊地涉及传播”，把传播与文化放在了同一个框架中，他还明确提出“传播是社会得以形成的有效工具”。④拉斯韦尔在其论文《传播在社会中的结构和功能》中对传播的功能作出的归纳，一直被公认为传播学界的经典论述，其中之一就是“传递遗产”。在全球化、数字化时代，为实现传统文化与现代社会的良性互动，“时空并置、纵横交合”的传播观不知不觉地影响了遗产的传承观：遗产除了在遗产所属地的跨时间代际传承之外，亦可实现遗产横向跨空间跨地域传播⑤，这种文化的传承指向是文化遗产跨越时间和空间在任何时空范围内的多元化传播。从传统视角看，非物质文化遗产一般是在地性（不脱离

① 周和平：《周和平文集》下卷，中山大学出版社 2016 年版，第 1221 页。

② ［美］马歇尔·萨林斯：《甜蜜的悲哀》，王铭铭、胡宗泽译，三联书店 2000 年版，第 141 页。

③ 吴予敏：《无形的网络——从传播学角度看中国的传统文化》，国际文化出版公司 1988 年版，第 206 页。

④ ［美］威尔伯·施拉姆、威廉·波特：《传播学概论》，陈亮等译，新华出版社 1984 年版，第 4、20 页。

⑤ 阮艳萍：《文化遗产传承中的数字受众》，《武汉理工大学学报（社会科学版）》2012 年第 4 期。

原生性的自然、社会环境）、即时性（遗产的表演展示与传播同步）传播，它作为一种活态的文化样本而存在。虽然电视、电影、广播等媒介可以进行异地化传输，但不具有数字媒介的互动性、在线性，传播范围、速度和广度受到客观条件的限制。数字媒介环境中，非物质文化遗产的传播，必然具有数字化的传播特征。数字媒介的传播方式，最大的优势在于跨越时空，既可以异地在线传播，也可以异步传播。从传播流向来看，数字化媒介普及之前，口语传播、文字传播、印刷传播乃至电子传播大多为点对点或点对面的单向传播模式，受众处于被动接受状态。数字媒介的普及使受众由相对被动的消费者与接收者转换成更加主动的使用者、选择者和产消者（pro-sumer），能够积极利用数字媒介进行内容生产和传播实践。从传播的过程来看，数字媒介的传播过程不仅是从生产者到消费者的线性、单向的过程，传播的"扩散观、传递观"进一步演化为传播的"互动观"①。一方面，数字媒介创造了新的概念系统、新的社会互动与语言表达体系，打破传播的时空规定性，开启了更具互动性的传播范式；另一方面，传播内容与传播过程在特定的社会文化情境中产生并实践的，公众有权选择如何生产、创造、理解和应用②。非物质文化遗产事项如民间文化记忆或传统手工艺制作全过程通过全景扫描或 3D 摄像，数字化编码，构建非遗数据库，并进行分类加工、整理，通过媒介融合，生成多元化文化产品形式，以实现动态传播。③同时，遗产传播是一个增值过程，在数字媒介作用下，遗产的传播价值和效用更大，文化如同知识，越分享，其价值和效用越大。在此对文化遗产传播价值增值作一个程式化描述：

$$V=(CH+P)^{C}$$

遗产传播的价值在于遗产信息与知识在公众之间的分享与传递，包括横向传播扩散和纵向传承与传递。在程式中，"V"表示 Value，指文化遗产经过共享、传递、传播，加之接受者自身的理解和加工，所产生的社会价值、审美价值、科学价值、经济价值等；"CH"表示 Culture Heritage，指某种文化遗产所有信息点，如上文所述的文化遗产的传播内容；"+"表示 Digital Media，指以数字传播载体；"P"表示 Person，指掌握某种文化遗产知识或信息的所有人或组织，包括专家、政府、公益组织、传承人、利益相关者等；"C"表示 Communica-

①② 韦路、丁方舟：《论新媒体时代的传播转型研究》，《浙江大学学报（人文社会科学版）》2013 年第 4 期。

③ 常凌翀：《互联网时代西藏非物质文化遗产的数字化传播路径》，《中央民族大学学报（哲学社会科学版）》2014 年第 3 期。

tion,即遗产信息内容在不同主体之间的有效传播。遗产的数字媒介传播是以网络为基础,即程式中的“C”(传播与共享)符合梅特卡夫原则①,遗产传播主体愈多则遗产价值就愈大。传播范围越广、受众越多,其效果和效应就越大,促使社会力量参与到遗产保护与发展中来,使得公众能够更加广泛、深刻地认识遗产,培养自觉的遗产保护意识,合理利用遗产,给予公众文化熏陶和文化体验,提高社会公众的遗产素养,从而使遗产得到更好的保护和传承。

(二)认同:认识“我”

认同(identity)通常被译为身份或同一性,以表达“我”或“我们”是谁——个体或群体的归属。认同从本质上来看,是对文化意义的认同,这种文化意义又可以被看作“集体记忆”。认同是社会建构的产物,一个人要在与他人的交往中构建个体的认同,就必须和这些人共同生活在集体想象的“文化意义体系”中。如何将这种文化意义或者“集体记忆”循环或再生产,使之得以被传递和认同?在传统环境中,身体被视为文化记忆的载体和媒介,作为身体语言和头脑记忆,把文化形态形成某种习惯使回忆变得稳固,并且通过强烈情感的力量使记忆得到加强。非物质文化遗产正是通过口传身授的方式进行传递与传承,作为一种文化记忆,是当代人得以产生认同的“文化意义体系”。没有记忆可以裹上樟脑,免受蠹虫的侵害。就目前的文化生态而言,非物质文化遗产的循环、传递以及再生产必须要借助外力——介质载体,随着这些媒介不断变化,记忆的形态也不可避免随之发生变化——口传、书籍、电子、数字,每种媒介都会打开一个通向文化记忆的特有的通道。当下管理和传递非物质文化遗产的,不再仅是族长、家长或遗产传承人,而是借助时代载体——数字媒介等来完成。

通过数字媒介对非物质文化遗产产生的认同,表现为以下几个类型:第一,代际认同。不同的数字载体从不同角度多维阐述某项非物质文化遗产,这种不断重复展现起到了文化记忆的涵化作用。在该文化熏陶下的本土的年轻一代,于不自觉中习得、确认和传承了地方文化,进而形成文化自信和认同。第二,异地“我者”认同。本土民众在身体上进行了迁徙,在离开本土文化的异域环境中生活与发展,在数字媒介上接收和认同“根文化”,在数字空间中形成一种文化归属感,进而产生文化意义上的“再地方化”。第三,扩大他者认同。“社会文化的差异与相似,最有力的解释是传播。”②数字媒介可以促成深刻的

① 周荣庭:《运营数字媒体》,科学出版社2012年版,第65页。

② [美]马文·哈里斯:《文化人类学》,李培棻等译,东方出版社1988年版,第12页。

文化身份认同，因为它以有效的、有用的和娱乐性的方式，使他人乐于接受。数字媒介扩大了非物质文化遗产的传播广度和深度，促使各个地方民众得以交流与沟通，消除文化误解，降低文化理解折扣，达到"美人之美"的和谐状态，以扩大本土文化的他者认同。

六、结语

从瓦尔特·本雅明"机械复制艺术"导致经典艺术"光晕"消逝的黯然神伤，到法兰克福学派代表人物阿多诺和霍克海默对资本主义"文化工业"欺骗本质的揭示，再到海德格尔对现代科技的技术沉思，无不表达了相当程度的反省和批判①。数字媒介技术促进了不同文化形态之间对话、交流与合作，但也在某种程度上导致了文化生态的失衡和文化多样性的萎缩。数字媒介作为一种文化的技术逻辑与力量，无情的塑造着大众的文化习性。事实上，当今的数字技术对文化而言是一把双刃剑，它的复杂功能对社会文化有着深远的影响。新的数字技术生产了新的文化景观，它不仅为文化的呈现、表达与传播提供了新的载体，而且为文化的接受与消费提供了新的观念与方式。在此背景下，文化越来越媒介化，社会公众对文化的消费越来越依赖于数字技术。面对这种文化也就是面对数字技术，身处文化之中就是身处数字技术之中，数字化意味着更广的传播范围、更快的传播速度，更硬的文化内容，更同质化的文化表现，更直观性的呈现方式。

数字媒介不仅革新了人们生存、生产、生活习惯，更是改变了人们的思维方式、心智模式与认知体系。但对于所有人来说，数字媒介的影响并非统一的，在不同群体之间存在着"数字鸿沟"，非物质文化遗产所在地民众包括非物质文化遗产传承人对于信息网络、数字化技术知之甚少，数字化技术成为在地民众参与的最大障碍。2016 年 5 月，由文化部主办、中国科学技术大学承办的以"数字化与可视化在中国手工造纸行业的应用"为主题的非物质文化遗产传承人群研修班开课，第一期研修班中有学员对智能手机比较陌生，不曾接触过微信、微博等数字媒体，这样的数字鸿沟成为非物质文化遗产数字化的技术观念障碍。不过数字媒介技术的逻辑一步步地消解着文化固有的逻辑，并有取而代之之势，进而导致一个矛盾——工具理性对表现理性的僭越。表现理性在总体上体现为文化的主体原则——人的原则。数字媒介技术活动是关于

① 向勇：《文化产业要实现文化与科技融合》，《人民政协报》，2012 年 11 月 6 日。

客体世界的活动,工具理性仅是一种手段。技术是实现对客观世界征服的手段或工具,它本身并不具有本体的地位。在技术的工具理性中,客体原则取代了表现理性的主体原则。不断加剧的媒介革命,使得我们要对一些现象进行反省——并非数字媒介技术来适应人,相反,是人这一主体要不断地适应数字媒介技术的变革。① 当数字媒介技术在创造出多元化的文化消费新花样的同时,也在把自身的逻辑和规则强加给文化。主体便不可避免地沦为客体的奴役,服从数字媒介技术的自律逻辑将成为主体文化活动的必然逻辑②。

Digital Media: a New Field for the Protection and Development of Intangible Cultural Heritage

Qin Feng

Abstract: Intangible cultural heritage and its living environment and carrier are relatively fragile. Under the sweep of modern digital technology, intangible cultural heritage has a transformative impact on both good and worrying aspects. With a positive, open and cautious attitude, this paper examines and expounds the impact of digital media on intangible cultural heritage from five pairs of relationships: shift and dislocation, translation and empowerment, change and neglect, reproduction and inheritance, communication and identity.

Key words: digital media; intangible cultural heritage; field

① 周宪:《文化表征与文化研究》,北京大学出版社 2007 年版,第 229—230 页。
② 同上书,第 250—251 页。

武陵山片区传统村落空间分布格局及影响因素研究*

华中师范大学国家文化产业研究中心　廖正丽

［内容提要］　以武陵山片区传统村落为研究对象，选取2012年、2013年、2014年、2016年和2019年5个时间截面，运用核密度分析、地理探测器分析等方法，利用ArcGIS软件，探析武陵山片区传统村落空间分布格局及其影响因素。结果表明：第一，武陵山片区传统村落空间分布具有显著差异性，不同时间截面的传统村落空间分布呈现聚集分布特点，形成"中心多、边缘少"的"乡"字形空间结构分布态势。第二，运用地理探测器分析表明武陵山片区传统村落空间分布主要受海拔高程、地形起伏度等自然因素的影响，而人口密度、与中心城市距离等人文因素影响较小。第三，武陵山片区传统村落大多位于海拔高程为300—700米的山地、丘陵地带。

［关键词］　武陵山片区；地理探测器；传统村落；核密度估计法

一、引言

传统村落，又称古村落，是农耕文明时期的遗产，也是乡土中国生产生活的根据地，历史悠久，传统文化资源丰富，具有一定历史、文化、科学、艺术、社会、经济价值，应积极保护。①传统村落承载着中华传统文化的精华，是农耕文明的重要展示窗口；凝聚着中华民族精神，是维系华夏子孙文化认同的纽带，是中国历史、文化、自然遗产的"活化石"和"博物馆"。②近年来，"中国传统村

＊　本文系湖北省高校人文社科重点研究基地鄂西生态文化旅游研究中心项目（PT072014）的阶段性成果。

①　《关于开展传统村落调查的通知》，中华人民共和国住房和城乡建设部网，http://www.mohurd.gov.cn。

②　伽红凯：《中国传统村落保护的矛盾与模式探析》，《中国农史》2016年第6期。

落名录”的创建、《国家乡村振兴战略规划（2018—2022）》等一系列国家大政方针政策的实施，为我国传统村落的保护与发展奠定了坚实的基础。

国外较早开展传统村落研究，成果颇丰。研究内容主要涉及村落的规划用地①、形成过程②、保护与发展以及旅游开发③等，许多学者运用现代技术手段对传统村落的保护与旅游开发以定量与定性相结合的方法进行研究④。我国学者于20世纪80年代开始关注传统村落，重点研究传统村落具有的独特的历史文化价值、经济价值与科学考察价值⑤等，注重对建筑设施等物质文化遗产的保护⑥。随着学术界对传统村落价值认识的不断深入，传统村落保护逐渐从理论走向实践，学者越来越重视对传统村落旅游开发⑦、非物质文化遗产保护⑧、村落文化及其景观的研究⑨，并由理论静态保护向实践型动态保护转变。此外，运用地理学知识研究部分省份或地区的村落格局及空间分布⑩也是学者关注的重要内容。纵观我国学者对传统村落的研究，传统村落保护一直是核心命题，随着地理科学的不断发展和信息技术的不断更新，传统村落地理分布与时空格局研究的技术与方法也日益多元化。

武陵山区又被称为“武陵民族走廊”⑪，是我国内陆地区少数民族成分与人口最多、邻省交界区域面积最大的民族聚居区，也是我国区域经济的分界线和西部大开发的最前沿，是我国各民族南来北往的频繁之地。该地区传统村落的建筑风格多样，有吊脚楼、鼓楼、竹楼等，是各民族历史文化的重要物质载体，承载着我国西南少数民族地区的社会、经济、文化和地理等信息。因此，研

① Marko Koscak, “Integral Development of Rural Areas, Tourism and Village Renovation, Trebnje, Slovenia”, *Tourism Management*, 1998, Vol.19, No.1, pp.81—86.

② Kaloko, F. R., “African Rural Settlement Patterns”, *Ekistics*, 1983, Vol. 50, No. 303, pp.459—462.

③ Christopher S. Thompson, “Host Produced Rural Tourism: Towa’s Tokyo Antenna Shop”, *Annals of Tourism Research*, 2004, Vol.31, No.3, pp.580—600.

④ 李文兵：《国外传统村落旅游研究及对我国的启示》，《地理与地理信息科学》2009年第2期。

⑤ 胡跃中：《楠溪江古村落特色、价值及其保护》，《小城镇建设》2001年第10期。金勇兴：《温州楠溪江古村落民居的文化价值》，《中共杭州市委党校报》2002年第3期。

⑥ 吴晓勤、万国庆、陈安生：《皖南古村落与保护规划方法》，《安徽建筑》2001年第3期。张梅生：《流坑古村落的保护利用和可持续发展战略》，《江西社会科学》2000年第6期。

⑦ 徐蒇：《对传统古村落旅游开发发展的探讨》，《山西建筑》2010年第2期。

⑧ 苏卉、党楠：《乡村振兴下贵州民族传统村落文化传承研究》，《大众文艺》2019年第16期。

⑨ 赵瑞、斯震：《传统村落文化景观保护研究》，《黑龙江农业科学》2013年第11期。

⑩ 关中美、王同文、职晓晓：《中原经济区传统村落分布的时空格局及其成因》，《经济地理》2017年第9期。梁步青、肖大威、陶金、冀晶娟、卓晓岚、黄翼：《赣州客家传统村落分布的时空格局与演化》，《经济地理》2018年第8期。

⑪ 费孝通：《武陵行（上）》，《瞭望》1992年第3期；费孝通：《武陵行（中）》，《瞭望》1992年第4期；费孝通：《武陵行（下）》，《瞭望》1994年第5期。

究武陵山片区传统村落的时空格局及其影响因素，对武陵山片区民族文化保护与传承以及区域经济发展等意义重大而深远。

二、研究区域概况

武陵山片区①是指以武陵山脉为中心的湘鄂渝黔四省（市）交界地区的71个县（市、区），其中，湖南37个县市区、贵州16个县市区、湖北11个县市、重庆7个县区（见表1），总面积17.18万平方千米，总人口近4 000万。有土家族、苗族、侗族、白族、回族和仡佬族等9个世居少数民族，约占全国少数民族总人口的12.5%，形成汉族与少数民族“大杂居、小聚居”的局面。该片区以山地地形为主，平均海拔在1 000米左右，有乌江、清江、澧水、沅江、资水等主要河流。国家文化部以武陵山区为基础，分别于2010年、2014年批准设立了武陵山区——湘西、鄂西南、渝东南3个土家族苗族文化生态保护实验区，总面积5.926 2万平方千米，总人口1 007万。截至目前，共有735个古村落被列入“中国传统村落”名录。

表1　武陵山片区所辖区域范围

省份	县（区、市）
湖南（37）	邵阳市：新邵县、邵阳县、隆回县、洞口县、绥宁县、新宁县、城步苗族自治县、武冈市 常德市：石门县 张家界市：慈利县、桑植县、武陵源区、永定区 益阳市：安化县 怀化市：中方县、沅陵县、辰溪县、溆浦县、会同县、麻阳苗族自治县、新晃侗族自治县、芷江侗族自治县、靖州苗族侗族自治县、通道侗族自治县、鹤城区、洪江市 娄底市：新化县、涟源市、冷水江市 湘西土家族苗族自治州：泸溪县、凤凰县、保靖县、古丈县、永顺县、龙山县、花垣县、吉首市
贵州（16）	遵义市：正安县、道真仡佬族苗族自治县、务川仡佬族苗族自治县、凤冈县、湄潭县、余庆县 铜仁地区：碧江区、江口县、玉屏侗族自治县、石阡县、思南县、印江土家族苗族自治县、德江县、沿河土家族自治县、松桃苗族自治县、万山区
湖北（11）	宜昌市：秭归县、长阳土家族自治县、五峰土家族自治县 恩施土家族苗族自治州：恩施市、利川市、建始县、巴东县、宣恩县、咸丰县、来凤县、鹤峰县
重庆（7）	丰都县、石柱土家族自治县、秀山土家族苗族自治县、酉阳土家族苗族自治县、彭水苗族土家族自治县、黔江区、武隆县

① 本文所涉及的武陵山片区是中央《武陵山片区区域发展与扶贫攻坚规划》中所指区域。

三、数据来源和研究方法

(一) 数据来源

本文涉及的传统村落数据主要是从“中国传统村落网”①和实地调研获得。我国于2012年、2013年、2014年、2016年和2019年分别公布了五批国家级传统村落名录,共计6 799个中国传统村落,武陵山片区涉及湘鄂渝黔四省市的71个县(市、区),其中湖南434个,湖北87个,重庆78个,贵州136个,总数为735个(见表2)。武陵山片区735个传统村落的地理坐标是在百度地图的坐标拾取系统中标示出来的;其基本城市矢量数据和省市、县区边界是从国家地球系统科学数据共享平台②获取的;武陵山区人口、经济社会发展等数据来源于各省份2018年的统计年鉴与统计公报,以及根据相关数据进行计算。运用ArcGIS10.6软件,构建武陵山片区传统村落空间属性数据库,绘制传统村落空间分布图。

表2 武陵山片区湘鄂渝黔四省市传统村落数量

	湖北	湖南	重庆	贵州	总数
第一批	15	23	8	14	60
第二批	9	29	1	32	71
第三批	14	16	30	38	98
第四批	8	106	6	32	152
第五批	41	260	33	20	354
总　数	87	434	78	136	735

(二) 研究方法

本文运用ArcGIS 10.6软件的空间分析工具,对武陵山片区735个国家级传统村落的时空分布特征进行分析,运用核密度分析方法测算其分布密度,对传统村落的空间形态布局、规律进行分析归纳,进而探究武陵山片区传统村落的时空分布格局。

1. 核密度估计法

核密度估计法是指运用数据样本测算地理要素在其周围领域中的集聚情

① 中国传统村落网,http://www.chuantongcunluo.com/index.php/Home/gjml/gjml/wid/585.html。

② 参见http://www.geodata.cn。

况。①该方法能够测算点状要素在邻近区域的密度，显示出空间点较为集中的地方，因此对传统村落的聚集区域特征进行研究。其公式如下：

$$f(x)=\frac{1}{nh_i}\sum_{i=1}^{n}k\left(\frac{x-x_i}{h}\right) \tag{1}$$

公式(1)：$k\left(\frac{x-x_i}{h}\right)$是核函数；$h>0$为宽带；$(x-x_i)$表示估值点$x$到$x_i$的距离。值越大，表示点越密集。

2. 空间自相关分析法

空间自相关分析法针对研究对象所呈现的空间分布特点，以及对所属领域的影响程度，主要用于揭示空间权重矩阵或空间邻近区域空间单元属性值的相似程度，用以分析区域空间单元属性在空间上分布现象的特征。②其公式如下：

$$I=\frac{n\sum_{i=1}^{n}\sum_{j=1}^{n}w_{ij(x_i-\bar{x})(x_j-\bar{x})}}{s^2\sum_{j=1}^{n}w_{ij}} \tag{2}$$

公式(2)：n为空间单元(本文即县级行政单位)的数量，x_i、x_j分别表示在第i、j单元的观测值；$\bar{x}$为所有单元的平均值；w_{ij}指空间权重矩阵，若空间单元i、j间有公共边则$w_{ij}=1$，否则$w_{ij}=0$；I为Moran's指数，当$I>0$时，表示传统村落在空间上呈聚集态势，当$I<0$时，表示传统村落在空间上呈分散性态势。③

3. 地理探测器

地理探测器主要用于检测某种地理空间要素对某个属性值空间分布格局的影响程度。其公式如下：

$$q=1-\frac{1}{N\sigma^2}\sum_{h=1}^{L}N_h\cdot\sigma_h^2 \tag{3}$$

公式(3)：q值是自变量探测力度值，取值为[0, 1]，越接近于1，表明因子的影响力越大；L为自变量或因变量的层数；N_h与σ_h^2分别为层h的单元数和方差；N和σ^2分别为整体的单元数和方差。④

---

① 刘有于、冯维波：《四川省传统村落空间分布特征及其影响因素研究》，《南方农村》2019年第6期。

② 江娟丽、杨庆媛、张忠训、苏康传：《重庆市非物质文化遗产的空间格局及旅游开发模式》，《经济地理》2019年第6期。

③ 周亮、周成虎、杨帆、王波、孙东琪：《2000—2011年中国PM2.5时空演化特征及驱动因素解析》，《地理学报》2017年第11期。

④ 薛明月、王成新、窦旺胜、王召汉：《黄河流域传统村落空间分布特征及其影响因素研究》，《干旱区资源与环境》2020年第4期。

四、武陵山片区传统村落时空分布

（一）整体空间分布形态

如图1所示，第一批传统村落总数为60个，分布在26个城市；其中县域分布最多的是贵州石阡县，含10个传统村落。第二批传统村落总数为71个，分布在27个城市；新增了利川、来凤、绥宁、麻阳、湄潭、思南、沿河，减少了长阳、恩施、石柱、隆回、务川、凤岗。第三批传统村落总数为98个，分布在29个城市，其中县域分布最多的是重庆酉阳，有12个传统村落；相较第一、二批次新增了黔江、武隆、玉屏、万山、新晃、溆浦。第四批传统村落总数为152个，分布在43个城市，相较第一、二、三批次，新增了五峰、新邵、桑植、中方、沅陵、靖州、洪江、涟源、正安、道真；拥有传统村落数量最多的县域是凤凰、松桃，均为11个；拥有传统村落数量最多的省域为湖南，有106个传统村落。第五批次所含传统村落数目最多、分布城市最广，总数为354个，分布在54个城市；相

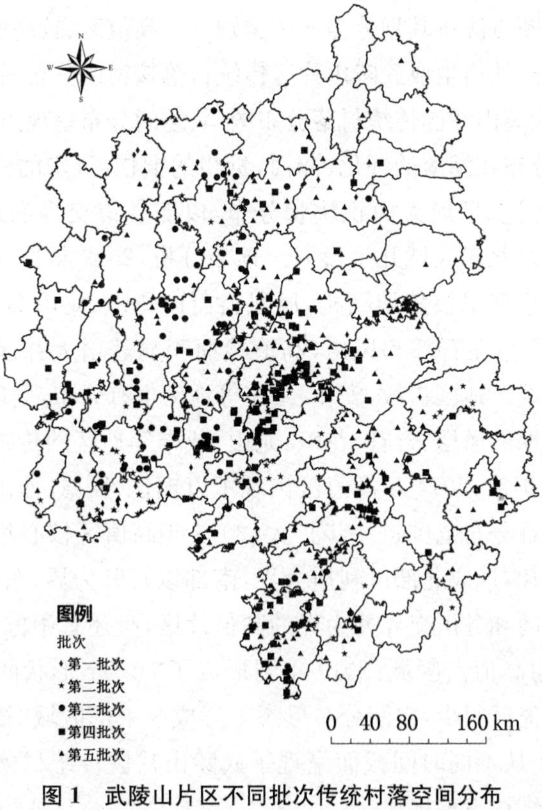

图1 武陵山片区不同批次传统村落空间分布

较前四批，新增了秭归、巴东、余庆、洞口、慈利；传统村落数目增加较多的是沅陵、辰溪、溆浦、会同、靖州、通道、洪江、保靖、古丈、龙山、花垣、秀山，分别是15个、14个、14个、14个、14个、18个、17个、12个、14个、20个、22个。总体上来看，武陵山片区735个传统村落不均衡分布于66个县域城市，主要集中分布在贵州的铜仁，湖南的怀化、湘西，重庆的酉阳、秀山，以及湖北的恩施、来凤、利川、宣恩，均含有10个以上的传统村落。而石门、武陵源、芷江、冷水江、丰都这5个县域城市不含传统村落。综上，武陵山片区传统村落的整体空间分布极不均衡，以铜仁和怀化、湘西为中心向四周呈放射状分布。这既体现了武陵山片区自然与人文资源的地理空间分布形态，也是各区域对传统村落保护力度与重视程度的反映。

（二）空间结构的演化

本文运用ArcGIS 10.6的核密度分析法进一步探测武陵山片区传统村落的空间结构特征及其演变规律，设置50千米的搜索半径，分别测算2012年、2013年、2014年、2016年和2019年5个时间截面武陵山片区传统村落核密度值，运用自然断点法将其划分为5个类别——高值区、较高值区、中值区、较低值区与低值区，从而生成武陵山片区传统村落核密度分布图(图2)。根据5个时间截面的武陵山片区传统村落分布图，其空间分布呈现出集聚性特点，核密度高值主要分布在湖南的怀化、湘西，贵州的铜仁，重庆的酉阳、秀山，湖北的宣恩、利川、恩施，呈现大面积块状分布，以四省市交界的地方为中心，呈“人”字形分布，东北部区域几乎没有。逐年分析，2012年核密度高值分布于石阡，空间分布呈现单核集聚结构，凤凰、吉首、花垣、龙山等地有少量辐射；2013年高值区分布在石阡和凤凰，高值核面积显著增大并逐步向北沿着吉首、花垣、龙山、咸丰地区扩散，安化、绥宁等地区也有分布，呈现出双核集聚分布，说明这一时期的凤凰、吉首、花垣、龙山、咸丰等地区的传统村落数量有所增加，且向四周扩散；2014年高值区出现了以铜仁、凤凰、酉阳、来凤、利川等多核集聚结构，且分布范围进一步扩大；2016年高值区核心集聚范围进一步扩大，并连点成片，形成北部以利川为界，南部以石阡为界，东部以古丈为界，西部以正安、凤冈和务川交界处为界的高值片区，且还有中方、会同、靖州、通道等几个零星的高值点区域；2019年则形成了“乡”字形状的高值核心连片区，周边零散高值区很少，空间分布形态上形成了中部区域“核心多、周边少”的特征。总体上从不同时间截面呈现了武陵山片区传统村落“中心多、边缘少”的片状空间结构发展模式。

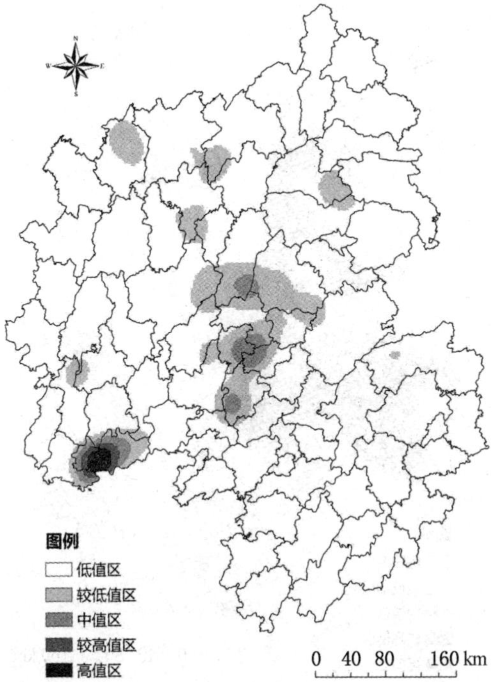

a. 2012 年

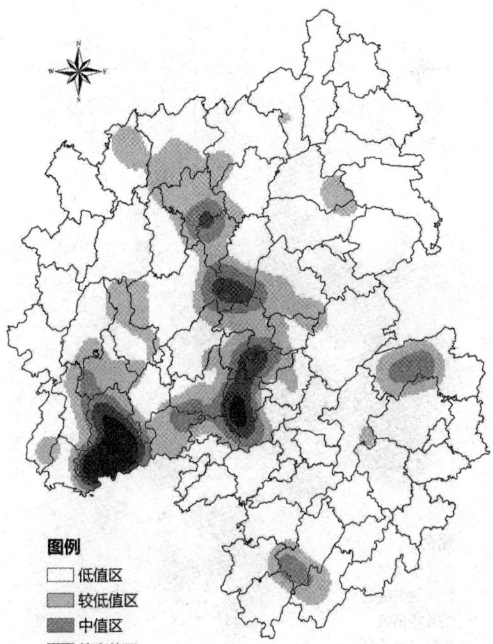

b. 2013 年

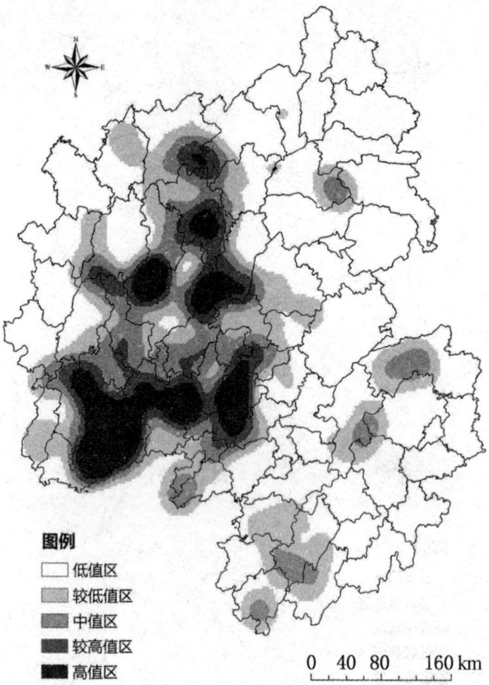

c. 2014 年

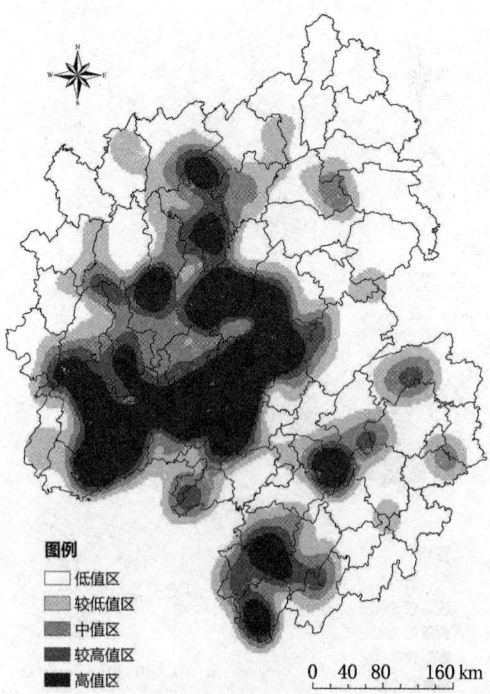

d. 2016 年

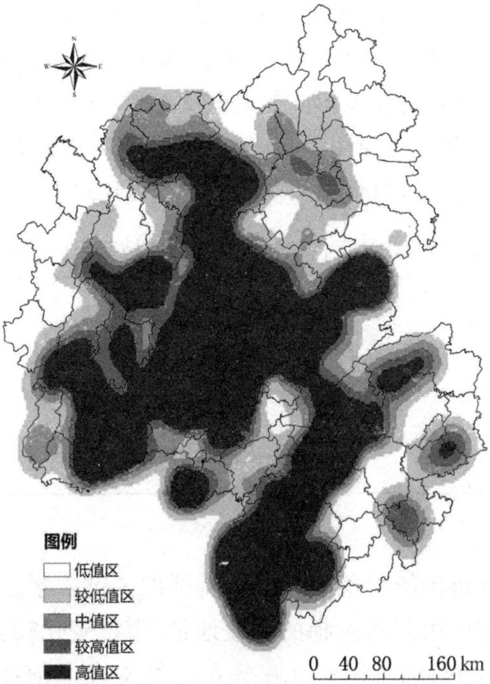

e. 2019 年

图 2　武陵山片区传统村落空间核密度分布

五、武陵山区传统村落空间分布特征及影响因素探析

(一) 地形起伏度

地形起伏是单位面积内最大相对海拔差，即特定区域内的最高海拔与最低海拔之差，是描述区域地形特征的重要指标。地形起伏度作为人居环境适应性评价的重要指标不仅影响传统村落的选址，同时又对人口分布、道路交通、经济发展、文化交流产生不同的制约作用，进而对传统村落的空间分布产生深远影响。①本文采用 SRTM DEM 高程数据，借助 ArcGIS 10.6 的空间分析工具，选择 1 千米×1 千米边长大小的分析单元作为操作单元，提取该分析单元内海拔高程的差值，再运用“栅格计算”工具计算出每个单元内海拔差值，最后与传统村落空间分布图叠合分析，导出地形起伏度文件，统计出其分布数

① 关中美、王同文、职晓晓：《中原经济区传统村落分布的时空格局及其成因》，《经济地理》2017 年第 9 期。

量，结果见表3。根据表中数据可知，武陵山片区大多数传统村落的地形起伏度处于300—700米之间，总计529个，占武陵山片区总数的72%，说明武陵山片区传统村落大都聚集在地形起伏度较大、地势相对陡峭的山区地带。由此可见，山区地理空间相对封闭，对传统村落的保护具有天然的屏障作用，地形起伏度相对较大的区域对传统村落的保存与发展更有益。

表3　武陵山片区传统村落空间分布地形起伏度统计

等　级	1	2	3	4	5	6	7
地形起伏度（米）	100—300	300—500	500—700	700—900	900—1 100	1 100—1 300	1 300以上
传统村落（个数）	142	208	179	125	46	29	6

（二）海拔高程

海拔高程是分析传统村落空间分布特征的关键要素之一。武陵山片区是我国第二级阶梯向第三级阶梯的过渡地带，海拔变化较大，地形海拔差异能够直接影响传统村落的空间地域分布。本文以ArcGIS 10.6软件为工具，运用Moran's I 值为[－1, 1]，正值表示正相关，负值表示负相关，数值接近0则表示为随机分布，绝对值越大，表示空间分布呈现高集聚分布，绝对值越小表示空间分布的关联性越小，以此来分析海拔高度对传统村落空间分布的影响。武陵山片区传统村落海拔高程全局空间自相关分析所得Moran's I 值为0.899 2，说明武陵山片区传统村落空间分布与海拔高程之间存在正相关性，标准化统计量 Z 为36.53，且 P 值为0.002，测算的可信度较高，明显大于检验临界值1.96，说明传统村落在不同的海拔高程具有明显的集聚现象。

上述整体空间自相关的测算反映了武陵山片区传统村落的总体空间分布关系，但无法揭示武陵山片区传统村落空间局部自相关特征。为了进一步分析武陵山片区传统村落内部之间的空间集聚特征，运用ArcGIS 10.6软件对武陵山片区传统村落局部自相关特征进行分析，得到其LISA集聚类型水平分布图(见图3)，运用不同颜色渲染不同的空间自相关类别。从图3可知，武陵山片区传统村落的海拔高程之间大部分呈现出高高(HH)、低低(LL)聚合现象，高低(HL)、低高(LH)的聚合现象很少呈现。其中，高高(HH)聚合的传统村落主要分布在龙山、酉阳、黔江、石柱、利川、永定、沅陵、溆浦、中方、洪江等县市，共计148个；低低(LL)聚合的传统村落主要分布在石阡、思南、永顺、古丈、保靖、花垣、吉首、凤凰、泸溪、辰溪、麻阳、碧江、万山、新晃、洪江、会同、绥宁、通道、城步、靖州等县市，共计 239 个。呈现无显著集聚的传统村落共计 348 个，约占总数的 47%，这表明有接近一半的传统村落集聚类型属于游离分散状态，揭示出武陵山片区陡峭的山地自然环境对传统村落具有天然的分割作用。

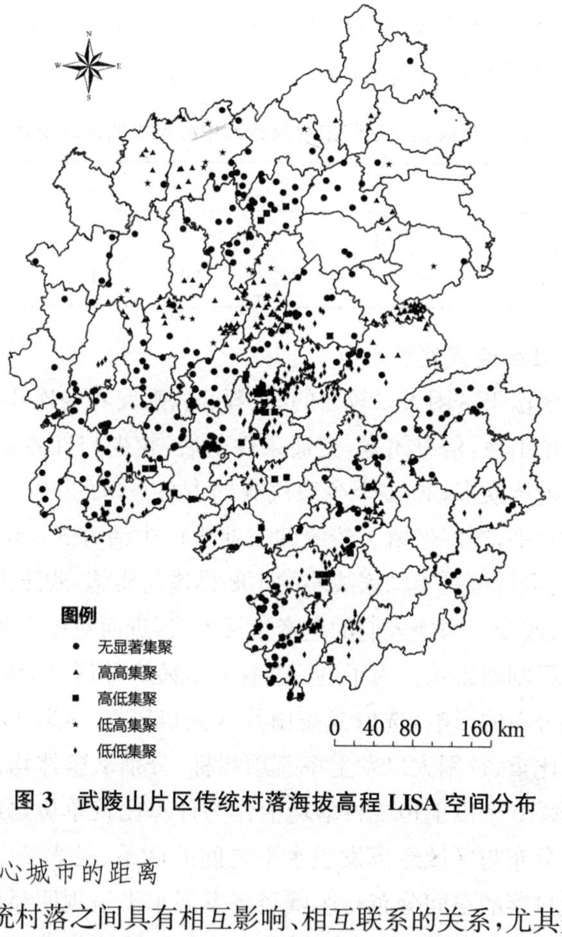

图 3　武陵山片区传统村落海拔高程 LISA 空间分布

（三）与中心城市的距离

城市与传统村落之间具有相互影响、相互联系的关系，尤其是伴随着城镇化、现代化的不断深入，城市对传统村落的影响越来越显著。根据已有研究，传统村落与城市的距离越远，数量越多，其特色保存也越完整。[①]本文将武陵山片区的地市级城市作为中心城市，运用 ArcGIS 10.6 软件中的缓冲区工具，以 10 千米为一个区间单位绘制缓冲区地图，获取呈现武陵山片区传统村落与相应中心城市空间分布关系的地图，与武陵山片区传统村落分布地图叠加，得

① 佟玉权、龙花楼：《贵州民族传统村落的空间分异因素》，《经济地理》2015 年第 3 期。

出武陵山片区传统村落与中心城市之间的空间距离关系(见表4)。根据表4可知,占武陵山片区总数80%的传统村落与中心城市的距离在20千米—40千米的范围内,距离相对偏远。由此可知,处于离中心城市较远的经济发展相对落后的地区更有利于传统村落的保存与发展,这也是武陵山片区保有大量传统村落的原因之一。武陵山片区本就属于精准扶贫的连片特困地区,地理位置偏远,交通不便,城镇化水平不高,经济发展缓慢,生产生活方式的现代化程度较低,从而致使传统村落得以较为原生态的保存。

表4 武陵山片区传统村落距离中心城市的距离统计

等　级	1	2	3	4	5	6
与中心城市距离(公里)	0—10	10—20	20—30	30—40	40—50	大于50
村落(个数)	51	203	249	134	72	26

(四)地域社会经济发展水平

武陵山片区位于贫困人口较多的湘、鄂、渝、黔交界的连片特困地区,处于连绵起伏的陡峭山地,信息闭塞,交通条件落后,较少与外界发生联系。且武陵山片区少数民族众多,30多个少数民族约占总人口的48%,经济发展水平低于全国平均水平,较好保留了传统的农业生产生活方式。随着我国区域发展与扶贫攻坚、乡村振兴等国家战略的不断推进与实施,武陵山片区经济发展水平迅速提升,改变了当地人们的生产生活方式,进而对原有的传统文化与历史遗产也产生了剧烈影响。为了进一步探究武陵山片区社会经济发展水平对传统村落空间分布的影响,选取武陵山片区人口密度、人均GDP、城镇化率、少数民族人口比重、贫困人口发生率5项指标,分别从整体均值、含传统村落的地区均值、含10个以上传统村落均值作为计算比较单位,分析武陵山片区传统村落空间分布与区域经济发展水平之间的联系(见表5)。表5显示,武陵山片区传统村落的空间分布与区域经济发展水平呈现明显的负相关关系,传统村落数量越多的区域,人口密度、人均GDP、城镇化率越低,且低于武陵山片区平均水平,同时含传统村落越多的区域,少数民族人口比重、贫困人口发生率越高,且高于武陵山片区平均水平。由此可见,武陵山片区传统村落主要集中分布于该区域经济欠发达的少数民族聚居区。可能是少数民族聚居地区经济发展水平较低,与外界交流较少,思想较为保守,受外界冲击较小,因此传统的农业生产生活方式较为完好地保留下来,有利于传统村落历史文化遗产的存续及特色文化的保护传承。

表 5　武陵山片区传统村落分布与地域社会经济发展指标关系

	人口密度	人均 GDP	城镇化率	少数民族人口比重	贫困人口发生率
武陵山片区	212.17	19 221.5	39.55	33.88	7.16
含传统村落地区	210.52	17 084.7	34.40	34.68	9.48
含 10 个以上传统村落地区	194.22	9 163.60	25.64	51.15	11.21

（五）武陵山片区传统村落空间分布的影响因素探究

武陵山片区传统村落的空间分布格局是诸如自然环境、人文因素、社会经济等多种因素相互作用的结果，本文在已有研究的基础上，根据武陵山片区特有的地域环境，运用地理探测器测算各个因子的强弱程度，将地形起伏度、海拔高程、人口密度、人均 GDP、与中心城市的距离、城镇化率、少数民族人口比重、贫困人口发生率等 8 项指标作为影响武陵山片区传统村落空间分布的地理探测器要素变量。采用 20 千米×20 千米网格单元进行区域统计分析，按照 5 个等级划分取值范围，其中，地形起伏度和海拔高程运用 ArcGIS 10.6 自然聚类处理，与中心城市距离指标的测算是在计算武陵山片区传统村落与其相邻的中心城市距离之后运用 ArcGIS 10.6 自然分级。社会经济发展指标采用传统村落所在县市的统计数据进行替代，虽然县市层级的统计数据无法直观反映各个村落之间的差异，但能够在一定范围内揭示不同区域内的传统村落经济发展状况。

运用地理探测器方法对武陵山片区传统村落空间分布的影响因子强弱程度进行探析，由表 6 可知，各个影响因子数值排序为海拔高程（0.783 7）＞地形起伏度（0.754 2）＞人均 GDP（0.317 6）＞与中心城市距离（0.257 6）＞少数民族人口比重（0.253 1）＞城镇化率（0.244 2）＞贫困人口发生率（0.218 2）＞人口密度（0.049）。武陵山片区传统村落空间分布影响力最强的是海拔高程、地形起伏度等自然因素，其次是与中心城市距离，最后是人口密度等其他社会经济发展因素。武陵山片区境内有武陵山、雪峰山与乌江、清江等，可谓层峦叠嶂，地形复杂，海拔垂直变化较大。因此，传统村落的形成与地形地势、海拔高程等自然环境的因素相关性最强。再者，严酷的自然环境限制了交通运输与通信的发展，阻碍了经济的发展，传统村落受外界文化冲击较小，客观上成为传统村落历史文化遗产与特色文化存续的天然屏障。同时，武陵山区被称为“武陵民族走廊”，少数民族人口比重较大，主要有土家族、苗族、侗族、瑶族等世居少数民族，该区域的传统村落主要是少数民族形成的聚居村寨，文化特色鲜明，村落历史悠久。这些民族村寨基本保留着农耕社会的生产生活方式，村落选址主要根据土地、水源、地势等自然条件，依山傍水而建，受与中心城市距离、人口密度等社会区位条件的影响较小。

表 6　武陵山片区传统村落空间分布影响因素探测结果

探测因子	地形起伏度	海拔高程	人口密度	人均GDP	与中心城市距离	城镇化率	少数民族人口比重	贫困人口发生率
q	0.754 2	0.783 7	0.049	0.317 6	0.257 6	0.244 2	0.253 1	0.218 2

综上所述，武陵山片区由于特殊的地理位置与自然条件，造就了其依山傍水而建的传统村落空间格局，在其空间格局形成过程中受自然环境条件的影响最为显著。具体而言，海拔较低、地势相对平坦的河谷平原地区，经济发展较快，现代化水平较高，与外界联系较为频繁，受主流文化的冲击更多，随着现代化与城镇化的不断深入，人们生产生活方式随之改变，思想更为开放，现代化的建筑与生产生活方式使这些区域逐渐发展成为中心城市。为了追求经济效益，原有的传统村落逐渐没落，人们对传统村落等历史遗产的保留意识较为薄弱，海拔高程低的区域传统村落分布少。而在海拔高程较高的山地，地势陡峭而崎岖，自然环境严酷，交通不便，工业化、城市化与现代化的进程缓慢，对这些区域的影响较小，较好保留了传统生产生活方式与历史文化，为传统村落的存续提供了有利条件。从总体分布来看，72%的传统村落分布于武陵山片区海拔 300 米以上的山地区域，而在海拔 300 米以下的河谷平原地区，传统村落分布较少。

六、结论与展望

武陵山片区传统村落空间分布具有显著的集聚特质与不均衡特征，不同时间截面的传统村落空间表现出集聚分布形态，且集聚核心不断增加。根据武陵山片区 2012 年、2013 年、2014 年、2016 年和 2019 年 5 个时间截面的 735 个中国传统村落空间分布格局，通过核密度分析法发现，其传统村落空间分布呈现“中心多、边缘少”的“乡”字形空间结构分布形态，且主要分布于湘、鄂、渝、黔四省市交界的地带。其中，湖南省的怀化、湘西，贵州省的铜仁，湖北省的恩施、宣恩、来凤、利川，重庆市的秀山、酉阳等县市为高密度分布区域，呈块状集聚分布形态。

武陵山片区传统村落空间分布形态是在多种因素综合影响的过程中形成

的。通过地理探测器对各项变量指标因子比较分析，结果表明，自然因素中海拔高程、地形起伏度对武陵山片区传统村落的空间分布格局影响力度最大，海拔较高的、地势起伏度较大的山地区域传统村落空间分布最密集，而经济发展水平、与中心城市距离等人文社会因素对传统村落的空间分布影响较小。

我国处于社会转型时期，现代化、信息化与城镇化不断推进，传统村落不断消失。武陵山片区由于险峻的自然地理条件延缓了现代化与城镇化的进程，同时由于该区域为少数民族聚居区，又是南来北往的连接地带，地域特色鲜明，民族文化丰富多彩，从而形成了武陵山片区传统村落的山地空间分布格局。该区域或许存在着有待于进一步被挖掘和被发现的典型村落，为传统村落及其历史文化遗产研究提供了无限可能。随着我国乡村振兴与精准扶贫战略的不断推进，现代交通与物流的不断发展，信息化与经济发展水平的不断提高，武陵山片区传统村落也面临着机遇与挑战，一方面传统村落相对落后的经济发展水平阻碍了人们对美好生活的追求，另一方面，大力发展经济有可能破坏传统村落的历史文化特色，因此，如何在保护传统村落及其历史文化遗产的基础上发展经济，在保持原有文化特色的基础上与主流文化交流对话，发展创新，是学术界面临的重大课题，具有深远的现实意义。

本文对武陵山片区 735 个传统村落进行了实证研究，重点探讨其空间分布格局及影响因素，对后续武陵山片区传统村落的相关研究具有参考意义。但由于武陵山片区涉及区域地理环境广泛且复杂，民族成分众多，未来对传统村落的进一步研究还有待于更为详细的实地考察。关于传统村落的类型、面积、内部结构、历史文化、民族风情等内容目前并未涉及，尤其是武陵山片区传统村落的居民文化认同、文化遗产的存续、旅游开发等有待进一步深入研究。

Study on Spatial Distribution Pattern and Influencing Factors of Traditional Villages in Wuling Mountain Area

Liao Zhengli

Abstract: In this paper, the author carries out the study on traditional villages in Wuling Mountain areas, with a focus on year 2012, 2013, 2014, 2016 and 2019. By doing kernel density analysis and utilizing geographic detectors and ArcGIS, the author aims to figure out these villages' spatial distribution pattern and the factors influencing it. The results show that: First, the spatial distribution of traditional villages in Wuling Mountain areas presents significant internal differentiation. In these years it all takes on the agglomeration distribution, forming a "xiang"-shaped spatial distribution pattern, i.e. "more residents gathering in the centers while fewer in the margins". Second, geographic detectors show that the spatial distribution has mainly been restricted by natural factors such as altitude and topographic undulation, while human factors, like population density and distance from the central city, are less relevant. Third, Most traditional villages in Wuling Mountain areas are located in mountains and hills, with an altitude of 300—700 meters.

Key words: Wuling Mountain Area; Geographic Detector; Traditional Village; Nuclear Density Estimation

区域文化产业

第 29 卷

Commentary on Cultural Industry in China

区域文化产业创新系统的理论预设*

云南大学　胡洪斌
北京观恒文化发展研究院　张晓丹

[内容提要]　创新是经济发展的重要推动力，也是文化产业可持续发展的核心因素。区域文化产业的创新及其可持续发展是一个复杂的系统，需要文化企业、文化传承人、高校及科研机构、中介服务机构和政府相互联系、共同推动。本文运用演化论和系统论分析方法，从供给和需求的角度综合区域文化产业内各个创新主体、构成要素及创新环节，构建了区域文化产业创新系统的理论构架，以期动态系统地呈现区域文化产业发展的深层规律。

[关键词]　区域文化产业创新系统；供给侧；需求侧；运行机制

文化产业的发展受资源禀赋、文化多样性、城乡差距及社会环境条件等因素的影响，呈现显著的区域发展差异。从宏观上看，东部依托人才、技术和资本的优势，形成了以科技驱动为核心的文化产业发展方式；西部凭借资源禀赋优势，形成了以休闲旅游观光为主，文化旅游融合发展的文化产业发展方式；中部凸显特色文化资源优势，形成了以文化娱乐业为主的文化产业发展方式。在差异化的发展格局下，寻找和揭示差异化发展现象背后共同促进各个区域文化产业创新发展的动力因素、运行机制，对于解决和规避区域文化产业发展中出现的问题，调整优化区域文化产业结构，推动区域文化产业可持续发展具有重要的意义。

区域文化产业创新系统是基于区域创新系统理论，运用系统论、演化论和

*　本文系国家社科基金艺术学一般项目“藏羌彝走廊特色文化产业与区域协调发展研究”(19BH144)的阶段性研究成果。

生物学隐喻的方式搭建，动态、系统分析区域文化产业发展现状、构成要素和动力机制的框架。它注重整体与局部分析相结合，系统分析区域内各要素间的联系和相互作用；合理运用演化论研究方法，避免单一、静态的现象描述，注重从多维立体和动态的角度审视区域文化产业发展状况、构成要素和动力机制等问题。为客观全面呈现区域文化产业的发展特点，科学预测区域文化产业的发展趋势，规避预期发展问题，促进区域文化产业的可持续发展提供理论基础。

一、基于演化论的区域文化产业创新系统的要素构成

区域文化产业的发展需要文化企业与文化传承人、高校及科研机构、中介服务机构和政府的协同配合，各个创新主体之间信息流、知识流、人才流和资金流的自由流动形成合力，共同推动文化企业的持续创新。作为一个复杂的系统，其开放性、客观性、整体性和自组织性决定了运用演化论来研究的可行性。首先，区域文化产业创新系统与其他区域存在联系，人才的流动、资源的引进和吸收以及产品的扩散都为系统可持续发展提供前提。其次，区域文化产业创新的各个创新要素都是客观存在的，并且通过非线性相互作用形成了有机整体。最后，系统创新主体在创新环境的刺激下，通过供给侧创新和需求侧创新的互动，形成自组织机制和耗散结构，推动系统的不断演化发展。这些特点与生态系统一一对应，有着极大的相似性，而演化论的一个分析基础——生物学隐喻，是通过对比分析某一学科研究对象与生态学系统研究对象的构成要素，建立该学科运用演化论与方法的基础。因此，运用演化论作为分析方法，构建区域文化产业创新系统的分析框架是恰当和可行的，它能够清晰呈现这种动态变化发展的过程，较好地分析各个阶段和过程的特征，为研究创新过程中的差异化特点和共性规律提供良好的理论分析方法。

(一) 生物学隐喻的主体构成要素

1. 文化基因

区域文化产业创新系统中的文化基因概念对应生态系统的基因概念，基因在生物学上是生物性状遗传的主要物质，它通过不断复制自身特点来保持生物体的基本特征，是生物体现有信息和特征的体现。

表 1　基于演化论的区域文化产业创新系统与生态系统的构成要素比较

<table>
<tr><th>类型</th><th colspan="2">生态系统要素</th><th colspan="2">定　义</th><th colspan="2">区域文化产业创新系统要素</th><th colspan="2">定　义</th></tr>
<tr><td rowspan="4">主体构成要素</td><td colspan="2">基因</td><td colspan="2">生物性状遗传的主要物质</td><td colspan="2">文化基因</td><td colspan="2">区域内已有文化的基础、资源禀赋</td></tr>
<tr><td colspan="2">物种</td><td colspan="2">有机体(生物)</td><td colspan="2">文化产业创新主体</td><td colspan="2">进行文化产业创新活动的各个主体</td></tr>
<tr><td colspan="2">种群</td><td colspan="2">同种有机体的结合</td><td colspan="2">文化产业创新种群</td><td colspan="2">相同资源和能力的创新主体的集合</td></tr>
<tr><td colspan="2">群落</td><td colspan="2">不同种生物种群的集合</td><td colspan="2">文化产业创新群落</td><td colspan="2">不同种创新种群的集合</td></tr>
<tr><td rowspan="2">系统发展环境</td><td colspan="2">食物网</td><td colspan="2">有机体的营养位置及关系</td><td colspan="2">产业关联
产业融合</td><td colspan="2">文化企业形成的与创新活动相关的上下游产业链条的关系及不同行业内文化企业的横向融合</td></tr>
<tr><td colspan="2">景观</td><td colspan="2">区域内不同生态系统的综合</td><td colspan="2">区域文化产业创新环境</td><td colspan="2">支持区域文化产业创新的硬件和软件环境</td></tr>
<tr><td rowspan="4">系统演化发展要素</td><td colspan="2">遗传</td><td colspan="2">复制基因</td><td colspan="2">文化传承</td><td colspan="2">复制文化基因</td></tr>
<tr><td rowspan="2">变异</td><td>自身变异</td><td rowspan="2">遗传基因变异</td><td>物种随时间的变化自身发生的遗传基因的改变</td><td rowspan="2">文化变异</td><td>创新主体认知模式</td><td rowspan="2">对已有的文化产业发展方式和路径等环节的改变</td><td>文化企业等创新主体对已有文化惯例的创新</td></tr>
<tr><td>外界环境影响</td><td>物种随着外界温度、化学元素等因素影响发生的遗传基因的改变</td><td>社会制度对文化产业创新的鼓励</td><td>政府、中介服务组织对文化产业创新活动的鼓励和支持</td></tr>
<tr><td colspan="2">选择</td><td colspan="2">多种变化基因的筛选</td><td colspan="2">文化业态选择</td><td colspan="2">被接受的新型文化业态的推广、扩散</td></tr>
</table>

文化基因也是对现有区域文化产业创新系统中的各种信息的体现和保存。它们包括区域内现有的资源禀赋、文化产业生产方式和文化基础设施等文化基础条件。这些基础条件决定了区域文化产业创新的范围、目标和方式，影响区域文化产业创新能力的提升，是区域不断演化变迁的源头，也是其进行不断创新的基础支撑。

2. 文化产业创新主体、文化产业创新种群、文化产业创新群落

这三个要素对应生态系统中的物种、种群和群落，从物种、种群到群落，由小到大、由同类生物到多类生物的聚合组成了庞大的生态系统。在系统内外环境的相互影响下，不同的物种、种群和群落形成竞争、依存和共赢发展的联系，最终促进生物圈的不断演化发展。区域文化产业创新系统中文化企业是创新的主体，它们通过对文化资源的创意挖掘，对生产方式和盈利方式的创新，提升自身创新能力。单个文化企业的创新，促进产业链上的关联企业形成文化产业创新种群，以协同竞争机制共同推动区域文化创新能力的提升。区域内的文化传承人、高校和科研机构、金融机构、政府以及社会中介服务组织（文化产业协会、文化产业团体组织、会计事务所、律师事务所等）与文化企业协调配合，汇聚各自资源优势，形成合力，形成文化产业创新群落。文化企业充分利用技术手段，积极发挥创意能力，进行文化产品与服务创新，区域内的文化传承人、高校和科研机构、金融机构、政府以及社会中介服务组织在人才、理论、资金、政策、信息和中介服务等方面为文化企业的创新发展提供全方位的支持，系统推进区域文化产业的创新发展。

（二）创新环境

生态系统中，物种、种群和群落通过相互之间食物链的层层对应关系构成了食物网，从而保证了生态系统的良性循环发展。再通过与区域内其他不同的生态系统的相互作用和影响，共同构成区域内的生态系统网络，促进区域内生态系统的持续发展。

在区域文化产业创新系统中，食物网对应的是文化企业和其他文化企业形成的与创新活动相关的上下游产业链条，通过产业上下游企业间的相互联系，促进知识、信息的流动，增强产业关联效应，进而推动产业融合，形成集聚效应。这种基于文化企业间相互联系形成的产业关联和产业融合构成区域文化产业创新的内环境。景观对应的是区域文化产业创新的外环境，它是政府、高校及科研机构、文化传承人、中介服务机构等创新主体相互作用，助力文化企业创新的力量集合。内外环境一起构成区域文化产业的整体创新环境，具体包括基础设施环境、创新资源环境、政策与制度环境和社会文化环境。基础设施的建设和创新资源的提供从硬件上为区域创新主体提供保障，政策制度、社会文化创新氛围从软件上为区域创新主体灵活提供了各种支持。软硬创新环境条件的不断改善为区域内文化企业的创新提供坚实的物质保障和智力支持，促进区域文化产业创新活动的产生、传播、扩散和发展。

（三）“遗传、变异和选择”动态演化发展

在生物系统的发展过程中，其遵循“遗传、变异和选择”的发展规律。首先，物种通过复制基因遗传生物体原本的性状特征，保证和保持物种或者种群的主要识别特征，它是物种繁衍发展的基础。其次，随着时间的推移，物种在自身状况的影响以及外界温度、化学元素等物质条件的影响下，发生基因的变异，这种变异不同于遗传基因的序列，显示出不同于以往的性状特点，映射出物种对于自身以及环境变化的反映。最后，物种通过自身发展的需要以及对于环境适应性的需求，在多种变异的基因中选择最适宜自身发展的变异基因进行遗传，促进物种和生态系统的可持续发展。

区域文化产业创新系统与生态系统的演化发展具有相似性，其发展变化也是通过相应的“遗传、变异和选择”的动态演化发展过程来实现。首先，区域内的文化企业在现有的生产技术基础上，通过复制已有文化产品和服务的生产、传播和消费方式，完成对已有传统文化生产模式的传承。其次，在供给与需求相互作用的过程中，供给侧受消费需求变化的影响，以文化企业为核心，协同高校及科研机构、文化传承人、中介服务机构和政府进行相应的技术创新、服务创新、管理创新和制度创新，促使文化产业的生产方式、消费方式和盈利模式发生改变，促使传统业态转型升级，新型业态不断涌现。最后，市场竞争的优胜劣汰机制，使得优质的、符合消费者需求的文化产品和服务得以继续生产、传播和消费。经济的发展和文化需求的不断变化，催生文化产业新一轮的变异、选择和复制，形成良性的循环发展系统。

二、供需视角下的区域文化产业创新系统运行机制

在区域文化产业创新系统的创新过程中，供给侧的创新占据重要地位，它是整个创新系统产品及服务的提供者。供给侧的创新以文化企业为核心，通过其与文化传承人、高校及科研机构、中介服务机构和政府的协同配合，以技术创新、服务创新和管理创新等方面的创新促进要素整合，提升资源配置效

率。在需求侧方面,消费者多样化、个性化的需求特点和消费结构的不断提升带来的消费需求的不断更新又推动供给侧创新的继续。供给侧和消费侧相互推动,螺旋式交替推动区域文化产业创新系统的整体发展(见图 1)。

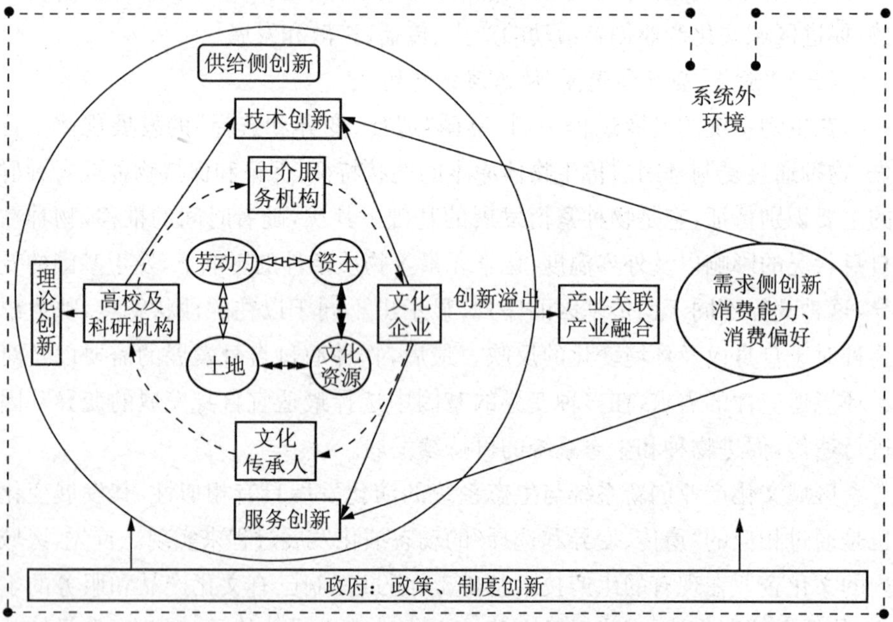

图 1　区域文化产业创新系统运行机制

(一) 以文化企业为核心的供给侧创新

面对不断变化的消费需求,供给侧创新是满足现有需求和刺激潜在需求的主要动力。文化企业是供给侧创新的核心,在利益机制、竞争机制的作用下,文化企业承担了重要的创新任务,以创新促进文化企业的可持续发展是其必然选择。文化传承人、高校及科研机构、中介服务机构和政府提供人才、信息、资金和政策支持,完善要素资源,畅通要素流动,形成与文化企业协同创新之势。

1. 以劳动力、资本、土地和文化资源为核心的资源配置

在文化企业的资源配置过程中,传统的生产要素即劳动力、资本、土地等是所有要素的基础,是文化企业进行创新的前提。马克思将劳动力理解为人生产某种使用价值时运用的体力和智力的总和,这种体力和智力的总和结合生产资料和资本投入是一切产品生产的必要条件。在文化产业产品及服务的创新过程中,劳动力使用价值的发挥对创新的推进有重要的意义。劳动者是劳动力的占有者，其在体力基础上的智力水平、创意能力很大程度上影响和决定了文化企业及区域整体的技术创新和服务创新的能力和水平。资本在经济学意义上指用于生产的基本要素，即资金、厂房、设备及材料等物质资源。这些资源是能够创造、带来新增价值的价值附着物，是企业运行及生产发展的血液支撑。广义上，人类创造物质、精神和信用财富的各种社会经济资源也称为资本，除了物质资源外，以网络资源、相互信任与合作行为为核心的社会资本也形成了现代文化企业发展的助推力。文化企业借助社会资本，依托网络背景，以信任搭建企业与企业之间以及区域内各创新主体之间密切联系的平台，促进创新主体之间信息、知识流动，以知识溢出效应促进区域技术创新和服务创新的不断提升。土地或者空间是文化企业生产的物质基础，是其存在和发展的前提和保障，一定的土地或者空间是文化企业项目开发、创意发挥施展的先决条件，是保证生产服务顺利进行和创意实施的重要基础。文化资源的利用与开发是区域文化企业创新的另一个要素条件。区域文化资源包括区域内遗存的自然、人文资源和人为建造的创造性文化资源，它代表着区域文脉，讲述着区域自然及其人文历史，是区域文化民族性和时代性的展示。将劳动力、资本、土地等传统的生产要素与文化资源进行配置，能够真正将静态的文化资源通过图书、影视剧、主题公园、旅游产品和文化休闲娱乐等文化产品和服务多元地展现在大众面前，在传承文化的同时，实现和提升其经济价值，进一步促进文化企业的创新，形成良性的循环。

劳动力、资本、土地、文化资源等要素相互作用，依据区域文化产业发展的状况动态调整对应的比例关系，促进文化企业资源配置效率的提升，也为文化企业与高校及科研机构、文化传承人、中介服务机构和政府等创新主体之间的相互作用，技术创新、服务创新和理论创新的形成奠定了基础。

2. 要素及主体的相互作用促进具体创新层面的形成

以文化企业为核心，在高校及科研机构、文化传承人、中介服务机构和政府的相互作用下，以技术创新、服务创新、管理创新和制度创新四个层面的具体创新形式推动文化企业和整个区域创新能力的提升。

第一，技术创新的形成。文化企业(大部分为较大规模的文化科技型企业)面对个性化、多样化的需求以及利益机制和竞争机制的导引，积极在传统的生产要素基础上，结合自身研发、高校及科研机构的人才和理论优势，进行技术创新(这种技术创新主要指突破性的技术创新)，通过高科技专利技术的发明与应用，提升区域内行业的共性技术水平，丰富文化产品形式和服务的体验方式,促进行业全面的变革。

第二,服务创新的形成。文化企业在传统生产要素的基础上融合时尚创意,在产品内容和形式上进行创新,延长产业链条,扩大文化产业与相关产业融合的领域,拓宽文化产品及服务的范围等都是其进行服务创新的体现。文化传承人着重于非物质文化遗产等传统技艺的传承和服务方式的创新。在高校及科研机构的帮助下,文化传承人通过将非物质遗产代表性元素进行创意化改造,使传统技艺焕发了时代的气息,以新颖有趣的文化产品和服务形式重新走进大众的生活,丰富消费体验形式。

第三,管理创新的形成。随着技术创新和服务创新的不断深入,文化企业的资源配置效率不断提升,相应的生产组织和管理水平也需要改进,文化企业要在经营思路上顺应现代市场发展的需求,组织形式和管理方式也向着灵活化、扁平化和高效化的方式不断改进,以此来保障技术创新和服务创新的顺利进行和文化企业生产效率的不断提升。

第四,制度创新的形成。政府是供给侧创新的最终保障力量,其通过政策法规和环境建设等方式为文化企业的创新提供资金、政策的福利,营造良好的创新条件和氛围。地方政府针对文化创意企业制定的相关税收优惠减免政策、设立项目扶持基金、建立激励机制等福利政策对文化企业的创新研发,提供了良好的政策支持。在创新环境的建设上,政府在城市便利设施、公共空间和艺术相关设施等硬环境建设方面不断完善和推进,为文化企业创新提供了良好的环境支撑。软环境方面,积极推动区域内各个创新主体进行长期正式与非正式的交流与合作,进而形成相对稳定的社会网络系统,提升区域协同创新能力。

区域内各个创新主体协同配合,促进以文化企业为主体的技术、服务和管理等创新形式的不断发生,依托社会网络系统,信息、知识、人才在区域内文化企业与文化企业之间,文化企业与各个创新主体间自由流动,创新联系日益加深,溢出效应逐渐明显。一方面加深产业链上下游的关系,增强产业关联效应;另一方面促进不同产业间合作创新,融合发展,带动整体区域文化产业创新能力提升。

(二)消费需求更新带来的需求侧创新

生产的增长、经济的发展、文化产业的创新推进都源于消费需求的不断变化。消费需求的更新是供给侧技术创新、服务创新和管理创新的源泉,供给侧的创新是需求不断满足的保障。随着经济的发展,消费需求在积极型消费者的推动下日益呈现多样化、个性化的特点；消费结构不断由低级的、以满足基本需求为主的消费，向以提高消费质量为主的中级阶段再向多样化的高级消费转变；消费模式也经历了由原始生态消费向线性消费再到可持续消费的变化。

消费结构和消费模式的变化是人们消费能力提升的反映。随着经济总量的增长和居民收入、可支配收入的提升，基本物质生活得到满足。精神文化消费需求，即对文化产品及服务的供给数量和质量成为人们新的关注点，在现有的物质基础上，人们更愿意并且有相应的能力去追求多样化的文化产品和服务，这就为消费市场的形成和扩大奠定了基础。

在不断扩大的消费市场的基础上，受区域特定文化、科技进步的影响，消费偏好和消费方式发生着多样的变化，个性化、碎片化、多样化、定制化的消费需求逐渐形成，表现在产品设计、体验方式、支付方式等多个方面。在产品设计方面，消费者更愿意去购买类似于台北故宫博物院推出的"朕知道了"纸胶带产品，其通过将皇帝用语"朕知道了"印刻在普通纸胶带上的小创意，改变了一成不变的普通纯色胶带的生硬形式，赋予其文化内涵，"活化"了胶带，迎合了消费者求新求变的需求和心理。在体验方式上，电影 3D 效果、主题公园、主题农业游览园等从不同方面和角度丰富了消费者的感官体验形式，更契合了消费者所期待和憧憬的前所未有的、新颖有趣的精神之旅。在支付方式上，微信、支付宝的即时、移动支付方式，也是顺应消费者即时性、便捷性的需求而产生的变革。消费者多样化、个性化的消费偏好推动着消费需求的不断更新，进而形成新的市场，推动文化企业相应的变革。

（三）供给侧创新与需求侧创新的螺旋式互动机制

"社会的发展，以一种'消费—生产—消费'螺旋上升的方式循环发展。这种螺旋式跃升，是从消费更新的需求开始的，并以消费需求的更新为归宿——同时它又会成为下一个螺旋跃升过程的新起点。"供给侧和消费侧的创新互动构成了区域内文化产业创新系统的运行机制，以需求的更新为引导，通过区域内文化企业及其他创新主体的相互影响，在技术创新、服务创新、管理创新和制度创新的推动下，催生技术、产品、服务和生产组织的渐进式与突破式改进和变革，满足多样化的消费需求，推动消费条件和消费方式的不断改善。需求的动态更新又促进供给侧创新的继续进行，形成螺旋式交替上升的发展轨迹。在由区域文化企业、文化传承人、高校及科研机构、中介服务机构和政府构成的区域文化产业创新系统中，供给侧与需求侧持续相互作用、交流碰撞，系统无序状态不断出现，系统内熵值不断增大。在开放的环境下，通过与区域外环境进行联系和交流，吸收外界有利信息，负熵值即系统有序程度增加，系统慢慢由无序转为有序，新结构和新型组织会自发地形成，保持系统暂时的稳定平衡状态。系统自发形成的有序结构称为耗散结构，它是一切生物和社会系统的共同特点。耗散结构的形成标志着系统内无序与有序的转变，体现区域文化产业创新系统不断的演化发展。

三、理论预设的基本观点

（一）区域文化产业发展是动态演化的系统

区域内各个创新主体之间的作用机制、区域内外供给需求的不断变化，促进系统自组织不断调试，完成由无序到有序的转变，形成耗散结构，产生技术创新、服务创新、管理创新和制度创新等一系列的创新层面。随着时间的推进，系统的不断调试和创新的持续出现，区域文化产业呈现阶段性的发展特点。在此背景下，运用动态演化的方式，从共时态系统分析区域内文化产业发展特定阶段内的动力因素和动力机制，再从历时态挖掘各个阶段的共性动因及其规律，对于清晰全面了解区域文化产业发展有重要的价值。

（二）区域文化产业依托资源禀赋和优势条件形成具有区域特色的发展方式

东部通过生产要素的高效配置，充分发挥人才、资本的优势，以技术创新增加景区硬件设施的科技含量，提升服务质量和丰富体验形式，形成以科技带动文化产业发展的方式；西部文化产业依托良好的资源禀赋，充分发挥文化资源优势，形成以景区观光、游览、沉浸式体验为核心的发展方式；中部独辟蹊径，发挥创意优势，打造国内极具影响力的影视娱乐品牌，以品牌效应形成的主题活动带动文化产业发展。东、中、西部文化产业差异化发展的背后，存在共性动力因素和发展规律，引领和保障各个区域总体的发展态势。在对比分析各个区域文化产业发展的特点和规律的基础上，探究区域文化产业发展中一般的、共性的发展规律和动力因素，对深刻呈现区域文化产业发展的本质，预期和规避发展的问题具有重要的意义。

（三）文化企业的创新是区域文化产业创新系统的核心

在市场经济条件下，竞争机制和利益机制驱动文化企业进行技术和服务创新，积极满足消费者现有需求、刺激消费者潜在需求。大型文化企业往往利用自身生产要素优势，通过提升资源配置效率，或实现核心技术创新，引领行业整体发展；或通过集团式发展方式，多维深入文化产业的各个领域，以产业融合效应推动服务创新，提升服务质量，丰富服务方式，推动企业发展。中小文化企业积极进行创意研发，以多样化、个性化的方式结合区域文化资源和时代性的文化元素进行服务创新，满足不同消费者的需求。

（四）社会文化系统的构建与发展需要科学的制度设计

制度是支撑区域文化产业发展的环境保障。政府作为制度的制定、实施者以及制度创新的主体，应积极完善相应的制度体系和政策体系，建立相应的人才培养引进机制、激励机制，设立各种扶持性的基金项目，完善融资机制，对人才、资本以及研发行为予以支持和鼓励。根据区域文化产业发展的现状、问题，及时灵活地利用财政、税收政策手段制定相应的配套措施，运用制度和政策手段对区域文化产业发展的预期问题进行规避，为其可持续发展铺平道路。

（五）打破路径依赖是西部文化产业高质量发展的必由之路

西部文化产业的发展长期经历了利用生态文化或民族文化资源的粗放式、单一的发展道路，在一定阶段和程度上形成了以文化旅游为单一发展主体的路径依赖。随着文化科技融合、文化金融合作、文化消费需求，以及区域经济一体化的快速发展，西部文化产业发展的路径依赖已经成为制约可持续发展的桎梏。根据区域文化产业创新系统的理论预设，西部文化产业的发展应探索综合运用现代科技手段、提升资源配置效率，引进优秀人才、开发多种投融资模式、结合文化资源优势，在制度和法律和保障下，以相关产业联动的发展方式，实现西部文化产业的高质量发展。

参考文献

1. 张晓丹：《珠三角文化产业发展动力因素的演化分析》，云南大学 2016 年硕士学位论文。

2. 邹宜斌：《社会资本：理论与实证研究文献综述》，《经济评论》2005 年第 6 期。

3. 关士续：《基于消费动因的技术创新研究》，《中国软科学》2001 年第 5 期。

4. 刘艳梅、姜振寰：《熵、耗散结构理论与企业管理》，《西安交通大学学报（社会科学版）》2003 年第 1 期。

5. 黄桥庆、赵自强、王志敏：《区域创新环境的类型及其特征》，《中原工学院学报》2004 年第 5 期。

6. 李微微:《基于演化理论的区域创新系统研究》,天津大学 2007 年硕士学位论文。

The Theoretical Presupposition of the Regional Cultural Industries Innovation System

Hu Hongbin　Zhang Xiaodan

Abstract: Innovation is not only a vital impetus for economic development, but also a core element for the cultural industries' sustainable development. It is a complex system of the regional cultural industries' innovation and sustainable development, which need interactions and promotions of the cultural enterprises, cultural inheritor, universities and research institutions, intermediary service agencies and government. This article analyses regional cultural industries' innovation subjects, element composition and innovation process. On this basis, it sets up a theoretical framework of the regional cultural industries innovation system from supply and demand perspective using the method of evolution theory and system theory in order to dynamically and systematically present the essential law of the regional cultural industries' development.

Key words: regional cultural industries' innovation system; supply side; demand side; operating mechanism

供给侧结构性改革背景下蒙古族服饰文化产业发展研究*

内蒙古艺术学院　刘　燕　葛丽英

［内容提要］　文章在供给侧结构性改革视角下，分析蒙古族服饰文化产业发展状况，在梳理产业发展取得成绩的同时，挖掘制约产业发展的深层原因，提出蒙古族服饰文化产业发展的应有之路。在这一路径中，政府通过做好顶层设计，明确发展重点，提供政策支持；企业通过创新发展，扩大产业规模；第三方组织通过提升产业文化内涵，拓展产业发展链条。多方形成合力，推动产业稳步发展。

［关键词］　供给侧结构性改革；蒙古族服饰；发展

一、引言

供给侧结构性改革由习近平总书记2015年11月10日在中共中央财经领导小组第十一次会议上提出，该政策强调在适度扩大总需求的同时，着重强调供给的质量和效率，使经济增长有持续动力。供给侧结构性改革在引发新一轮经济结构调整过程中，对众多产业发展产生重要影响，国务院印发《关于积极发挥新消费引领作用加快培育形成新供给新动力的指导意见》中明确指出，作为消费升级的重点领域，时尚消费、服务消费和品质消费是主要方向和领域。服装行业本身具有的时尚性和消费性，能很好地成为消费热点进而加快消费升级，由此更需要扩大供给、提升品质以满足新需求①。

---

*　本文系内蒙古社会科学基金项目重点委托项目“蒙古族服饰产业供给侧结构性改革研究”（18W04）和内蒙古哲学社会科学规划基地专项课题“内蒙古沿黄沿线经济带文化与旅游融合发展路径研究”（2015JDB066）的阶段性研究成果。

①　吴郑宏：《中产崛起与服装业的供给侧改革》，《商场现代化》2017年第14期。

民族服饰作为物质文化和精神文化的结晶，有着深刻的文化印记，是各民族在和谐共居、共事的环境里文化交融、思想碰撞的结果，也是民族文化和民族精神的另类表达。在供给侧结构性改革背景下，在特色文化产业日益发展的今天，民族服饰面临新的发展机遇与挑战。苗族服饰、彝族服饰、藏族服饰等少数民族服饰在体现民族特色、开发特色产业方面发挥了重要作用。蒙古族服饰也急需在新的背景环境下梳理产业供给状况，发现产业发展机会，抓住服饰产业与文化产业融合发展契机，发挥消费驱动、投资驱动和创新驱动三大动力①，积极探索产业发展路径。

二、供给侧结构性改革背景下蒙古族服饰文化产业供给状况

需求是供给的发动机和增长引擎，蒙古族服饰经历时代变迁，其需求总量和需求内容发生很大变化。在重视民族文化、挖掘民族文化资源、打造民族文化大区建设背景下，内蒙古利用自身丰富的民族服饰文化资源，将蒙古族服饰作为打造特色文化产业路径之一，不断优化资源配置，市场、政府、非营利组织各自发挥作用推动产业发展。企业生产能力提升，产业融合意识增强；消费市场日益多样，推动供给方优化产品结构；政府通过系列活动，推动服饰产业与文化产业融合发展；行业协会组织比赛、加强培训、带动就业，积极开拓市场。

（一）企业数量增加，加强产业融合

近几年，随着国家对民族文化资源保护的重视及发展特色文化产业的提倡，蒙古族服饰需求日益扩大，蒙古族服饰生产厂家日益增加。2018 年 6 月底，已有 1 600 多家主营蒙古族服饰的企业在内蒙古各级工商部门注册②。从盟市看，锡林郭勒盟现有蒙古族服饰生产加工销售企业及个体作坊 600 余家，从业人员 4 000 余人③。呼和浩特有 200 余家，其中电影制片西巷有 60 余家设计、制作、生产蒙古族服饰的企业，形成小型产业集聚④。还有很多未注册的家庭小作坊经营者。从盟市、旗县到街区，蒙古族服饰制作在城乡空间布局广泛，虽主要以小微企业为主，但数量规模较大，从业人员较多。

---

① 贾康、苏京春：《论供给侧改革》，《管理世界》2016 年第 3 期。

② 王光文：《发展蒙古族服饰产业的意义、问题与路径》，《内蒙古艺术学院学报》2019 年第 1 期。

③ 锡盟政协：《我盟民族服饰产业发展情况调研报告》，http://zx.xlgl.gov.cn/tagz/dyyxs/201812/t20181229_2174427.html。

④ 福荣：《蒙古族服装服饰：从传统走向现代的文化符号》，http://inews.nmgnews.com.cn/system/2017/12/19/012430530.shtml。

蒙古族服饰企业在不断发展壮大的同时，加强业务能力拓展，自觉与文化产业融合发展。服饰企业业务范围涉及文化产业诸领域，名称上直接以文化产业命名。如蒙元素文化产业有限公司作为内蒙古文化产业示范基地，专注对传统民族文化进行实用性传承，设计研发打造蒙古族传统服饰、家居饰品，同时开展多项文化产品研发，是首府地区民族文化产业发展的重要新生力量。阿拉善盟萨茹拉民族文化产业发展有限责任公司也是以民族服饰加工、销售为主的企业，业务范围包括民族工艺品销售、服装模特表演、民族文化艺术交流和策划、旅游开发等文化产业相关活动。在供给层面，服装企业开始关注产业融合，为蒙古族服饰发展拓宽了路径。

（二）适应消费市场，产品供给多样

1. 传统服饰产业供给日益丰富

对传统蒙古族服饰的需求是产业发展的稳定动力。据《内蒙古统计年鉴》2019 年数据显示，2018 年内蒙古常住人口 2 534 万人，其中蒙古族人口 466.6 万人，占自治区总人口的 19.12%。蒙古族服饰是民族性格的外化、民族心理的凝聚和民族族群的外在标志，因此各部落都有自己的服饰特征。早在 2012 年 8 月 1 日，我国首部民族传统服饰地方标准《蒙古族部落服饰》就正式颁布，包含了 28 个部落的服饰特点。在远离城市的牧区，许多老年牧民仍穿着传统蒙古族服饰，各个地区、部落都有稳定的供给与消费。蒙古族服饰非遗传承人重视传统服饰技艺，并在图案的选择、刺绣的技法和制作的样式上提供日益丰富的选择以满足特定区域民众需要，推动传统服饰文化传承与发展。

2. 改良服饰产业发展日益多样

新技术、新机器、新理念和新工艺的不断出现，使蒙古族服饰在技术运用、功能建构和工艺发展上有所创新。量体裁衣的服饰充分展现人体曲线美，更符合现代审美观念。原有的祥云、动物、花草等取自自然且带有吉祥寓意的装饰图案正在变得更加多元化和现代化；材料的选择上更多运用绸缎、织锦、真丝等上等面料；款式造型上增加现代设计理念，根据人体工程学设计，制作更符合时代潮流的时尚服饰。经过改良的蒙古族服饰更符合现代人追求休闲、时尚的审美观念，推动了蒙古族服饰文化的都市化发展。

3. 仪式感服饰产品供给日益独特

首先，节庆活动推动蒙古族服饰的发展。蒙古族在传统节日、各种祭祀活动中都会盛装出席。随着文化产业发展的逐步推进，民族文化资源得到更好开发，各种民族节日也越来越受到重视。蒙古族节庆活动包括白节、成吉思汗祭祀大典、那达慕大会等，节日期间的服饰在尊重传统的基础上，更注重材料、质地、颜色和图案的选择。可以说，各种节庆活动推动了蒙古族服饰文化发展。

其次，文化旅游扩大了蒙古族服饰的用途。蒙古族服饰的独特性让文化差异性有了最直观的体验，满足了游客好奇心。因此，很多旅游景区及游客接待地的从业人员都身着有仪式感的蒙古族服饰，让游客产生新鲜的文化体验。然而，观赏性的服饰在满足好奇心的同时缺乏亲近感，因此，大小不一、款式各样、质地不同、风格多样的体验性服饰会提供给游客，让游客穿民族服饰游览景区、拍照合影，增加旅游体验感和参与感。位于呼和浩特的蒙古风情园有可供游客穿着的蒙古族服饰百余件，旅游旺季经常一件难求，游客对身着蒙古族服饰有极大热情，同时不断反馈穿着意见，景区与服饰厂商就此及时沟通，不断改良符合旅游市场的民族服饰。

4. 服饰文创产品逐渐涌现

民族服饰旅游纪念品极富魅力，其产品种类多样，造型独特，工艺精湛，是游客购买的主要对象。蒙古族服饰近几年加快服饰延伸品开发。包头文创产品“草原的礼物——草原娃娃车载公仔”系列用树脂公仔的形式展示了蒙古族各部落服饰特征，并在包装上解释说明，精致的设计、精心的表述让公仔受到众多游客的关注和喜爱。鄂尔多斯市子轩文化传媒有限责任公司制作的玩偶“草原娃娃”更因其精美的民族服饰让所到之处刮起浓郁的民族风。该公司精心设计研发了 28 个蒙古族部落的 108 套服饰、34 套头饰，设计了“鄂尔多斯新娘”系列、“蒙古族新娘”系列和“草原彩虹娃娃”系列。此外，服饰书签、服饰明信片也陆续开发。可以说，文创产品开发是蒙古族服饰延伸产业链条、丰富产品结构的重要途径。

（三）举办系列活动，提升企业生产积极性

1. 举办节庆活动，推动企业产品供给

内蒙古立足于自身丰厚的服饰文化底蕴，融合服饰与旅游的资源优势，举办蒙古服装服饰艺术节，至今已成功举办 16 届。比赛从最初 18 个参赛队发展到 140 多个，从最初单一的比赛到国际间的交流、研发、商贸洽谈，从单一的赛事到提升民族文化感召力和旅游整体形象，艺术节承载了越来越多的内涵和功能，彰显了民族个性和群体特征，成为自治区一个标志性的品牌节庆。各地纷纷举办地方性民族服饰节，且将服饰节的举办地放在旅游景区，与旅游节合二为一，由此极大推动了企业生产的积极性，督促企业为各种节庆活动设计、生产高质量产品,为产业融合提供契机。

2. 举办蒙古族服饰论坛,创新蒙古族服饰的现代设计

蒙古族服饰在产业发展的同时,重视理论的探讨与建设。作为第三届内蒙古自治区文化产业博览交易会重要内容之一,首届蒙古族服饰文化论坛成功举办。论坛探讨了蒙古族服饰在传统与现代、民族与世界、品牌塑造与营销推广方面应有的发展路径,使蒙古族服饰研究有了全国乃至国际视野,加快蒙古族服饰文化理论建设和实践步伐,开创创新、融合、产业协同发展的新局面,构建蒙古族服饰文化产业实践路线图,使产业发展有指导、有步骤地推进。

3. 组织企业参加展会,扩大蒙古族服饰影响力

政府积极鼓励企业及个人参加中国民族民间服饰文化展、各级各类文化产业博览会、民族服饰博物馆展出,既系统全面展示蒙古族服饰的独特魅力,形象再现蒙古族在游牧文明发展过程中所形成的五彩斑斓的民族文化,扩大蒙古族服饰的社会影响力,让更多的生产企业直面市场,了解市场所需,在传承和保持传统服饰款式的同时大胆创新。

(四) 行业协会逐步完善,多举措助推产业发展

蒙古族服饰在发展过程中成立了各级行业协会推动产业发展。2010 年 11 月,内蒙古自治区民族服饰协会成立,广泛开展技能大赛、服装赛事、专业技能培训和民族服饰设计师、工艺师命名工作。同时通过对重点企业和设计师的介绍,打造蒙古族服饰品牌。各盟市协会组织在推进蒙古族服饰传承创新、促进就业创业、合力开拓市场中发挥了积极作用。

三、蒙古族服饰文化产业供给侧结构性改革中存在的问题

从上述分析不难看出,企业、政府、行业协会在产业发展过程中各有作为,又各自平行,还未形成合力。因此蒙古族服饰在文化资源开发、产业融合发展、产品营销推广、产业人才培养和资金扶持方面仍存在诸多问题。

(一) 服饰文化资源开发水平不高,市场供给与创新能力不足

文化产业视角下,服饰是典型的文化资源,就其民族属性而言,体现了所处的自然地理环境,反映了不同时代衣着的审美风格和宗教信仰,展现了由历史积淀而形成的生活习俗。蒙古族服饰的开发过程是民族事物标签化的过程,也是民族文化"资源化"的过程,是少数民族群体将自身的文化进行资本转

化的过程①。这一过程中，服饰所体现的自然地理环境、宗教信仰和生活习俗都可以作为文化资源进行产业化开发，通过服饰节庆、服饰演出、旅游演出带动地方文化旅游。同时，蒙古族服饰所特有的传统纹样类型也可以为民族特色文创产品提供资源和素材。

但服饰企业更关注的是展示服饰传统技艺与文化内涵，缺乏将服饰作为文化资源进行有效开发的意识，除个别企业外，大部分企业缺乏产业融合的思考视角和发展实践。蒙古族服饰生产企业很多都是小微企业，采取前店后厂手工作坊的经营模式，规模小，生产能力低。采用的还是小型机械缝纫，未能运用先进纺织机械，无法提升服饰产量，很多生产厂家在制作过程中采取定制方式，成服日常销售量较小。许多店铺一个款式只有一个号码，只能看样式，无法试效果，影响产品销售，产品供给不足。企业主要精力放到制作、生产环节，创新能力和实力不足。在创新和产能受限的情况下，民族服装作为文化资源进行资本化转换变得更为困难。

（二）服饰企业规模小，产业结构单一

蒙古族服饰生产企业虽数量较多，但普遍规模较小，经营者基于家庭传承和个人爱好经营蒙古族服饰，她们是设计师是制作者，也是销售人员，而且都是女性。这类企业一般雇用3—5人，定制任务多时临时聘用人员，但人员费用较高且很难找到，因此，生产经营的能力较弱，缺少龙头企业带动。目前，内蒙古蒙元素文化产业有限公司生产的蒙古族服饰有很高的制作技艺，将民族与时尚、现代与传统、实用与创意、浪漫与写实等元素有机地结合起来，同时积极参与展会，参加国内国际重要的服装周展示。即使如此，企业规模仍非常有限，常用工人6人左右，年生产量和销售额较小。公司将大量资金和精力用于品牌创建、技术创新和设计更新上，缺乏基于产量和销量的资金支持，因而企业想要转型升级面临重重困难。呼包鄂地区的蒙古族服饰生产企业，有些开始注重品牌打造，并注册商标，但企业规模较小，生产能力较弱，面临产品供给不足、产业结构单一等问题。

蒙古族服饰小微企业众多，主要从事定制生产，产业结构单一。很多蒙古族服饰生产商家看似生产各个细分市场产品，一家小店同时生产各个部落、各种人群、各种用途的服饰，但并不能真正根据市场需求设计、研发，服饰生产同质化现象严重，使得产业在提升效率、协作发展、形成联动、建设现代企业过程

① 高婕：《民族关键符号在旅游场域中功能的异化——以民族服饰为例》，《广西民族研究》2014年第1期。

中面临众多困难。较大企业想要联合同行进行服装展示，很难找到合作伙伴，不得不减少展示次数。服饰企业缺乏将服饰产业与展演、旅游融合的思路，只生产固定的、稍作改良的服饰，既不能根据细分市场多样化需求进行多层次供给，也不能以产业融合的视角生产种类多样、用途多样的延伸品。这不利于服饰品质的提升和产业结构的合理布局。

（三）品牌意识缺失，营销推广力度小

服装品牌对于企业来说至关重要。品牌代表着生产者对产品特征、利益和服务的承诺。蒙古族服饰在品牌建设上较随意，很多服饰品牌就是经营者的名字或者是蕴含美好意义的名字，如查苏娜民族服饰、森吉得玛民族服饰等，这些名字虽寓意美好但不能很好传达品牌的属性、利益、价值、文化和个性，也缺乏与品牌用户的对接。还有很多生产者，主要是定制，没有自身品牌。缺少品牌就缺失了清晰的市场定位、发展思路和经营理念。缺乏品牌号召力，只能靠口碑宣传，熟人推介，宣传推广方式单一，媒体推广和运营能力低。微信中以蒙古族服饰为检索词，查到的信息很有限；淘宝中输入类似检索词，出现的都是标准化的蒙古族演出服，生产厂家多为山东、浙江。可见蒙古族服饰整体的营销推广力度较弱，销售体系不健全，尤其缺少互联网营销手段的运用。

（四）服饰文化产业人才缺乏，创新突破难以实现

蒙古族服饰文化产业的发展，人才是关键制约因素。就经营者而言，蒙古族服饰的经营者主要以蒙古族中年妇女居多，年龄为35—55岁，她们喜欢民族服饰，有裁剪、制作的强烈愿望和天赋，在祖辈传习和自身钻研的基础上，在国家重视民族文化和政策支持的背景下，开始蒙古族服饰的生产经营。但这些经营者很少受过专业服装设计、制作教育，主要精力在现有状态的维持，缺少对现代设计的整体认知，缺少转型升级的意识、品牌建设的思路和现代企业运营管理的能力。就设计人员而言，设计师整体非常缺乏，很多经营者就是设计者，设计思路主要来自传统的民族神话传说、传统与现代的结合等。年轻的设计师会结合自身思考，透过现代社会的发展，对传统服饰进行改良，但整体设计水平不高，缺乏现代设计理念。就营销推广而言，经营单位很少有专门营销人员，蒙古族服饰的生产者同时是营销推广者，可以说企业经营者身兼数职，既是设计者、生产者，又是管理者、销售者。任务得不到有效分工，设计、生产、经营得不到有效配合。这些经营者是供给侧改革和产业升级的主要动力，但受教育、经历和自身精力的制约，在改革发展中，并不能成为强有力的推动

力。整个产业发展中,既深刻理解蒙古族服饰文化内涵又会制作生产,还懂经营管理的领导人非常缺乏,由此限制了产品的有效供给和产业结构的合理布局。

(五) 资金短缺,社会扶持力度小

蒙古族服饰经营企业大多是小微企业,资金投入较少,但目前的房租、人员费用压力较大,企业资金只能用来维持正常运营,无法进行扩大运营、产品创新和宣传推广。小微企业往往利用信用卡周转资金解决燃眉之急,不敢贸然申请政府专项资金。尽管政府对蒙古族服饰发展非常重视,社会提供的展示平台也比较多,但真正的资金支持和政策支持还较少。

供给侧发展面临的困境既为改革发展指明了方向,也为蒙古族服饰合理、高效的发展提供了思路。

四、供给侧结构性改革背景下蒙古族服饰文化产业发展策略

蒙古族服饰既有产业属性,还有文化属性,因此既要解决供给侧生产什么及怎样生产的问题,尤其是怎样优化供给制度的问题,还要解决文化内涵如何挖掘、产业链如何延伸的问题。因此,市场、政府与“第三部门”即非政府组织、志愿者、公益团体等互动与衔接显得尤为重要,三者的关系应客观、中肯、视野开阔、思想开放。[①]

(一) 从政府层面:做好规划,增加投入,加强扶持力度

在蒙古族服饰需求总量有限的情况下,蒙古族服饰文化产业想要稳步发展,必须整合市场和政府力量,发挥政府在顶层设计、整合资源和政策、资金扶持方面的作用,通过积极引导,实现资源优化组合,产业转型升级。

首先,做好全局规划,明确发展目标。蒙古族服饰的发展应沿着两条路径发展。其一,作为民族文化符号的蒙古族服饰,应按照内蒙古自治区标准化院制定的《蒙古族部落服饰》地方标准系列,在符合制作技艺的基础上进行部分创新突破[②]。各地区应确立重点扶持对象,如对非遗传承人或者部落服饰制作技艺精湛的手工业者,应帮助其延续传统技艺,开展教学培训,进行传统服

① 贾康、苏京春:《论供给侧改革》,《管理世界》2016年第3期。

② 邵雅文:《民族服饰标准化助推文化遗产保护——〈蒙古族服饰〉系列地方标准颁布》,《中国标准化》2012年第7期。

饰加工制作并经营门店。扶持可通过项目申请的方式或加工补贴等方式。其二,为民族服饰提供更广阔的发展空间,鼓励服饰企业改良创新、开发产品、延伸产业链,进行民族工艺品开发、民族文化交流,积极参与服装文化节,与旅游公司开展合作,使民族服饰在不同发展路径下呈现不同发展态势。

其次,培育重点企业,形成产业集群。蒙古族服饰面临的重要问题是缺乏龙头企业带动,商家规模都较小,没有范本可以模仿。因此,当前的迫切任务是竖立企业标杆,培育蒙古族服饰现代企业,在经营管理、产品设置、市场运行等方面按照现代企业制度进行规划、配置,由此带动产业快速发展。同时,建设民族服饰产业基地,开展传统工艺特色加工和旅游纪念品生产,创造良好的特色文化产业集聚环境,增强集聚吸引力。如呼和浩特蒙古族服饰街、锡林浩特市蒙元文化广场等产业集聚区,既传承民族文化,又推动特色文化产业发展。

第三,打造节庆、赛事、展会品牌,搭建展示平台。在节庆设置上,继续扩大中国蒙古族服装服饰艺术节的规模和影响力,邀请有影响力的设计师和模特参加。在赛事设置上,定期举办相关比赛,提升生产者的改良意识和比赛热情。在展会的设置上,定期举办蒙古族服饰展,将获奖作品、特色产品、改良服饰同台展出,打造北方民族服饰展会第一品牌。目前独立的蒙古族服饰展还没有,一般都在文化产业博览会或者其他相关展会上展出,民族服饰缺乏集中的、独具特色的展示平台。平台的搭建,一方面请进来,但更需要组织企业走出去。2017 年,蒙古族服饰原创品牌"吉雅其"亮相北京时装周,展示了"宏·舒布恩"系列,开了蒙古族服装品牌首次登陆国内时装周的先河。2019 年,蒙元素首登中国国际时装周,与内蒙古自治区妇女联合会举办了"草原绣梦·巾帼匠心——内蒙古布丝瑰 & 蒙元素民族服饰时尚秀"主题活动,讲述蒙古族服饰传承的故事。通过举办节庆活动、赛事和展会,搭建平台,开拓经营者眼界,拓展企业发展思路和格局,助推产业高水平、多元化发展。

第四,加强全方位扶持,进行资金支持和服饰文化人才培养。资金支持既包括文化产业专项资金扶持,也包括地方文化项目建设。专项资金扶持对小微企业应有灵活措施,使企业能很好地利用资金进行发展。地方也应有重点扶持项目,在政策、技术、人才上给予支持。人才培养方面,通过申请国家艺术基金及自治区项目资金,开展服饰人才培养,邀请学界、业界知名人士开展教学和讲座,就蒙古族服饰文化、设计、制作、生产、经营、管理、运营、品牌打造、市场营销等方面开展系统培训,提升生产经营者的理论素养。同时提供更多参观、交流机会，使经营者具有商业思维和现代企业经营理念，开阔其视野，扩大其格局。经营者有大格局，产业才会有大发展。

（二）从企业角度：创新技术，打造品牌，注重营销

供给侧结构性改革背景下，蒙古族服饰转型升级的重要举措就是创新，创新技术、产品、品牌及营销手段，以创新为主线，提高蒙古族服饰的生产效率、产品质量、品牌营销力和市场表现力。

首先，重视产品创新与改造。时装类蒙古族服饰应该是供给侧改革的重点和核心，这类服饰以面料、图案、款式的研发为突破口，注重时尚和环保，不断进行多元化产品开发。同时在设计、版式等方面充分运用新技术，提升民族服饰制作的技术装备，进而提高生产效率。此外，加强与旅游市场合作，研发旅游市场需要的服饰产品，包括由服饰延伸的旅游纪念品。

其次，加强品牌建设。蒙古族服饰应加强文化品牌建设，明确文化品牌定位，明确产品所应服务的特定受众目标，寻求品牌在市场和消费者心目中的最佳位置。随着人们精神需求的多元化和个性化，蒙古族服饰需求呈现出多元性、复合性和交叉性。因此，服饰企业必须对不同的消费者进行市场细分，针对消费者的兴趣与爱好，确定产品或服务的个性特色，通过品牌形象传播强化特色，使品牌与消费者的购买动机一致，达到消费者满意的效果。品牌定位准确与否，决定着服装产品或服务的市场份额。因此，应根据细分市场中消费者不同的动机，采取不同的品牌定位模式，把握消费者认知、情感和心理的杠杆来影响其消费行为。

第三，拓展销售渠道。充分利用信息化时代的各项技术，在供给侧结构性改革下，时装类蒙古族服饰应得到广泛的宣传推广，充分利用互联网、3D成像、VR、CR等虚拟仿真技术，为消费者提供有效供给。同时利用大数据市场分析系统，密切关注市场走向，生产畅销产品。利用现代营销手段，促进电子商务发展，改善商业流程运营效率，整合线下销售，建立线上渠道。同时，与旅游景区展开合作，在旅游景区开设销售渠道，景区的选择、产品的陈列、价格的确定都应建立在市场调研的基础上，建立适销对路、通畅便捷的销售渠道。

（三）发挥第三部门作用，公益团体及行业协会加强对蒙古族服饰的传承和保护，挖掘产业文化内涵，延伸产业链条

蒙古族服饰作为非物质文化遗产，在强调产业发展的同时，也应加强保护与传承。首先，应设立蒙古族服饰研究机构，成立由专家学者、业界人士和市场管理人员组成的研究、保护和规范机构。依托高校和研究机构，加强蒙古族

服饰文化资源的收集、整理、保护和研究，运用先进的技术手段全面系统的记录、保存服饰资源库和档案，形成基于蒙古族服饰标准的较为完整、系统、合理的研究体系。同时，促进蒙古族服饰保护的政策法规建设。制定有利于蒙古族服饰文化资源保护与开发的政策，对于蒙古族服饰中有较高艺术价值的服饰应重点保护，对濒临失传的技艺要采取保护性抢救措施。贵州苗族民族服饰在 2006 年被列入首批非物质文化遗产名录，为蒙古族服饰文化资源的保护与发展提供了参考和依据。

其次，加快博物馆和少数民族保护区建设，加强对蒙古族服饰静态与动态的保护。博物馆的建设一方面鼓励私人兴建，政府通过免税等政策进行扶持；另一方面政府也应兴建整理完整、分类明晰、历史悠久、样式丰富的规范、大型的蒙古族服饰博物馆，展现蒙古族服饰艺术的起源、各阶段的发展和新时代的演变，对服饰文化资源进行很好的保护。还应加强民族保护区建设，保留民族原有的生活方式和服饰习俗。目前，很多地区民俗文化资源被过度开发，误导了游客对少数民族风俗、文化的认知，使少数民族风俗及文化异化，由此影响服饰文化。因此，为更好展示民族传统文化，应建立原生态蒙古族文化保护区，以利于民族风俗和服饰文化的活态传承和发展①。

第三，加强行业协会作用，推动行业快速发展。行业协会要打造品牌赛事，推出知名设计师和经典产品，通过与政府合作，打造蒙古族服饰时装周，扩大蒙古族服饰的知名度。行业协会应搭建更多展示平台。通过引进来和走出去，提供更多更好的展示机会。蒙古族服饰不缺少展示平台和机会，但缺少高端、有影响力的展示机会，因此，协会应努力为蒙古族服饰提供更好的展览、展示平台和机会。协会应进行整合分类，行业协会、研究协会间应经常通过会议、征文和调研进行交流，学术界和业界对接良好。行业协会应充分发挥沟通交流、平台搭建等作用，进一步扩大蒙古族服饰发展空间，扩大其影响力。

在供给侧结构性改革背景下，蒙古族服饰文化产业的发展应形成合力。政府做好顶层设计，衔接短期诉求与中长期目标，解决具体问题，采取具体措施化解制约蒙古族服饰发展和生产率进一步提升的深层因素。企业通过产品创新、品牌打造、营销推广，实现产业转型升级和可持续发展。第三部门重视服饰的文化属性，规范服饰产业发展，提升产业文化内涵，拓展产业发展的路径。三方合力，推动蒙古族服饰文化产业高质量发展。

① 周朝晖：《非物质文化遗产保护视角下的少数民族服饰文化发展战略研究》，《湖南社会科学》2014 年第 5 期。

Research on the Development of the Mongolian Costume Culture Industry under the Background of the Supply-Side Structural Reform

Liuyan　Ge Liying

Abstract: This paper analyzes the development status of the Mongolian costume culture industry from the perspective of supply-side structural reform, summarizes the development achievements and explores the underlying impediments of this industry. Further, it proposes a course-of-action to boost the development of the Mongolian costume culture industry, which suggests the government to enhance the top-level design, identify the development priorities, and provide policy supports; encourages enterprises to expand the scale of this industry through innovative development; and recommends third-party organizations to extend development chains by enriching the industrial cultural connotation. The collaboration of multiple parties is essential to promote the steady development of this industry.

Key words: the supply-side structural reform; the mongolian costume; development

三维空间视角下民族地区演艺文化产业集群治理研究

——以云南西双版纳傣族自治州为例*

云南财经大学　姜　晗　晏　雄

［内容提要］　近年来，随着旅游业的快速发展，以云南省西双版纳为代表的西部民族地区演艺文化产业呈现集群化发展的态势，同时各演艺文化企业也出现了同质化竞争的不良状况。为了促进民族地区演艺文化产业集群的可持续发展，发挥集群效应，本文以云南省西双版纳为例，从地理空间、经济空间、社会文化空间三个维度分析了民族地区演艺文化产业集群的形成、运行机理、可持续发展面临的障碍，并有针对性地提出了集群治理的路径。

［关键词］　西双版纳；演艺文化产业集群；三维空间；治理

三维空间是指民族文化产业集群形成和发展的地理空间、经济空间和社会文化空间。地理空间是民族文化产业集群形成的现实条件，良好的地理条件才能吸引众多文化企业的聚集；企业聚集的目的主要是追求自身利益的最大化，企业在追逐自身利益的过程中形成了自己的经济空间，各个文化企业经济空间相互作用的结果形成地理空间内文化企业共同的经济空间；同一地理空间内的文化企业必然受到当地民族文化的影响，民族地区的各种社会文化关系会自然嵌入企业之间的经济关系，从而形成社会文化空间。三个空间相互制约、相互影响的过程就是民族文化产业集群形成、发展的过程。①西双版纳地处云南省南端，与老挝、缅甸山水相连，以神奇的热带雨林自然景观和少

＊ 本文系云南省哲学社会科学重大项目“加大云南文化产业供给侧结构性改革研究”（ZDZB201710）和云南省哲学社会科学艺术规划项目“云南区域特色文化产业发展研究”（A2017YZ18）的阶段性成果。

① 晏雄：《丽江民族文化产业集群式发展研究》，经济科学出版社2015年版，第56页。

数民族风情而闻名于世。近年来,西双版纳大力发展旅游业,“十三五”期间,全州累计接待国内外游客 14 742.8 万人次,年均增长 23.4%;实现旅游总收入 2 427.2 亿元①,年均增长 27.4%。良好的市场基础也催生了演艺企业不断发展,在西双版纳州政府驻地景洪市形成十余家演艺企业在地理空间上的聚集、在经济空间和社会文化空间上的相互作用,呈现集群发展的良好态势。但在集群运行过程中也出现了一些问题,阻碍了当地演艺文化产业的发展。为探寻民族地区演艺文化产业集群可持续发展之路,本文从三维空间的视角切入,分析了西双版纳演艺文化产业集群形成、运行的机理和集群发展存在的障碍,提出了集群治理的路径。

一、西双版纳演艺文化产业集群形成的三维空间条件

西双版纳演艺文化产业是在充分开发利用傣族文化资源的基础上,与市场紧密结合,进而形成产业化、集群化发展的态势,符合民族文化产业集群形成的空间条件,即地理空间、经济空间和社会文化空间三个维度。②

(一) 地理空间

从空间来看,引起集群集聚经济的外部性作用一般是随着空间距离的增加而衰减的,那么对于每个企业来说,对其生产活动产生影响的产业内或产业外企业都必须位于外部性能够传递到的距离内,因此,集群只能是在一定地域范围内存在③。民族文化产业集群地理空间的确定既要考虑民族文化资源的在地性、不可移动性等特征,又要遵循一般产业集群地理空间选择的规律,即交通的便利性、资源的富集性以及市场发育程度等。

从演艺文化资源情况来看,西双版纳作为傣族自治州,决定了其文化资源具有地域性特征,使得文化企业只能在当地创办,傣族文化资源的产品化只能在当地进行。从交通的通达性来看,西双版纳机场已开通多条国内航线,已开通高速公路,是昆曼国际大通道的主要站点;对外拥有多个国家级省级重点口岸,中(国)老(挝)铁路将于 2021 年 12 月建成通车,交通的便利为演艺文化产业集群的形成奠定基础。西双版纳旅游市场发育程度较高,2019 年,全州累

① 数据来源:《西双版纳州政府工作报告(2017—2020 年)》。

② 晏雄:《丽江民族文化产业集群式发展研究》,经济科学出版社 2015 年版,第 53 页。

③ 张建华、张淑静:《产业集群边界的识别标准》,《科技管理研究》2006 年第 5 期。

计接待国内游客 4 704 万人次，同比增长 20.2%；接待海外游客 71.14 万人次，同比增长 21.2%；旅游业总收入 827.95 亿元，同比增长 23.4%①。交通的便利性、傣族文化资源的富集性和较高的市场发育程度为西双版纳演艺文化产业集群的形成提供了必要条件。

（二）经济空间

经济空间理论由法国社会经济学派的代表人物、著名经济学家弗朗索瓦・佩鲁（Francois Perroux）于 1949 年 11 月 2 日在哈佛大学演讲时提出。它是指存在于经济元素之间的各种抽象的经济关系，是无形的。②众多企业因其在孤立状态下难以获得较大的经济利益从而聚集在同一地理空间内。企业在追逐经济利益的时候，会根据自身发展状况构造不同的经济空间。

西双版纳演艺文化产业集群总体上形成一个匀质整体的经济空间。这种匀质性是针对西双版纳各个演艺企业以及它们之间的相互作用、关系而言的。由于这些演艺企业都集聚在同一个地理空间内，其受众和面临的市场环境大致相同，在这种情况下，即使它们有着不同的生产经营成本，也必然会制定大致相同的价格以适应市场。这种相同的市场环境和统一的市场价格体系就是一个匀质整体空间。当然，也有一个企业例外，那就是由外来企业万达集团投资的《傣秀》，其定价相对于其他演艺文化企业高出近 2 倍。《傣秀》作为万达集团西双版纳项目（万达主题乐园、万达文华酒店、万达地产）的一个环节，一开始的定位就是走高端路线，即通过高投入、高水平设计、高科技的特效获得高回报。由此形成以《傣秀》为中心的辐射力（对价值链上的相关企业、游客以及其他演艺企业产生影响）和聚集力（通过利益诱导等形式将人、财、物等资源集聚在它的周围），形成自己的力场经济空间。

（三）社会文化空间

社会文化空间实质上就是产业集群网络，是在一定的地理空间范围内，产业集群中的各类主体（包括企业、大学、研究机构、地方政府等组织及个人）在各种经济关系的基础上，基于共同的社会文化背景和共同的信任基础上结成的各种相对稳定的、能够促进产业集群协调稳定发展的各种关系网络。③集群社会文化空间结构的完善程度一定意义上代表着产业集群的发达程度和竞争

① 数据系西双版纳州政府研究室提供。
② 郑道文：《佩鲁的经济空间理论》，《中南财经大学学报》2001 年第 5 期。
③ 马建会：《产业集群成长机理研究》，中国社会科学出版社 2007 年版，第 74 页。

力的强弱。①

社会文化对西双版纳演艺文化产业集群的形成起着至关重要的作用。由于西双版纳是少数民族集居地区，一台演艺节目中的演员多为当地的村民，通过这种地缘（邻里关系）、血缘（家族）、族缘（同一民族）、友缘（朋友关系）形成的社会关系网络，会具有更强大的效力。在这个社会文化空间内人们彼此信任。当这种信任关系高度集中在某一个地理空间、经济空间或是两大空间之间的重叠区域时，空间内的各种社会关系、经济关系、地理关系相互交汇产生的空间集聚作用将发挥更大的效力。

二、三维空间视角下西双版纳演艺文化产业集群运行机理分析

截至2018年，西双版纳傣族自治州正常开展经营的企业有9家，资产总值达1.2亿，注册资金7 920万元，演职人员1 485人，演出场次7 902场，经营总收入达4.44亿元，其中演出收入达1.24亿元②。演艺产业的集群效应明显，而且集群内的这些演艺企业都深深根植于傣族文化中，傣族的各种社会关系（地缘、血缘、族缘、友缘）也深入各个文化企业之间的经济关系中，这些处于同一地理空间的包含着傣族情感、信任、关系等的社会文化空间与包含着产品、价值、资产等的经济空间的重叠互动、相互作用、相互影响，形成西双版纳演艺文化企业之间相互促进、相互制约、协同发展的动态演化过程，呈现产业集群发展的生命周期特征。

（一）萌芽阶段

产业集群萌芽阶段是指企业由于某一地区的区域因素和集聚效应的共同作用而在这一地区聚集。此时企业生产相同或相似产品，专业化分工不明显，企业间联系很少；企业间的关系以竞争为主，合作和信息交流很少发生；几乎不存在公共和私人机构③。西双版纳经营性演艺业起步于20世纪90年代初，当时主要是景区的歌舞队表演、餐厅的歌舞伴餐以及几家篝火晚会等粗放

① 参见王缉慈等：《创新的空间——企业集群与区域发展》，北京大学出版社2001年版；朱华晟：《浙江产业集群——产业网络、成长轨迹与发展动力》，浙江大学出版社2003年版；魏后凯等：《中国产业集聚与集群发展战略》，经济管理出版社2008年版，第284—289页；林涛：《产业集群合作行动》，科学出版社2010年版。

② 数据系西双版纳州文产办提供。

③ 王琦：《产业集群与区域经济空间耦合机理研究》，东北师范大学2008年博士学位论文。

演艺，处于低端经营，缺乏大制作、高质量、高知名度的精品节目。2003 年，曼听公园在政府的协调下，以自身的优势整合了景洪城内的几家篝火晚会，推出《澜沧江 · 湄公河之夜》篝火晚会，自 2003 年 1 月至 2012 年 12 月，晚会累计演出 3 788 场，接待游客 315.749 万人次，营业收入约 4.86 亿元，取得良好的社会效益和经济效益，成为当时游客必看的晚会。2017 年，曼听公园接待观众 39 万人次，营业收入 3 417 万元。①

《澜沧江 · 湄公河之夜》市场化运作的成功，使得当地居民意识到演艺节目巨大的市场价值，他们开始自觉探索发展演艺产品的路子。

（二）成长阶段

随着旅游的兴起，西双版纳成为很多游客争相前往的旅游目的地，旅游市场的火热为西双版纳演艺文化企业的发展创造了良好的市场条件，在强大的市场需求之下，企业开始大规模输出，企业的内部成员和企业的规模开始成倍增长。2004 年，云南西双版纳勐巴拉娜西旅游服务有限公司成立，投资 1 350 万元打造《勐巴拉娜西超级歌舞秀》，这一演艺节目的诞生对西双版纳后期演艺文化产业集群的形成产生重要的示范作用。2013 年，西双版纳州注册登记经营的文化演出经营企业有 14 家，打造的演艺产品主要有 8 个：《澜沧江 · 湄公河之夜》《勐巴拉娜西超级歌舞秀》《多歌 · 水》《哨哆哩风情之夜》《水舞源》《勐泐大剧场》《同饮一江水》《傣秀》。演艺文化产业集群处于快速发展阶段。

（三）衰退阶段

随着演艺企业的飞速发展，社会文化空间中靠情感、关系、信任所维系的非正式制度不再适用。原有的演员技艺水平、舞台效果、服装道具不再适应游客的需求，加上企业之间的竞争以及当地人力物力等基本要素价格的上涨，致使部分企业退出市场。2014 年 5 月，西双版纳旅游文化产业有限公司和云南金孔雀旅游集团有限公司合资，5 家演艺公司入股，成立了西双版纳同欣演艺管理有限公司，对演艺文化资源进行整合，《哨哆哩风情之夜》退出演艺市场。2017 年 4 月，云南省对旅游业进行整治，游客量锐减，西双版纳的演艺企业面临新的考验。《勐泐大剧场》由于客源不足于 9 月退出演艺市场，《水舞源》由于安全整治也退出演艺市场。至 2018 年 10 月，西双版纳仍在运营的演艺产品只剩下 5 个。（见表 1）

① 数据系笔者 2017 年 10 月在西双版纳调研所得。

表1　西双版纳演艺企业基本情况(截至2018年10月)

企业名称	主营业务	开演时间	演艺类型	票　价	演出场次	营业收入	接待人次
曼听公园	《澜沧江·湄公河之夜》	2003年	室内歌舞表演，室外篝火晚会	甲票200元，VIP票380元，贵宾票480元	1场/天	3 471万元	39万
勐巴拉娜西旅游服务有限公司	《勐巴拉娜西超级歌舞秀》	2004年	室内歌舞表演	甲票200元，VIP票320元	1场/天	5 000万元	25万
西双版纳景法饮食文化开发有限公司	《多歌·水》	2008年	室外歌舞表演，篝火晚会	甲票200元，VIP票280元	1场/天	954.7万元	4.7万
西双版纳印象澜沧江旅游航运有限公司	《同饮一江水》	2011年	游轮演出	日游贵宾票200元，夜游贵宾票220元	游轮一天往返4次	7 000万元	35万
万达集团	《傣秀》	2015年	演艺舞台秀	普票320元，VIP票580元，VVIP票880元	淡季1场/天，旺季2—3场/天	1 124万元	3.8万

资料来源：西双版纳州文产办。

表1显示,西双版纳的演艺大致分为两种:室内歌舞表演与篝火晚会、游轮演出。5家演出企业提供的座位共有8 000多个,然而西双版纳平均每日观看演艺表演的游客仅有4 000人左右①,演艺市场供给远远大于需求。究其原因,不是市场萎缩,而是产品质量不能满足游客的需求。演艺文化产业集群升级迫在眉睫。

(四)升级阶段

产业集群升级阶段主要是指随着劳动生产率和资本收益率的大幅度提高,越来越多的企业走高端市场路线,高级人才和高级技术的引入推动了产业集群升级过程的加快,当高端企业成为集群的主体时,产业集群的升级就基本实现。

三、三维空间视角下西双版纳演艺文化产业集群运行障碍分析

(一)产品同质化竞争严重,一哄而上造成供给过剩

作为傣族、哈尼族世居地的西双版纳,其演艺节目大多取材于几个少数民族的传统文化,虽然各少数民族的文化底蕴、内涵不同,表现手法各异,但演艺节目从内容到形式都存在单一、雷同的现象。各个演艺节目虽然名称不同、项目亮点不一、选材各有侧重,但在总体构思、节目创意、编导手法、制作手段上却大同小异,没有太大的差别。演艺产品同质化严重,很多演出只是单纯的歌舞表演,缺少文化内涵。激烈的市场竞争导致了旅游演艺项目行情下滑,项目淘汰周期缩短,这意味着整个集群内创新力不足,产业集群已进入衰退阶段。

(二)集群内上下游联系不紧密,竞争过度,合作不足

集群内各个公司之间没有形成产业链。以演艺企业为中心,其上游为服装道具公司、舞台设计、表演工作人员,下游为游客及旅游市场。各家企业为追求经济效益纷纷模仿创造演艺产品,打破市场供需平衡,从而导致恶性竞争、低价竞争。西双版纳光是少数民族歌舞表演就不下数十场,质量良莠不齐。若能将现有的各个企业组合在一起,一些公司进行服装道具生产;一些公司负责剧场舞台灯光的设计;其他企业训练舞蹈演员,进行宣传,开拓市场;集群内的公司将形成一条完整的产业链协调发展,在保证演艺产品质量的同时又可带动其余企业的经济增长。

① 数据系笔者2017年10月在西双版纳调研所得。

（三）演绎内容过于抽象化，缺少解释引导使得体验感降低

万达《傣秀》作为西双版纳演艺企业中的特例，其产业链包含万达主题乐园、万达酒店、万达地产以及《傣秀》剧场，对周边的演艺文化企业和游客以及各生产要素都形成一定的辐射力和向心力。然而高投入、高水平设计、高科技特效在带来高回报的同时也产生一些不可规避的问题。"《傣秀》归来不看秀"是万达最初斥巨资建设的目标。《傣秀》的剧场为双层折叠式圆顶设计，灵感来源于傣族的贝叶文化，同时又与当地傣族建筑的折叠斜顶风格呼应。大厅屋顶结构还融入了管状元素，对传统傣族竹楼材质进行了现代解读。《傣秀》以魔幻的热带雨林为背景，融合了高科技的声光电元素。然而正是因为炫目的灯光效果，高科技舞台技术一开始能够吸引人的眼球，但是在观看完表演之后，人们仅记得舞美特效，却未能领悟其文化内涵。由外国主创团队打造的《傣秀》仍存在着过分地依赖高科技和杂技类的演绎模式，在炫目震撼的同时，对文化内核的表现依然流于表面。很多观众也反映这场秀和傣族并无什么直接联系。万达之前在武汉的演艺节目《汉秀》也是这样，注重科技感、舞台效果，然而却不能将民族文化很好地贯彻领悟，从而导致《汉秀》不够"汉"，《傣秀》不够"傣"，这也是项目现存的比较大的问题之一。

（四）非正式制度约束力减弱，正式制度供给不足

产业集群形成初期，社会文化空间发挥了重要作用，从演艺企业上游的各种服装道具公司，到演艺文化企业的演员、导演，再到各旅行社、导游和旅游者，各类主体之间因利益关系在集群内构建了密切交错的社会关系网络。随着产业集群的发展，原有的社会关系不再适用，必须依靠法律条文、政府规章以及行业协会规定来保证集群内各企业的正常运转。非正式制度的约束力逐渐减弱，急需加强政府对市场的把控，制定完善的规章制度，培养企业之间的信任。

四、三维空间视角下西双版纳演艺文化产业集群治理路径

（一）政府把控缩减同质产品，出台相应政策加大对演艺文化产业的扶持力度

大量演艺文化企业在相同地理空间集聚，使得处于同一地理空间的各个企业看到某一品牌节目取得成功之后难免重复模仿，相互抄袭，这种低水平模

仿导致产品同质化竞争严重，政府可以在文化产品的市场准入方面作出规定，取缔市面上良莠不齐的演艺产品，保留具有文化内涵、品质优良的产品。同时，通过出台政策，在税收优惠、财政补贴、投资及入股等方面实施激励措施，促进文化企业的创新和发展①。如对新办演艺企业给予税收减免的优惠政策措施；鼓励社会资本捐赠和赞助演艺项目，鼓励他们打造布朗族、哈尼族、基诺族等其他少数民族的演艺产品。从而避免市场的同质化竞争，满足游客高层次、多样性的需求。

（二）合理制定演出门票价格，杜绝恶性竞争

西双版纳的演艺产品处于匀质整体经济空间范围内，各个企业面临着相同的市场环境制定出统一的市场价格，由此造成了企业之间产品竞争的加剧。应针对演出产品的质量及其生产经营成本制定不同的价格，针对不同季节游客量的分布，演艺产品的价格也应做到适当调整。由于西双版纳的旅游有明显的淡旺季，每年10月至次年6月为最佳旅游时间，因此西双版纳的旅游演艺经营管理者需要充分结合游演艺项目的生命周期，合理制定演出门票价格，同时还可以为淡旺季制定不同的门票价格，很多旅游景区的门票价格在淡旺季都有所区分，这样有利于调整游客量，从而解决季节性原因所造成的游客数量差异较大的问题。

（三）加强演艺衍生产品的开发，延伸演艺产业链的发展

企业在集群内都会形成自己的力场空间，通过自身的辐射力和聚集力支配和影响周围的经济区。因此演艺公司还应发展演艺副产品，以《傣秀》为例，应结合当地手工艺品企业创作演艺节目中人物形象的公仔，节目中的一些主要角色如寄生蟹、巫师金鹿、萤火虫、傣族公主、召树屯等均可做成类似动漫人物的玩具公仔，在《傣秀》剧场出口附近安排展台进行售卖。其他的歌舞表演也可以此为鉴，进行少数民族服饰和手工艺品的售卖。除此之外演艺公司还可将产业渗透到食品、酒店、房地产等领域，真正做到“一站式”“一条龙”服务，形成完善的产业链。

（四）搭建公共服务平台，构建完善的产业链

原来以情感、信任、关系等维系的社会文化空间，在产业集群的发展中开始出现撕裂现象，选用当地少数民族居民进行舞蹈编排教学设计的模式不再适用。政府应引导演艺企业、高校、科研机构、行业组织等共同参与，建设面向

① 朱敏：《资本运营助力中国演艺产业的可行路径》，《现代传播（中国传媒大学学报）》2011年第9期。

社会、资源共享的演艺服务平台体系，发挥招商引资服务优势，为演艺企业提供“一站式”服务①。企业与政府之间加强合作，建立 PPP 合作关系，改善公共文化服务基础设施，提供优质的文化服务。企业与一些艺术剧团、舞蹈学校合作，剧团、舞蹈学校为演艺公司提供演艺产品的内容、人员、技术，演艺公司利用其专业团队进行宣传推广和票务支持。创立新的演艺产品品牌，双方都享有此品牌的权利，同时双方都需对此品牌负责，互相监督，互相合作，共担风险，共享利润。

企业与企业之间加强合作，转变以往的经营模式。选择几家舞台规模产品质量均为上乘的风格迥异的演艺公司，将公司的演艺节目作为主打产品，其他公司转变成该公司的上游，为其提供服装和道具，从而避免恶性竞争；取缔低质量演艺产品，确保游客的满意度。（见图 1）

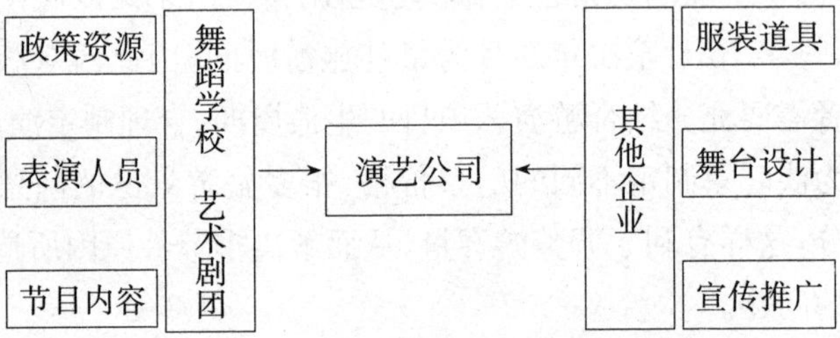

图 1　演艺公司与企业、演艺公司与政府合作示意

资料来源：根据曹晋彰：《演艺产业链的构建研究》，山东大学 2012 年硕士学位论文，改绘而成。

（五）塑造西双版纳演艺文化产业集群品牌

西双版纳可利用其丰富的民族文化资源和当地的知名演艺企业形成优势资源型和名企带动型战略来打造集群品牌，通过品牌效应进一步提升知名度，从而打造更高层级的文化旅游目的地。

优势资源型集群品牌战略就是指利用当地不可被替代的优势资源塑造产品从而形成集群品牌。深入挖掘西双版纳特有的雨林文化、傣族风情文化、贝叶文化、佛教文化、茶旅文化等，与澜湄次区域的异域文化结合，融入绿色、生态、民族团结等元素，借助名人效应，打造一台能够代表西双版纳文化的演艺产品。

名企带动型集群品牌战略是在一定地理区域内将几个当地的强势企业结

① 臧志彭、解学芳：《论我国演艺产业发展模式的变革与重塑》，《理论月刊》2013 年第 4 期。

合起来，政府、行业协会和企业利用现有品牌的影响力将资源进行整合形成产业集群品牌。西双版纳可利用《澜沧江·湄公河之夜》、万达《傣秀》等演艺文化企业的知名度，采取强强联合的方式，组建龙头演艺文化企业，形成卫星型演艺文化产业集群，整体开发、整体营销，提升整个西双版纳演艺文化品牌的影响力，从而促进演艺文化产业集群的整体创新。

Study on the Governance of Performing Arts and Cultural Industrial Clusters in Ethnic Minority Areas from the Perspective of Three-dimensional Space ——A Case Study of Xishuangbanna Dai Autonomous Prefecture in Yunnan Province

Jiang Han　Yan Xiong

Abstract: In recent years, with the rapid development of tourism, the performing arts and cultural industries in the western ethnic areas, represented by Xishuangbanna in Yunnan Province, show the trend of cluster development. At the same time, various performing arts and cultural enterprises also appear the bad situation of homogenization competition. In order to promote the sustainable development of performing arts and cultural industrial clusters in ethnic areas and give full play to the cluster effect. By taking Xishuangbanna in Yunnan province as an example, this paper analyzes the formation, operation mechanism and the obstacles to sustainable development of performing arts and cultural industrial clusters in ethnic areas from three dimensions of geographic space, economic space and socio-cultural space, and also puts forward the paths of cluster governance.

Key words: Xishuangbanna; performing arts and culture industry cluster; three dimensional space; governance

治理网络视阈下中泰两国"一村一品"乡村文化产业比较分析

泰国孔敬大学　刘玲彤

［内容提要］　20世纪70年代在日本首次成功推行的"One Village One Product"(OVOP),即"一村一品"社区企业运动很快被多个国家引入。中国于20世纪80年代引入了"一村一品"运动。泰国也于2000—2010年间引入了OVOP项目,并将其命名为"One Tambon One Product"(OTOP)。"一村一品"项目在中国的实施为OVOP行业的社区中小型企业(SMEs)和当地居民的发展带来了机遇,同时使地方政府能够直接或间接地指导地方公共治理网络建设,使其在促进区域经济发展中发挥作用。中泰当前"一村一品"项目的发展直接反映了由地方政府和社会力量通过建立面对面合作形成的网状管理体系。在这个系统中,地方政府作为主要因子如何平衡各利益相关者之间的关系,从而发挥自己的力量使OVOP这一发展路径成为助推区域农村经济发展的长期有效手段将是本文的主要关注点。因此,本文将对中泰两国"一村一品"项目的两个典型案例进行比较分析,从地方治理的角度分析OVOP项目的发展现状、机遇和挑战,并试图探究优化其发展的思路。

［关键词］　地方治理网络;"一村一品";乡村文化产业

一、引言

为了振兴当地农村经济,20世纪70年代末在日本大分县发起"一村一品"(OVOP)运动。①近年来,这一发展理念和方法已被包括中国及泰国在内

① Igusa, K., "Globalization in Asia and Local Revitalization Efforts: a View from One Village One Product (OVOP) Movement in Oita", 2006.

的其他亚洲发展中国家和地区所采用。①多年来，“一村一品”的理念和发展模式从农业逐渐延展至文化产业领域，其中以传统手工艺为依托的部分乡村文化产业项目为农村经济的发展带来了一定的助力。本文将梳理中泰两国“一村一品”项目相关文献，回顾两国“一村一品”项目的发展历程，从地方治理的角度分析两国“一村一品”木雕手工艺项目在发展过程中所面临的机遇和挑战，试图为两国“一村一品”项目的优化发展提出一些建议。

二、文献综述

（一）社区企业

社区企业（Community-Based Enterprises，CBEs）是社区为促进当地经济和社会发展而创建的集体企业。CBE 通常是由当地社区的企业家利用他们的社会资源、结构和网络建立起来的。②因此，社区企业也被定义为追求共同目标的企业家和企业社区。③在中国 OVOP 和泰国 OTOP 项目的发展中，社区企业发挥着重要作用，因为它们可以因地制宜地生产当地产品。当地产品的生产通常是为了当地社区的生存或复兴而开展的。④在中国，社区企业被认为是从农业社会向现代社会过渡的不可忽略的一步，是实现中国城市化目标的有效途径。⑤泰国有超过 7 000 个地区（Tambon）成立了社区企业，这些社区企业在农村社区提供了约 150 万个工作岗位。⑥无论是在中国的 OVOP

① Matsui, K., & Yamagami, S., “Isson Ippin Undo to Kaihatsu Tojyokoku: Nihon no Chiiki Shiko ha dou Tsutaeraretaka”, 2006. Fujita, M., “Economic Development Capitalizing on Brand Agriculture: Turning Development Strategy on its Head”, In Paper delivered at the Annual World Bank Conference on Development Economics, Tokyo, 2006, pp.29—30. Kurokawa, K., “Food Education as a Regional Development Policy for All-with Implications from Community Development in Japan and Thailand”, *Australasian Journal of Regional Studies*, 2010, 16(1), p.51. Claymone, Y., & Jaiborisudhi, W., “A Study on One Village One Product Project (OVOP) in Japan and Thailand as an Alternative of Community Development in Indonesia”, *International Journal of East Asian Studies*, 2011, 16(1), pp.51—60.

② Torri, M. C., “Community Entrepreneurship among Lower Castes in India: A Grassroots Contribution Towards Poverty Alleviation and Rural Development under Conditions of Adversity and Environmental Uncertainty”, *Journal of Developmental Entrepreneurship*, 2009, 14(4), pp.413—432.

③ Peredo, A. M., & Chrisman, J. J., “Toward a Theory of Community-Based Enterprise”, *Academy of Management Review*, 2006, 31(2), pp.309—328.

④ Matsui, K., “Locality and Dynamics in OVOP Promotion, Significance of the Regional One-Product Policy”, 2012.

⑤ 张宇燕、时红秀、李增刚:《中国农村的社区型企业——以辽宁省海城市东三道村为例》,《制度经济学研究》2005 年第 1 期。

⑥ Srikaew, A., & Baron, S., “Marketing Strategies Supporting National Plans: Contributions of Universities”, *Journal of Strategic Marketing*, 2009, 17(2), pp.123—138.

项目还是在泰国的OTOP项目中，社区企业都表现出强大的生命力。在接下来将要分析的两个案例中，农村和土著群体将社区企业作为一种创造新收入来源以改善生计的手段，而社区企业也提供了研究当地产业如何应对和发展合作网络且开发新技能与知识以及探索可持续发展的方法。①可见，社区企业是连接“一村一品”项目中本地治理网络不同重要利益相关者之间关系的主要纽带。因此，社区企业是理解中泰“一村一品”项目的重要切入点之一。

（二）日本“一村一品”

20世纪中叶，日本经济快速增长并迅速成为世界第二大经济体。②城市化的快速发展日渐拉开了日本传统农村地区与现代城市之间的发展差距，导致城乡发展失衡。③为了促进农村经济的发展并保护国家传统文化，日本在20世纪60年代开始了农村转型和乡村复兴运动。④

1961年，为了增加户均收入，日本大山町的农民首次提出了“NPC”(New Plum and Chestnuts)的概念，其方式是因地制宜地种植李子和栗子。⑤该项目基于对当地山区的深入了解，目的是将低产的耕地转变为高价值、高质量的水果种植产业。NPC运动的最初发展是成功的，它进一步发展了优质农业和农产品加工业，最终形成当地特色品牌。1965年，第二次NPC运动确立了培养新人才的目标，即巩固以往的成功经验和专业人才，继续探索可持续发展的道路。1969年NPC运动把目标调整为将大分县确立为一个多元文化区域，并参与社区建设。之所以制定这一目标，是因为尽管农村经济得到了一定程度的发展，但年轻人仍然渴望在大城市生活，因此，年轻人留在家乡发展的现象较少。最重要的原因之一是因为本地基础设施与大城市的基础设施之间仍然存在差距。因此，NPC运动的发起是一项旨在同时发展区域生活设施和提高生活水平的运动。⑥

① Berkes, F., & Davidson-Hunt, I., “Innovating through Commons Use: Community-Based Enterprises”, *International Journal of the Commons*, 2009, 4(1).

② Ohno, K., *The History of Japanese Economic Development: Origins of Private Dynamism and Policy Competence*, Routledge, 2017.

③ Smith, K. D., “A Time of Crisis: Japan, the Great Depression, and Rural Revitalization”, 2001.

④ Goto, J., “Rural Revitalization (Chiiki-okoshi) in Japan: A Case Study of Asuke Township”, 1994.

⑤ Bijaoui, I., *SMEs in an Era of Globalization: International Business and Market Strategies*, Springer, 2016.

⑥ Fujimoto, I., “Lessons from Abroad in Rural Community Revitalization: The One Village, One Product Movement in Japan”, *Community Development Journal*, 1992, 27(1), pp.10—20.

NPC运动从最初单一的改变农业生产结构和生产方式以增加农民收入的目标，逐渐发展成为区域发展的多重目标。①受NPC运动的启发，日本大分县前知事平松守彦于1979年发起了“一村一品”运动(OVOP)。②第一个实施“一村一品”运动的是日本大分村。平松守彦呼吁大分村学习大山町经验，挖掘大山村的地理优势，发展当地产业，增加当地农民的收入，加强社区联系，而注重增加当地居民收入、增加当地特产价值并最终促进区域经济增长的“一村一品”运动也一直持续到了今天。

在构思“一村一品”项目时，通常会涉及以下三个原则：

第一，地方文化国际化：产品在保留地方文化特色的同时，具有向国际传播文化价值、创造经济价值的潜力。

第二，专业人才的培养与发展：为专业人才提供发挥潜能的舞台。

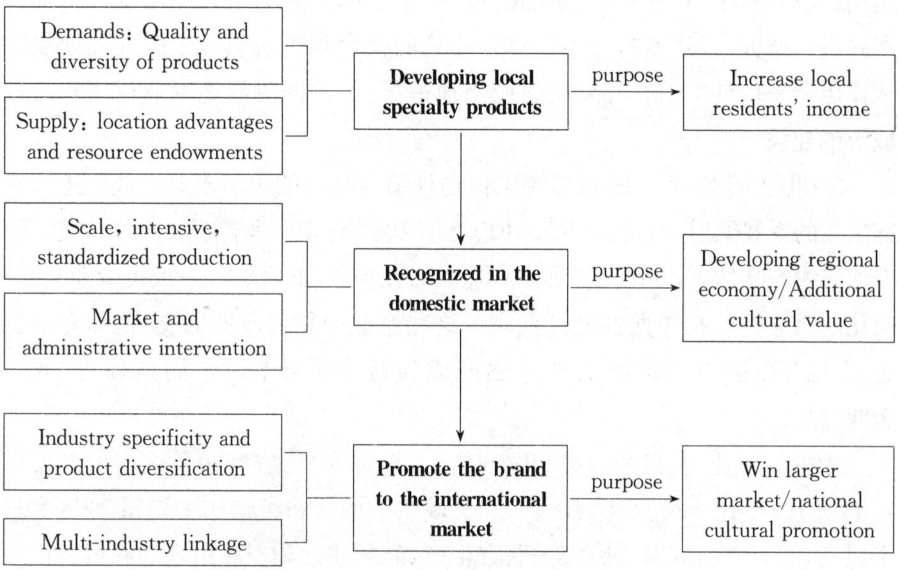

图1　OVOP项目在日本的发展模式

第三，激发地方创造力：减少对中央和地方政府的过度依赖，利用该地区的可持续发展潜力。

① Stenning, N., & Koichi, M., “Knowledge and Networking Strategies for Community Capacity Development in Oyama-machi: an Archetype of the OVOP Movement”, *Journal of OVOP Policy*, 2008, 1(6), pp.5—20.

② Igusa, K., “Globalization in Asia and Local Revitalization Efforts: a View from One Village One Product (OVOP) Movement in Oita”, 2006.

因此,“一村一品”运动的第一个目标是向上和向外发展。以增加当地居民收入为首要目标,因地制宜开发当地特色产品。第二个目标是为这些产品增加独特的文化内涵,例如通过销售产品来推广当地文化,通过将产品与文化相结合来增加产品的价值。第三个目标则是当当地产品的生产和销售达到一定规模时,当地特色品牌将逐渐形成并销往国际市场。①

“一村一品”运动将最初的重点从农产品逐渐扩展到其他类型的产品,如手工艺品、旅游产品和表演。这些产品包括有形产品,即产品本身;无形的产品,即文化生产过程、文化内涵、文化事件。②

(三) 中国“一村一品”

1983 年,在改革开放的契机下,中国“一村一品”由上海市长汪道涵引入中国。③20 世纪 80 年代和 90 年代是中国“一村一品”运动的概念学习期和模仿期。看到日本“一村一品”运动的成功,中国的一些省市开始派专人访问日本并进行研究,以逐步将日本“一村一品”的概念和模式引入中国并因地制宜地作出调整以使“一村一品”能适应当地情况,与此同时实施专业村庄和特色城镇的建设。④

20 世纪 90 年代以来,以传统农作物种植为基础的中国农业产业已逐渐开辟出新的发展渠道,例如农产品的加工和销售。⑤许多企业(主要位于中国东部)专注于农产品加工,并逐渐扩展出口业务。在他们的鼓励下,一大批专业化、规模化的农业企业在中西部地区涌现。这些企业因得到政府的支持,如专项资金、土地等而取得一定的成功并逐渐成为行业领导者。它们被称为“龙头企业”。⑥

中国的农业、农村和农民问题的概念,统称为“三农问题”,这一概念可以追溯到 1994 年。⑦2000 年,随着“三农”政策的推行和实施,中国东部地区实现了以商业为导向,同时兼顾农民联合生产、品牌建设和产品销售的农村经济发

①③ Mukai, K., & Fujikura, R., “One Village One Product: Evaluations and Lessons Learnt from OVOP Aid Projects”, *Development in Practice*, 2015, 25(3), pp.389—400.

② Igusa, K., “Globalization in Asia and Local Revitalization Efforts: a View from One Village One Product (OVOP) Movement in Oita”, 2006.

④ 秦富、张敏、钟钰:《我国“一村一品”发展理论与实践》,中国农业出版社 2010 年版。

⑤ Lingohr-Wolf, S., *Industrialisation and Rural Livelihoods in China: Agricultural Processing in Sichuan*, Routledge, 2013.

⑥ Schneider, M., “Dragon Head Enterprises and the State of Agribusiness in China”, *Journal of Agrarian Change*, 2017, 17(1), pp.3—21.

⑦ 冯灼锋:《关于正确处理“三农”问题的思考》,《农村研究》1994 年第 3 期。

展模式。①这些措施为在中国推广"一村一品"项目带来重要机遇。最初,以山东为代表的一些省份尝试以法人团体为主要发起者,以龙头企业为先导,联合农民实施"风险共担和利益共赢"的商业模式。②这些企业中的部分已达到专业化生产,同时逐步开展产品营销、品牌建设和人才培训,并最终形成较为完整的产业链。龙头企业推动"一村一品"项目发展的模型被视为第一代发展模型。"一村一品"项目的第二代发展模型是大学和研究机构在政府指导下与"一村一品"生产基地合作,为其项目提供科学有效的数据和发展建议。"一村一品"项目的第三代发展模型是以协会作为平台和桥梁,将农民、企业和市场联系起来。这些行业协会的最初成员通常是率先引入"一村一品"生产概念和模式并取得一定成功的企业。③

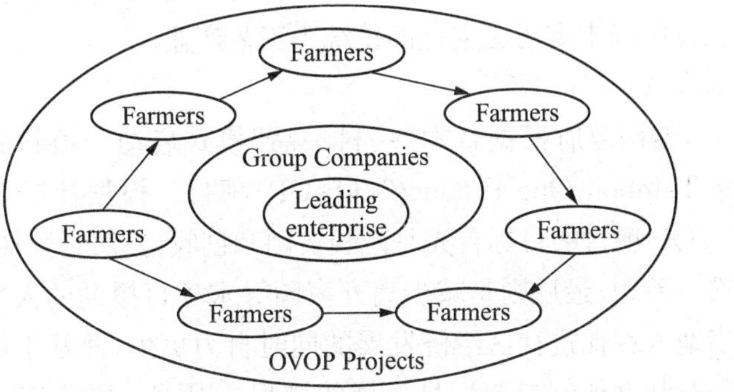

图 2　龙头企业的 OVOP 模型

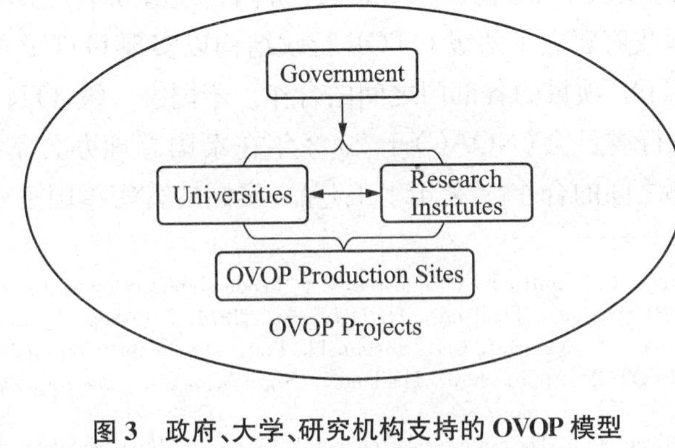

图 3　政府、大学、研究机构支持的 OVOP 模型

① 温铁军、孙永生:《世纪之交的两大变化与三农新解》,《经济问题探索》2012 年第 9 期。
②③ 秦富、张敏、钟钰:《我国"一村一品"发展理论与实践》,中国农业出版社 2010 年版。

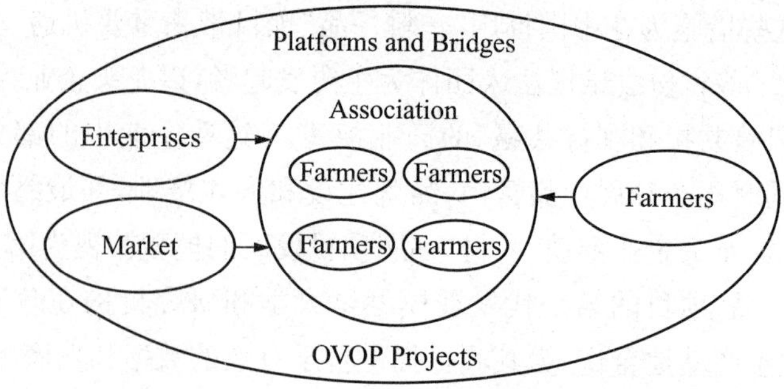

图 4 以协会作为桥梁的 OVOP 模型

中国"一村一品"项目的发展一直以农业为重点，但近年来，随着中国经济的持续增长和旅游业的可持续发展，中国"一村一品"项目逐渐涉足其他领域，特别是承载着中国丰富历史文化的传统手工艺产业。

（四）泰国"一村一品"

2001 年，泰国政府根据日本"一村一品"模式启动一项新的地区发展计划，即"One Tambon One Product"（OTOP）项目。根据社区发展部相关政策，泰国 OTOP 项目的目标首先是减轻贫困和创收；其次是增加就业机会；第三是缩小城乡差距；最后则是减少离开家园寻求项目援助的人数。该项的目标是培训当地人在促进社区经济发展的同时自力更生，并基于他们的专业知识和本地经验帮助他们参与区域发展的进程。[①]因此，泰国 OTOP 项目的要点是提高当地居民的生活水平和人力资源。[②]泰国的 OTOP 概念源于"自足经济"，这一概念反映了泰国从外部依赖经济向自主经济转变的迫切需要。[③]与此同时，泰国政府建立了两级 OTOP 行政结构以实现 OTOP 的发展目标，并加强参与 OTOP 项目的各部门之间的合作。于国家一级，OTOP 办公室和国家 OTOP 执行委员会（NOAC）于 2002 年在泰国总理办公室的领导下成立，以促进各部之间的合作。[④]关于手工艺品，泰国的普密蓬国王于 1951 年发

① Lakhanapipat, C., Smith, I., & Tubsree, C., "Leadership Development in the One Tambon One Product (OTOP) Scheme in Thailand", *HRD Journal*, 2016, 7(1), pp.36—46.

② Claymone, Y., & Wareenil, C., "Sustainable Local Development on Grassroots Economy through the OVOP/OTOP Approach in Thailand", *Significance of the Regional One-Product Policy*, 2012,(15).

③ Pruetipibultham, O., "The Sufficiency Economy Philosophy and Strategic HRD: A Sustainable Development for Thailand", *Human Resource Development International*, 2010, 13(1), pp.99—110.

④ Fujioka, R., "Thai no OTOP Projekuto, Isson Ippin Undo to Kaihatsu Tojyokoku: Nihon no Chiiki Shiko ha dou Tsutaeraretaka", 2006, pp.57—79. Japan International Cooperation Agency, "The Study of Monitoring and Evaluation Model on the One Tambon One Product Development Policy", 2003, http://open_jicareport.jica.go.jp/340/340/340_122_11721859.html.

起皇家发展计划,①在此基础上,皇家项目基金会于20世纪70年代初成立。② 1988年,在Doi Tung Development Project(DTDP)③建立的背景以及诗纳卡琳王太后的支持下,OTOP传统手工艺品项目也获得了发展的机会。④作为一个拥有丰富历史和文化资源的国家,OTOP运动的发展使泰国的“一村一品”项目逐渐从农业扩展到手工艺,泰国传统手工艺品也因此有了新的机遇。另一方面,得益于泰国双轨政策⑤的推广,在君主的大力支持下,越来越多新的OTOP项目依赖文化创意和技术得到新的多元化发展。

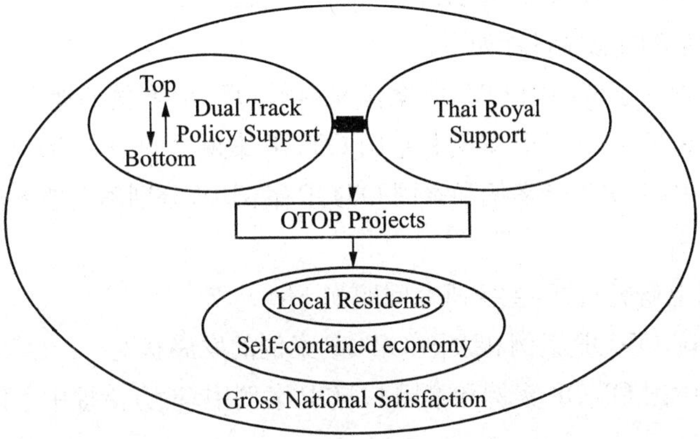

图5 泰国OTOP发展模式与概念

泰国OTOP项目的开发不仅旨在解决贫困地区居民增加收入的难题,也是对普密蓬国王“自足经济”概念的回应。⑥

在本文中,中国OVOP项目和泰国OTOP项目均被选为研究的目标领域。该研究将通过比较分析重点研究中国和泰国两个OVOP(OTOP)工艺

---

① Office of the Royal Development Projects Board (ORDPB), http://www.rdpb.go.th/en/Projects/background-of-the-royal-development-projects-c50.

② Vidyarthi, A., "Organic Vegetable Farming Supported by the Royal Project Foundation, Thailand", 2015.

③ DTDP Project offered alternative livelihoods in agriculture, forestry, handicrafts, tourism and food processing, DTDP, 2011.

④ Ellis, W., Ratanawaraha, A., Diskul, D., & Chandrachai, A., "Social Entrepreneurship as a Mechanism for Agro-Innovation: Evidence from Doi Tung Development Project, Thailand", *International Journal of Business and Social Science*, 2012, 3(23), pp.138—151.

⑤ The open development strategy and the grassroots development strategy combine to develop a strategy of internal and external, both top-down and bottom-up.

⑥ Curry Jr, R. L., & Sura, K., "Human Resource Development (HRD) Theory and Thailand's Sufficiency Economy Concept and its OTOP Program", *Journal of Global South Studies*, 2007, 24(2), p.85.

项目案例的地方治理,从地方治理的角度分析 OVOP 项目的发展状况、机遇和挑战,并基于此提出优化其发展的方法。

三、研究目的和方法

本研究的主要目的是比较中国和泰国的 OVOP 和 OTOP 的地方治理。研究结果可以使地方政府、当地居民、企业、协会和其他利益相关者更好地了解 OVOP 和 OTOP 项目的地方治理。

因此,研究的总体目标如下:

(1) 识别并了解中国 OVOP 案例和泰国 OTOP 案例的地方治理路径;

(2) 探讨中国 OVOP 案例和泰国 OTOP 案例之间地方治理的异同;

(3) 在中国 OVOP 案例和泰国 OTOP 案例中,分别确定地方治理中的各个利益相关者。

基于以上研究目标,主要研究问题如下:

(1) 中国 OVOP 案例和泰国 OTOP 案例的发展状况;

(2) 在中国 OVOP 案例和泰国 OTOP 案例中,地方治理中不同利益相关者的等级;

(3) 中国 OVOP 案例和泰国 OTOP 案例在地方治理的异同;

(4) 中泰 OVOP 和 OTOP 地方治理的比较研究还揭示了哪些其他问题。

为了回答以上问题,本文对中国大理剑川木雕 OVOP 案例和泰国清迈班塔威木雕 OTOP 案例的发展进行了探索。目的是比较“一村一品”项目在中国和泰国地方治理方面的异同。为此,本文将采用定性研究法,即文本分析法,通过对相关资料的梳理,阐述研究对象的发展现状并进行有效的分析,从而得出结论。

四、研究过程

本研究着重于“一村一品”项目的两个主要因子:一是手工艺品的生产组织形式,二是来自政府层面的支持。应当指出的是,影响 OVOP 和 OTOP 项目发展的因素包括但不限于这两个因子。“一村一品”项目核心和外延中的不同利益相关者相互作用形成了一个治理网络,不断推动着中泰 OVOP 和 OTOP 项目的发展。

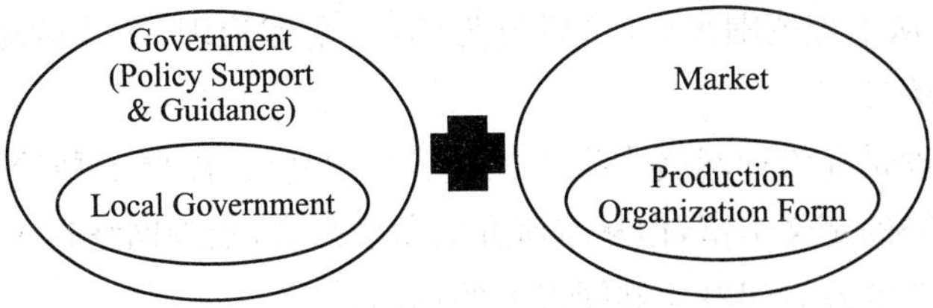

图 6　研究重点

（一）治理的概念

关于“治理”这一概念的定义非常丰富。其本质是关于如何引导制度安排，即如何组织和设计程序，使一个组织得以运作，即“掌舵”。①而探索契约关系的治理也很重要②，或广义地说，即规则的制定、应用和执行。③治理的概念比“政府”一词的范围更广，其重要性在公共部门和私营部门愈渐明显。政府的定位更倾向于权力的行使，而治理的定位则更广泛，例如“无政府治理”④。因此，从更广泛的角度来看，治理是一个正式或非正式的过程和系统，用于指导和控制团队活动。⑤治理本质上控制了如何引导制度安排，即如何组织和如何开发使组织能够运行的程序。⑥因此，思考治理意味着思考如何控制经济和社会，以及如何实现共同的目标。⑦治理设计构建了结构、制度并提供问责模型，这可能是因为它的边界足够宽，可以容纳更多的新元素。⑧治理是关于公共组织和私人组织的运作；治理与掌舵有关；治理是解决社会问题；治理涉及结构和机构，因此只要不过度渲染，它可以是解决问题的非常有效的方法。⑨

地方治理是一个广泛的概念，定义为在地方一级制定和实施集体行动。地方治理包括动态的、生活的、工作的和环境友好的社区目标。良好的地方治理不仅提供一系列地方服务，而且还保护居民的生活和自由，为民主参与和公民对话创造空间，支持面向市场和环境可持续的地方发展，并促进丰富公民生

①⑥⑨　Hughes, O.E., *Public Management and Administration: an Introduction*, Macmillan, 2012.

②　Williamson, O. E., *The Mechanisms of Governance*, Oxford University Press, 1996.

③　Kjaer, A.M.,“Governance and the Urban Bureaucracy”, *Theories of Urban Politics*, 2009, (2), pp.137—152.

④　Rhodes, R.A.W.,“The New Governance: Governing without Government”, *Political Studies*, 1996, 44(4), pp.652—667.

⑤　Keohane, R.O., Nye, J. S.,“Introduction, Governance in a Globalizing World”, 2000.

⑦　Peters, B. G., & Pierre, J.,“Governance Without Government? Rethinking Public Administration”, *Journal of Public Administration Research and Theory*, 1998, 8(2), pp.223—243.

⑧　Frederickson, H. G., *New Public Administration*, Tuscaloosa, AL: University of Alabama Press, 1980, pp.31—47.

活的结果。①从治理范围来看，可以分为四类：全球治理、全球区域治理、国家治理和地方治理。

因为治理是在治理网络中发生的过程②，所以还需要解释治理网络的概念。治理网络的定义丰富，但从本研究的角度来看，治理网络是多个利益相关者为解决复杂的政策问题而共同采取的行动。③

虽然治理是一个基础广泛的概念，但本研究将重点关注地方治理的具体案例，分析和排序地方治理网络中多个利益相关者的重要性和影响力水平。因此，本研究将重点研究由地方政府主导、各地方利益相关者形成的网络体系。

(二) 剑川木雕“一村一品”案例

在中国，虽然OVOP项目更多涉及农业领域，但像云南这样拥有丰富民族文化的地区，已经逐渐形成一批按照OVOP发展理念运作的民族传统手工业。村落文化是人类由游牧、狩猎生活向定居生活转变而产生的一种文化形态。这种文化的出现和发展不仅改变了人类的生活方式，也表现出自己的一系列特征。人类在不同的自然环境中创造的乡村文化具有不同的特征。森林和水的利用，牲畜的饲养和手工业的发展，共同构成村庄文化和生态的不可缺少的变量。

手工艺品的发展，如木工、铁艺、织布、陶器等，在促进村庄货物交换、扩大社会组织和社会关系方面发挥着重要作用。④因此，手工的发展伴随着整个人类社会和文化的进步，是人类村落文化的活态体现。随着工业化和城市化的快速推进，乡村经济文化的发展逐渐进入欠平衡状态。这种欠平衡反映在对经济增长的重视和对文化遗产的相对较忽视上。因此，OVOP运动的发展模式为中国农村经济文化的振兴和发展提供了新的思路，例如在继承传统手工艺、保护传统文化的同时，促进农村经济发展等。⑤

剑川县位于云南西北部横断山中段，是南方丝绸之路历史上的重要通道。

---

① Shah, A. ed., *Local Governance in Developing Countries*, The World Bank, 2006.

② Klijn, E. H., & Koppenjan, J., *Governance Networks in the Public Sector*, Routledge, 2015.

③ Mandell, M. P. ed., *Getting Results through Collaboration: Networks and Network Structures for Public Policy and Management*, ABC-CLIO, 2001. Agranoff, R., & McGuire, M., *Collaborative Public Management: New Strategies for Local Governments*, Georgetown University Press, 2004.

④ Wherry, F. F., "The Social Sources of Authenticity in Global Handicraft Markets: Evidence from Northern Thailand", *Journal of Consumer Culture*, 2006, 6(1), pp.5—32.

⑤ 秦富、张敏、钟钰：《我国“一村一品”发展理论与实践》，中国农业出版社2010年版。

由于剑川所处的文化区域是多个文化圈的交汇处，是多文化的混合体，因此而体现出佛、儒、道等文化融合的特点。①云南大理白族自治州剑川木雕产品的基本风格是在汉唐时期发展起来的，通过师徒教学、家庭教学等严格且传统的传承方式得以保持和保存。②剑川木雕产品坚持白族传统文化概念和民族审美风格，形成一系列的样式、模式和技术，成为民族文化的象征，具有相对稳定的文化内涵③，是云南"一村一品"项目中最具代表性的项目之一。

1. 宏观经济政策和地方政府支持

中国共产党第十七届中央委员会第三次全体会议全面分析了国家形势和国家任务。会议提出，回顾总结中国农村改革发展的历程和经验，进一步统一党和全社会的认识，加快社会主义新农村建设，大力推进城乡协调发展。④2009年，文化产业振兴规划提出要将社会效益放在首位，即要把社会效益和经济效益统一起来，以体制改革和科技进步为动力，增强文化产业活力，提高文化创新能力。在中华人民共和国《"十三五"促进民族地区和人口较少民族发展规划》第四章第二节专栏四的第四条中详细提及了鼓励为少数民族创建一批传统手工艺品保护和发展基地，支持传统少数民族手工艺品企业，助力针对少数民族传统手工艺品项目的发展，推广少数民族手工艺品和少数民族品牌，建立一批具有地区代表性的本地产品。与此同时，建立高职院校民族文化传承创新示范性专业，培育一批民族传统手工艺传承人。⑤从中共中央政府宏观经济政策的制定层面来看，发展农村经济和实施乡村振兴规划是一个重要而紧迫的国家目标。建立这一目标的基础是对三农问题的重视和理解，而"一村一品"的发展理念和模式是实现这一目标的有效途径之一。

尽管中国的OVOP项目已在农业领域得到较为广泛的应用，但中国丰富的地理特征和多样的自然气候决定了某些地区农业的发展始终容易遭受诸如自然灾害等因素的限制。因此，如何在农业发展较为受限地区实现农村经济的发展值得关注和探讨。例如，云南文山州砚山县水资源匮乏，土地多石漠化，该地区的一些农民放弃了传统的农业生产，而选择手工刺绣作为增加收入的手段。随着刺绣技术的发展越来越成熟，该地区逐渐摸索出传统刺绣工艺

①③ 吴扬：《剑川白族木雕的现状与存在问题分析》，《宜宾学院学报》2008年第5期。

② 杨复兴：《一个白族村的家庭养老及社会变迁——以云南剑川下江尾村为例》，《云南民族大学学报（哲学社会科学版）》，2005年第5期。

④ 《中共中央关于推进农村改革发展若干重大问题决定》，参见 http://www.gov.cn/jrzg/2008-10/19/content_1125094.htm。

⑤ 《国务院关于印发"十三五"促进民族地区和人口较少民族发展规划的通知》，参见 http://www.gov.cn/zhengce/content/2017-01/24/content_5162950.htm。

产业化的可能性，这使得一群农民在一定时间内实现了副业创收。而随着旅游业的发展，云南其他一些地区也开始不断探索传统刺绣工艺发展的途径。云南大理是中国著名的旅游区域，作为少数民族手工木雕发展的核心区域之一，它已拥有较有代表性的“一村一品”项目，且助力当地旅游业的发展，帮助当地农民创收。

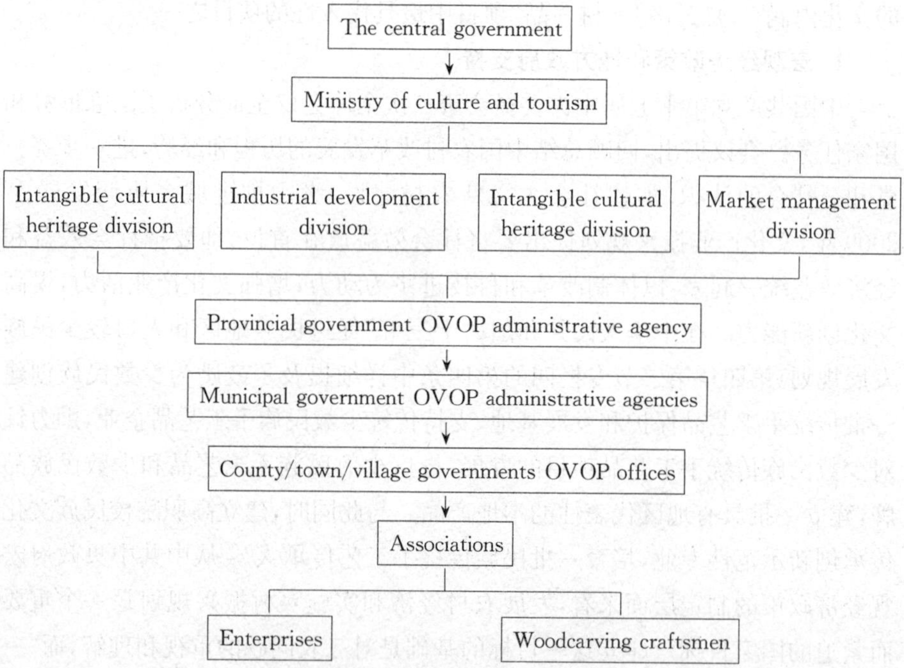

图 7 中国 OVOP 项目行政管理系统

剑川县地方政府积极响应中央政府号召，大力支持农村经济和地方特色文化产业发展，在宏观政策的指导下助推地方木雕产业的发展，通过“一村一品”发展模式为剑川木雕的优化发展带来了机遇。

2. 剑川木雕生产组织形式

1975 年，剑川木雕因其在广州的展览而被大众所熟知。①1978 年，剑川一些村庄实行家庭联产承包责任制，调整了产业结构，开始由单一的农业经济向多元化的经济结构转变。由于这一变化，传统剑川木雕工艺得以复兴，剑川木雕制品加工基地得以迅速发展。剑川木雕业最原始、最基本的组成部分是家庭作坊，它初建于 20 世纪 80 年代。最初，这种形式的家庭作坊具备生产销售

① 黄静华：《剑川狮河村木雕调查》，《民族艺术研究》2002 年第 1 期。

木雕产品的能力。每个作坊都有从事雕刻工作的木雕工匠。大型作坊通常管理着200多名雕刻工人。虽然剑川村各作坊生产的木雕产品大致相同，但由于市场需求大，作坊间的竞争压力较小，因此一定时期内可以共存且形成良性的合作竞争形式。这些家庭作坊的工匠通常与作坊老板有雇佣关系，并受口头合同的约束。作坊老板收到客户的订单后将原材料发送给雕刻师，雕刻师随即进行雕刻、打磨和喷漆等工艺流程。完工后成品木雕产品即被出售。个别工匠的报酬是以计件工资的形式获得，工资水平取决于工匠的手工艺水平。虽然农村合作关系网络允许手工艺者和作坊所有者在不使用法律文件的情况下形成合约关系，但这种口头契约的形式显然是双方合作中最大的不稳定因素。面对日益规范的市场环境，剑川木雕的生产组织形式亟待优化。

从20世纪90年代到2000年，剑川木雕行业开始发展为几家以标准化市场模式运营的公司。①这些公司大多数是从以前的家庭作坊发展而来的。他们从家庭作坊逐渐过渡为有限责任公司，以更好地适应开放的市场并积累一定的商业经验。这些公司虽然不断推进自身与市场的接轨，努力使其业务方法和理念更加标准化，但面对农民习以为常的传统理念与行事方式，这些公司也不得不继续采用口头雇佣合同的方式与掌握木雕技术的农民展开合作。这种生产组织形式最终不可避免引发了一些问题。由于公司必须遵循市场规则进行运营，因此有时成本和收益低于公司的预期价值时，不受合法合同文件保护的木雕工匠的利益就会受到损害。最直接的体现是公司单方面降低了木雕产品的收购价格。同时，大多数与市场没有直接联系的工匠也没有能力以期望的价格独立出售木雕。

为了解决上述问题，2016年在云南省文化旅游局的指导下云南木雕协会成立。建立协会有两个主要作用，首先，协会在协调木雕公司与木雕工匠之间的关系方面发挥了作用，并敦促双方签署书面协议，以确保各自的利益得到保障。第二，协会加强了地方政府与公司及木雕工匠之间的联系。这不仅有助于政府监督行业的规范运作，也有助于政府及时了解各方的需求。与此同时，协会也可以弥补本地木雕行业与外部市场之间的差距，对木雕行业的设计、营销、人才培养、文化交流、研发和创新等方面带来积极的影响。随后，狮河木雕产业园在剑川地方政府的支持下建立。这是一个功能齐全、设施齐备的高档专业化古典家具及木雕工艺品产业园。园区分为建设车间、物流仓储、展览中心、交易中心、质量检验检测中心、物流中心、风景旅游区、综合服务区等配套

① 苏来义、刘芳艳：《剑川县狮河木雕工业园区发展思路浅析》，《经贸实践》2018年版第17期。

设施。狮河木雕产业园实际上是木雕企业的集合。园区的生产组织功能对区域经济发展具有重要影响。首先,园区在集聚众多木雕企业的同时,也促进了这些木雕企业市场的扩张。工业化的初步建成将使木雕园带动当地农村经济的增长,完善剑川区域创新体系,提升剑川区域竞争力,通过商业利益辐射促进区域发展。其次,园区这一模式降低了土地成本。园区提供配套设施和基础设施共享,为企业节约成本。三是在规范市场的同时,实现木雕企业的统一管理,形成良性竞争体系。此外,公司购买用于销售的原材料和产品更加方便。

回顾剑川木雕的发展历程,可以看出其生产组织模式是工匠+企业+社团+产业园区。

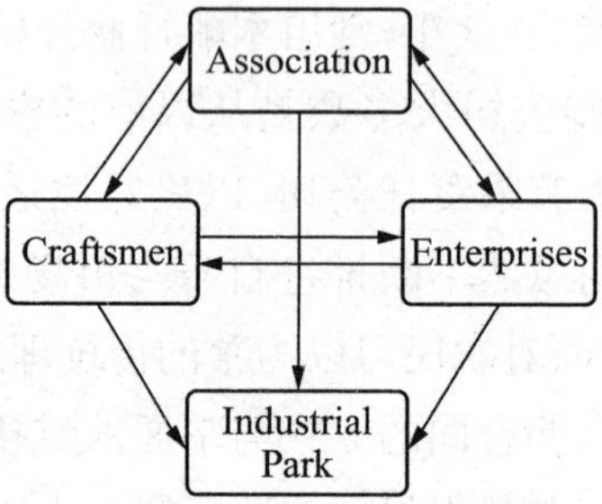

图 8　剑川木雕生产组织形式

(三)班塔威木雕"一村一品"案例

OTOP 传统手工艺项目 1997 年被列入泰国政府促进文化和创意产业的主要计划。[①]为提高国际竞争力,稳定社会经济发展,泰国政府继续通过创意设计推动泰国产业升级转型。泰国政府在 OTOP 项目的整体产业上投入了大量的政策资源,以发展泰国的文化和创意产业。[②]目前,以泰国传统手工艺为基础的设计、时尚、工艺等行业的发展总体上比较有效,不仅增加了农村居民的收入,也成功通过 OTOP 手工业输出了泰国传统文化。[③]泰国北部的传统村落手工艺将佛教文化与中国儒家文化相结合,并结合缅甸、老挝等国家的文化特色,将该地区发展成为具有泰国特色的民族手工业集散地。泰国北部

① Wiboonpongse, A., Sriboonchitta, S., & Chaovanapoonphol, Y., "Modeling a Hedonic Price of Northern Thai Handicraft Products", 2007.

② Natsuda, K., Igusa, K., Wiboonpongse, A., & Thoburn, J., "One Village One Product-Rural Development Strategy in Asia: the Case of OTOP in Thailand", *Canadian Journal of Development Studies/Revue canadienne d'études du développement*, 2012, 33(3), pp.369—385.

③ Tanwattana, P., & Korkietpitak, W., "The Background to Understanding One Tambon One Product in Thailand", *Significance of the Regional One-Product Policy*, 2012, p.137.

的手工艺品作为泰国文化和艺术的重要组成部分，在传承当地传统文化的同时，也给手工艺人带来了商机。[①]随着泰国旅游业的发展，清迈、清莱等逐渐成为泰国手工业发展的核心地区。清迈是泰国北部的经济、政治和文化中心，保留了大量的历史和文化遗产，尤其是手工艺。除了手工艺品村，清迈的主要手工艺品市场是夜市，手工艺品小微企业数量可观。[②]

班塔威木雕村位于清迈的 Hangdong 地区，因其独特的木雕工艺而成为泰国最具代表性且最大的手工艺品村，曾被授予旅游村荣誉称号。1990 年，政府成立班塔威手工艺中心。[③]2006 年，班塔威村成为全国最主要、最成功的 OTOP 村。

1. 宏观经济政策和地方政府支持

泰国长期面临严重的社会两极分化问题。1961 年泰国开始实施五年国民经济和社会发展计划，至 20 世纪 90 年代，泰国实现了经济发展。然而，1997 年席卷亚洲的经济危机给新兴的泰国带来了新的严峻挑战。因为处于不稳定的经济和社会环境，当时的国王普密蓬产生了充分发展经济的想法，即指导个人、家庭、村庄社区和国家的发展和管理。此前，普密蓬国王在 1955 年对泰国北部进行 22 天的访问后，于 1962 年启动皇家发展计划。在此基础上，1992 年成立皇家工程基金会(ORDPB)。诗纳卡琳王太后建立了泰国手工业基金会以帮助农村地区的农业生产逐步延伸到手工艺的发展。由于泰国是君主立宪制国家，王室在泰国的威望很高。为了发展区域经济、帮助贫困地区的居民创收、在国际舞台上传播和展示泰国的传统文化，泰国王室为 OTOP 项目的发展作出了许多贡献。

紧接着，泰国政府启动了双轨系统，即《科学技术行动计划(2003—2013年)》，以促进技能、技术和创新(STI)。科技创新及其成果的有效转化促进了泰国创意产业的快速发展。虽然 1997 年的金融危机对许多亚洲国家的发展造成重大冲击，但也为这些国家的文化创意产业发展带来了机遇。另一方面，泰国制定了《信息通信技术(ICT)2009—2013 总体发展规划》。[④]依托这个项

① Chifos, C., "Culture, Environment and Livelihood: Potential for Crafting Sustainable Communities in Chiang Mai", *International Journal of Environment and Sustainable Development*, 2006, 5(3), pp.315—332.

② Tanwattana, P., & Korkietpitak, W., "The Background to Understanding One Tambon One Product in Thailand", *Significance of the Regional One-Product Policy*, 2012, p.137.

③ Wherry, F. F., "The Social Sources of Authenticity in Global Handicraft Markets: Evidence from Northern Thailand", *Journal of Consumer Culture*, 2006, 6(1), pp.5—32.

④ The Second Thailand Information and Communication Technology (ICT) Master Plan (2009—2013).

目，泰国政府通过政策提供平台，整合产业，发展了具有完整产业链的创意产业。OTOP 项目是受益者之一。例如，OTOP 家具的设计创意、生产、销售都在泰国。在宏观经济政策的引导和影响下，OTOP 项目于 2001 年正式登陆泰国。同年，它列出每个村庄最具代表性的产品，这些产品基本上由村民自己选择。当时，OTOP 作为输出泰国文化的商标，频频出现在国内外的舞台上。OTOP 项目的所有生产者每两年向官员和学者提交他们的产品，并根据 OTOP 项目产品的质量和潜力给它们打分，分数为一星到五星。①OTOP 产品的 OTOP Product Champion(OPC)标签适用于不同类别的优质产品，OPC 的排名决定了哪个部门负责该产品，因此这也决定了该产品受支持的性质和程度。

OTOP 项目一经泰国政府提出，就立即得到泰国各地各行政机构的推动。但由于初期缺乏明确的行业规范，各 OTOP 试点村的产品参差不齐，企业也面临着不同程度的风险甚至亏损。为了解决这一发展困境，泰国王室及政府专门制定了一项解决问题的战略。应中央政府要求，地方政府为每个参与项目的村庄配备了专业技术培训机构和现代化生产设施。在 OTOP 项目的发展过程中，各级政府都为项目的发展作出了积极的贡献。OTOP 项目行政管理体系在此期间逐步形成。

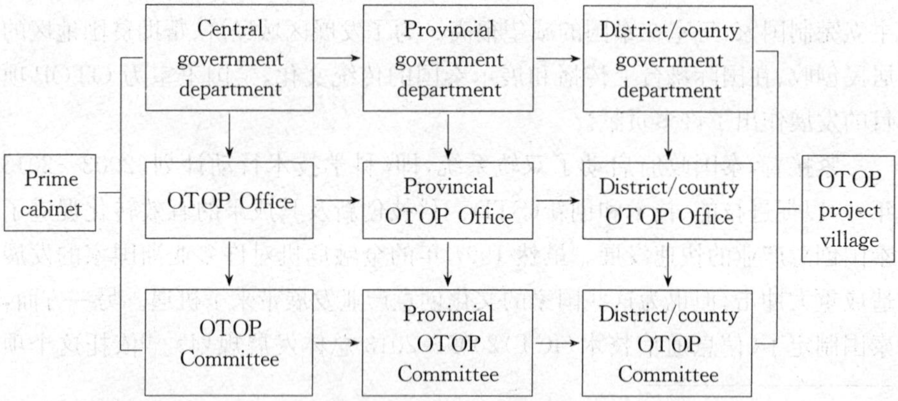

图 9　OTOP 项目行政管理系统

2. 班塔威木雕生产组织形式

作为 OTOP 手工艺品项目的试点村之一，班塔威在项目开始时遇到因行

① OTOP 5 Star Website of Community Development Department, Ministry of Interior, ThaiLand, http://www.otop5star.com/about.php.

业规范不够完备而引起的各种困难。由于没有科学的生产方法，木雕工艺品的生产会遇到一系列问题，例如掉漆、开裂和其他形式的产品不合格问题。这严重损害了从事木雕生产的农民的利益，也为消费者带来负面影响。了解情况后，泰国政府立即授权各地方政府采取相应的机制，为每个 OTOP 项目村配备专业的技术培训机构和现代化的生产设施，并鼓励刚毕业的大学生积极参与项目。这些大学生应声到农村社区指导当地村民从事手工艺品的生产和加工，并提供了来自泰国政府给予的相应配套技术保障。参与该项目的大学生每月至少获得 6 000 泰铢的国家补贴。同时，国家有关科研机构也承担了引导班塔威农民推广项目的任务，并建立了认证中心。所有产品都必须先通过认证中心认证后才能贴上 OTOP 徽标并进入市场销售。上述一系列措施初步解决了 OTOP 产品的质量问题，且使得 OTOP 项目开始朝着标准化方向发展，班塔威木雕 OTOP 项目就是受益者之一。值得一提的是，泰国 OTOP 的发展进程中已经出现一些非政府组织。这些组织还关注着贫困地区妇女和儿童问题，这在一定程度上对 OTOP 的发展产生了一些积极影响。例如，兰纳妇女发展教育中心（Center of Education for the Advancement of Lanna Women）和其他主要的非政府组织都在免费指导贫困地区的妇女掌握 OTOP 手工艺品的生产。

此外，当地的木雕手工艺人，包括班塔威木雕手工艺人，通常都没有受过良好的教育，没有市场营销的观念和技能，这给 OTOP 产品的销售带来困难。因此，泰国政府召集专家组建项目小组，进行手工艺品的市场开发咨询，依靠政府资源的运用，召集协会和上下游联系，从而使村民可以迅速建立往来，帮助卖家开拓市场销售渠道。同时，泰国政府组织技术人员研究开发专题网站①，并通过网络平台实现产品的快速交付。政府还组织技术人员开发和设计网站，通过网络平台实现产品的快速供销。政府通过本地和国际市场营销和分销来支持这一发展。②泰国的高校也参与 OTOP 项目开发并提供了科学发展的途径。③由于中央政府的政策扶持、王室的支持以及地方政府的及时响应，包括班塔威木雕在内的数个 OTOP 项目的开发开始取得一定的成功。

获得商业成功的 OTOP 产品根据其质量和文化价值被分为从一星到五

① One of the OTOP fast supply and marketing websites, http://www.thaitambon.com/.

② Murayama, H., & Son, K., "Understanding the OVOP Movement in Japan", *Significance of the Regional One-Product Policy*, 2012.

③ Kurokawa, K., "Effectiveness and Limitations of the One Village One Product(OVOP) Approach as a Government-Led Development Policy: Evidence from Thai One Tambon One Product (OTOP)", *Studies in Regional Science*, 2009, 39(4), pp.977—989.

星的不同级别。这也刺激生产商不断提高产品质量和竞争力,以保持其产品的高星级。当包括班塔威木雕在内的OTOP产品进入市场时,有两个主要的销售渠道。首先是在泰国市场,这些市场通常分为日间市场和夜市。第二类是由地方政府领导的贸易展览会,通常分为国内市场贸易展览会和国际市场贸易展览会。此外,在泰国的大型购物中心、机场和许多公共场所都存在OTOP特色商品展示。①该计划的目的是在展示泰国特色OTOP产品的同时创造更多的商机。

根据上述信息,班塔威木雕OTOP项目的生产组织形式是在政府高度干预的情况下,政府+大学+研究+生产的生产组织模式。

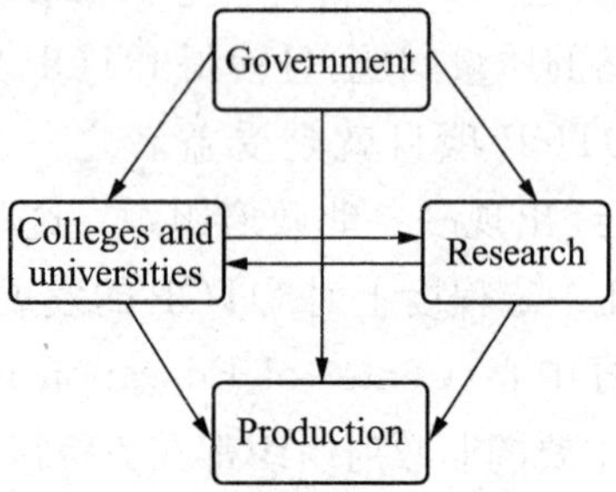

图10　班塔威木雕生产组织模式

五、讨论

通过分析中国和泰国的OVOP(OTOP)项目,该研究将使用治理图来确定影响两个项目发展的众多利益相关者,从而找出最高影响因子。通过对利益相关者的比较分析,本研究将试图展示该利益相关者在OVOP(OTOP)治理网络中可以发挥的积极作用,即该利益相关者的领导力机会和可能面临的负面影响(即挑战)。分析结果中影响因子最高的利益相关者将被视为提高领导力的对象,而如何提高该对象的领导力是回答本文诸研究问题的关键。

(一)剑川木雕OVOP项目治理图

根据以上信息的分析,在剑川木雕OVOP项目的发展中,不同的参与者在促进木雕产业发展中发挥了不同的作用。剑川县地方政府如舵手一般,根据宏观政策指导和上级政府行政指示,参与并积极调整了剑川木雕产业的发展。它

① Lakhanapipat, C., Smith, I., & Tubsree, C., "Leadership Development in the One Tambon One Product (OTOP) Scheme in Thailand", *HRD Journal*, 2016, 7(1), pp.36—46.

在建立内部和外部链接的同时又起到交互链接的作用，使整个行业朝着积极的方向发展。但是，在整个 OVOP 治理网络中，最重要的角色仍然是行业协会，它起着桥梁的作用，因为它是唯一与每个利益相关者直接互动的角色。

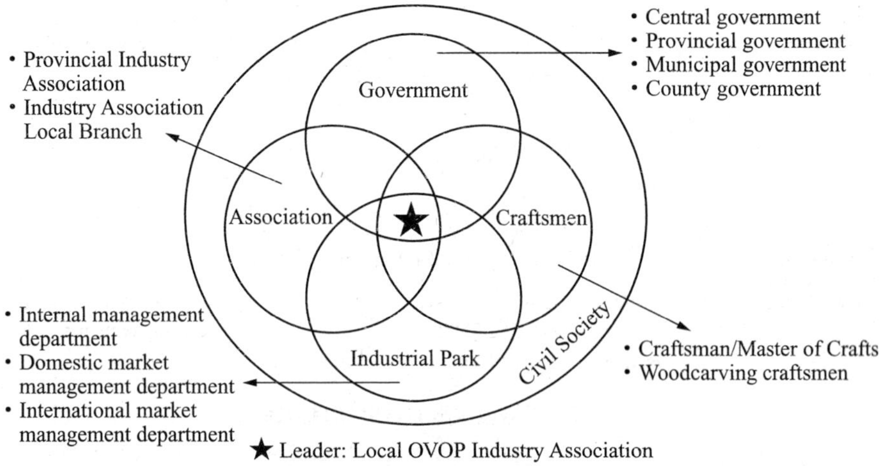

图 11　剑川木雕 OVOP 项目治理

（二）班塔威木雕 OTOP 项目治理图

在班塔威木雕 OTOP 项目的治理网络中，泰国君主是基于社区的手工艺概念的创造者和促进者，各级政府是促进者和传播者。从 OTOP 项目的启动到产品的生产、销售和推广，包括班塔威木雕业在内的大部分 OTOP 项目都表现出了对政府的高度依赖。可以肯定的是，这一结果取决于泰国行政体制的特殊性。因此，在班塔威木雕 OTOP 项目中，关键角色是区县级 OTOP 办公室（办事处）。这是因为这个行政部门不仅可以直接接触各个岗位的木雕匠人，还可以首先获得中央政府的相关政策指令或王室的相关信息。

通过比较中国和泰国两个 OVOP（OTOP）项目的治理地图，可以发现：

1. 在中国剑川木雕 OVOP 项目的发展中，最具影响力的因素是当地 OVOP 行业协会；

2. 在泰国班塔威木雕 OTOP 项目的发展中，最具影响力的因素是 OTOP 办公室。

两国的木雕技术都属于非物质文化遗产的范畴，因此两国在项目的开发上有着相同的目标，即在产品的生产中进行文化保护，抑或是生产性保护。

假设对中国和泰国 OVOP（OTOP）项目中影响最大的两个行动者来说，实现生产性保护是优化地方治理网络并助力两国乡村文化产业发展的首要目

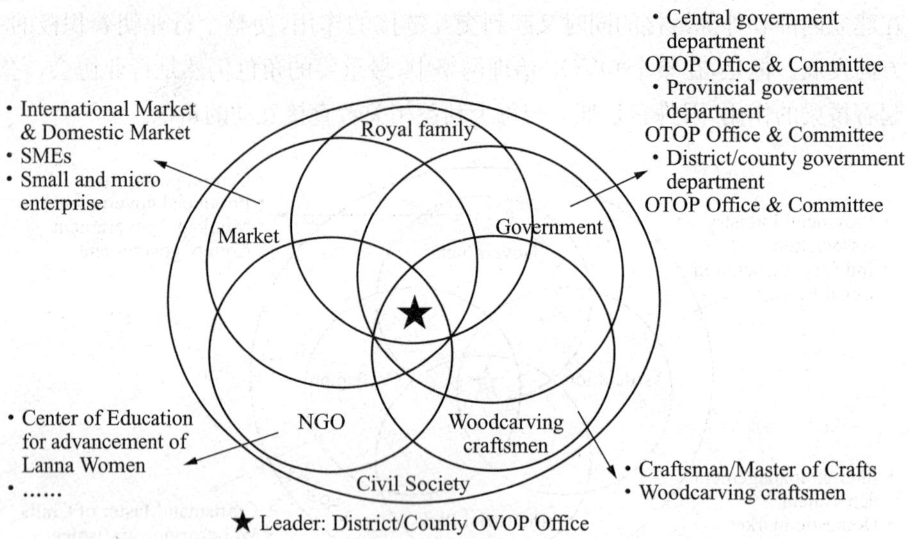

图 12　班塔威木雕 OVOP 项目治理

标，那么这个目标可以被视为一个领导力机会。因此，结合 OVOP（OTOP）项目的发展现状，两国的两个部门可能会迎来哪些机遇，同时又会面临哪些挑战值得关注和探讨。

（三）机遇与挑战分析

1. 状态：机械生产代替手工生产

剑川木雕和班塔威木雕都经历了现代机械设备进入生产的过程。机械生产在一定程度上节省了人力资源和时间。这也是行业规模扩大、集约化和标准化的必然因素。但是，如果将机械工艺添加到生产中，程度和方式不受控制，公司很容易选择完全机械化的雕刻方式以节约成本。随着时间的流逝，传统的雕刻工艺流程将逐渐消失。这是两国 OVOP（OTOP）木雕项目必须面对并解决的紧迫问题。

同时，机械带来的便捷生产方式也有益处。从小型工艺品到大型家具再到建筑物的一部分，木雕产品大小不一。根据产品的尺寸和价格，可以为不同材料、规格和用途的木雕产品建立不同的等级，并可以根据产品等级和市场需求确定售价。其中，产品价格也受人工参与程度的影响，即人工参与生产的程度越高，产品价格就越高。这样，根据市场需求，个性化的产品生产和产品定制不仅可以保证传统手工艺品制造技艺的流传，同时也可以保证生产效率。值得一提的是，每个企业如何选择手工参与生产的程度以及如何合理地对产品定价，都需要根据市场数据进行科学的定量分析。

2. 状态:市场国际化

如上所述,两国的 OVOP(OTOP)项目已推广到国际市场。泰国依赖各种展览,而中国则依赖工业园区。两国的项目都选择使用电子商务来在线推广其产品。这一系列举措使 OVOP(OTOP)产品更加国际化。对于具有各自国家传统文化的木雕产品,这是传播该国和民族文化的绝佳机会。

应当指出,开放的国际市场意味着可能存在的更多的文化冲突。有时文化碰撞为艺术创作带来了新的灵感,而有时也意味着文化特征的模糊化。例如,随着国际市场的开放,木雕产品的样式可能会发生变化。文化是一个国家的人民对历史的集体记忆,它需要保持其独特性和一定的历史性。针对这一问题,上述两个国家的 OVOP(OTOP)的主要参与者可以与研究机构和文化遗产保护单位合作,在一定程度上保护传统形式的木雕产品,从而确保传统雕刻的传承。

3. 状态政府干预程度

回顾中泰 OVOP(OTOP)木雕项目的发展状况,两国各级政府都不同程度地参与了该项目的开发,并产生了积极的影响。

不同之处在于,中国政府依靠各级行业协会来平衡各利益相关方之间的关系。在某种程度上,中国政府选择适当的权力下放。相反,泰国政府对 OTOP 木雕项目的参与程度更高,整个木雕行业更加依赖政府部门的干预。如果行业出现问题,政府的高度参与有利于及时进行调控。但相应地,这将导致行业将来无法完全预测市场这只“隐形的手”带来的不同程度的风险,因为政府对行业发展的干预意味着该行业与不断增长的市场之间有可能脱节。针对这一问题,上述两个具有高影响力的参与者应弥合行业与地方政府之间的鸿沟,并为双方之间的有效对话创造机会。

六、结论

本研究使用比较分析法从地方治理的角度分析了中国和泰国的两个 OVOP(OTOP)“一村一品”乡村文化产业手工艺项目。该研究的重点是两国的宏观经济政策和地方政府干预,以及内部生产组织结构的形式对项目发展的影响。在此基础上,文章列出了影响行业发展的主要利益相关者,并锁定影响因子最高的关键因子。同时,本研究试图从领导力机会的角度分析两个项目面临的机遇和挑战,并提出解决问题的一些建议。首先,根据机器和人工参与木雕产品生产的程度来设定阶梯价格。其次，充分发挥核心利益相关者的作用和影响，重视产品的国际市场，保护产品的文化符号。第三，可以根据治理图的分析结果确定利益相关者，以调整政府的参与强度。

Comparative Analysis of "One Village One Product" Rural Cultural Industry between China and Thailand from the Perspective of Governance Network

Liu Lingtong

Abstract: First successful in Japan in the 1970s, the One Village One Product (OVOP) community-based enterprise movement was quickly introduced by several countries. China introduced the One Village One Product movement in the 1980s, Thailand also introduced the OVOP project in the late 2000s, and named it the One Tambon One Product (OTOP, i.e., One District, One Product) program. The implementation of the OVOP project in China has introduced opportunities for the development of community-based small and medium-sized enterprises (SMEs) and for local residents in the OVOP industry, while enabling local governments to play a role in direct and indirect guidance of local public governance networks to promote regional economic development. The promotion of the OVOP movement in China and Thailand directly reflects the network management system, composed of local government and social forces, exercised through face-to-face cooperation. In this system, how the local government as the main direction has balanced the relationship between various stakeholders and thus exerted its own power to make the OVOP approach a long-term and effective means to develop the regional rural economy is worthy of investigation. Therefore, this study will compare and analyze two typical cases of the One Village One Product Project in China and Thailand, analyze the development status, trends and challenges of the OVOP project from the perspective of local governance, and try to explore ways to optimize its development.

Key words: local governance network; One Village One product movement; rural cultural industry

文创开发研究

第29卷

Commentary on Cultural Industry in China

基于品牌延伸的博物馆文化旅游与文创产品开发融合要义与路径*

中国传媒大学　张　奎

［内容提要］　博物馆文化旅游和文创产品开发的跨界融合逐渐成为常态，这根本上在于博物馆文化资源、文化创意和文化空间的融通性。品牌驱动下的博物馆文化旅游和文创产品开发融合，一方面是博物馆整体品牌构建和扩展的内生要求，另一方面也是社会领域品牌寻求内涵丰富、形象提升等的可行之路。博物馆文化旅游和文创产品开发融合有赖于一定的品牌强势度，且在品牌价值内涵、外显功能、新旧产品特质、受众群体特征等方面应具有较高的契合度或关联性。其融合模式及路径大致包括由博物馆文化旅游品牌延伸主导、由博物馆文创品牌延伸主导、由社会行业品牌延伸主导等类型，而在实践中尤其要坚守博物馆文化旅游资源开发的商业底线和切实维护文博文创品牌的优良声誉。

［关键词］　博物馆文化旅游；博物馆文创产品；品牌延伸；文旅融合

一、问题的提出

近年来，诸如“在家云游博物馆”的网络视频传播热、“故宫跑”的文物观展热、《国家宝藏》的文化综艺观看热、大英博物馆网店的文创购买热等新现象迭出，博物馆与短视频直播、旅游演艺、影视娱乐、创意设计、数字艺术等行业跨界融合态势日趋加强加深，尤其是在《关于推动文化文物单位文化创意产品开发的若干意见》《关于加强文物保护利用改革的若干意见》以及《博物馆馆藏资

* 本文系中国传媒大学中央高校基本科研业务费专项资金资助项目“中华优秀传统文化传承利用与短视频行业创新发展的互动机制研究”(CUC200D043)的阶段性成果。

源著作权、商标权和品牌授权操作指引(试行)》等促进政策和扶持举措的推动下,博物馆逐渐强化了旅游休闲、文创产品开发、文化教育体验、新媒体传播等服务能力。同时,博物馆在面向社会和市场的改革转型过程中,营销意识和品牌观念不断增强,着力凸显形象识别标志、文物展陈策划、文创产品设计等方面的特色,但博物馆文化旅游业与文创产品开发的品牌管理能力整体上仍较弱,两者的融合也缺乏品牌经营战略和策略上的高效运作,如何以品牌延伸理念助推博物馆文化旅游和文化创意产业的深度融合就显得尤为必要。

当前,有关博物馆文化旅游与文创产品开发融合的研究主要从动力、资源、产品等层面入手,相关研究成果集中在两大方面:一方面,从文化旅游融合的大框架下探讨博物馆创新发展、博物馆文化创意产业、博物馆文创产品开发等内容,如钱兆悦探究了博物馆如何融入文化旅游,认为要细分社会公众,引导公众体验美好生活,通过找准博物馆旅游定位打造文化景观,并指出博物馆文化创意产品成为公众体验博物馆的主要消费渠道①;另一方面,有研究成果直接探讨博物馆文化旅游与文创产品开发融合的基础、路径等,如姚璐针对博物馆旅游与文化创意产业结合,提出了变革博物馆旅游资源开发形式、改善旅游经营管理方式、创新旅游市场营销策略等举措②。然而,这些研究主要基于博物馆历史文化资源开发而提出博物馆旅游或博物馆文化创意产业发展的方向,对博物馆文化旅游业与文创产品开发融合的研究深度和广度还很欠缺。

"品牌延伸"自 20 世纪 80 年代提出以来就成为品牌领域研究的重要议题,其主要指在已有的成熟品牌基础上推出新的产品、服务或子品牌,以减少营销成本、降低市场风险和扩张市场空间。而从品牌管理或品牌延伸等角度对博物馆旅游、博物馆文创开发等进行研究极少,一般探讨博物馆及其文化发展中的品牌确立,主要分析博物馆在市场环境中面临的一些问题,如索菲娅·普萨(Sofia Pusa)、莉萨·乌西塔洛(Liisa Uusitalo)等探讨了艺术博物馆的品牌化和品牌标识识别的方法,指出在非商业领域提高博物馆的独特性和吸引力的管理理念③;再如张晋指出了博物馆的品牌化发展趋势,并分析了故宫博物院在活动举办、文创产品开发等方面的一些问题④。综合可见,现有研究对博物馆文化旅游与文化创意产品的品牌建设问题探讨不够,多是简单提出建

---

① 钱兆悦:《文旅融合下的博物馆公众服务:新理念、新方法》,《东南文化》2018 年第 3 期。

② 姚璐:《论博物馆旅游与文化创意产业的结合》,《遗产与保护研究》2017 年第 4 期。

③ Sofia Pusa, Liisa Uusitalo, "Creating Brand Identity in Art Museums: A Case Study", *International Journal of Arts Management*, Vol.17, No.1, 2014.

④ 张晋:《博物馆品牌化运用——以故宫博物院为例》,《文物鉴定与鉴赏》2018 年第 11 期。

立博物馆文化旅游品牌的意义和要求，并没有将博物馆文化创意产品开发和文化旅游品牌建设结合起来。基于此，本文立足于品牌延伸的理论视角，首先阐释博物馆文化旅游与文创产品开发融合的品牌化趋向，再次分析两者融合的品牌延伸要义，最后提出博物馆文化旅游和文创产品开发融合的品牌延伸路径。

二、博物馆文化旅游与文创产品开发融合的品牌延伸驱动

作为非营利性组织，博物馆及其产品的品牌化可以说是随着博物馆管理体制改革和发展战略转型而逐渐推进的，其不同于一般商业企业可通过纯粹的市场营销和经营策略来打造独特品牌，这本质上要求着博物馆的社会文化使命和公共服务担当。博物馆推出的有形或无形文化产品、旅游产品等是博物馆品牌建设的重要载体，而由于互动体验消费和数字媒体技术的快速发展，博物馆的品牌效应不断作用于博物馆文化旅游与文创产品开发的相互融合，同时也催生了具有博物馆特质的文化旅游品牌和文创品牌。

（一）博物馆品牌化的融合指向

新博物馆学视野下的博物馆高质量发展往往在于拉近其与馆内外人的关系、情感和文化距离，逐渐从“以藏品为中心”转向“以公众为中心”和“以管理服务为中心”①，并且博物馆在与社会环境交互中逐步探索自身的发展转向：在功能表现上，从文物藏品收集与研究转向立体的文化展示与知识分享；在展陈效果上，从历史记忆转向现实影响乃至未来启迪的向度；在游览感知上，从物文互证的认知和认同转向交互表达与生命体验。在这背后，一方面是博物馆在个人文化艺术创造力、区域文化竞争力、国家文化软实力中的重要性日益凸显，另一方面是博物馆受政策、社会和市场影响而增强了竞争和服务意识，这往往又综合体现在品牌资产管理上。博物馆品牌集中反映出博物馆文化发展基础、内部运营管理水平、外在形象认知情况以及社会公众影响能力，随着博物馆及其文化旅游、文创产品开发的品牌战略逐渐成型与实施，不再局限于单方面的文物形象保护、商标注册、标志图案设计等行动，更为主动地通过媒体渠道、业务服务、公共活动等促进品牌塑造和传播。随着互联网技术和数字

① 单霁翔：《从“数量增长”走向“质量提升”：关于广义博物馆的思考》，天津大学出版社2014年版。

技术的发展，通过随时随地交互的新媒体打造博物馆品牌形象成为一时潮流，如新浪微博的“约会博物馆”活动带动了很多博物馆的话题营销，北京故宫博物院、四川广汉三星堆博物馆等“网红”博物馆的短视频、卖萌图文、表情包等借助网络广泛传播，使得博物馆品牌的辐射面和影响力显著提升，更有力推动着博物馆文化与相关产业的融合发展。

对于博物馆来说，文化旅游和文创产品是其开发的两大业态。作为一种文化旅游或文物旅游类型，博物馆旅游主要通过对博物馆文化文物资源以及空间、设施、人才等资源的利用，以实体或虚拟的文化文物景观等满足于在场体验或在线观赏的需求，但这并非与日常生活的分离或对认同感的分割，因嵌入的特定观察方式或具身认知方式而呈现为主体日常生活的延伸或诗意生活的丰盈。①博物馆文化旅游主要依托于博物馆的场景跨界呈现、再现或表现能力，将文物原有属性及其时空背景通过展示、展演、交互等价值转化方式推向当下和未来，创新的展览和展示形式、创造的宣传和教育内容、创意的休闲和体验空间等实现着对普罗大众的精神满足和生活服务，毕竟以人为主体的博物馆的一切设施都是为人服务及为人增进幸福的②。同时，文化创意产品开发作为博物馆产业经营的另一种形态，主要立足于博物馆本身及其文化文物资源的衍生和再创造，这根本上是基于文物与人、文物与文物、人与人之间关系的情景融合建构，最终呈现为具有生活实用性、艺术创意性或休闲娱乐性的实体物质产品和数字内容产品。小而美的博物馆文创产品在很大程度上能够摆脱空间和时间的限制而被文化受众群体所购买和消费，游者借此也可将博物馆文化“带回家中”“进入心中”。

博物馆文化旅游和文创产品开发领域的相互交织、相互促进，关键上有赖于博物馆文化资源积累、文化创造和文化空间的融通性。博物馆拥有丰富的物质或非物质文化遗产，这是文化旅游业和文化创意产业发展的重要资源和载体；其也以思维理念、素材元素、精神品质、审美符号等影响着大众的创新创意，如台北故宫博物院在开展文化创意产业发展研习营、文创商品设计竞赛等活动时，会针对馆藏国宝文物的历史文化、艺术美学等进行解析，以激发设计师、艺术家的想象和创作。同时，博物馆文化旅游在产品研发、营销消费等环节上实现着与文创产品行业的融合，而这又集中体现在多领域的品牌跨界联

① Theopisti Stylianou-Lambert, “Gazing from Home: Cultural Tourism and Art Museums”, *Annals of Tourism Research*, Vol.38, Issue 2, 2011.

② 黄光男：《博物馆企业》，文化艺术出版社2011年版。

动上，尤其是随着博物馆品牌化经营、运作和管理能力的提升。

博物馆品牌促进形成博物馆文化旅游和文创产品融合的特色，而两者的融合又推动着博物馆品牌的打造和更新，并以多种营销和传播途径而生发出不同的博物馆文化旅游品牌和文创品牌。博物馆文化旅游品牌是指在博物馆文化旅游发展中形成的具有显著区隔、品质担保、价值赋予等功能的识别系统，受众通过体验博物馆提供的文化旅游产品或服务而获得知识增益、文化资本提升、情感满足或身份区隔，这既与以博物馆名称、标志、象征物、商标、口号等为主要构成的博物馆整体品牌相关联，如北京故宫博物院、上海博物馆、观复博物馆、建川博物馆群落、美国大都会艺术博物馆、法国卢浮宫等的名称书写或注册商标；在广义上也可细分为馆藏物品展陈、建筑景观、展览展演、活动项目、硬件设施、特色服务等子品牌，如苏州博物馆园林景观、梵高艺术展等可引起联想的标志性符号或象征性资本。作为博物馆或关联方经营的无形资产，博物馆文创品牌主要是在博物馆文创产品开发基础上形成的，一般呈现为由产品创意、包装设计、商标Logo、故事角色、装饰符号等元素组成的形象系统或知识产权，这既包括了实体文创产品或数字内容产品的品牌，也涵盖了在博物馆文创产品研发制作、市场营销等环节形成的设计团队、电商店铺等品牌。

（二）社会化品牌的外部融入

博物馆并不一定是博物馆文化旅游品牌或文创品牌及其资产的所有者，尤其是受产业融合扩张、互联网平台整合、社会资本介入等作用，博物馆相关品牌的所属主体或关联主体变得更加多元，且并不局限于文化旅游、创意设计等领域的企事业单位。一方面，博物馆及其所属的商业公司本身的经营范围和运作能力较为有限，博物馆文化旅游和文创产品开发普遍需要同上下游的赞助商、供应商、创意者、生产制造商、中介商、销售商等合作，比如大都会博物馆、维多利亚和艾尔伯特博物馆等在全世界范围寻找代理商、合作伙伴、商业机构等，以促进文化旅游活动开发和丰富文创产品体系，同时也借此开拓不同行业、不同区域和不同层次的市场空间；另一方面，在商业与人文不可分割的“新文创”时代，众多企业和组织既在品牌战略层面上强调鲜明的人文艺术韵味和正确的文化价值取向，也逐渐尝试通过与博物馆、文化遗产旅游地、文物保护单位等建立开放共享、合作共赢的文旅与文创发展机制。例如，腾讯与秦始皇帝陵博物院合作建设服务博物馆旅游的《你好，兵马俑》人脸识别系统、数字展厅等，开发企鹅与兵马俑结合的表情包以及知识问答小游戏“寻始皇赐官爵”“秦直道”等文化娱乐产品；再如，优衣库与纽约现代艺术博物馆合作将艺术家作品变成时尚潮品，与英国泰特美术馆合作举办装置艺术展等。

包括城市、企业、组织、个人、产品等在内的社会品牌向博物馆文化旅游、文创产品开发延伸有其必然性，这可从市场、产品、技术等变革上得以洞察。企业营销行为深受消费者行为和态度变化影响，随着新技术带来的变革，消费需求变得更具有社交性、文化性和故事性，由此超越物质目标、追求价值意义的人文精神营销时代逐渐到来。[①]消费者对产品需求的功能性驱动逐步让位于人文品位优先，消费品的属性结构也就日益融入更多的文化历史、流行艺术等元素，这就相应地彰显出作为文化艺术资源宝库的博物馆的地位。如在电商平台天猫上，海内外博物馆和各界知名品牌的合作变得日益频繁，越来越多的社会品牌与博物馆达成 IP 开发协议，从中也反映了商业企业机构期望通过与博物馆、美术馆的联合，借助有形或内化的传统文化融入，逐渐与消费者的精神、情感、思想等形成紧密连接，更好地探索差异化、个性化的发展定位，从而树立起具有一定文化内涵、思想底蕴和审美品位的品牌新形象。

三、博物馆文化旅游与文创产品开发融合的品牌延伸要义

从品牌延伸理论来看，博物馆文化旅游和文创产品开发融合既有赖于一方品牌定位度、知名度、美誉度等的优势或强势，也需要体现出博物馆文旅和博物馆文创的价值一致性、产品契合度、市场关联性，而这些含有文博元素的强势品牌或优良产品可来自博物馆本身、社会企事业单位等。

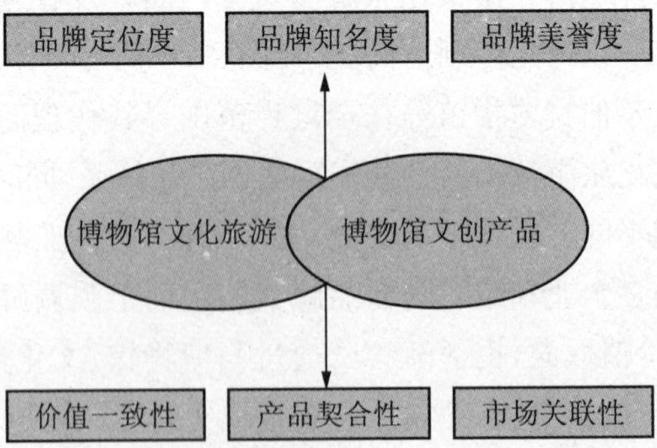

图 1　博物馆文化旅游与文创产品融合的品牌延伸要义

① [美]菲利普·科特勒等著:《营销革命 3.0》,毕崇毅译,机械工业出版社 2011 年版。

（一）融合之基：博物馆文化旅游或文创产品的品牌强势

成功的品牌延伸有赖于母品牌的优势地位，即由品牌力、品牌势能等指标显示的较高强势度，这涵盖了品牌定位度、知名度、美誉度等层面。[①]由于不同区域、不同行业、不同类型的博物馆具有独特的人文“天性”，且自带天然的美誉度，其文化旅游品牌凭借各自的馆藏展陈设计与特定展览策划而显示出较高差异性的定位，文化创意品牌又常借助大众传播和旅游参观而产生广泛的知名度[②]，这也就往往支撑着博物馆开展相关的品牌延伸活动。虽然不同规模和级别的博物馆的文化旅游品牌知名度和美誉度不尽相同，但博物馆以其良好的环境氛围、精品化展览内容、深层次文化开发、现代化管理服务等广受游客的青睐，相对于某些主题游乐园、休闲旅游区等文化旅游品牌而维持着较高水平的社会好评度。不仅大都会艺术博物馆、北京故宫博物院等国内外博物馆付费游览项目颇受欢迎，而且整个博物馆行业越来越对公众具有吸引力和号召力，“约会博物馆”“学在博物馆”已俨然成为文化旅游新时尚和文化生活新风尚。根据我国文化和旅游部（原文化部）所统计：我国博物馆接待观众从 2013 年的约 6.4 亿人次增加到 2018 年的 10.4 亿多人次，2019 年更是比 2018 年增加 1 亿多人次，增长将近 10%。同时，博物馆还需不断通过创新文化旅游和文化创意的产品形态、产品提供方式和服务形式，增加参观者、消费者等对博物馆关联品牌的兴趣度和新鲜感，如抖音联合中国国家博物馆、湖南省博物馆、南京博物院、山西博物院、陕西历史博物馆、广东省博物馆、浙江省博物馆等制作发布一系列“文物戏精”的短视频，刷新了公众对博物馆文化旅游和文创品牌的传统认识，线上线下的互动也在很大程度上增强了大众的黏性和好感，从这些博物馆的社交媒体账号的粉丝数量迅速增长而可见一斑。

此外，博物馆文创产品及其品牌打造涉及不同文化元素、不同消费对象、不同产业形态，文创新品牌对于不同的博物馆或在不同的发展阶段常表现出的品牌强度有所差别，如国家博物馆打造的“国博衍艺”文创品牌，在起步阶段时其影响力并不大，但通过与天猫电商平台以及天堂伞、巴黎欧莱雅等企业合作，不断提升整个品牌的强度，有利于向国家博物馆文化旅游产品的延伸。

（二）融合之义：博物馆文化旅游和文创产品的关联契合

博物馆文化旅游与文创产品的品牌延伸成功与否关键在于两者之间的契

① 薛可：《品牌扩张：路径与传播》，复旦大学出版社 2008 年版。

② 张子康、罗怡、李海岩：《文化造城：当代博物馆与文化创意产业及城市发展》，广西师范大学出版社 2011 年版。

合度和关联性，这既表现在品牌价值内涵和功能外显上，也体现在新旧产品、受众群体等特征中。博物馆文化旅游和文创产品开发均立足于人们切身的精神文化需求，其品牌传递着中国传统文化精神和优秀价值观念，而在载体上通过利用现代先进科技、创意设计手段让文化遗产显现生命力，由此对品牌的感知就既有传统的魅力也有时代的活力，并凸显出品牌的文化性、公益性和市场性特征。同时，博物馆文化旅游和文创产品的价值主张在某些层面具有一致性，两者触动的多是超越物质需求的感性利益点，尤其是博物馆文创产品在文化传播功能上联结着博物馆文化旅游和博物馆教育美育。而且，博物馆文化旅游和文创产品的受众群相似度很高，以少年、青年为中心向更广泛多元的大众扩展，这方面同程艺龙和同程旅游联合发布的《中国博物馆主题游消费趋势报告 2019》显示，博物馆主题游的游客群较为年轻，90 后占 43.2%，其中 95 后占 24.9%①；而根据天猫公布的《博物馆文创市场趋势洞察》数据显示，博物馆文创线上用户年龄结构中，90 后用户占比超过一半，并以 95 后居多。此外，博物馆文化旅游与文创产品产销的关联带动性强，这一般表现为博物馆的参观人次与在线商店访客量或文创销售额的正相关性，比如台北故宫博物院 2017—2018 年参观人次从 443.6 万人次降到了 386 万人次②，而包括纸胶带、钥匙圈、手机吊饰、文件夹等畅销品销量也不同程度下跌。

此外，各类行业的社会知名品牌往往具有高知名度和美誉度，通过产品选择、元素借用、定制设计等途径确立与博物馆文化和文博产品的契合点，由此以品牌强强联合向博物馆文化旅游或文创产品开发融入，如亚马逊 Kindle 转变了原有电子书阅读器保护套的设计风格，选择与其品牌价值观和产品理念相似的博物馆合作，联合大英博物馆、梵高博物馆、北京故宫博物院等文博品牌开发具有典型文艺风尚的阅读器保护套，内外兼修的设计让消费者从中体会到文字宝藏的厚重和灵魂阅读的美感。

四、博物馆文化旅游与文创产品开发融合的品牌延伸路径

基于品牌延伸和扩张，博物馆文化旅游和文创产品开发的融合不仅是原

① 郑洁琳、麦乐瑶：《文化旅游消费升温　博物馆主题游吸引“90 后”》，《南方日报》，2019 年 5 月 24 日，第 ZB08 版。

② AECOM & TEA：《2018 年全球主题公园和博物馆报告》，http://www.199it.com/archives/888679.html.2019-06-06/2019-06-30。

有品牌向新产品、新市场的扩张，更是通过品牌授权、品牌联合等方式实现的品牌重组和关联，以此推动实现博物馆品牌资产价值的积累和提升。根据主导品牌差异和产品延伸方向，以品牌延伸推动博物馆文化旅游与文创产品开发融合的路径可分为三大方面：从博物馆文化旅游品牌向博物馆文创产品开发延伸，从博物馆文创品牌向博物馆文化旅游产品开发延伸，从社会领域品牌向博物馆文化旅游和文创产品开发的一体化延伸，而在这些过程中均有赖于博物馆文化旅游品牌、文化创意品牌与社会品牌的市场协作和优势互补。

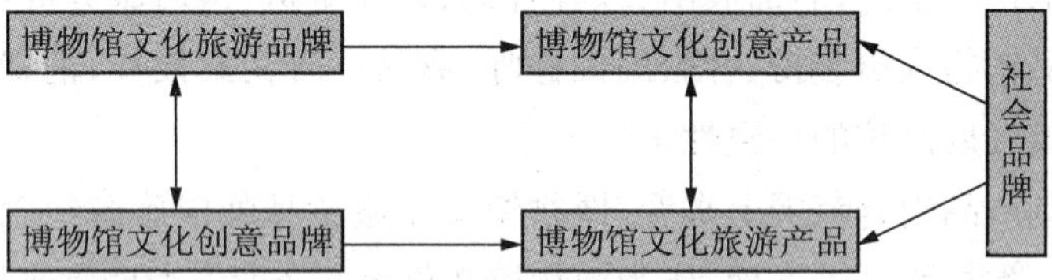

图 2　博物馆文化旅游与文创产品开发融合的品牌延伸路径

（一）基于博物馆文化旅游品牌延伸的文创产品开发

相对于博物馆品牌或博物馆文化旅游品牌，博物馆文创产品开发及其品牌建设往往依托于前者，很多博物馆将文创产品开发放置于博物馆整体品牌打造或文化旅游产业发展中，这有利于借助博物馆品牌的现存优势，通过一定的产业链延展推动品牌资产的保值增值。博物馆文化旅游品牌向博物馆文创产品开发的延伸，主要将博物馆自身品牌、展览品牌、文化服务品牌等扩展到文创产品开发上，在文博或文旅符号、商标、名称、IP 等下形成多条产品线或多类产品，如北京故宫博物院“千里江山——历代青绿山水画特展”、上海博物馆“丹青宝筏——董其昌书画艺术大展”等文博特展品牌往往联动开发衍生产品，将相应的山水书画元素或展览设计形象用于文具、服饰等文创产品开发中。从品牌名称延伸上看，博物馆文化旅游品牌延伸既可在单一品牌下推出与旅游消费相关或不相关的产品，如观复博物馆在“与古人对话，与文化同行”的品牌定位中，开发瓷器、摆件、紫砂壶等文创产品；也可根据博物馆实力、目标市场大小、产品独特性等形成多元品牌，如北京故宫博物院在原有“紫禁城”“故宫”等文化旅游品牌之外，打造了包括《皇帝的一天》《紫禁城祥瑞》等“故宫出品”品牌的系列 App，建设了定位于“来自故宫的礼物”的“故宫淘宝”及“传递紫禁城生活美学”的“故宫博物院官方旗舰店”等博物馆文创电商品牌。

从博物馆文创产品的整体概念上来看，博物馆及其文化旅游品牌延伸的对象包括核心产品、有形产品、附加产品、心理产品等层面。其一，购买和消费博物馆文创产品的核心在于其文化内涵和创意设计性，博物馆及其文化旅游产品的价值阐释可延伸为文创产品所具有的文化价值内涵和艺术审美符号，比如台北故宫博物院早前提出了“Old Is New”口号，并向大众推出融合古典与时尚的文旅形象，这在小乾隆茶器、莲花点心碗盘等文创产品上表现为雅致与清新、传统文化与现代审美交相辉映；其二，博物馆文化旅游品牌以外显或内隐方式贴合到文创产品及其包装中，如美国大都会博物馆的“M”标志印在商品上，甚至被单独销售；其三，博物馆文化旅游品牌形象或理念融入博物馆文创产品的市场推广、店面展示、顾客咨询、售卖寄送、售后服务等，这关键在于文创产品销售人员装扮、客服用词称呼、商品广告文案设计、消费流程体验等与博物馆气质品位的一致性。

从文创产品组合范围上来看，博物馆文化旅游品牌向旅游纪念产品线延伸并向多品类扩张。一方面，作为博物馆文化旅游产业下游的常规性的、较低附加值的纪念品开发，包括小件日用品、出版物、复制品、纪念币等物品的生产销售多满足于参观游客纪念留存的需求，这些产品在定价上常存在着低端、中端、高端的分异；另一方面，依托于博物馆文化旅游产品或品牌创造性开发不同品类的特色性文创产品，涵盖了生活旅行、学习工作、家居装饰、衣帽鞋服、文化休闲、美妆首饰、餐饮食品、影视传媒、数字娱乐等多个领域，在博物馆内外用于游客或民众的体验购买和消费享用，并可借助博物馆品牌影响力而实现全品类运作，如北京故宫博物院逐渐形成故宫娃娃、文具手账、故宫彩妆、家居陈设、书画产品、故宫饰品、故宫出版、故宫食品、故宫酒类等文创产品体系，并衍生出故宫游戏、故宫表情包、故宫皮肤、故宫影视综艺等数字文创产品，完善的产品组合发挥出强大的长尾经济效应。由于博物馆文化旅游不同的市场定位，根据文化旅游产品和参观群体特点可开发不同的博物馆文创产品系列，如在“大英博物馆百物展”上，大英博物馆、上海博物馆推出一系列与埃及文明相关的文创产品；再如东京国立博物馆以人物陶俑“跳舞的人们”为原型，设计了针对女性、儿童等的“陶俑袜”。

从经营模式上，根据博物馆文化旅游品牌所有者对文创新品牌是否具有完整所属权及其对文创产品经营主导程度，可分为自主经营、联合联盟、授权经营等模式，这在某种程度上反映出博物馆文化旅游跨界融合的发展程度。博物馆一般对独立研发或征集设计的文创产品具有品牌所属权和渠道主导权，这也是很多博物馆自主经营的选择。博物馆文创产品研发主要借助博物馆文化旅游品牌和社会品牌来共同打造联名型文创产品或品牌，包括博物馆与博物馆、博物馆与企事业单位、博物馆与个人品牌等联合开发和营销，如京津冀多家博物馆共同推出文创品牌“燕国达人”，陕西历史博物馆以馆企合作方式打造“唐妞”IP，雀巢与大英博物馆联名的新春红包、笔记本、礼盒，国家博物馆与肯德基、林俊廷等合作创作以《明宪宗元宵行乐图》形象元素为底本的新媒体互动屏等。关于品牌授权模式，其主要将博物馆文化旅游品牌的商标、图案、形象、专利等无形资产，通过直接或间接方式合法授予社会主体来从事文化创意产品开发制作活动，在博物馆文化旅游品牌、文物 IP 及品牌附属物支撑下，由被授权者研发销售文创产品。例如，腾讯文旅在敦煌研究院授权下推出“敦煌诗巾”系列，既有洛可可・洛客文创设计团队研发的丝巾，也支持大众基于莫高窟三兔共耳、九色鹿、反弹琵琶、百鸟朝凤等元素进行个性化定制，并可在腾讯文创平台“敦煌诗巾”小程序上选择购买。

（二）基于博物馆文创品牌延伸的文化旅游开发

博物馆或有关企业机构通过积极开发具有知识性、趣味性和故事性的博物馆文创内容、产品或服务，有意识或有条件地形成博物馆文创品牌的商标以及故事演绎型、二次元虚拟型等 IP，如浙江省博物馆的“文澜阁”图文、美国自然历史博物馆的电影《博物馆奇妙夜》、大英博物馆的小黄鸭、观复博物馆的观复猫、北京故宫博物院的故宫猫等。品牌化的博物馆文创产品、文创空间、文创项目可延伸出静态观赏、动态游览、活态沉浸等的产品形态，这往往在于从博物馆的文化内容或文化生活属性转变生成文化场景或文化体验属性，依托博物馆文创品牌开发出能够为市场认可接受的新型文化旅游产品，从而提升博物馆文创品牌的竞争力和吸引力，并为博物馆提供利益回馈①。

其一，博物馆文创形象或 IP 角色的立体化或景观化呈现，如秦始皇帝陵博物院与文创公司合作研发的 Q 版兵马俑“秦风小将”，凭借人工智能技术、人机对话等深受游客喜欢；其二，借助已有的博物馆文创品牌策划开发时尚活动、旅游节庆、文创市集等，如苏州博物馆在利用博物馆建筑与文物元素设计服装品牌的基础上，通过多国模特的展示打造了一场“型走的历史”时装秀活动；其三，结合博物馆文创品牌及其产品的特性进行旅游演艺创作，如北京故宫博物院和 QQ 音乐等联手打造了“古画会唱歌”文创项目，将大赛中的一些音乐作品在故宫进行表演，博物馆音乐文创品牌为游客观众带来视听的盛宴；其四，以博物馆文创品牌扩展出互动教学或多感官刺激的文旅体验产品，如作为敦煌石窟专门保护、研究和开发机构的敦煌研究院打造了文创品牌“念念敦

① ［美］凯文・莱恩・凯勒：《战略品牌管理》，吴水龙、何云译，中国人民大学出版社 2014 年版。

煌”，借此在一些博览会、展示中心等为游客提供一系列创意体验课程；再如故宫利用数字科技和互联网技术建设了故宫博物院端门数字馆，将一些故宫影视游戏品牌变成沉浸式的旅游吸引物。此外，博物馆文创商店通过租赁、授权或合作方式进驻城市商场、景区、交通枢纽等，整体塑造一处可供观赏、游览和娱乐的场所，使得具有旅游、商业等功能的“最后一个展厅”走出去，如陕西历史博物馆联合天猫新文创在大唐不夜城开设文创商店，依靠品牌号召力和网红打卡圣地的传播引来很多市民游客参观。

（三）基于社会行业品牌延伸的博物馆文化旅游与文创产品开发融合

从社会各方面品牌延伸角度来看，内容创意、文化传媒、网络平台、数字科技以及生产生活服务等领域品牌主体通过新媒介利用、新场景构建、新内容创作等，不断创新着博物馆跨界融合的模式和途径，并在强势主导和平台整合下推动着博物馆文化旅游和文创产品开发的共生化与品牌延伸的一体化。其一，拥有大型文化品牌的企业主导博物馆文物陈列、展览设计、研学教育等配套所需的文创产品及其软硬件开发，包括在场数字交互设计、智能连接网络内容、文博数据可视化展示等，如腾讯以数字和网络技术赋能博物馆打造的“博物官”品牌，能够为博物馆策划数字展览、语音导览、内容推广以及用户与文物三维互动、游览寻宝等提供服务支持，用户可边听边观展、边识别边分享，不断实现着博物馆线上文创内容和线下文化旅游的融合。其二，高科技品牌推动博物馆文化旅游和文创产品向场景虚拟化、多元化方向延伸，结合博物馆文化旅游实体打造在线的或移动端的数字体验内容，诸如谷歌、百度等开发的数字博物馆、融媒体文物展、3D 虚拟展厅等，这些越来越成为具有全场景在线游览、多元交互、游戏娱乐等丰富价值的文创品牌。其三，平台型的品牌化组织可在整合博物馆文创产品开发的人、财、物、技、艺、数据等基础上，在商场、餐厅、车站、公园等商业或公共场所推出审美性、趣味性的文博文创产品或文物文创内容，并以此作为引导博物馆文化旅游参观的入口或营销窗口。其四，媒体或设计行业的企事业单位借助自身品牌优势可构建文博新品牌，以博物馆短视频、影视综艺、休闲游戏、动画漫画、交互数字艺术、IP 形象物等文创产品为载体，转化打造文博类的文创体验工作坊、数字文创体验馆等。例如，央视纪录国际传媒有限公司作为文博综艺《国家宝藏》节目品牌方，凭借对各大博物馆的镇馆之宝前世今生的舞台呈现和媒体传播而成为知名的文创品牌，借此在“中国博物馆小镇”安仁打造了《国家宝藏》体验馆，以图文、影像、声音等多形式再现国宝文化故事，并建设了以国宝 IP 文创新品为卖点、以“此生无悔入华夏”为口号的《国家宝藏》“你好历史旗舰店”，在文化旅游和文化创意产品开发交互上推动文博内容品牌的破圈延伸。

五、结语

依托博物馆及社会行业品牌的延伸，博物馆文化旅游和文创产品开发的融合深度、广度和效度进展明显，在特定品牌定位下的博物馆文创产品组合或产品线得以丰富，博物馆旅游产业和文化创意产业链条在延展中更为健全，并且两者的融合释放出更大的经济效益和文化效益，反过来有力提升了博物馆品牌的市场价值和社会影响力。不过，博物馆文化旅游和文创产品的品牌延伸在实践中也可能出现一些问题与风险，诸如品牌调性和利益冲突、延伸产品品质低劣、延伸实效欠佳、品牌合作违约违规等，这就更需要坚守文化遗产保护机构和公共文化服务单位推进商业性经营的底线，加强对博物馆品牌授权合作的监督管理和效果评价，以此维护好博物馆及其文化旅游品牌、文创品牌的优良声誉。

The Essentials and Paths of the Integration of Museum Cultural Tourism and Cultural Creative Products Development Based on Brand Extension

Zhang Kui

Abstract: The cross-border integration of museum cultural tourism and cultural creative products development is more and more common, which is fundamentally due to the integration of museum cultural resources, cultural creation and cultural space. The brand-driven integration of museum cultural tourism and cultural creative products development is on the one hand an endogenous requirement for the overall brand building and expansion of museums, and on the other hand is a feasible way for brands in the social field to seek rich connotation and image enhancement. The integration of museum cultural tourism and cultural creative products development depends on a certain brand strength, and should have a high degree of fit or relevance in terms of brand value connotation, explicit function, product characteristics, audience characteristics, etc. The integration modes and paths include the extension led by museum cultural tourism brands, the extension led by cultural creative brands of museums, the extension led by brands in social fields and other types. In practice, it is necessary to stick to the business bottom line of museum cultural tourism resource development and to earnestly maintain the excellent reputation of the cultural creative brands.

Key words: museum cultural tourism; museum cultural creative products; brand extension; integration of culture and tourism

博物馆文化创意产品开发的影响因素研究*

电子科技大学　谢　梅
四川文化创意产业研究院　王世龙

［内容提要］　推进博物馆文化创意产品的开发，是让文物“活”起来的重要举措。本文以文博资源转换利用模式为分析基础，构建博物馆文化创意产品开发的命题体系，并采集国内外相关案例数据207个，开展Logistic回归模型分析。研究发现，博物馆文化创意产品开发受到文博元素类型、元素知晓度、创意设计特征、产品本体市场度等多个因素的影响，但功能一致性是博物馆文创产品开发的关键性影响因素。换言之，当文博元素功能与文化创意产品本体功能相一致的时候，二者能形成协同共振效果，促进开发的文化创意产品具有较高的市场好评度，受到社会大众的青睐，否则反之。研究结论对指导我国博物馆文创产品开发具有良好的理论应用价值。

［关键词］　博物馆；文创产品；开发；模式

一、问题的提出

习近平总书记强调，要对优秀传统文化进行创造性转化、创新性发展，让收藏在禁宫里的文物、陈列在广阔大地上的遗产、书写在古籍里的文字都活起来。我国文博资源存量巨大，文博资源传承着历史文化，维系着民族精神，是加强社会主义精神文明建设的深厚滋养。为指导博物馆文创产品开发实践，国家相继出台《关于推动文化文物单位文化创意产品开发若干意见的通知》（国办发〔2016〕36号）等多项政策文件，文创产品从虚拟概念具化为实物产品

* 本文系国家社科基金项目成果“文博资源转换利用的模式”（14BGL162）的研究成果。

的过程正在加速，正向着“多元化”升级，“流行化”趋势日益明显。

推进文博资源转换利用为文创产品，综合提升视觉、听觉、触觉、味觉、嗅觉的体验，为人民群众提供健康向上、丰富多彩的文化产品，是中华优秀传统文化实现创造性转化和创新性发展的重要一环[①]。近些年来，文博资源转换利用实践取得了一定成绩，但大量存量资源仍处于低水平利用、低效开发，甚至闲置状态，不少文博资源利用没有与当代文化相适应、与现代社会相协调，没有以人们喜闻乐见、具有广泛参与性的方式推广，没有把跨越时空、富有魅力、具有当代价值的优秀文化弘扬起来。

博物馆拥有独特的优势资源，如馆藏文物、资料及相应的知识产权等，便于以此为内涵进行精品化的文化创意产品设计开发，可带来直接的、巨大的社会效益和经济效益[②]。当博物馆“游客”转变为“顾客”时，博物馆发展的首要任务就是去调查、了解并满足顾客需求[③]。博物馆发展趋势是“一个大型商业集合体，一个多功能的殿堂，一个盛大华丽的宫殿，进而成为一个具有包容性的场所”[④]。定位变换引导着博物馆从“传统纪念品”向“文创开发”转变[⑤]，但博物馆资源利用和文化创意产品开发模式机理的系统专项研究相对薄弱。在此背景下，推进本研究开展具有重要的学术意义。

二、理论基础与变量提取

（一）理论基础

结构功能主义强调部分对总体发生作用，即部分以系统的方式结合在一起，以有序的方式相互关联，实现着整体性平衡和动态演化[⑥]。在推动博物馆转换利用过程中，开发市场青睐、人民群众喜闻乐见的文化创意产品，是转换利用环节中的重要一环。从结构功能主义的视角出发，博物馆资源转换利用为文创产品的过程，涉及文博精神内涵变化和形态载体变化，精神内涵和形态

① 谢梅：《博物馆如何参与“一带一路”文化建设》，《光明日报》，2017年6月6日。

② 孙晓琳：《浅析产品设计中的文化符号》，《艺术与设计（理论）》2008年第7期。

③ Zahava D.Doering, “Strangers, Guests, or Clients? Visitor Experiences in Museums”, *Curator The Museum Journal*, Vol.42, No.2, 2010, pp.74—87.

④ Awoniyi Stephen, “The Contemporary Museum and Leisure: Recreation as a Museum Function”, *Museum Management and Curatorship*, Vol.19, Issue 3, 2001.

⑤ 阴鑫：《中国博物馆文化创意产品开发研究》，河南大学2016年硕士学位论文。

⑥ 杜娜：《结构功能主义的社会整合效用分析》，东北师范大学2005年硕士学位论文。

载体分别以部分方式结合起来，通过内在元素关联形成崭新的结构整体，实现文化创意产品的开发。博物馆资源形态载体与文化内涵剥离、文博资源文化内涵与精神功能演化、文博资源精神功能与受众需求平衡、文博资源原有功能与新型功能耦合、文博资源复合功能与形态载体配置，从而带动文化价值向经济价值的转化①。

（二）变量选取

博物馆资源内涵呈现方式有人物、图形、文字、故事情节等“元素类型”，它们携带着不同的精神文化价值并发挥着不同的精神功能，这也是博物馆文化创意产品开发的立足点所在。博物馆资源随历史变迁，在社会层面有着不同“知晓度”，是考察这些文化内涵的重要因素。

当具备不同知名度的文化内涵融入文化创意产品开发过程中后，首先，文化内涵植入文化创意产品的创意特征直接影响文化创意产品的开发。因此，“创意设计特征”是影响文化创意开发的重要变量。其次，面对的是这些文化内涵与文化创意产品本体功能之间的相互作用。需了解文化内涵承载新功能是否与文创产品本体功能之间“相一致”。由此，考察功能间一致性成为推进文化创意产品开发成效水平的重要一环。最后，基于现代博物馆应当满足人们“实用性”需求的态势②，博物馆文化创意产品生成环节中，文化内涵依托于产品本体的形态载体，文创产品“产品本体市场化程度”直接制约着文化创意产品的实用绩效，影响着文创产品的好评度和销量。同时，配置形态载体后的市场流通文化创意产品受到价格、消费人群等因素影响，文化创意产品开发绩效等也会因此受到影响。价格、消费人群等也是影响文创产品开发的变量所在。

由此，在上述文博资源转换利用模型基础上，博物馆文化创意产品开发的相关变量选取如下：

X_1＝文博元素类型（A 形状图案、B 文字情节），即博物馆资源呈现的文化内涵；

X_2＝文博元素知晓度（A 高、B 中、C 低），即博物馆资源元素利用的社会知名度；

① 谢梅、何炬：《四川省博物馆资源开发利用的问题与成因——基于扎根理论的分析》，《当代文坛》2014 年第 6 期。

② Sharon Mac Donald，Gordon Fyfe，*Theorizing Museums：Representing Identity and Diversity in a Changing World*，Oxford：Blackwell，1996，p.346.

X_3＝创意设计特征（A 原有文字体验、B 增强艺术美感、C 创新体验形式），即植入元素到产品中的创意特征；

X_4＝功能一致性（A 一致、B 不一致），即文博元素功能与产品本体功能的一致性；

X_5＝产品本体市场度（A 高、B 中、C 低），即创意产品本体的市场化规模程度；

X_6＝价格（A 高、B 中、C 低），即开发后市场流通的文化创意产品价格；

X_7＝消费人群（A 大众群体、B 小众群体），即购买文化创意商品的人群分类；

Y_1＝产品好评度（A 高、B 低），即指文创产品的社会欢迎及好评程度；

Y_2＝销量（A 高、B 低），即文创产品的销售数量，其中以 200 为分界点；

在同等看待其他外部条件的前提下，X_1、X_2、X_3、X_4、X_5、X_6、X_7 是文博资源转换利用为文化创意产品的自变量，Y_1、Y_2 为文化创意产品开发结果的因变量。

三、数据采集与命题假说

数据形式主要以案例数据为主。首先，组建案例数据采集组，主要由硕博士研究生组成；其次，对案例数据采集组进行专业培训，重点说明采集案例的基础性要求，包括文博资源转换利用的特征（如文博资源相关的形状、人物、颜色、文字、故事情节等属性）和开发后文化创意商品的属性（包括文

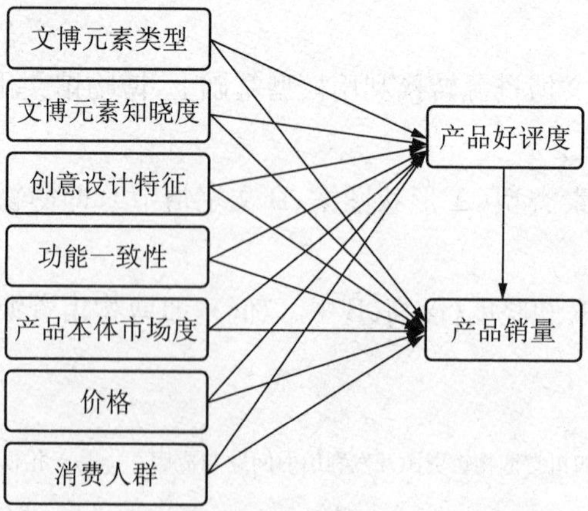

图 1　博物馆文化创意产品开发因素模型

化创意产品的价格、销量、评价状况等);最后,组建专家组,依据前述变量的内涵,对文博资源的主观指标进行评价,形成案例数据集。本研究通过实地调研和资料搜集方式,共采集国内外文博资源转化为文创产品的相关案例207个,涵盖全国31个省(市)自治区及少部分境外地区,经反复校对和调整,删除信息数据不完整案例后,使用全数据案例129个,开展模型构建和分析。

提出如下研究命题:

H1:在文博资源开发文创产品过程中,文博元素类型会对博物馆开发文创产品的绩效水平(产品好评度、销量)产生影响。

表1 命题H1的子命题

H1a:文博元素类型,对博物馆文创产品的产品好评度产生影响
H1b:文博元素类型,对博物馆文创产品的销量产生影响

H2:文博元素知晓度和产品本体市场度,两者均影响着文博资源开发文创产品的绩效水平(产品好评度、销量)。

表2 命题H2的子命题

H2a:文博元素知晓度,影响着博物馆文创产品的产品好评度
H2b:文博元素知晓度,影响着博物馆文创产品的销量
H2c:本体市场度,影响着博物馆文创产品的产品好评度
H2d:本体市场度,影响着博物馆文创产品的销量

H3:消费人群、创意设计特征两类因素影响着文博资源开发文创产品的绩效水平(产品好评度、销量)。

表3 命题H3的子命题

H3a:消费人群,影响着博物馆文创产品的产品好评度
H3b:消费人群,影响着博物馆文创产品的销量
H3c:创意设计特征,影响着博物馆文创产品的产品好评度
H3d:创意设计特征,影响着博物馆文创产品的销量

H4:功能一致性、价格两类因素影响着文博资源开发文创产品的绩效水平(产品好评度、销量)。

表 4　命题 H4 的子命题

H4a:功能一致性,影响着博物馆文创产品的产品好评度
H4b:功能一致性,影响着博物馆文创产品的销量
H4c:产品价格,影响着博物馆文创产品的产品好评度
H4d:产品价格,影响着博物馆文创产品的销量

H5:产品好评度,作为其他影响因素的中间变量,影响着文博资源开发文创产品的销量。

表 5　命题 H5 的子命题

H5a:产品好评度,影响着博物馆文创产品的销量
H5b:产品好评度,作为中间变量,影响着博物馆文创产品销量

四、实证分析

使用专业统计分析软件进行分析。首先对案例数据进行描述分析,在推进文博资源利用开发文化创意产品中,基本情况有:(1)使用形状图案 87 个、文字情节 42 个;(2)元素知晓度高 69 个、中 45 个、低 15 个;(3)创意设计特征中,原有文字体验 9 个、增强艺术美感 70 个、创新体验形式 50 个;(4)功能一致 116 个、不一致 13 个;(5)产品本体市场度高 80 个、中 33 个、低 16 个;(6)价格低 59 个、中 53 个、高 17 个;(7)消费人群大众 106 个、小众 23 个;(8)产品好评 80 个、一般 49 个;(9)产品销量高 78 个、一般 51 个。

(一) 相关性检验的前置分析

考虑本研究案例数据转化为等级数据和类别数据,故而采用 Spearson 系数相关检验法,分别将产品好评度和销量两个因变量加入进去,经统计检验分析发现:

1. 文博元素类型、消费群体与博物馆开发文创产品绩效水平之间并未呈现出显著的相关关系。换言之,文博元素类型与博物馆文创产品好评度、销量相关系数不显著,相关检验 P 值分别是 0.688、0.595,均大于 0.05;消费群体与博物馆文创产品好评度、销量相关系数不显著,P 值分别是 0.198、0.329,均大于 0.05。

2. 博物馆文创产品的销量,与"本体市场度、创意设计特征、功能一致性、价格"四类开发因素均显著相关,其中,相关检验 P 值分别是 0.000、0.006、

0.000、0.000，均小于0.05。

3. 博物馆文创产品好评度，与“元素知晓度、本体市场度、创意设计特征、功能一致性、价格”五类开发因素均显著相关，其中，相关检验P值分别是0.030、0.000、0.006、0.000、0.000，均小于0.05。

4. 文博元素类型、元素知晓度、创意设计特征三者之间的相关系数显著，相关检验P值均小于0.05。产品好评度、销量与价格三者之间的相互关系显著，相关检验P值均小于0.05。

（二）基本假设命题检验的Logistic模型分析

考虑到因变量为二分类变量，采取Logistic回归方法，以文博资源开发文创产品绩效水平（产品好评度、销量）为因变量，以“文博元素类型、元素知晓度、创意设计特征、功能一致性、本体市场度、价格、消费人群”七类开发影响因素为自变量，进行逻辑回归建模分析（模型参数见表6），结果发现如下：

表6　好评度回归方程中的变量

		B	S.E,	Wals	df	Sig.	Exp(B)
步骤1*	元素知晓度	1.078	0.399	7.302	1	0.007	2.940
	创意设计特征	1.120	0.341	10.806	1	0.001	3.066
	本体市场度	1.044	0.366	8.128	1	0.004	2.840
	价格	−0.787	0.376	4.389	1	0.036	0.455
	功能一致性	4.398	1.241	12.565	1	0.000	81.305
	文博元素类型	1.522	0.626	5.917	1	0.015	4.580
	常量	−10.238	2.476	17.101	1	0.000	0.000

* 在步骤1中输入的变量：元素知晓度，创意设计内容，产品市场度，价格，一致性，借用元素。

表7　销量回归方程中的变量

		B	S.E,	Wals	df	Sig.	Exp(B)
步骤1*	价格	−1.759	0.527	11.125	1	0.001	0.172
	产品好评度	4.383	0.693	40.049	1	0.000	80.109
	常量	0.889	0.853	1.084	1	0.298	2.432

* 在步骤1中输入的变量：价格，受欢迎评价程度。

1. 除消费人群（X_7）之外，文博元素类型（X_1）、元素知晓度（X_2）、创意设计特征（X_3）、功能一致性（X_4）、本体市场度（X_5）、价格（X_6）六类因素，均对博物馆文创产品的好评度产生着显著影响(显著性水平 0.05 以下),根据回归结果表,特构建下属 Logistic 回归模型:

$$Logit(P_{Y_1}) = -10.238 + 1.522X_1 + 1.078X_2 + 1.12X_3 + 4.398X_4 + 1.044X_5 - 0.787X_6 \quad (1)$$

其中,功能一致性(X_4)与博物馆文创产品好评度之间的回归系数最大,为 4.389,并且对应的 OR 值为 81.035。因此,从分析结果上来看,相比其他变量,功能一致性发生的概率越大,博物馆文创产品好评度高的概率就越大,即博物馆文创产品更容易受到社会大众的认可与热爱。

2. 仅有产品好评度(Y_1)和价格(X_6)两个因素影响着博物馆文创产品的销量(Y_2),即产生着显著影响(显著性水平 0.05 以下),根据回归结果表,特构建下属 Logistic 回归模型:

$$Logit(P_{Y_2}) = 4.383Y_1 - 1.759x_6 \quad (2)$$

其中,产品好评度(Y_1)与博物馆文创产品销量之间的回归系数最大,为 4.383,并且对应的 OR 值为 80.109。因此,从分析结果上来看,相比价格而言,产品好评度有绝对优势,产品好评发生的概率越大,博物馆文创产品销量高的概率就越大,即博物馆文创产品的销量会更高。

3. 从回归方程(1)和(2)的分析结果,结合相关检验结果数据,两者对比发现,有两处不一致地方。第一,文博元素类型与博物馆文创产品好评度,虽然两者并不显著相关,但两者存在显著的影响关系,分析原因在于,文博元素类型作为中间变量(譬如调节变量),与其他自变量进行交互作用,进而影响着博物馆文创产品好评度。因此,文博元素类型对博物馆文创产品的产品好评度产生影响,假设 H1a 成立。第二,博物馆文创产品的销量与"本体市场度、创意设计特征、功能一致性、价格"四类开发因素均显著相关,但加入博物馆文创产品好评度后,仅有价格因素仍显著相关。由此可见,博物馆文创产品好评度可作为"本体市场度、创意设计特征、功能一致性"的中间(替代)变量,影响着博物馆文创产品销量,故而研究命题 H5b 成立。综合而言,得出以下结论:假设 H1a 成立,但 H1b 不成立;H2a 和 H2c 成立,但 H2b 和 H2d 不成立;H3c 成立,但 H3a、H3b 和 H3d 不成立;H4a、H4c 和 H4d 成立,但 H4b 不成立;H5a 和 H5b 成立。

4. 文博元素类型、元素知晓度、创意设计特征三者之间的相关系数显著,可以说,三者直接围绕文博资源的转换利用元素及方式,存在着相互作用。同时，价格作为重要因素，既影响着产品好评度，又影响着产品销量。再次，产品好评度作为博物馆文创产品开发众多因素的中间变量，以通道形式影响着博物馆文创产品的销量。

五、主要发现

第一，功能一致性是文博资源转换利用为文创产品的关键所在。在利用博物馆元素开发成为文化创意产品过程中，利用元素涵盖文字、故事、图案、形状、情节、人物等，无论哪一种元素，当元素功能与文化创意产品本体功能相一致的时候，二者方能形成共振效果，促进最终开发的文化创意产品具有较高的好评度，受到社会大众的青睐。

文博元素功能与产业本体功能间的相一致，强调的是一种功能上的协同共振，既可以为功能方向上的一致，也可以是功能协同上的一致。功能方向上的一致，譬如说，文博资源元素如果利用的是花生的形状，则要求形状的功能与文化创意产品（饼干）的本体功能相契合，从元素形状图案上能够增强文化创意产品的本体功能（食用）。功能协同上的一致，譬如说，文博资源元素如果利用的是"守望"文字情节，则要求文化创意产品（玫瑰花）本体功能相协同，从文字情节上能够增强文化创意产品的本体功能（示爱）。

文博资源功能与产品本体功能间的相一致，并不涵盖两种方向截然相悖的功能、以及两种毫不相干的功能。方向截然相反的功能，譬如说，当一种文博资源元素的功能是引导人民戒酒，而产品本体功能是引导人们饮酒时，那么二者之间则为功能方向截然相悖，不利于开发出好评度高的文化创意产品。毫不相干的功能，譬如说，当一种文博资源元素的功能是引导人们节约节俭，而产品本体功能是引导人们保暖时，那么二者之间则为功能不相干，这不利于开发出好评度较高的文化创意产品。

第二，产品市场度影响着博物馆资源转换利用为文创产品。文化创意产品的市场化程度直接影响着文博资源转换利用为文创产品的效果水平。换言之，在产品市场化程度较低、不受社会大众青睐时，无论利用文博资源的何种元素、无论文博资源元素的何种利用方式，均会制约着文化创意产品开发的好评。譬如说，一个质量堪忧的甚至环保低效的家具产品，无论借用何种文博资源元素，均不能大幅提高文化创意产品开发的市场好评度。

第三，创意设计特征影响着博物馆资源转换利用为文创产品。在利用文博资源元素植入文化创意产品的过程中，或配置以原有文字体验，或增加艺术美感，或创新体验形式，作为创意设计特征，均影响着文博资源转换利用为文化创意产品。相反，如果利用文博资源元素的过程中，没有采用关联的创意设计特征，甚至采用了相悖或不相干的创意设计特征，则不利于文化创意产品的开发，制约着文化创意产品的好评。

以创意设计特征的“原有文字体验、增加艺术美感、创新体验形式”为分类，进一步细化阐释，就原有文字体验而言，譬如说，把养生文字体验植入餐饮用具。就增加艺术美感而言，譬如说，把古兽神鸟图案形状植入科幻动漫游戏开发角色。就增加创新体验形式而言，譬如说，把文博历史典故植入影视剧情创意开发。

第四，文博元素类型及知晓度与创意设计特征关联，共同影响着博物馆资源转换利用为文创产品。文博元素类型（文字、形状、图案、人物、故事情节等）、元素知晓度（高、中、低）、创意设计特征（原有文字体验、增强艺术美感、创新体验形式）三者之间相互关联，共同影响着文博资源转换利用为文创产品。换言之，采用何种文博元素、元素知晓度高与低、采用何种创意模式，均影响着博物馆文创产品的市场好评度。

当文博资源元素的知晓度高、且文博资源元素与创意设计特征相呼应时，譬如说，作为知晓度高的文博元素——雍正皇帝手迹“朕知道了”，以原有文字体验形式植入胶带，助力提升文化创意产品的市场好评度。相反，若文博元素知晓度低，且元素类型与创意设计特征相悖，效果相反，譬如采用并无知晓度的旧时药囊，增强艺术美感植入爱马仕包设计中，因旧时药囊知晓度低，且元素类型和创意设计特征两者之间无呼应，无疑将限制文化创意产品（包）的市场好评度。

第五，文博元素类型、元素知晓度、创意设计特征、产品本体市场度是博物馆文创产品好评度高的必要非充分条件，功能一致性是博物馆文创产品好评度高的必要充分条件。在利用文博资源元素转换开发成为文化创意产品过程中，文博元素类型、元素知晓度、创意设计特征、产品本体市场度、功能一致性均是制约因素。但是，仅有文博元素类型、元素知晓度、创意设计特征、产品本体市场度，不足以带来文化创意产品的好评；相反，离开了这些因素，文博资源元素开发出的文化创意产品无法获得较高的好评度。进一步而言，当文博元素类型、元素知晓度、创意设计特征、产品本体市场度发挥正面影响时，仅当文博资源元素植入功能与产品本体功能存在功能一致性时，文博资源才能转换开发成为具有较高好评度的文化创意产品。

第六,价格因素从反方向影响着文博资源转换利用为文创产品。价格因素在一定程度上影响着文博资源转换利用为文创产品,虽然影响程度相对其他因素而言较小,但影响方向为反方向。换言之,博物馆文创产品的价格越高,在一定程度上越不利于提升博物馆文创产品好评度,从而制约文博资源转换开发成为文创产品。

第七,博物馆文创产品的销量大小,受到价格、市场好评度两类因素的影响,但相比之下,市场好评度是影响博物馆文创产品销量的第一因素。在利用文博资源开发转换成为文化创意产品的过程中,博物馆文创产品的销量仅与自变量价格和市场好评度呈现出显著相应关系。这揭示出,价格、市场好评度两类因素影响着博物馆文创产品的销量水平。因博物馆文创产品销量与价格呈负相关,市场好评度与销量呈正相关,故可以说,价格越低越利于博物馆文创产品的销量提升;产品好评度越高越利于博物馆文创产品的销量提高。

从博物馆文创产品开发 Logistic 回归模型结果可以看出,产品好评度变量对应的 OR 值为 80.109,而价格变量对应的 OR 值为 0.172。对比之前,前者远大于后者,因此可以说,产品好评度是影响博物馆文创产品销量的第一要素。譬如说,当价格因素和产品好评度二者呈现相同变化趋势时,如产品好评度上升、价格上升,则产品好评度将发挥更大的作用,推进博物馆文创产品的销量提升,从而可抵消价格上升所引发的博物馆文创产品销量下降幅度。

第八,文博资源转换利用为文创产品过程中存在着多层交互作用。在博物馆资源转换利用为文化创意产品的过程中,采用 Logistic 回归模型分析发现,元素类型、元素知晓度、创意设计特征三者之间,以及价格、产品好评度、产品销量三者之间,均存在着多层次的交互作用,除此之外,还受到体制机制、政策法规等相关外部因素的影响制约①,这在一定程度上降低了逻辑回归模型预测的效度。未来待增加样本量,对多层交互关系进行深度梳理分析,深化博物馆文创产品开发的机理认识。

① Awoniyi Stephen, "The Contemporary Museum and Leisure: Recreation as a Museum Function", *Museum Management and Curatorship*, Vol.19, Issue 3, 2001.

六、结论

准确把握博物馆文化创意产品开发，科学推进文博资源转化为文化创意产品，是让文物“活”起来的科学路径和有效路径。本文探索了博物馆文创产品开发的机理规律，研究指明，博物馆文创产品开发受到文博元素类型、元素知晓度、创意设计特征、产品本体市场度等多个因素的影响，但其核心环节在于“功能一致性”，即文博元素功能与产品本体功能的一致性，当文博元素功能与文化创意产品本体功能相一致的时候，二者能形成协同共振效果，促进开发的文化创意产品具有较高的市场好评度，这对于指导博物馆开发文创产品和文创企业转化利用文博资源，具有十分重要的实践指导价值。文创产品存在着精神价值导向，不仅需要考虑博物馆文创产品开发的市场绩效，还需要评估博物馆文创产品的文化取向，本文未把文化价值纳入文创产品开发研究中，这是不足之处，展望后续研究，尚待并重文化属性和市场属性，探索博物馆文创产品开发的研究，推进中华优秀传统文化创造性转化创新性发展。

Research on Influencing Factors of Cultural and Creative Product Development in Museums

Xie Mei　Wang Shilong

Abstract: It is an important measure of making cultural relics come alive which promotes the development of cultural and creative products of museum. Based on the analysis that utilizes the model of cultural resource, the paper puts forward a proposition system for the development of cultural creative products, by collecting 207 relevant case data at home and abroad, and carries out a logistic regression model analysis. The study finds that the development of cultural and creative products in museums is influenced by many factors such as the type of museum's cultural elements, the popularity of the elements, the characteristics of creative designs, and the marketability of the product body. However, functional consistency is the key factor influencing the development of cultural and creative products in museums. In other words, when the functions of museum's cultural elements are consistent with the functions of the main body of the cultural and creative products, these two can form a synergistic resonance effect, and promote the favorable reception of the developed cultural and creative products by the public, and otherwise the opposite will take place. The research's conclusion is of high theoretical application value for guiding the development of cultural and creative products in Chinese museums.

Key words: museum; cultural and creative products; model of development

文化产业人才培养

第 29 卷

Commentary on Cultural Industry in China

生命周期理论视阈下韩国文化产业人才培养体系研究*

山东工商学院　朴京花

［内容提要］　尊重生命规律，注重全过程、整体性发展的生命周期理论为人才培养提供了适切的理论支撑。韩国的文化产业人才培养，基于生命周期理论，将教育阶段分为基础教育、高等教育、社会教育三个阶段。三者各有侧重、有机融合，为韩国文化产业的发展作出了巨大贡献。借鉴韩国的经验，结合国内情况，首先要确立文化人才培养的全民全程教育理念，并通过各层级教育机构的有效衔接和全社会融合互动的机制来优化育人环境，形成可持续、闭合型的人才培养模式。

［关键词］　文化产业人才；生命周期理论；全民全程教育；韩国；课程分析

文化产业，创意为本、人才为王。我国要从文化大国升级为文化强国，其中一个关键因素是复合型创意人才的培养。但现阶段我国的文化产业人才培养主要依靠高等教育，这种只注重供给端，且以专业化、小众化、精英化为特色的教育无法满足文化产业"文化性"积累的诉求，无法形成社会公众深度参与文化供给、消费和创新的社会氛围，无法解决供给不均衡、消费不充分的结构性矛盾。要解决这个问题，首先要正确把握文化产业的本质内涵。

文化产业是文化科技融合型产业，兼具经济属性和社会属性。从文化产业人才培养的角度来讲，文化产品独有的"文化性"特征要求生产者与消费者具有较高的文化能力，具体指生产者的"编码"能力与消费者的"解码"能力。

* 本文系山东省社科规划研究专项"山东省级人才工程优化匹配国家级人才工程路径探析"(18CRCJ03)的阶段性成果。

而这种能力主要通过教育和训练得到培养，是一个长期的、循序渐进的系统工程，具有累积性和漫长性的特点。在这个意义上，以人为本，强调上游干预，注重全过程、整体性发展的生命周期人才培养方法与这一诉求高度契合。

近年来韩国文化产业发展迅速，成就可圈可点，尤其值得关注的是全面广泛而高水平的文化人才培养模式。韩国在文化产业人才培养方面注重科技文化融合型人才的培养，注重学历机构和非学历机构的均衡发展，强调社会资源与院校资源的优势互补和全民教育。这些举措为韩国文化产业的发展提供了强力支持，是值得我们借鉴的重要经验。

鉴于此，本文引进生物学的生命周期理论，将人才培养分为形成期(基础教育)、成长期(高等教育)、成熟期(社会教育)三个阶段，从韩国经济、社会发展的综合性视角把握文化产业人才培养的模式，揭示韩国文化产业发展的人才因素，进而为我国文化产业人才培养提出建议。

一、生命周期理论与文化产业人才培养

生命周期本质上是指生物的出生、成长、衰老到死亡的过程。生命周期理论利用生物生命周期的思想，将对象从其形成到消亡看成是一个完整的生命过程(运动整体性)，而对象的整个生命过程因其先后表现出不同的价值形态可划分为几个不同的运动阶段(运动阶段性)。在不同的运动阶段中，应根据对象的不同特点，采用不同的措施。①

人才，具有生物体的生命特征和存在的有限性，其成长阶段兼具连续性和特殊性。因此，在人才培养的各个阶段，应按照对象的不同特点，采用不同的教育方式和措施。生物生命周期通常分为出生、成长、成熟、衰退四个阶段。人才培养和生物生命周期具有共性，其基本思想是利用生物类比的方法划分人才培养的各阶段，采取相应的措施。由此可见，尊重生命规律，注重全过程、整体性发展的生命周期理论对于人才培养兼具理论适切性和现实指导意义。②

韩国的文化产业人才培养政策始于20世纪90年代后期。当时，韩流文化刚刚兴起，韩国政府为及时输送产业振兴急需人才，对产业状况进行了大量

① 朱晓峰:《生命周期方法论》,《科学学研究》2004年第6期。

② 朴京花:《基于文化资本理论的文化产业人才培养——对韩国经验的借鉴》,《山东大学学报(哲学社会科学版)》2019年第6期。

的实地调查和研究，发现了人才培育体系不健全、培养模式不规范、继续教育机制缺失等问题①，并根据调查结果不断调整相关政策。2002 年，在“文化内容教育机构现状调查”中，韩国政府首次提及文化产业人才的重要性。2004 年，韩国文化内容振兴院颁布《文化内容人才培养综合计划》，这是首个综合研究文化产业人才培养的文件。该文件将文化产业链分为企划—创作—开发—制作—流通—维护管理等六个类型，并强调在职核心人才培养的重要性。②其后，2008 年 2 月颁布的《文化内容人力培养中长期综合政策方案》首次提出了生命周期人才培养方案。该方案引入生命周期理论，依据人才成长特点，将文化人才培养分为潜在人才、预备人才、在职人才和生产型消费者四个阶段，并根据各阶段的特征实施针对性的教育培训。此后，韩国政府相继发表一系列相关政策来加快教育课程的开发，加大财政支援，并将教育培训对象逐步扩大到所有年龄层和社会阶层。2013 年，韩国文化产业人才培养将全体国民纳入培训范畴，并贯穿人的一生，确立了以生命周期理论为基础的全民全程教育理念。

综上，随着韩国文化产业的发展，文化人才培养走进了政策视野，人才的定位从满足产业链需求的“工具”性角色提升为尊重自身特点和价值的“主体”性角色。人才开发，只有肯定了人的主体地位，才能从“他律性开发”转变为“自律性开发”。这种转变，不仅克服了人的异化，而且有利于产业的可持续发展，是人才政策思路的重大转变，也是符合创意产业本质要求的举措。

文化产业人才培养，按照个体在生命周期不同阶段的成长规律和特点，可分为形成期、成长期、成熟期、衰退期四个阶段。形成期是文化产业概念的产生、形成阶段，旨在培养青少年的潜在创意能力，由基础教育来承担。成长期是文化产业知识技能迅速积聚时期，培养对象为大学生及准备进入文化产业领域的预备人力，由大学、研究生院等高等教育机构来承担。成熟期是专业知识体系和实践能力趋于完善和规范的时期，培养对象为文化产业在职人员，由社会教育机构来承担。衰退期是知识结构逐渐老化、观念趋于定型的时期。此阶段大部分人员面临创新能力逐渐下降、满足于现状的问题，一部分成果突出的优秀人才，已从被培养者转变为培养者，完成了角色的转换。因此，本文摒弃衰退期，将研究聚焦在前三个阶段。

① 张蕾、丁凤熙：《韩国文化产业人才政策的特点及启示》，《文化产业研究》2016 年第 3 期。

② 朴京花：《基于文化资本理论的文化产业人才培养——对韩国经验的借鉴》，《山东大学学报(哲学社会科学版)》2019 年第 6 期。

二、韩国基础教育阶段的文化产业人才培养

文化产业人才培养的各阶段有机结合，相互作用。加西亚(Garcia)和格吕阿(Gruat)认为，生命周期中的关联性主要表现为一些特定阶段的问题会在后一阶段重新出现，并影响到其后续阶段的机会①。基础教育阶段与个体对文化产业产生概念和兴趣的形成期对应，如何以兴趣导向的方式培育青少年的创意能力是此阶段的关键所在。

文化产业本质上属于创意产业，创意是一种创新的活动，从根本上来讲是无法进行直接传授的，但是创意能力、态度和动机可以通过培养获得提升。在思罗斯比的文化产业同心圆模型中，艺术产业居于中心位置，其他产业位于环绕中心的一些层或圆上，随着创意思想的传播，同心圆不断向外扩张，涵盖了更加广泛的生产领域。②这里所说的艺术产业，指音乐、舞蹈、戏剧、视觉艺术、视频艺术、多媒体艺术等创意积聚领域，是文化产业的核心部分，也是基础教育阶段需要重点培育的部分。在中小学开展艺术启蒙教育的重要性不必赘述。20 世纪 60 年代，一场“媒体教育运动”在欧洲迅速开展。1999 年，英国电影协会发布《电影的作用》等一系列具有重要意义的文件，在理论和实践方面都取得令人信服且可供借鉴的成果。

谈论基础教育阶段的文化产业人才培养，首先要明确区分作为学校正规课程的艺术教育与旨在培养文化产业预备力量的文化艺术教育。艺术教育是指音乐、美术等中小学传统课程，虽然有助于学生培养艺术素质，激发灵感，但从文化产业人才培养的角度看，其涉及领域窄，且无法体现文化、科技、产业相融合的产业特点，所以无法满足培养文化产业融复合型人才的需求。鉴于此，2005 年韩国发布《文化艺术教育支援法》，制定文化艺术振兴计划，并设立专业从事文化艺术教育的非学历机构—韩国文化艺术教育振兴院(Korea Arts & Culture Education Service，以下简称文艺振兴院)。

基于资源互补的原则，韩国基础教育阶段的文化艺术教育采取学校与文艺振兴院协同完成的形式，具有以下特点(见表 1)。一是教育对象广泛，涵盖基础教育阶段所有层级的学生。不仅包括幼儿到小学、初中、高中的在校生，

① 陈银娥、高思：《社会福利制度反贫困的新模式——基于生命周期理论的视角》，《福建论坛(人文社会科学版)》2011 年第 3 期。

② [澳]戴维·思罗斯比：《经济学与文化》，王志标、张峥嵘译，中国人民大学出版社 2015 年版，第 123 页。

还有专门针对参加完高考的高三毕业生的文化艺术培训，旨在通过文化艺术抚慰学生的心灵，使其找到更加适合自己未来的发展方向。二是教育内容丰富，涉及领域广。大众化是文化产业区别于纯粹艺术的最显著的特点。只有大众化的文化产品，才能拥有大量的文化号召力，构成吸引大众关注的“注意力”，才有可能获得盈利，促进产业的发展。[①]因此，基础教育阶段的艺术教育作为大众文化的启蒙教育，首先要让学生广泛涉猎文化产业的各个领域，起到知识启蒙、欣赏启蒙、制作启蒙的作用。三是兴趣导向的教学方式。文化产业的“创意产业”特点和青少年时期的智力特点，要求此阶段运用兴趣导向的方法，重点培养创意能力，加强青少年的现场动手能力。因此多采用体验型、社团型的教学方式。

表1　2019年韩国基础教育阶段文化艺术教育项目及内容

支援项目	对　　象	内　　容	支援范围
学校艺术讲师制度	小学、初中、高中、特殊学校	(1) 涉及国乐、戏剧、电影、舞蹈、动漫、工艺、摄影、设计等8个领域 (2) 开展各种创意体验、社团活动	共派遣5 158名讲师，支援8 481所学校，讲授1 418 884课时
幼儿文化艺术教育支援	3—5岁幼儿、幼儿园教师	(1) 适合幼儿的文化艺术教育 (2) 教师培训、咨询	支援全国17个市、道（省）的公立幼儿园
“想象展翅”高三学生文化艺术教育支援	高三或已参加完高考的学生	(1) 包括文化艺术所有领域 (2) 以艺术抚慰心灵，提高文化艺术涵养	共支援5 384名学生

三、韩国高等教育阶段的文化产业人才培养

高等教育阶段属于人才培养的成长期。此阶段是文化产业知识技能迅速积聚时期，具有专业化、小众化、精英化的特点。中韩两国高校的文化产业人才培养，皆始于21世纪初，但在发展路径与模式上各具特色。下面从两方面探究韩国文化产业管理专业的特色。

一是对“故事产业”的重视。在韩国，文化产业被称为内容产业。据2009

① 曹宏、刁艳飞：《文化创意产业视野中我国艺术人才培养的问题与对策》，《山东社会科学》2016年第3期。

年颁布的《内容产业振兴法》,"内容"是以符号、文字、图形、色彩、音频、视频构成的资料或信息;"内容产业"是指创造经济附加值的内容或从事内容制作、流通、使用的产业,其范围包括音乐、电影、电视、角色、动画、游戏、漫画、出版、广告等。这些领域大部分是韩国的优势领域,也是"韩流文化"的代表产业。相较文化产业,内容产业的概念强调了基于数字信息化传输渠道的内容产品①。用内容产业来统筹规划文化产业的具体领域,具有两个重要意义。首先,这是韩国国家、社会和国民借鉴西方发达国家发展模式,并依据自身优势对文化产业进行选择与集中的结果。其次,凸显了"内容"在文化产业中的核心地位。内容产品价值的关键所在是原创性、差异性和不可替代性。②对韩国来说,挖掘韩国独特的精神性、文化性内涵的素材内容,讲好与韩国人的文化、生活息息相关的"故事"是推动内容产业发展的内生动力,也是走向世界舞台的制胜法宝。因此,韩国称挖掘故事性内容为"故事产业",并把它定义为"根基产业"。高校的文化产业管理专业在课程设置上也普遍重视讲故事能力的培育。如韩国建国大学文化内容专业为了培育学生的讲故事能力,在课程设置上做了有步骤、有重点的安排(见表2)。大学一、二年级以理论课为主,加强对人文艺术基础素养的培育;三、四年级以实战练习、实习、课题相结合的方式,培育学生开发故事、制作故事、数码化的能力。

表2 韩国建国大学讲故事能力培育相关课程

区　分	课　　程	授课形式
大学一年级	创意的转换,互动内容研究,艺术内容研究,影像内容基础	理论
大学二年级	韩国文化内容分析,影像内容分析,数码故事的理解,古希腊罗马神话研究,文化技术研究,西方古典内容,东方古典内容,数码人文学入门,社交网络内容,讲故事技巧研究,城市文化内容研究	理论、实习
大学三年级	人文感性认知数据分析方法论,VR、AR讲故事能力实战练习,圣经与讲故事,艺术内容企划实习,数码故事实习等各种实习	实战练习、理论、实习
大学四年级	文化理论深化研究,VR、AR创作课题,文化内容企划制作课题,VR、AR企划制作课题等	实习、课题、论文

① 向勇:《文化产业人力资源开发》,湖南文艺出版社2006年版,第15页。
② 董鸿英、熊澄宇:《大格局中的丝绸之路文化产业发展:历史与当代的视角》,《文化产业评论》2015年第2期。

二是数码内容专业的设置。韩国高校的内容专业分两大系列，系列一是人文社科方面的文化内容专业，课程设置体现“人文＋经营管理”或“人文＋艺术企划”的专业特点；系列二是理工方面的数码文化内容专业，课程设置体现“数码技术＋人文”或“数码技术＋经营”的专业特点。前者与国内大学的“文化产业管理”专业基本一致，以培养具有宽阔的文化视野、扎实的人文知识且掌握现代产业理念和经营技能的复合型文化产业人才为目标。后者则是韩国特有的专业形态，是依托“CT”（Culture Technology，文化技术）概念的产物，旨在培养感性与理性相结合、人文与科技相结合的“跨界型”创新人才。“CT”概念于1995年由韩国科学院的元光渊教授首次提出，当时受到韩国内容产业界的广泛关注。不仅韩国各地高校纷纷开设数码内容专业，产界、学界和科研界也共同设立了“CT”产业人才培养委员会，负责培养计划的制订、协调和改进。经过十多年的共同努力，如今“CT”概念早已成为指导韩国内容行业人才培养的基本理念，在理论、教学实践上积累了丰富的经验。从表3可见，韩国大学内容专业的课程由人文艺术学理论模块、科技与制作应用模块、文化管理与营销模块和实践实习构成。其中，科技与制作应用模块在数码内容专业中占40％以上，在人文内容专业中占比也超过15％。此外，韩国大学内容专业还非常重视实践实习。通常从大学二年级开始安排实践实习，旨在通过对文化企业的持续观察，使学生深入了解项目运作流程，提高学生创意创新转化为实践的能力。

表3　韩国文化产业管理专业课程设置

学　　校	专业类别	课程模块			
		人文艺术学理论模块	文化管理与营销模块	科技与制作应用模块	实践实习
韩国外国语大学	人文内容	23.3％	53.5％	15.1％	8.1％
韩信大学	人文内容	29.8％	31.9％	17％	21.3％
汉阳大学	数码内容	18.9％	32.4％	40.5％	8.2％
庆熙大学	数码内容	11.1％	5.6％	59.3％	24％

四、韩国社会教育阶段的文化产业人才培养

一直以来，我国的文化产业人才培养未能打破条块分割式的培养模式，未

能从“精英”教育走向“大众化”教育。学历教育集中于大学教育，非学历教育集中于文化产业领域的高层，广大民众得不到近距离接触文化艺术、享受高质量教育的机会。加上长期以来对文化意识形态的过分强调，大众对文化产业的认知停留在“娱乐”的浅层意义上。因此，大力发展社会教育，提高国民文化艺术素养，丰富文化土壤，是充分发挥人的主体能动性、培育文化产业内生动力的关键。

社会教育是生命周期人才培养在专业领域纵深发展和大众化领域横向拓展的结果。一方面，社会教育阶段的在职教育属于文化产业人才培养的成熟期，承担着核心专业人才的培养；另一方面，社会教育通过对广大受众的文化艺术教育增加大众的文化资本存量，有利于提高大众对文化产业的认知和参与度。

（一）在职教育

在职教育属于生命周期人才培养的成熟期。经过基础教育和高等教育阶段的孕育和发展，个性突出、业务精湛的文化产业人才开始脱颖而出，对教育的专业化、细分化提出更高的要求。但文化产业是轻资产、重创意型产业，产业结构上以中小型企业居多，企业自身的培训力量尚不成熟。加上该产业的知识更新速度非常快，因此专业人才的培养，尤其是核心人才的培养不能只依靠企业，应积极发挥政府的主导力量。

表 4　2018 年韩国文化艺术教育振兴院在职专业人才培养项目

目　　标	培训方式	课　　程	课程数/培训人数
内容创意人才培养	专业人才技能强化培训	文化艺术基础课程、文化艺术企划课程、公共文化机构培训负责人课程等	117 门课程，3 485 名学生
	特别主题强化培训	创意艺术课程、技术融合课程、各类艺术体裁专业深化课程等	
产业经营人才培养	国内外专家联合培训	专题讲座、全球文化艺术教育探访项目、国际交流网络建构项目等	21 门课程，456 名学生

在韩国，内容创意人才和产业经营人才是文化产业紧缺型人才，其培训任务由文艺振兴院这一政府下属的综合型社会教育机构来承担。从表 4 可见，在职教育课程包括专业人才技能强化培训、特别主题强化培训、国内外专家联

合培训三大模块。其目标：一是重视技术与文化的融合，培养与时俱进的复合型人才；二是基于韩国外向型经济的特点，培养通晓国际惯例、掌握跨国经营的国际型人才。为了培训的有效性，文艺振兴院每年对项目进行评估，淘汰效果不佳的项目，开设创意艺术课程、技术融合课程等能够反映文化产业领域最新科技成果和动向的课程。2018 年，振兴院共开设 138 门课程，培训了近 4 000 名专业核心人才。

（二）对社会各阶层的教育

对社会各阶层的教育对象包括：家庭、一般市民和社会弱势阶层（见表 5）。这是韩国建立文化产业可持续生态体系的重要环节，也是全民教育理念在实践层面的具体实施。家庭作为社会有机体的核心构成单位，是个体积累文化资本的初始环境。具有良好文化氛围的家庭，有利于个体在日常生活中自然习得文化能力，还能对社会文化生态的构建起到积极影响。2012 年，韩国中小学全面实施双休日制度。以此为契机，韩国在全国各地建立“梦之小屋”周六文化学校。文化学校的课程涉及建筑、手工艺、舞蹈、文学、美术、摄影、戏剧、影像媒体、设计等领域的 934 门课程，以体验式、交互式、师徒式的授课方式，让学生和家长利用周末感受“艺术的想象，娱乐的快乐”。2018 年，培训人数达到 42 598 名，是深受家长和青少年喜爱的文化项目。

除了家庭教育，针对一般市民和社会弱势阶层的教育也是韩国文化艺术教育的重要组成部分。这是文化民主主义理念在实践层面的具体体现。文化民主主义是韩国文化福祉政策理念，提倡向所有国民提供学习和体验文化艺术的机会①，旨在丰富文化艺术的根基，培养文化产业可持续发展的内生力量。从表 5 可见，市民自愿参加遍布全国各地的文化艺术社团，接受免费培训，并通过公演、汇演的形式自发地进行艺术创作和文化表达。福利院收养人员、孤寡老人、失学儿童等社会弱势阶层，同样可以享受由文艺振兴院指派工作人员讲授的文化艺术教育，其课程具有分类细致、内容设计独特、针对性强的特点。综上，对社会各阶层的文化艺术教育，很好地体现了将所有国民纳入文化艺术教育体系，充分发挥受众的创意能力，将文化产业的发展建立在文化整体发展之上的全民教育理念。

① 《외국의 문화예술교육프로그램에 대한 분석연구：미국，영국，핀란드，일본을 중심으로》，《예술교육연구》,2010(2)。

表 5　2018 年韩国文化艺术教育振兴院的社会教育项目

培训对象	名　称	课程数	内　容	培训人数
家庭	"梦之小屋"周六文化学校	934 门课程	建筑、手工艺、舞蹈、文学、美术、摄影、歌舞剧、戏剧、影像媒体、音乐、传统游戏、设计	42 598 名
一般市民	市民艺术社团	980 门课程	舞蹈、音乐、乐器、美术、摄影、戏剧等	11 883 名
社会弱势阶层	儿童福利院培训 老年福利院培训 残疾人福利院培训	310 门课程 320 门课程 410 门课程	国乐、舞蹈、美术、戏剧、电影、音乐、摄影等	596 家福利院收养人员
	老年人影像媒体制作	16 门课程	老年人亲自制作内容并交流	（暂不详）
	文化艺术治愈项目	74 门课程 24 门课程 22 门课程	校园、家庭暴力受害者治愈； 预防老年痴呆治愈； 轻微心理、精神创伤治愈	740 名 240 名 220 名

五、提高我国文化产业人才培养的对策建议

我国文化产业发展尚处于初期阶段，缺少历史总结与实证检验，要想短时间内发展文化产业，不妨积极借鉴国外的先进经验。在借鉴国外先进经验时，既要考虑两国的文化接近性，又要考虑产业发展阶段的接近性。这两者的近似度越高，先进经验移植存活的概率就越高。在这一点上，韩国无疑是一个很好的研究对象。中韩两国都属于文化产业赶超型、后发型国家，并且两国文化同源、交流历史悠久、文化折扣率低，韩国文化产业发展道路中所探索出的经验与成果，对我国具有现实借鉴意义。具体建议如下。

（一）注重上游干涉，加强基础教育阶段的文化艺术教育

《2018 教育部工作要点》强调了学校美育与艺术教育的重要地位。2018 年末，教育部、中宣部联合公布《关于加强中小学影视教育的指导意见》，这一系列文件的发布表示青少年文创人才的培养已引起政府层面的高度重视。

我国基础教育阶段的文化艺术教育面临双重难题。一方面，中小学生的学业压力普遍大，艺术教育在实际教学中处于弱势地位，这些因素阻碍了青少年艺术素养的培养和积累。另一方面，高校在艺术教育人才的培养过程中存

在重技能轻学术素养的现象，导致中小学艺术类教师艺术基础知识和艺术审美水平不足，很难满足新时代文化科技融合型教学的要求。以影视教育为例，虽然教育部积极鼓励将影视教育纳入中小学课程，但是在大多数影视课程中，教师的作用仅仅停留在播放影片、简单和学生交流观后感的层面，无法做到作品鉴赏、视听语言分析、内容制作和产业链分析等更专业、更深入的教育。因此，建议借鉴韩国的经验，引进学校艺术讲师制度。各层级教育部门以文化产业诸领域具有较深理论素养和较多实践经验的人员为对象，进行针对性培训，对考核合格者发放艺术讲师资格证书。这些讲师根据辖区内中小学提出的课程申请，定期讲授相关领域的课程，也可以通过与中小学教师的合作，丰富和深化学校既有的艺术类课程。

（二）明确人才培养目标，优化高校文化产业管理本科专业课程体系

鉴于文化产业的文化＋科技＋产业的特性，高校文化产业管理本科专业的课程通常要包括以下三个部分，即人文艺术学理论模块、科技与制作应用模块和文化管理与营销模块。人文艺术学理论模块培养学生的人文艺术素养，提高文化产品设计开发的创意能力和审美能力。科技与制作应用模块培养利用科学技术将创意转化为创新型产品，实现文化产品的产业化的能力。文化管理与营销模块培养敏锐的市场洞察力、熟悉跨国经营的能力与实现文化商品流通的能力。可以说，这三个模块是文化产业的产业链与人才培养的专业链的有机结合，是“文化作品—文化产品—文化商品”的阶段性的培养方式，其对应的人才培养目标是文化创意人才、技术创新人才和经营管理人才。那么在本科阶段能否培养出同时具备这三种能力的复合型人才？显然，这是非常困难的。因为文化产业涉及领域广、学科跨度大，加上我国的文化产业发展历程短，理论和实践层面的积累均严重不足，所以尚未建立较为完善的人才培养体系。目前我国复合型人才培养的重点应放在研究生阶段，本科阶段的重点要放在具有文理融合思维能力的专业型人才培养上。

为此，各大学文化产业管理专业要在依据自身优势和市场需求确定人才培养目标的基础上，合理安排课程三大模块的比例，最终确定课程设置。比如，根据国内高端技术创新人才严重不足的情况，以信息技术为强项的高校可充分发挥自身优势，结合国内产业需求，开设文化科技或数字艺术类专业，并且要处理好“深”与“博”、“专”与“通”的辩证关系，在突出科技与制作应用模块的同时，合理分布人文艺术学理论模块、文化管理与营销模块和实践实习的比例，使学生既要达到某一领域的精深，又要在其他领域具有较强的适应性。

（三）建立综合型社会教育机构，大力发展社会文化艺术教育

系统论是生命周期方法的理论基础①，其基本原则是整体性。系统论将研究对象看成一个完整的生命周期过程，将其分为有机联系、相互制约的几个阶段，反对孤立研究其中任何部分及仅从个别方面思考和解决问题。我国的文化产业整体上处于产业成长期，具有产业制度不够完善、国民文化底蕴普遍薄弱的特点。因此，迫切需要建立综合型的社会文化艺术教育机构来统筹部署对广大受众的教育培训。建议政府成立中国版的文化艺术教育振兴院，整合资源、服务社会、注重对国民创意才能的培养。在具体措施上，应大力推行网络教育、提供免费讲座、鼓励创新、保护知识产权等，通过多管齐下的方式动员全社会力量，早日实现文化产业的"大众创业，万众创新"。

人才学家王通讯早在 1997 年就提出整体性人才开发理论，指出人才开发有三个不同层面：一是微观开发，指家庭教育和学校教育层面的教育性开发；二是中观开发，指用人单位实施的使用性开发；三是宏观开发，指国家的政策性开发。薛永武在此基础上进一步强调人才开发是一个完整的系统工程，并将整体性人才开发细分为四个层面，即国家的政策性开发、工作岗位的实践性开发、家庭和学校的培养性开发、个人的自我开发。整体性人才开发理论的核心在于"整体性"②，强调了动员全社会的力量开发人才、培养人才，这一理论与韩国的全民教育理念有着殊途同归之意。只有把文化产业人才培养提高到整个国家人才战略的高度进行统筹规划，充分调动文化产业界和学术教育界的能量，面向市场、面向消费者，文化产业才能真正成为支柱型产业，走向世界。

Study on the Personnel Training Mode of Korean Culture Industry under the Visual Field of Life Cycle Theory

Piao Jinghua

Abstract: The life cycle theory, which respects the rule of life and lays emphasis on the entire process and wholeness development, provides the germane theoretical foundation for talent cultivation. Korea's culture industry personnel training, based on the life cycle theory, divides the edu-

① 朱晓峰：《生命周期方法论》，《科学学研究》2004 年第 6 期。
② 薛永武：《文化产业人才资源开发》，北京大学出版社 2016 年版，第 2 页。

cational phase into three phases, consisting of basic education, higher education and social education. Each of three has its own emphasis, with organic integration between each other, which has made enormous contributions to the development of Korean culture industry. Drawing on the experience of Korea and combining with the domestic situation, first of all, we shall build up the all people and the whole procedure educational concept on cultural talent cultivation, in addition, optimize the environment for cultivating talents by means of the effective convergence of educational institutions at all levels and the mechanism of the integration and interaction of the whole society, so as to form a sustainable and closed personnel training mode.

Key words: culture industry personnel; life cycle theory; all people and the whole procedure education; Korean; course analysis

从"文化产业管理"到"文化经济管理"

——文化产业管理专业设置的演变、问题与建议*

西南民族大学　马　健

［内容提要］ 文化产业管理专业同时肩负着为文化事业和文化产业培养高级管理人才的历史使命与时代重任。但文化产业管理这一专业名称不足以全面而准确地涵盖文化事业和文化产业。建议教育部在"管理学"学科门类下开设"文化经济管理类"一级学科，下设3个二级学科，即"公共文化服务与管理""文化企业经营与管理""文化创意与艺术管理"，从而推动高校的文化经济管理人才培养，为文化产业的高质量发展提供强大的动力和不竭的源泉。

［关键词］ 文化产业管理；文化经济管理；专业设置；人才培养

党的十八大报告明确提出"推动文化产业成为国民经济支柱性产业"。党中央的这一重大战略部署既是增强我国文化软实力的重要目标，也是推进社会主义文化强国建设的重要内容。党的十八大以来，我国文化体制改革不断向纵深推进，文化产业增加值占GDP的比重逐年提高。根据国家统计局公布的统计数据，2018年，我国文化产业实现增加值38 737亿元，较2004年增长10.3倍。从2005—2018年，我国文化产业增加值年均增长18.9%，比同期GDP现价年均增速高出6.9个百分点。文化产业增加值占GDP的比重由2004年的2.15%提高到2018年的4.30%，在国民经济中的占比逐年提高，地

* 本文系教育部人文社会科学重点研究基地四川师范大学巴蜀文化研究中心重大项目"四川文化和旅游发展指数研究"(BSWHZD20-02)、全国商科教育培训科研"十三五"规划课题"新时代文化产业管理专业学科建设与人才培养研究"(SKKT-19001)和西南民族大学中央高校基本科研业务费专项资金项目"民族地区'农文旅'融合发展推动乡村振兴研究"(2020SYBPY06)的阶段性研究成果。

位日益重要。[①]在文化产业向国民经济支柱产业迈进的过程中，人才依然是我国文化产业发展面临的主要短板。从高等教育的角度来看，文化产业人才问题的解决，则在很大程度上直接取决于文化产业管理专业的准确定位与优化设置。

一、文化产业管理专业设置的演变

1992 年 10 月召开的党的十四大不仅总结概括了建设有中国特色社会主义理论的主要内容，而且明确提出了建立社会主义市场经济体制的改革目标。构建适应社会主义市场经济要求的文化体制，不仅需要按照十四大报告的部署，“积极推进文化体制改革，完善文化事业的有关经济政策”，而且需要培养一大批“懂艺术、善经营、会管理”的文化事业管理人才。文化行政部门从“办文化”向“管文化”转变的文化体制改革，对文化事业管理人才的培养提出了新的要求。

1993 年 7 月，为了适应我国经济、科技和社会发展需要，国家教育委员会（今教育部）对 1987 年颁布实施的《普通高等学校本科专业目录》进行第二次修订。在文学（专业代码：05）学科门类的艺术类（专业代码：0504）一级学科下开设文化艺术事业管理（专业代码：050442）专业。同年 9 月，上海交通大学经国家教育委员会批准招收的第一批文化艺术事业管理专业新生入学报到，标志着我国文化经济管理领域高级人才培养体系的初步建立。值得一提的是，早在 20 世纪 90 年代初，我国第一批文化艺术事业管理专业学生的培养方向就是文化经济方向。在此后的约 10 年时间里，一方面，除上海交通大学外，很少有高校新办这一专业；另一方面，即使文化艺术事业管理专业后来被并入公共事业管理专业，上海交通大学的文化经济培养方向始终未变。[②]

1998 年 7 月，教育部对 1993 年颁布实施的《普通高等学校本科专业目录》进行了第三次修订。基于改变以往过分强调“专业对口”观念的考虑，将原目录中的教育管理（专业代码：040104）、体育管理（专业代码：040303）、文化艺术事业管理（专业代码：050442）、卫生事业管理（专业代码：100901）等具有公共管理性质的专业都并入管理学（专业代码：11）学科门类的公共管理类（专业代码：1103）一级学科下的公共事业管理（专业代码：110302）专业，并注明“可授管理学、教育学、文学或医学学士学位”。文化艺术事业管理顺理成章成为

① 林火灿：《国家统计局发布报告显示：文化产业增加值在国民经济中占比逐年提高》，《经济日报》，2019 年 7 月 26 日。

② 胡惠林：《文化经济学》，清华大学出版社 2014 年版，第Ⅰ—Ⅱ页。

公共事业管理专业中可授予管理学或文学学士学位的专业方向之一。

2003年12月，由上海交通大学倡议，北京大学、清华大学、山东大学、云南大学等7所高校联合发起的“全国高校文化产业研究与学科建设联席会议”达成共识：以15所与会高校的相关文化产业研究机构的名义共同向教育部建议开设文化产业管理专业。该建议也得到教育部的高度重视与积极回应。2004年3月，教育部印发的《2003年度经教育部备案或批准设置的高等学校本科专业名2单》批准北京广播学院（今中国传媒大学）、山东大学、中国海洋大学、云南大学开设在少数高校试点的目录外专业——文化产业管理（专业代码：110310S）专业。从学科归属来看，虽然文化产业管理这一名称不同于文化艺术事业管理，但仍属于公共管理类一级学科。

此后，教育部还批准开设了多个涉及文化产业或与文化产业管理相关的专业。例如，国际文化贸易（专业代码：020117S）、媒体创意（专业代码：050306W）、会展经济与管理（专业代码：110311S）、体育产业管理（专业代码：110316S）、艺术管理（专业代码：130102T），等等。这意味着，一方面，此时的教育行政部门还未足够重视文化的产业属性，强调的仍是事业属性。其结果就是虽然专业名为文化产业管理，但学科归属却是公共管理。另一方面，教育部通过开设目录外专业（专业代码后带“W”）、在少数高校试点的目录外专业（专业代码后带“S”）和特设专业（专业代码后带“T”）的方式，在文化产业管理本科专业设置上进行了积极探索，并为专业设置的优化提供了经验与思路。

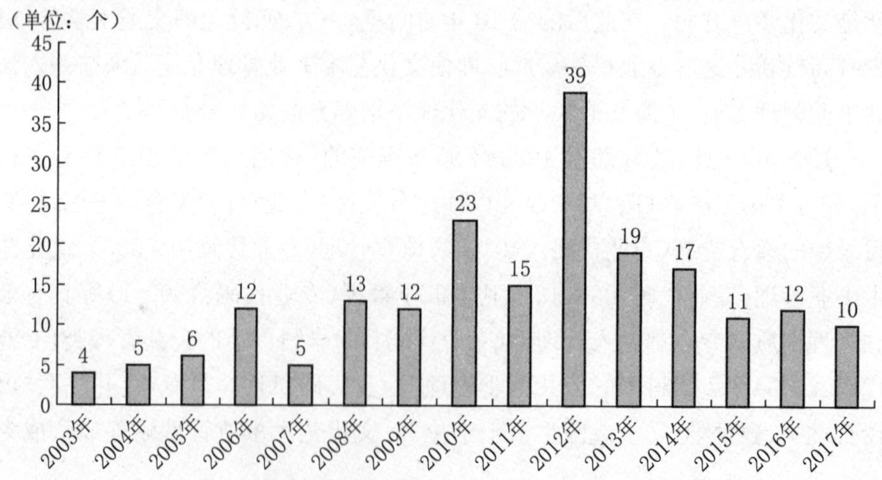

图1　2003—2017年新开设文化产业管理专业的高校数量增长情况

2012年9月，教育部对1998年颁布实施的《普通高等学校本科专业目录》进行第四次修订。在工商管理类(专业代码:1202)一级学科下开设文化产业管理(专业代码:120210)专业,并注明“可授管理学或艺术学学士学位”。从公共管理类的学科归属变为工商管理类,意味着教育行政部门正视并肯定了文化产业的产业属性。专业代码后字母“S”的消失,则意味着文化产业管理专业从“目录外”的试点专业变为了目录内的正式专业。根据教育部历年来公布的《普通高等学校本科专业备案和审批结果》,2017 年底,全国已有 203 所高校开设文化产业管理专业(见图 1)。从这一数据来看,文化产业管理专业不可谓不火。

二、文化产业管理专业设置的问题

在文化产业管理专业遍地开花的背后,专业设置方面仍存在不少问题。

(一) 学科归属不当

从学科归属来看,文化产业管理专业经历了从归属公共管理类一级学科到归属工商管理类一级学科的转变过程。这一转变过程,一方面体现了人们对非营利性文化事业和营利性文化产业的关系的认识发展过程,另一方面也反映出在现有的学科体系框架下,文化产业管理专业在学科归属上的尴尬地位。

第一,工商管理学科不足以容纳文化产业管理的丰富内容。工商管理学科是研究工商企业经济管理的基本理论与一般方法的学科。如果说,文化产业管理的培养方向是为文化企业培养经营管理人才,那么,文化企业管理(侧重于企业微观层面)这一专业名称可能比文化产业管理(侧重于产业中观层面)更为准确。但随之而来的问题是,中观层面的文化产业应该由谁管理?管理什么?怎样管理?文化企业管理专业又同一般意义上的工商管理专业有何区别?

第二,文化产业管理缺乏与其他二级学科共同的学科基质。文化产业管理(专业代码:120210)专业与同属工商管理类二级学科的工商管理(专业代码:120201)、市场营销(专业代码:120202)、会计学(专业代码:120203)、财务管理(专业代码:120204)等专业缺乏工商管理领域的科学共同体所普遍接受的、具有学科基础性特点的概念和理论。因此,文化产业管理专业的教师同工商管理类一级学科下其他二级学科的同行缺乏学术交流的“共同语言”。

第三,学科归属不当导致文化产业管理学科身份的危机。作为二级学科的文化产业管理很难得到工商管理领域同行的认同。最突出的体现就是在课题申报、科研评奖和职称评审时文化产业管理专业教师遭遇的选择难题。在国家社会科学基金课题指南中,与文化产业相关的课题可能出现在理论经济、应用经济、艺术学、新闻学与传播学等学科,但几乎很少出现在管理学(工商管理)领域。在科研评奖和职称评审时,文化产业管理专业教师选报工商管理学科的结果,也往往是"外行"评价"内行"。

(二)培养目标不清

由于文化艺术事业管理(专业代码:050442)专业早已并入公共事业管理(专业代码:110302)专业。原本属于公共管理类(专业代码:1103)一级学科的文化产业管理(专业代码:110310S)专业又被划入工商管理类(专业代码:1202)一级学科(相应的专业代码也改为120210)。因此,文化事业管理人才的培养反倒因为文化产业管理专业学科归属的调整而缺失了。然而,社会对文化事业管理人才的需求并未因文化产业管理专业的学科归属调整而消失。其结果就是,各大高校的文化产业管理专业培养目标试图兼顾文化事业和文化产业,却因两难取舍而导致培养目标不清,并且在课程设置、教学计划、教学实践等方面产生一系列问题。

例如,中国传媒大学的文化产业管理(2003年获批,本科第一批次招生)专业的人才培养目标是"掌握文化产业的专业运作技能,能在文化产业、媒体及政府相关部门从事文化艺术管理、文化产业运营和传媒管理、文创项目策划和执行等相关工作的高级复合型管理人才"。这一培养目标既涉及文化产业,也涉及文化事业(部分媒体及政府相关部门)。

又如,湖南师范大学的文化产业管理(2004年获批,本科第二批次招生)专业的人才培养目标是"能够在政府文化宣传与管理系统、文化事业单位等从事综合管理工作,又能够在文化企业等单位从事文化活动策划与管理、文化产品运营与管理、文化产业项目管理等实际工作"。这一培养目标同样既涉及文化事业(政府文化宣传与管理系统、文化事业单位),也涉及文化产业(文化企业等单位)。

再如,上海视觉艺术学院的文化产业管理(2005年获批,本科第二批次与第三批次合并招生前为第三批次招生的民办高校)专业更是被细分为品牌战略与管理方向、公共文化服务与管理方向、文化策划与管理方向、体育营销与管理方向。上述培养目标既涉及文化产业(文化产业领域的影视、传媒、演艺、经纪、创意策划、营销传播、品牌管理、体育场地管理等经营与管理岗位),也涉及文化事业(文化事业单位,公共文化组织,新兴文化机构,文化 NGO 的策划、服务与管理岗位),体现出民办高校在体制约束下的办学灵活性。

此外,当文化产业管理专业毕业生报考公务员和事业单位时,还会因为某些单位对考试职位的专业要求(如限制为公共管理类专业)而丧失报考资格。

(三)院系归属混乱

由于文化产业管理专业的学科归属不当,以及各大高校申办文化产业管理专业的主体不同,文化产业管理专业分属不同的院系。以 2003—2006 年获批开设文化产业管理专业的 27 所高校为例,具体来说,可分五类:

第一类归属以"文化产业"命名的学院。例如中国传媒大学文化产业管理学院(2003 年获批)、上海视觉艺术学院文化创意产业管理学院(2005 年获批)、厦门理工学院文化产业与旅游学院(2006 年获批)、贵州大学旅游与文化产业学院(2006 年获批)。这类学院的成立时间相对较短,其成立往往体现出该高校对文化产业管理专业的重视程度和乐观判断。

第二类归属"历史"和"旅游"类学院。例如山东大学历史文化学院(2003 年获批)、云南大学旅游文化学院(2003 年获批)、湖南师范大学历史文化学院(2004 年获批)、信阳师范学院历史文化学院(2005 年获批)、湘潭大学历史系(2005 年获批)、广西师范大学历史文化与旅游学院(2005 年获批)、石家庄学院历史文化学院(2006 年获批)、江苏师范大学历史文化与旅游学院(2006 年获批)。这类学院往往依托已有的历史学和旅游管理等相关学科师资开设文化产业管理专业。

第三类归属"传播"类学院。例如中国海洋大学文学与新闻传播学院(2003 年获批)、中央财经大学文化与传媒学院(2004 年获批)、华东政法大学传播学院(2004 年获批)、北京师范大学珠海分校艺术与传播学院(2005 年获批)、安徽师范大学新闻与传播学院(2006 年获批)、山东财经大学文学与新闻传播学院(2006 年获批)。这类学院往往依托于已有的新闻传播类相关学科师资开设文化产业管理专业。

第四类归属"管理"类学院。例如山东艺术学院艺术管理学院(2004 年获批)、浙江传媒学院文化创意与管理学院(2005 年获批)、北京印刷学院经济管理学院(2006 年获批)、浙江工商大学公共管理学院(2006 年获批)、广东财经大学公共管理学院(2006 年获批)。具体来说,又可分为三种情况。一是归属艺术类院校的艺术管理学院,招收的专业不仅包括文化产业管理,而且还在公共事业管理、艺术史论等专业下开设艺术管理、文化遗产等方向。二是归属传媒、印刷等专业性院校的(经济)管理学院。三是由于文化产业管理曾经归属公共管理类一级学科的历史原因而继续留在公共管理学院。

第五类归属“人文”类学院。例如江西财经大学人文学院(2004 年获批)、同济大学人文学院(2006 年获批)、长春大学文学院(2006 年获批)、浙江农林大学文法学院(2006 年获批)。这类学院往往由于高校的文科类专业还不够多而未独立建院。当文科类专业足够多时,往往会被划分入前四类学院。

文化产业管理专业的院系归属混乱直接导致两个后果:一方面,许多高校产生文化产业管理专业开设门槛低的错觉,误以为艺术学、历史学、传播学、管理学等相关专业跨界从事文化产业管理专业教学与科研的难度不大,从而使很多高校在现有师资条件并不具备的情况下盲目申办文化产业管理专业。另一方面,当文化产业管理专业获批之后,才发现受过系统学术训练的文化产业管理专业师资匮乏。在行政命令之下转型而来的文化产业管理专业教师,既没有受过“近似的教育和专业训练”,也未必“专研过同样的专业文献”①,不仅难以融入文化产业学术共同体,而且难以融入以历史、旅游、传播、管理等学科为主导的院系。

三、文化产业管理专业设置的建议

从专业名称来看,文化产业管理专业从归属公共管理一级学科到归属工商管理一级学科的演变过程已经充分说明,我国的文化产业管理专业在事实上同时肩负着为文化事业和文化产业培养高级管理人才的历史使命和时代重任。但文化产业管理这一专业名称不足以全面而准确地涵盖文化事业和文化产业。受农业经济管理类(专业代码:1203)一级学科(专业)既能为政府部门、事业单位、农村社区、农业推广管理部门培养从事计划管理、规划设计、农业推广等方面工作的高级专门人才,又能为农资企业、农产品生产企业、农产品加工企业、农产品流通企业培养从事调查分析、市场营销、财务核算等方面工作的高级专门人才的启发,以文化经济管理专业替代文化产业管理专业,或许是个比较好的选择。

从学科归属来看,使用文化经济管理专业的表述,一方面可以较好地解决文化产业管理这一名称无法同时涵盖文化事业和文化产业的难题。另一方面也体现了文化经济(对应于文化经济管理类专业)是继以农业经济(对应农业

① 马健:《文化产业跨学科人才培养的难点与突破》,《青年记者》2017 年第 3 期。

经济管理类专业)和工业经济(对应工商管理类专业)形态呈现的物质需要之后,通过提供丰富的精神食粮,满足人民过上美好生活的新期待的精神需要这一新特点。此外,以文化经济管理专业替代文化产业管理专业,更有助于培养能够正确理解并处理好社会效益和经济效益、社会价值和市场价值的关系,并且讲政治、有文化、善经营、会管理的高级管理人才。

从专业数量来看,目前全国已有逾两百所高校开设文化产业管理专业,不仅超过开设图书情报与档案管理类(专业代码:1205)专业的高校数量,而且超过开设农业经济管理类(专业代码:1203)专业的高校数量。因此,无论就全国开设文化产业管理专业的高校的绝对数量而言,还是从文化产业作为国民经济支柱性产业的战略定位来说,文化经济管理都应该获得相对独立的学科地位,从而推动高校的文化经济管理人才培养,为文化产业的高质量发展提供强大的动力和不竭的源泉。

在目前正在进行的新一轮高校"本科人才培养方案"调整中,为贯彻落实教育部《关于加快建设高水平本科教育　全面提高人才培养能力的意见》《关于深化本科教育教学改革　全面提高人才培养质量的意见》等文件的要求,一些高校已经明确提出,以《普通高等学校本科专业类教学质量国家标准》为基准,对标制定文化产业管理专业人才培养方案,在课程体系设置中加入 10 门左右的工商管理类一级学科的核心课程(包括管理学、战略管理、会计学、财务管理学、组织行为学、人力资源管理、市场营销学、创业学、运营管理等课程)①,不少原属于文化产业管理专业核心课程,既具有基础理论性、又具有专业特色性的课程,因不属于工商管理类一级学科的核心课程而被调整到专业选修课之列。由于专业归属不当而导致的文化产业管理专业核心课程的大幅度调整,既影响了课程设置的专业性和差异化,也不利于更好地培养在思想上理解"坚持把社会效益放在首位"的重要意义,在政治上坚持"牢牢把握正确导向、守正创新、大力弘扬和培育社会主义核心价值观",在行动上"努力实现社会效益和经济效益有机统一,确保文化产业持续健康发展"②的高级管理人才。

为此,建议教育部在管理学(专业代码:12)学科门类下开设文化经济管理类(专业代码:1210)一级学科,下设 3 个二级学科:一是旨在培养文化事业管

① 教育部高等学校教学指导委员会编:《普通高等学校本科专业类教学质量国家标准(下)》,高等教育出版社 2018 年版,第 844—846 页。

② 《习近平在湖南考察时强调　在推动高质量发展上闯出新路子　谱写新时代中国特色社会主义湖南新篇章》,《人民日报》,2020 年 9 月 19 日。

理人才的公共文化服务与管理(专业代码:121001),二是旨在培养文化企业管理人才的文化企业经营与管理(专业代码:121002),三是旨在培养文化项目管理人才,强调动手操作能力,同时涵盖目前自成一家的艺术管理(专业代码:130102T)专业的文化创意与艺术管理①(专业代码:121003)。当然,上述建议尚显粗浅,细节之处还需论证,希望引起学界关注,起到抛砖引玉之效。

From "Cultural Industries Management" to "Cultural Economic Management": The Evolution, Problems and Suggestions of Professional Settings

Ma Jian

Abstract: The cultural industries management profession also shoulders the historical mission and the important task of cultivating senior management talents for cultural undertakings and cultural industries. However, the professional name of cultural industries management is not enough to comprehensively and accurately cover cultural undertakings and cultural industries. It is recommended that the Ministry of Education set up a " Cultural Economic Management" first-level discipline under the category of "Management", with three second-level disciplines, namely "Public Cultural Service and Management" "Cultural Enterprise Operation and Management" "Cultural Creative and Art Management". Thereby promoting the cultivation of cultural economic management talents in colleges and universities, providing a powerful driving force and an inexhaustible source for the high-quality development of cultural industries.

Key words: cultural industries management; cultural economic management; professional settings; talent cultivation

① 可授管理学或艺术学学士学位。

编 后 记

自第 28 卷起,《中国文化产业评论》由上海交通大学文化产业创新与发展研究基地和云南大学文化发展研究院联合主办,上海交通大学胡惠林教授、云南大学李炎教授主编。《中国文化产业评论》(第 29 卷)聚集文化安全、文化政策、文化经济、非遗文化、区域文化产业、文创开发以及文化产业人才培养等前沿问题。

文化安全研究,学者探究边疆民族地区文化安全治理、中国文化安全的基本问题,也有学者从文化领导权、人文主义和文化博弈以及翻译与国际话语的视角展开文化安全研究。李炎、王佳《强化国家利益,构建边疆民族地区文化安全治理体系》认为,边疆民族地区文化安全需要坚持“三个纳入”,即将文化安全治理纳入国家现代社会治理体系建设,将文化安全纳入边疆民族地区民族团结进步示范区建设,将文化安全治理纳入边疆民族地区理想信念教育体系,坚持“四个对接”,即对接边疆民族地区地缘政治和文化生态系统,对接国家现代社会和边疆民族地区的转型发展,对接改革开放与边疆民族地区经济建设,对接全球化和信息时代的国家文化安全治理;新形势下边疆民族地区文化安全治理需要着力在分类指导、同步发展、预警机制和网络安全方面强化相应治理措施。

文化经济研究,学者对中俄文化贸易结构与路径,法国文化遗产普查地方分权模式进行研究,聚集微信公众号软文的审美性、“市场”介入与乡村治理、电子竞技产业、剧院大数据管理体系,对 2019 年中国影视动画产业发展进行回顾。蒋多《中俄文化贸易结构分析与路径创新研究》认为,中国向俄罗斯出口文化产品大多来自资源密集型和劳动密集型的生产制造领域,而俄罗斯对中国出口文化产品具有一定的内容优势,面对各自文化产业进入结构调整阶段、日益重视对外文化输出以及大力推动数字经济发展的态势,中俄两国应当在人文交流成果的基础上,壮大对外文化市场主体实力,开拓数字内容贸易空间、发挥口岸效应和集聚功能,推动中俄文化贸易路径创新。任兀《以观众为导向:剧院大数据管理体系架构研究》认为,大数据时代已经来临,而剧院管理的理念、方法和手段未能紧随时代步伐作出相应的转变，剧院管理者应该与时俱进，利用大数据思维变革管理模式，建立以观众为导向的大数据体系，从而掌控数据的主导权。

非遗文化研究方面，学者探究非物质文化遗产保护若干核心概念和非物质文化遗产保护与发展的新载体。张骁鸣、周淑君《当我们谈“保护”时，我们在谈些什么？——对非物质文化遗产保护若干核心概念的讨论》认为，“保护”概念无论在理论上还是在实践上都是一整簇概念的统称，并进一步区分“反应式保护”和“预防式保护”这两个基础概念，由此纾解国内非物质文化遗产保护领域对于“保护”和“利用”的认知冲突，反思“生产性保护”的概念缺陷，并进一步巩固“生活性保护”转向的理论依据。秦枫《数字媒介：非物质文化遗产保护与发展的新场域》从移场与错位、转译与赋权、改变与忽视、再现与传承、传播与认同五对关系来审视和阐述数字媒介对非物质文化遗产的影响。

区域文化产业研究方面，学者聚焦区域文化产业创新系统、蒙古族服饰文化产业发展、民族地区演艺文化产业集群治理、中泰两国“一村一品”乡村文化产业比较。胡洪斌、张晓丹《区域文化产业创新系统的理论预设》认为区域文化产业的创新及其可持续发展是一个复杂的系统，需要文化企业、文化传承人、高校及科研机构、中介服务机构和政府相互联系、共同推动，运用演化论和系统论分析方法，从供给和需求的角度综合区域文化产业内各个创新主体、构成要素及创新环节，构建区域文化产业创新系统的理论构架。姜晗、晏雄《三维空间视角下民族地区演艺文化产业集群治理研究——以云南西双版纳傣族自治州为例》从地理空间、经济空间、社会文化空间三个维度分析了民族地区演艺文化产业集群的形成、运行机理、可持续发展面临的障碍，并提出了集群治理的路径：政府把控缩减同质产品、出台相应政策加大对演艺文化产业的扶持力度；合理制定演出门票价格，杜绝恶性竞争；加强演艺衍生产品的开发、延伸演艺产业链的发展；搭建公共服务平台，构建完善的产业链；塑造西双版纳演艺文化产业集群品牌。

文创开发研究方面，学者探究了博物馆文化旅游与文创产品开发融合以及博物馆文化创意产品开发的影响因素。谢梅、王世龙《博物馆文化创意产品开发的影响因素研究》采集国内外相关案例数据 207 个，开展 Logistic 回归模型分析，研究发现，博物馆文化创意产品开发，受到文博元素类型、元素知晓度、创意设计特征、产品本体市场度等多个因素的影响，但功能一致性是博物馆文创产品开发的关键性影响因素；换言之，当文博元素功能与文化创意产品本体功能相一致的时候，二者能形成协同共振效果，促进开发的文化创意产品具有较高的市场好评度，受到社会大众的青睐，否则反之。

文化产业人才培养方面，学者研究了韩国文化产业人才培养体系和文化产业管理专业设置相关问题。朴京花《生命周期理论视阈下韩国文化产业人才培养体系研究》基于生命周期理论，将韩国的文化产业人才培养教育阶段分为基础教育、高等教育、社会教育三个阶段；借鉴韩国的经验，结合国内情况，首先要确立文化人才培养的全民全程教育理念，通过各层级教育机构的有效衔接和全社会融合互动的机制来优化育人环境，形成可持续、闭合型的人才培养模式。马健《从"文化产业管理"到"文化经济管理"——文化产业管理专业设置的演变、问题与建议》认为文化产业管理专业同时肩负着为文化事业和文化产业培养高级管理人才的历史使命和时代重任，但文化产业管理这一专业名称不足以全面而准确地涵盖文化事业和文化产业，所以建议教育部在"管理学"学科门类下开设"文化经济管理类"一级学科，下设3个二级学科，即"公共文化服务与管理""文化企业经营与管理""文化创意与艺术管理"，从而推动高校的文化经济管理人才培养。

本刊以前沿性、学术性、原创性、公共性和先进性为学术目标，旨在对当代中国文化产业发展实践中提出的重大理论和实践给出学术回答，对当代国际文化产业理论给予中国学术界的关注。希望能够继续与学界同仁砥砺学术情怀，助力中国文化产业发展，共襄中华文化繁荣盛举。

《中国文化产业评论》编辑部

2020年11月

约稿启事

《中国文化产业评论》是上海交通大学国家文化产业创新与发展研究基地主办的学术理论刊物。它的任务是对当代中国文化产业发展实践中提出的重大理论和实践问题给出学术的回答,对当代国际文化产业理论研究给予中国学术界的关注,发表自己的见解。它追求的学术目标是:前沿性、学术性、原创性、公共性、先进性。

《中国文化产业评论》是一个"开放性实验室",主张学术自由,倡导学术平等,坚持学术规范,遵循"百家争鸣"方针;主张全球性视野,贯彻发展是硬道理,突出原创品格,坚持社会关怀。本土学者和海外学人,凡是关注中国文化产业发展的,都可以在本书发表研究成果。

《中国文化产业评论》每年出版两卷。主要栏目有:理论探讨、改革瞭望、区域观察、全球环顾、文化政策研究、文化经济研究、文化治理研究、文化市场研究、文化消费研究、文化遗产研究等。

我们坚持以质取文,敬请投稿者注意以下要求:

1. 来稿格式要求规范,项目齐全,按顺序包括:文题、作者姓名、工作单位、主要研究方向、中文摘要、关键词、正文、参考文献、作者详细通信地址、邮编、电话号码、电子信箱。

1.1　文题:一般不超过 20 字,必要时加副标题。

1.2　作者姓名:多位作者之间以逗号分隔,并在篇首页用脚注注明作者简介,包括姓名、出生年、性别、民族、籍贯、工作单位、职称、学位。

1.3　作者单位:单位全称、省市名、邮政编码。

1.4　摘要:从文章中摘出其主要观点和结论,不用"本文""作者认为"等字样,不加评论和补充解释,200 字左右。

1.5　关键词:选反映论文主题内容的词或词组 3—8 个,关键词之间用分号分隔。

1.6　正文:来稿字数 10 000 字左右。

1.7　参考文献:参考文献置于正文之后。序号用方括号标注,引文起止

页码在正文中用圆括弧标注。如第 8 页标为(p.8),按正文中出现的次序标引,未公开发表的资料一般不宜引用。注录格式:

[期刊]作者,文题,刊名,年卷(期);

[书籍]作者,书名,出版地,出版社,出版年,页码;

[报纸]作者,文题,报名,出版日期,版次;

[论文集]作者,引文文题,主编,论文集名,出版地,出版社,出版年,页码。

1.8 注解:对正文特定内容的解释与说明采用脚注形式,按页编号,注释号①②③等标在相应正文右上角。

1.9 数字:公历世纪、年代、年月日、时刻、图表的序号用阿拉伯数字。年份不能简写。千位以上数字小数点左右每隔 3 位空 1/4 格,5 位以上数字以“万”“亿”作单位。

2. 稿件若系省部级以上基金项目,需要注明项目名称、编号,本刊将优先发表上述稿件。

3. 勿一稿两投。投稿在 3 个月之内未收到刊用通知者,请自行处理,来稿不退。

4. 稿件要求用打印机打好,或用 Word 文档发 E-mail:zgwhcypl@163.com。

图书在版编目(CIP)数据

中国文化产业评论.第29卷/胡惠林,李炎主编
.—上海:上海人民出版社,2020
ISBN 978-7-208-16733-9

Ⅰ.①中… Ⅱ.①胡… ②李… Ⅲ.①文化产业-中
国-文集 Ⅳ.①G124-53

中国版本图书馆CIP数据核字(2020)第190490号

责任编辑 黄玉婷 邱 迪
装帧设计 范昊如 夏 雪

中国文化产业评论(第29卷)
胡惠林 李 炎 主编

出 版 上海人民出版社
(200001 上海福建中路193号)
发 行 上海人民出版社发行中心
印 刷 上海商务联西印刷有限公司
开 本 720×1000 1/16
印 张 27.25
插 页 2
字 数 454,000
版 次 2020年12月第1版
印 次 2020年12月第1次印刷
ISBN 978-7-208-16733-9/G·2050
定 价 98.00元